유아교육기관 공간
바로 세우기

유아교육과 건축의 만남

유아교육기관 공간 바로 세우기
유아교육과 건축의 만남

2024년 2월 21일 1판 1쇄 박음
2024년 2월 28일 1판 1쇄 펴냄

지은이 | 차기주·이지윤·최지은
펴낸이 | 한기철·조광재

펴낸곳 | (주) 한나래플러스
등록 | 1991. 2. 25. 제2011-000139호
주소 | 서울시 마포구 토정로 222, 한국출판콘텐츠센터 418호
전화 | 02) 738-5637 팩스 | 02) 363-5637 e-mail | hannarae91@naver.com
www.hannarae.net

저자들의 말

인간이 생활하는 공간은 개인이 의식하지 못하는 사이 개인의 사고와 정서, 행동에 많은 영향을 끼칩니다. 이런 측면에서 외부자극에 대한 민감성이 가장 높은 인생 초기 유아들이 생활하는 유아교육기관의 공간은 특히 중요하다고 할 수 있습니다. 이 책은 우리 사회의 어린이들이 미래 사회의 인재로 성장하는 데 모든 유아교육기관 현장이 이를 지원하는 최적의 공간으로 탈바꿈할 수 있도록, 현장 및 학계 전문가들이 참고할 자료가 되었으면 하는 바람에서 탄생했습니다. 또한 기존 연구들에서 다루지 않았던 유아교육과 건축 두 분야를 아울러 포괄적 차원의 내용을 다루면서도 구체적이고 활용성 높은 지침과 체크리스트를 정리하여 제안하고자 하였습니다.

이를 위해 책에는 ①공간의 물리적·구조적 특성과 인간의 심리적 욕구와 작용까지, ②교육적 목적과 방향성이라는 거시적 관점부터 개인의 발달, 기질과 취향 등 보다 섬세한 미시적 수준의 요인들까지 포괄적으로 고려하여 담았습니다. 아울러 저자들은 발달심리, 건축학, 공간디자인학, 유아교육, 인지과학 등 다양한 분야에서 논의되고 있는 유관 이론과 연구들을 포괄적으로 검토하고 '유아교육'과 '건축·공간디자인'을 2개의 핵심 축으로 하여 '유아교육기관의 공간은 어떻게 구성되어야 하는가'에 대한 청사진을 제공하고자 하였습니다.

다만, 한 권의 책에 모든 내용을 담을 수는 없었기에 다음과 같은 내용들은 수록하지 못했음을 미리 말씀드립니다. 우선, 공간 구성의 초점을 '유아'에 두어 교사들을 위한 유아교육공간 구성에 대한 측면은 다루지 못했습니다. 저희는 담지 못했지만, 교사들을 위한 공간부터 교사들의 관점에서 본 공간의 의미까지를 다룰 수 있는 도서가 출판되기를 기대해봅니다. 둘째, 이 책은 유아들의 놀이와 교육적 활동이 주로 이루어지는 '학급공간'과 '공용공간 중 진입·연결·중심 공간'에 초점을 두어 조리실, 낮잠실이나 아틀리에와 같은 특수 목적적 공간에 대한 내용은 담지 못했습니다. 셋째, 이 책에서 주목한 공간의 범위는 '실내'로 한정하였습니다. 자연환경을 포함한 실외 놀이공간은 유아의 건강한 전인적 발달에 매우 중요합니다. 본 저서의 범위를 실내공간으로 한정하여 실외놀이터에 대한 내용을 담지 못해 아쉽지만, 최근 몇 년 사이 실외 놀이'터'를 새롭게 보려는 노력과 안전기준 완화를 통한 위험감수 놀이에 대한 권장 등이 중요한 이슈로 부각되며 많은 개선이 나타나고 있음은 다행스러운 부분이라 생각합니다.

마지막으로 본 저서가 나오기까지 긴 여정에 잠시나마 함께 해주셨던 분들께 감사의 마음을 전합니다. 장정윤 교수님, 윤성규 교수님, 안서희 연구원님, 이지향 연구원님, 박진영 연구원님, 박종진 연구원님, 이한애 연구원님, 그리고 본 저서의 일러스트를 위해 애써주신 매스웨이브 안광렬 대표님 및 디자인팀 직원분 모두께 진심으로 감사의 마음을 전합니다. 걸음걸음마다 보태주셨던 도움이 없었다면 여기까지 오지 못했을 것입니다.

아직 부족한 점이 많은 연구물이나 이 책이 유아교육기관의 공간을 발전적으로 구성하고자 하는 유아교육 현장의 기관장부터 교사분들, 유아교육기관의 디자인에 관심을 가지고 계신 현장 건축 분야 전문가분들, 같은 관심을 공유하는 다양한 분야의 학자분들께 작으나마 도움이 되기를 진심으로 희망합니다.

2024년 2월
저자 일동

목차

총론

1. 이 책의 구성

1) 이 책의 목적과 필요성

공간은 사용자의 인지·정서·신체에 유의미한 영향을 미치는 것으로 알려져 있다(차기주 외, 2022a). 천장이 높을 때 창의적·발산적 사고가 더 잘 일어나고 천장이 낮은 곳에서는 수렴적 사고 관련 수행이 향상된다는 것이 대표적으로 알려진 예시이기도 하다. 또한 충분히 넓은 공간이 주의력이나 기억 통제에 긍정적 영향을 미치고(Cha, 2023), 자연 풍경이나 관엽식물, 실내 수경시설과 같은 자연 요소와의 시각적 접촉은 사용자의 스트레스 수준을 낮추고 주의력 회복 및 인지적 기능에 긍정적으로 작용하기도 한다(Li & Sullivan, 2016; Sterngerg, 2010; Ulrich, 1984).

이렇듯 개인에게 의식적·비의식적으로 영향을 미칠 수 있는 공간 중 성장기에 있는 학생들이 주거지 다음으로 장시간 머무르는 곳이 학교이다. 학교는 학습공간을 넘어 생활의 공간이 되었기 때문에 학생들 개인의 전인적 발달을 지원하고 차별적 요구를 수용할 수 있도록 '각성과 이완', '휴식과 운동' 등 상반되는 활동과 요구를 수용하고 자극할 수 있는 공간이어야 한다. 이러한 관점에서 볼 때, 인생에서 뇌 발달이 가장 활발히 일어나며 외부자극에 대한 민감성 또한 가장 높은 영유아들(Heckman et al., 2010)을 대상으로 하는 유아교육기관 공간의 중요성 또한 매우 크다. 오늘날 맞벌이 부부가 증가하면서 유아교육기관은 '학습활동과 놀이의 공간'을 넘어 점점 더 가정과 같은 '생활의 장'이 되어가고 있다. 따라서 유아교육기관의 공간은 영유아의 발달을 최적으로 지원할 수 있도록 구성되어야 한다.

유아교육공간의 의미와 영향력은 건축 전문가들이 설계·시공한 구조물에 교사와 영유아의 사용이 더해져 실현·창출된다. 따라서 유아교육공간이 영유아의 성장과 발달, 그것의 주 원동력인 놀이를 지원하는 공간이 되려면 유아교육 전문가와 건축 전문가의 관점이 어우러진 공간디자인과 사용지침이 개발되어야 한다.

목적	• 영유아의 개별적·전인적 발달을 지원할 수 있도록 유아교육과 건축의 융합적 시각에 기반하여 유아교육공간에 대한 논의를 전개하고, 유아교육과 건축 전문가들의 통합적 관점을 지침으로 제시
차별성	• 공간이 개인에게 미치는 영향력에 대한 포괄적 검토 • 영유아기의 발달적 특성과 요구를 고려 • 유아교육과 건축 전문가의 관점을 종합적으로 반영 • 유아교육기관 공간 설계와 사용 실제를 아우르는 구체적 지침과 체크리스트 제시

[그림 1] 이 책의 목적과 차별성

국가적 차원에서 유아교육과 보육의 통합시스템을 구축하여 이상적인 유아교육기관의 물리적 환경을 구성하기 위한 지침에 대한 요구가 높아지고 있다. 이러한 시기에 이 책은 기존의 지침들이 안전과 기타 필수 요소에 대한 최소 기준들을 제시해왔던 것과는 차별적으로 '영유아의 전인적 발달을 지원할 수 있는 공간이란 어떠해야 하는가'에 대한 종합적·포괄적 시각을 기반으로 유아교육과 건축 전문가들의 관점을 통합적으로 고려한 지침과 체크리스트를 제시하고자 한다.

1-2) 이 책의 지침 및 체크리스트 개발의 방향

이상의 목적을 실현하기 위해 이 책은 다음의 요소들을 중점적으로 고려하여 지침 및 체크리스트를 구성하였다.

개발 시 중점 고려사항	• 유아의 환경심리 행태적 특성 및 공간-개인 상호작용 관련 이론 • 유아의 전인적 발달을 지원하는 유아교육기관의 실내공간이 갖추어야 할 핵심적 특성 • 미래사회에 기대되는 인간상 및 핵심역량

[그림 2] 지침 및 체크리스트 개발 시 중점 고려사항

유아의 전인적 발달을 지원하는 환경은 다음 3가지 요건을 갖추어야 한다. 첫째, 유아가 실내공간에서 드러내는 심리행태적 특성을 충족하고 공간과 인간의 긍정적 상호작용을 지원할 수 있어야 한다. 둘째, 유아의 전인적 성장과 발달을 지원하고 자극할 수 있는 물리적 특성을 지녀야 한다. 셋째, 사회의 변화와 함께 미래의 인재들에게 기대되는 자질과 역량을 함양할 수 있는 공간적 성격을 갖추어야 한다. 따라서 이 책은 이상의 3가지 요건을 근간으로 집필되었다. 이상을 '유아의 환경심리행태적 특성, 공간과 개인의 상호작용 관련 이론, 유아교육기관의 실내공간이 갖추어야 할 특성, 미래사회 인간상 및 핵심역량, 유아교육기관 공간의 성격'으로 구분하여 간략하게 살펴보면 다음과 같다.

① 유아의 환경심리행태적 특성

먼저 유아교육기관 내 유아가 나타내는 심리행태적 특성과 관련하여 [표 1]과 같이 '편리지향성, 쾌적지향성, 안전지향성, 안락지향성, 자기주도성, 자극추구성, 심미성, 관계지향성, 움직임지향성'의 9가지를 가정했다(차기주, 2022). 즉 유아는 선천적으로 편리하고 쾌적하며 안전한 공간을 선호하고(편리지향성, 쾌적지향성, 안전지향성), 안락하고(안락지향성), 자기주도적으로 행동할 수 있으며(자기주도성), 적절한 수준의 인지·정서·신체적 자극을 제공하는(자극추구성), 조형적으로 아름다운 공간(심미성)을 보편적으로 선호한다는 것이다. 또한 유아는 타인과 관계 맺

[표 1] 유아의 9가지 환경심리행태적 특성 및 정의

환경심리행태적 특성	조작적 정의
편리지향성	신체적 조건 및 환경적 요구에 적합하여 사용과 조절이 쉽고 편리한 공간·사물·매체를 선호하는 성향
쾌적지향성	피로감이나 부정적 정서를 유발하지 않고, 청결하며 쾌적하게 느껴지는 공간·사물·매체를 선호하는 성향
안전지향성	심신에 위해를 유발하지 않고 물리적·심리적 안전을 보장하는 공간·사물·매체를 선호하는 성향
안락지향성	포근하고 따듯하며 부드러운 촉각적 경험과 휴식, 낮은 수준의 감각적 자극(명·채도가 낮은 색상, 저소음 등) 등 정서적 이완과 안정감을 제공하는 공간과 사물, 매체를 선호하는 성향
자기주도성	자신의 신체 및 활동, 주변환경에 대해 주도적으로 통제·조절하고자 하는 성향
자극추구성	공간과 사물, 매체의 사용에 있어 인지적·정서적·신체적 도전과 자극 및 과제 몰입을 통해 만족감을 경험하고자 하는 성향
심미성	조형적으로 아름다운 것을 경험하고 그에서 느껴지는 초월적 경험과 감상(경이감, 황홀감, 몰입감, 일체감 등)을 추구하고자 하는 성향
관계지향성	타인과 관계 맺고 소통하며 유대감을 경험하려는 성향
움직임지향성	내적 욕구에 따라 다양하고 자유로운 신체동작과 근육의 움직임을 추구하고자 하는 성향

출처: 차기주, 2022

고 소통하려는 성향(관계지향성)과 자유롭고 활기차게 신체적 움직임을 추구하려는 성향(움직임지향성)을 선천적으로 지니고 태어나기에 유아교육공간은 심미성을 갖추고 유아의 다양한 신체움직임을 수용하고 유도할 수 있어야 한다는 것이다.

② 공간-개인 상호작용 관련 이론

인간이 공간을 이해·활용하며 정서적 경험과 기억이 형성되는 메커니즘을 잘 이해하여 유아교육기관 공간 구성에 반영할 때 [표 1]과 같은 유아의 환경심리행태적 특성이 보다 잘 충족될 수 있다. 따라서 이 책에서는 인간의 공간에 대한 이해와 활용, 장소에 대한 애착 형성 등과 관련된 4가지 핵심적 이론 및 개념을 고려해 반영하였다. [표 2]는 이를 간략히 요약한 것이며, 각 이론 및 개념에 대한 보다 자세한 설명은 총론 2절의 '이론적 배경'에 기술하였다.

[표 2] 이 책의 핵심적 이론 및 개념 요약

구분	정의와 개념 요약
체화된 인지(론)	정신과 신체를 분리하여 바라보는 심신이원론과 대비되는 관점으로, 인간의 몸이 개인의 인지와 정서, 의지와 같은 정신작용에 적극적으로 개입한다는 관점을 통칭한다. 체화된 인지론에서는 이러한 인지의 '체화성'을 전제로 인간의 신체는 물리적·사회적 환경(인공건축 및 자연환경, 인적 환경 등)과 상호작용한다고 보기 때문에, 환경을 포함하여 '인지-신체-환경'의 연결성 및 그 메커니즘을 설명하는 개념과 이론들이 주를 이룬다.
어포던스 (행위지원성)	적용 분야에 따라 다소 상이한 관점에서 접근되고 있다. 그러나 일반적으로는 '물리적 환경이나 사물의 물적 특성이 개인의 고유한 특성과 어우러져 사용자로 하여금 특정 행동을 하도록 혹은 할 수 있도록 유도·지원하는 공간 및 사물의 잠재력'을 의미한다.
감각처리에서의 차별적 요구	감각처리는 개인이 외부로부터 시각, 촉각, 청각, 운동감각, 중력 등의 다양한 감각정보를 받아들이는 것을 의미한다. 감각처리 유형은 '신경적 임계치'와 '행동적 반응' 두 차원에서 개인이 나타내는 차이에 따라 '저반응형, 감각추구형, 감각회피형, 감각민감형'의 4가지 유형으로 구분된다. 각 유형마다 적절한 환경적 자극의 유형이나 수준이 다르다.
장소성	특정 공간은 그 공간에서 이루어지는 경험과 기억이 어우러져 특별한 의미를 지니는 '장소'가 된다. 이처럼 특정 장소가 지니는 고유의 독특한 정체성 혹은 특정 장소가 드러내는 특별한 성격을 '장소성'이라고 한다.

③ 유아교육기관의 실내공간이 갖추어야 할 특성

다음으로, 유아의 전인적 발달을 지원하는 유아교육기관의 실내공간이 갖추어야 할 핵심적 특성으로는 [표 3]과 같이 '적합성, 쾌적성, 안전성, 안락성, 운동지원성, 개별지원성, 자존지원성, 융통성, 심미성, 역동성, 연결성'의 11가지를 가정하였다(차기주 외, 2021). 즉, 유아교육기관의 공간은 기본으로 유아의 신체 및 발달에 적합해야 하며(적합성), 쾌적하고(쾌적성) 신체에 위해가 되지 않도록 구성되어야 한다(안전성)는 것이다. 적합성, 쾌적성, 안전성이 최소한의 기본적 구성 요건에 대한 것이라면, 나머지 8가지 특성은 이에서 더 나아가 유아교육기관의 공간이 우수한 교육과정의 운영을 지원하기 위해 갖추어야 할 특성들이다. 즉, 유아의 휴식과 편안함을 지원하고(안락성), 필요에 따라 목적과 용도를 변형하여 사용할 수 있어야 하며(유연성), 개별 유아의 차별적 특성(개별지원성) 및 통제감과 유능감(자존지원성), 신체움직임에 대한 요구를 충족시키고 지원할 수 있고(운동지원성), 다른 또래와 성인 및 주변 물리적 환경과의 상호작용을 지원하고 촉진할 수 있어야 하며(연결성), 조형적으로 아름다우면서(심미성) 동시에 다채로운 감각경험과 긍정적 정서 및 시각적 동적 에너지를 경험하게 하는 특성(역동성)을 지녀야 한다는 것이다.

[표 3] 바람직한 유아교육기관 실내공간이 갖추어야 할 핵심적 특성 및 정의

구분	핵심역량	정의
기본 영역	적합성	공간 내 시설, 설비, 가구의 조건과 상태가 유아의 신체 및 발달에 적합한 특성
	쾌적성	공간 내 시설, 설비의 조건이나 상태가 유아의 일상적 활동에 적절하고 청결하여 피로감이나 부정적 정서를 유발하지 않는 특성
	안전성	공간 내 시설, 설비, 가구의 조건이나 상태가 유아에게 신체적으로 위해가 되지 않고 안전한 특성
교육적 지원 영역	안락성	공간 사용자로 하여금 휴식과 편안함을 경험하게 하는 특성
	융통성 (유연성)	공간 사용자 및 상황적 요구에 따라 시설, 설비, 가구 등을 조정하여 공간을 다양한 목적과 용도에 맞게 변형할 수 있는 특성
	개별지원성	공간 사용자의 차별적 요구(발달, 흥미와 관심사, 기질)와 선호(감각자극, 놀이, 활동 유형 등)를 충족시키는 특성
	자존지원성	공간디자인, 가구, 자료 등이 공간 사용자가 통제감과 유능감을 경험하도록 하며 활동에 도전·몰입할 수 있도록 지원하는 특성
	심미성	공간 내 디자인 요소, 가구, 소품 등의 조화 및 실내로 유입되는 자연광에서 느낄 수 있는 공간의 매력적이고 미학적인 특성
	역동성	공간 내 디자인 요소의 복합성이 사용자로 하여금 다채로운 감각경험, 긍정적 정서(즐거움, 호기심) 및 시각적 동적 에너지를 경험하게 하는 특성
	운동지원성	공간 사용자의 신체움직임을 촉진하고 지원하는 특성
	연결성	공간, 시설, 설비 등이 공간 사용자와 인적·물리적 환경 간의 상호작용을 지원하는 특성

출처: 차기주 외, 2021

④ 미래사회 인간상 및 핵심역량

유아교육기관의 공간은 유아의 선천적 욕구와 발달적 특성을 충족시키는 것에서 더 나아가 미래사회에 기대되는 인간상 및 핵심역량을 지원하는 공간이어야 한다. 유아기 국가수준 교육과정(2019 개정 누리과정)은 다가올 미래사회에 적합한 인재가 되기 위해 유아기에 기대되는 인간상으로서 '건강한 사람, 자주적인 사람, 창의적인 사람, 감성이 풍부한 사람, 더불어 사는 사람' 5가지를 제안하고 있다. 미래사회 핵심역량으로는 OECD 및 교육부(2022c)에서 제안한 핵심역량(차기주, 2022)을 종합적으로 고려하여 '자기관리 역량, 지식정보처리 역량, 창의적 사고 역량, 심미적 감성 역량, 협력적 소통 역량, 공동체 역량' 6가지를 가정하고 있다. 교육부(2022c)

[표 4] 미래사회 핵심역량 및 정의

핵심역량	정의
자기관리 역량	자아정체성과 자신감을 가지고 자신의 삶과 진로를 스스로 설계하며 이에 필요한 기초 능력과 자질을 갖추어 자기주도적으로 살아갈 수 있는 역량
지식정보처리 역량	문제를 합리적으로 해결하기 위하여 다양한 영역의 지식과 정보를 깊이 있게 이해하고 비판적으로 탐구하며 활용할 수 있는 역량
창의적 사고 역량	폭넓은 기초 지식을 바탕으로 다양한 전문 분야의 지식, 기술, 경험을 융합적으로 활용하여 새로운 것을 창출할 수 있는 역량
심미적 감성 역량	인간에 대한 공감적 이해와 문화적 감수성을 바탕으로 삶의 의미와 가치를 성찰하고 향유할 수 있는 역량
협력적 소통 역량	다른 사람의 관점을 존중하고 경청하는 가운데 자신의 생각과 감정을 효과적으로 표현하며 상호협력적 관계에서 공동의 목적을 구현하는 역량
공동체 역량	지역·국가·세계 공동체의 구성원에게 요구되는 개방적·포용적 가치와 태도로 지속가능한 인류 공동체 발전에 적극적이고 책임감 있게 참여하는 역량

출처: 교육부 (2022c). 초·중등교육과정 총론, p.6

에서 제안한 미래사회 핵심역량과 그 정의를 살펴보면 [표 4]와 같다.

　　최근 인공지능 기술의 발전과 함께 21세기 사회를 살아가야 할 인재들에게 요구되는 중요한 역량으로서 교육 분야에서 크게 주목받고 있는 역량에 '디지털 리터러시'가 있다. 디지털 리터러시는 '정보 리터러시, 미디어 리터러시, 테크놀러지/정보통신기술 리터러시'와 관련된 개념으로서 "디지털 환경에서 학습자가 주도적이고 가치로운 삶을 살아가기 위해 디지털 기술을 올바르게 이해·사용하여, 정보 및 그 내용물을 적절하게 탐색·활용하고, 비판적으로 분석·평가하며, 생산적으로 소통·창조하는 복합적 역량"이라고 볼 수 있다(노은희 외, 2019, p. 35). 디지털 리터러시는 디지털 기기 사용과 디지털 놀이의 증가, COVID-19의 대유행으로 인한 원격수업의 실시 등으로 그 중요성이 더욱 부각되고 있는데, '지식정보처리 역량' 중 '디지털 환경과 디지털 기술'을 이용하여 정보를 수집, 창작, 감상하고 이를 올바른 방식으로 활용하는 것과 관련되어 있다. 이는 공간의 물리적 특성 중 '연결성'과도 관련되어 있는데, 유아교육기관에 기가급 무선인터넷망과 컴퓨터 및 각종 스마트 기기, 다양한 온라인 교수-학습 플랫폼과 어플리케이션이 구비되어 있을 때 비로소 유아와 원거리 대상 및 온라인 자료 간의 소통이 가능해지기 때문이다. 따라서 미래사회에서 기대되는 인간상 및 핵심역량을 지원할 수 있는 '연결성'을 갖춘 공간이 되기 위해서는 이러한 디지털 리터러시를 함양할 수 있는 물리적 기기, 시설·설비의 구비 역시 필수적으로 고려되어야 한다.

⑤ 이상적 유아교육기관 공간이 갖추어야 할 성격

이상을 종합적으로 고려하여 이 책에서는 유아교육기관의 공간이 갖추어야 할 성격을 [그림 3]과 같이 '편리하고 쾌적하며 안전한 공간, 휴식과 안정감을 제공하는 공간, 신체적 움직임을 지원하는 공간, 주도적 경험을 지원하는 공간, 감성적 체험 및 창의성 함양을 지원하는 공간, 온·오프라인 관계(상호작용)와 소통을 지원하는 공간' 6가지로 규정하였다(차기주, 2022).

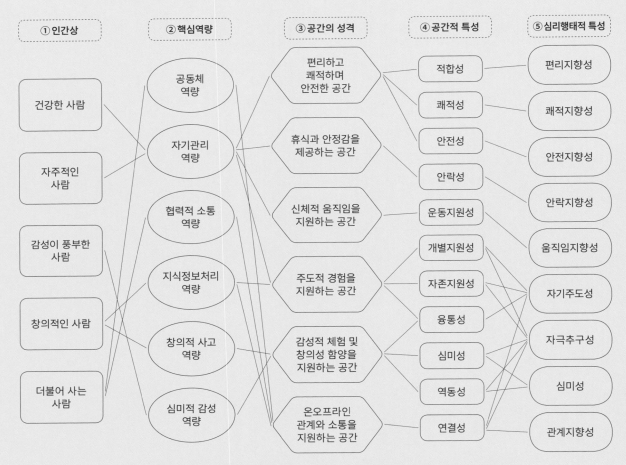

[그림 3] 유아교육기관 실내공간 구성을 위한 지침 및 체크리스트 개발의 기초(종합)

1-3) 이 책의 구성 및 활용방안

이 책에서는 각 장을 6가지 '공간의 성격'으로 구분하고, 개별적 공간의 성격을 충족시키기 위한 물리적 공간 특성을 하위 절로 구성하였다. 앞서 [그림 3]에서 볼 수 있는 바와 같이 '융통성'의 경우는 하위 지침들에 '주도적 경험을 지원

[표 5] 이 책의 구성

장의 구성		절의 구성	
1장	편리하고 쾌적하며 안전한 공간	1절	적합성
		2절	쾌적성
		3절	안전성
2장	휴식과 안정감을 제공하는 공간	1절	안락성
3장	신체적 움직임을 지원하는 공간	1절	운동지원성
4장	주도적 경험을 지원하는 공간	1절	개별지원성
		2절	자존지원성
		3절	융통성(유연성)
5장	감성적 체험 및 창의성 함양을 지원하는 공간	1절	심미성
		2절	역동성
		3절	융통성(유연성)
6장	온오프라인 관계와 소통을 지원하는 공간	1절	연결성

하는 공간'과 '감성적 체험 및 창의성 함양을 지원하는 공간'에 해당하는 내용들이 혼재하여, '융통성' 관련 지침은 해당하는 각 절(4장 3절, 5장 3절)로 분리하여 [표 5]와 같이 기술하였다.

　　각 절의 시작에는 관련된 유아의 심리행태적 특성과 인간상 및 핵심역량을 [그림 4]와 같이 표기하였고, 마지막에는 각 절에서 제안한 지침을 기반으로 개인

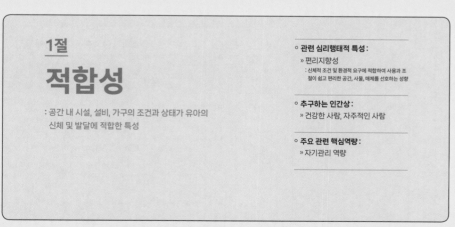

[그림 4] 공간적 특성과 관련된 심리행태적 특성 및 인간상과 핵심역량 표시

및 기관이 필요에 따라 자체적으로 점검해볼 수 있는 체크리스트를 수록하였다. 체크리스트는 유아교육기관 공간을 설계 혹은 사용하는 과정에서 각 절에 기술된 내용을 바탕으로 바람직한 공간적 특성을 실현하기 위해 수시로 점검해보아야 할 핵심 사항들을 정리해 제시하는 데 그 목적이 있다.

각 절에 서술된 지침들은 건축 전문가들이 유아교육기관 설계 단계에서 고려해야 할 측면(『건축디자인 계획』)과 유아교육 전문가들이 교육과정을 운영해 가면서 수시로 점검해야 할 측면(『교육적 사용 및 실제』)으로 구분하여 제시하였다. 『건축디자인 계획』은 건축 전문가들에게, 『교육적 사용 및 실제』는 유아교육 전문가들에게 보다 관련성이 깊은 내용이지만, 총론 2절의 '이론적 배경'을 제외한 나머지 부분에서는 학술적 용어와 전문적 개념을 되도록 적게 사용하거나 쉽게 풀어 설명함으로써 특정 분야의 지식수준과 관계없이 비전문가와 타분야 전문가들도 쉽게 이해하고 우수한 유아교육기관 공간을 구성하는 데 활용할 수 있도록 구성하였다.

유아교육과 건축 분야의 지침과 체크리스트는 건축 분야에서 사용하는 '계획 요소' 및 '유아교육기관 공간'별로 구분하여 제시하였다. 이는 필요에 따라 편리하게 건축 계획 요소별로, 때로는 실내공간별로 지침 및 체크리스트를 참고할 수 있도록 하기 위함이다. 본 지침 및 체크리스트 구분에 사용한 계획요소에 대한 구분은 [표 6]과 같다. 1장부터 각 장별로 공간 특성별(적합성, 쾌적성, 안전성 등)로 구분한 지침 및 체크리스트를 수록하였으며, 부록에는 지침 및 체크리스트 합본을 수록하였다. 이를 공간별(학급, 연결, 중심, 진입공간)로 재배치한 지침 및 체크리스트는 저자에게 요청 시 배부받을 수 있다(자세한 내용은 부록 표지 참조). 지침 및 체크리스트를 제시할 때에는 유아교육기관의 실내공간별로 갖추어야 할 속성에 차이가 있어 [그림 5]와 같이 해당하는 공간영역을 구분하여 표시하였다. 공간은 크게 학급공간과 공용·매개공간으로 구분하였고, 공용·매개공간은 다시 '진입, 중심, 연결공간'으로 구분하였다. 각 공간에 대한 조작적 정의를 제시하면 [표 7]과 같다.

표 1-2-1 공간의 '쾌적성' 관련 『건축디자인 계획』 측면 자체 점검 체크리스트

| 계획범주 | 계획요소 | 학급 | 공용/매개 | | | 건축디자인 계획 | | 충족 여부 | |
			진입	중심	연결	지침	하위 항목	예	아니오
마감재 계획	공통		●	●	●	벽, 바닥, 천장에 내오염성, 흡음·차음성, 방수성, 단열성 소재의 마감재를 사용한다.	소음을 효과적으로 차단할 수 있는 차음성이 우수한 마감재를 사용한다.		
							예시 바닥에는 리놀륨, 코르크, 탄성코트, PVC우븐(직물) 바닥재, 후로링, 타일 등으로 설치한다.		
							예시 벽과 천장에는 방음재를 부착한다.		
							벽, 바닥, 천장의 마감재는 냉난방시스템과 공기정화장치가 설치되어 있는 유아교육기관 내에서 관리하기 용이하도록 방수성, 단열성 소재를 사용한다.		
		●		●	●	벽, 바닥, 천장에 목재를 주된 마감재로 사용한다.	목재 마감재 소재로 벽, 바닥, 천장 등 실내를 구성한다.		

[그림 5] 지침 및 체크리스트별 해당 공간영역

[표 6] 지침 및 체크리스트 구분에 사용된 건축 계획범주 및 요소

계획범주	규모 및 배치 계획	마감재 계획	공간디자인 계획	환경 계획
계획요소	입지	바닥	색채	빛환경
	실크기	벽과 천장	질감	열환경
	배치 및 동선	가구	조명	소음환경
	이동공간	-	조경	디지털 환경
	개구부	-	소품 및 장식물	-
	가구	-	-	-
	공통	공통	공통	공통

* 각 범주별 '공통'은 모든 요소에 공통적으로 적용되는 지침들을 아우르는 포괄적 요소를 의미함.

[표 7] 실내공간의 구분 및 조작적 정의

구분		정의
학급공간		유아교육기관 학급별로 지정하여 사용하는 교실을 의미한다. 학급 아동들이 일과 중 가장 많은 시간을 소비하는 공간이다.
공용/매개 공간	진입공간	실외에서 유아교육기관 실내로의 진입을 위한 공간으로, 개별 공간으로 이동하기 위해 통과해야 하는 공간이다. 실내공간에 대한 첫인상을 결정하는 공간이며 출입자들 간의 빈번한 마주침과 상호작용이 일어나는 공간이다. 대표적으로 출입구와 현관이 해당된다.
	중심공간	기관 전체의 구성원들이 자유롭게 공동 혹은 개별 활동(놀이, 토론, 행사 등)을 위해 사용할 수 있는 열린 공간으로서, 가정의 거실과 같이 구성원들 간의 정보 공유와 사회적 상호작용이 활발히 일어나는 공간을 의미한다. 대표적으로 홀(hall)과 공용 데크, 테라스 등이 해당된다.
	연결공간	진입·중심·학급 공간 및 기타 공간을 수평적 혹은 수직적으로 연결하는 공간을 의미한다. 주로 구성원들의 이동이 이루어지는 공간으로, 연결공간의 구성에 따라 이동 속도 및 방향, 패턴과 시선의 이동 및 시야 등이 변화하게 된다. 대표적으로 복도와 통로(수평이동), 계단과 램프(수직이동)가 해당된다.

2. 이론적 배경

본 절에서는 바람직한 유아교육기관 공간 구성을 위해 이 책을 집필하는 데 바탕이 된 핵심적 이론과 개념으로 '체화된 인지, 어포던스, 감각처리의 개별성, 장소성(장소 애착)'에 대해 소개한다. 이는 개인이 특정 공간을 이해하거나 활용하고 정서적 풍요로움 등을 경험하는 데 관여하는 의식적·비의식적 메커니즘과 관련한 이론으로, 유아교육과 건축 분야 모두에서 이상적 공간을 구성하는 데 유용한 시사점을 제공하는 이론 및 개념이다.

2-1) 체화된 인지

인지과학 분야의 새로운 패러다임으로 자리 잡은 체화된 인지(embodied cognition)는 근본적으로 인간의 인지작용이 신체와 분리되어 이루어질 수 없다는 인지의 근원적 '체화성'을 전제로 한다. 과거에 우세했던 심신이원론, 즉 정신(이성)과 신체는 분리되어 있고 인간의 모든 정신작용은 몸의 작용과 관계없이 뇌(이성)에 국한되어 일어나는 것으로 바라보던 관점을 부정한다. 뇌과학, 심리학, 철학, 언어학 등 다양한 학문 분야에 걸쳐 이와 유사한 관점을 지지하는 이론과 주장들을 통칭하여 '체화된 인지론 혹은 체화주의 인지론' 등으로 명명한다.

체화주의를 표방하는 관점들은 인지의 체화성을 인정하는 정도 및 체화성이 관여하는 인지작용의 범위에 있어 다소간 차이를 보인다(이영의, 2015). 그러나 대체적으로 다음과 같은 점에서는 공통된 입장을 견지한다. 인간의 몸은 개인의 인지와 정서, 의지와 같은 정신작용에 적극적으로 개입하며, 더불어 몸의 상태나 자세, 상호작용에 영향을 미치는 물리적·사회적 환경도 인간의 정신작용과 긴밀한 관련성을 가진다는 것이다. 이와 같은 맥락에서 체화된 인지론은 인간의 정신 형성 및 작용을 밝히고 이에 긍정적 영향력을 미치는 것을 주목적으로 하는 교육 및 심리 분야, 인간이 생활하는 물리적 환경 전반(교육·거주·근무 환경 등)을 설계하는 건축 및 HCI(Human-Computer Interaction) 분야 등에서 새롭게 조명받고 있다.

체화된 인지론에서 전제하는 인간의 인지작용의 주요한 메커니즘은 '지각적 표상체계'와 '시뮬레이션'이다. 이는 근거된 인지론(grounded cognition)을 주장해온 바살루(Barsalou, 1999)가 제안한 것으로, 지각적 표상체계는 다양한 감각운동적 기억이 분산되어 저장되는 다중양식 표상들의 통합 체계를 의미하며, 시뮬레이션은 지각적 표상체계에 저장된 표상들이 외부자극에 의해 재활성화되는 것을 의미한다(Barsalou, 2003). 즉 개인이 경험을 통해 획득하는 다양한 감각적(시각, 청각 등), 운동적(행동, 움직임 등), 내성적(정신적 상태, 감정 등) 정보가 지각적 표상체계에 저장되고, 이후 개인이 특정 상황에서 경험하는 외부자극에 의해 이러한 표상들이 의식적·비의식적으로 점화(시뮬레이션)되면서 개인이 수행하는 인지작용에 영향을 끼친다는 것이다. 개인이 특정 상황이나 사물에 지속적으로 노출되면 관련 표상들이 반복적 점화를 거치면서 관련 표상들 간 네트워크가 공고해지는데, 바살루는 이것이 곧 개념과 지식을 형성한다고 보며 연합 네트워크가 공고해짐에 따라서 실체적 사물이나 상황이 부재한 경우에도 관련 표상을 점차적으로 활성화할 수 있게 된다고 주장한다.

체화된 인지론은 이러한 인지작용의 상당 부분이 비의식적으로 일어난다고 가정한다. 즉, 개인이 의식하지 못하더라도 외부자극에 의해 지각적 표상체계 내의 표상이 점화되면서 관련 네트워크의 활성화가 일어나 인지적·정서적·정의적 수행과 판단에 영향을 미치게 된다는 것이다. 예를 들어, 사람들이 따듯한 음료를 마실 때 차가운 음료를 마실 때보다 타인에 대해 보다 우호적으로 판단하게 될 가능성이 높은 것으로 나타나는데(Williams & Bargh, 2008), 이는 따듯함과 연합되어 있는 네트워크 내의 긍정적 표상(엄마의 온기, 사랑, 편안함 등)이 활성화되면서 개인의 판단에 비의식적으로 영향을 미쳤기 때문이라는 것이다. 같은 맥락에서 개인이 딱딱한 의자보다는 편안한 의자에 앉아 있을 때 의사결정에 보다 관대한 경향성을 나타내는 것(Ackerman et al., 2010)도 신체적 감각이 지각적 표상체계를 통해 개인의 인지적 작용에 개입한 것으로 이해할 수 있다.

영유아기 인지발달에 있어 신체조작과 감각운동적 경험의 직접적 영향력과 중요성은 이미 오래전부터 코메니우스(Comenius), 페스탈로치(Pestalozzi), 프뢰벨(Fröbel), 몬테소리(Montessori) 등에 의해 강조되어왔으며, 1950년대 피아제(Piaget)가 과학적 실험과 검증, 관찰 및 분석을 통해 인지발달 단계를 구분해 제시하면서 보다 구체화되고 인생 초기 인지발달을 규정하는 대표적 특성으로 자리 잡게 되었다. 그러나 체화주의 인지론에서는 피아제 및 전통적 관점과 달리, 인지의 체화적 특성이 영유아기뿐 아니라 평생에 걸쳐 나타나는 인간 사고작용의 특성이라고 바라본다. 더불어 체화주의 인지론은 감각운동적 경험을 통한 표상의 형성을 넘어서서 인지작용에 있어서 보다 적극적인 신체의 개입과 지원 및 제약까지를 가정한다는 점에서, 피아제를 비롯한 기존의 발달심리학적 관점보다 광범위한 '인지의 체화성'을 가정한다고 볼 수 있다(차기주 외, 2022b).

체화된 인지적 관점이 유아교육에 제공하는 시사점을 정리하여 제시한 연구(차기주 외, 2022b)는 이를 반영한 실제로서 ①다양한 감각적 경험을 제공하고 활용하는 교육, ②언어뿐 아니라 신체적 조작과 운동, 체험을 중심으로 하는 교육, ③놀이 및 활동의 과정에서 다양한 외적 표상을 활용하는 교육, ④유아의 주체성 및 자유로운 탐색을 보장하는 교육, ⑤사회적 상호작용을 기반으로 하는 교육, ⑥체화적 학습 지원 멀티미디어를 직접 경험하게 하고 보완적으로 활용하는 교육, ⑦체화된 인지를 극대화하는 공간에서 제공하는 교육의 7가지를 제안하였다. 이 중 앞선 6가지는 교육적 측면에서 교육과정을 운영하는 가운데 고려해야 할 점이라면 마지막 '체화된 인지를 극대화하는 유아교육기관의 공간'은 공간의 설계 단계부터 고려해야 하는 점이다. 따라서 이에 대해 보다 자세히 살펴보면 다음과 같다.

첫째, 체화주의 인지이론의 핵심적 개념인 지각적 표상체계와 시뮬레이션을 적용해보면 물리적 공간이 다감각적 점화 및 시뮬레이션을 불러일으킬 수 있어야 한다는 시사점을 얻을 수 있는데, 이러한 장치 중 하나가 보는 것만으로 촉각 시뮬레이션을 불러일으키는 '햅틱 인상'이다. 거칠거칠하거나 붓질의 결이 살아 있는 표면의 벽, 보드라운 소재의 카우치, 금속 소재의 의자 등을 바라보면 과거의 경험에 의해 이러한 표면을 직접 만졌을 때 촉각을 담당했던 표상이 활성화되고 비의식적으로 그 촉각을 재경험하게 된다. 이러한 햅틱 인상은 지각적 표상체계의 형성이 이루어지는 영유아기에 직접적으로 다양한 촉각적 경험에 누적적·반복적으로 노출되면서 공고화될 수 있다. 따라서 유아교육기관의 공간은 천연의 자연소재로 구성하여야 한다. 눈속임을 위한 모조품이나 질 낮은 재료로 만들어진 가구나 소품, 교구 등은 일시적 착시를 통해 지각적 표상체계의 활성화를 잠시 불러일으킬지 모르지만, 직접적 조작을 통해 풍부한 감각적 경험을 제공하기 어렵다. 또한 기존의 감각적 표상과 어긋나는 촉각 경험, 저질의 감촉을 줄 수 있다. 따라서 이러한 잘못된 표상 경험을 제공하지 않기 위해서는 나뭇결이 살아 있는 가구나 소품, 조화가 아닌 나뭇잎의 결과 향을 느낄 수 있는 식물과 생화, 폭신함이나 결과 향을 느낄 수 있는 다양한 소재의 소품(러그, 쿠션, 태피스트리, 용기(container) 등), 각종 소재의 놀잇감 등을 제공할 수 있어야 한다.

둘째, 비의식적으로 활성화될 수 있는 표상들이 긍정적일 때 유아교육기관에 대한 긍정적 기억과 경험이 누적되며, 이후 성장하는 과정에서 노출되는 기타 공간들에 대한 인식의 기초가 긍정적으로 형성될 수 있다. 때문에 유아교육기관의 공간은 쾌적한 환경에서 편안함과 온기를 제공할 수 있어야 하고, 심적으로 아름답고 과하지 않은 수준의 햅틱 인상을 제공하며, 기타 유쾌한 감각자극들(자연의 소리나 향 등)이 적절히 어우러지는 공간이 되어야 한다. 긍정적 감각경험의 점화를 촉발할 수 있는 다양한 은유적 디자인을 가미하는 것 역시 유아교육기관의 공간에 대한 비의식적 호감 형성뿐 아니라 심미적·창의적 역량 함양에 도움을 줄 수 있다.

셋째, 자유롭고 다양한 신체움직임을 지원하고 유아의 신체크기와 운동능력에 적합한 다양한 장치와 설비들을 구비해야 한다. 이는 유아들의 동선을 다양하게 유도하고, 다양한 대근육의 움직임과 전정감각의 사용을 유도할 수 있는 각종 장치 구비 및 디자인 포함의 필요성을 시사한다. 예를 들어, 타고 오를 수 있는 벽, 매달리거나 걷고 누울 수 있는 사다리나 그물망, 경사로 등은 유아들로 하여금 자기수용감각, 내수용감각, 전정감각의 내향적 감각과 시각, 청각, 촉각 등의 외향적 감각까지 통합적으로 자극할 수 있는 장치들인 것이다.

　　마지막으로 유아들의 성인 및 또래들에 대한 관찰과 소통을 지원할 수 있는 투명 소재와 거울 등의 적절한 배치와 사용, 내외부 창의 형태와 크기, 배치 등도 공간 설계 시부터 고려해야 할 요소이다.

2-2) 어포던스

　　생태심리학자인 깁슨(Gibson,1977)에 의해 처음 제안된 개념이자 신조어인 '어포던스(affordances)'는 흔히 환경의 '행위지원성(행동지원성)' 혹은 '행위유도성'으로 번역된다. 깁슨은 어포던스를 행위자의 필요에 따라 변화하지 않는 고유의 속성으로 설명하였다. 반면 1980년대에 어포던스의 개념을 'HCI(Human-Computer Interaction) 및 제품 디자인'에 적용하면서 그 의미를 변화·발전시킨 인지심리학자 노먼(Norman, 1988, 1990, 1999)은 어포던스를 행위자의 경험과 지식, 문화에 의해 달라질 수 있는 것으로 가정하였다.

　　어포던스는 적용 분야(인지심리, 환경심리, 교육심리, 교육공학, 산업디자인, 건축 등)에 따라 다소 차별적 의미와 범위를 지닌다. 그러나 일반적으로는 "물리적 환경이나 사물이 지니는 물적 특성(형태, 구성 물질, 크기 등)이 개인의 고유 특성(경험, 지식, 문화, 키와 신체운동 능력, 동기와 필요, 발달수준 등)과 어우러져 사용자의 특정 행동을 지원하거나 유도하게 되는 환경과 사물의 특성", "개인의 행동을 유발하는 환경이나 사물의 특징(속성, 단서, 정보 등)"(박태정, 2015; Hartson, 2003)을 의미한다. 즉, 유기체가 물리적 환경에 대한 능동적 지각과 해석에 기반하여 행동을 수행하게 된다는 관점에서 인간이 특정 행동을 하도록 혹은 할 수 있도록 유도·지원하는 공간 및 사물의 물리적, 기능적 특성(잠재력)을 의미한다고 정리해볼 수 있다. 예를 들어, 특정한 높이의 턱은 성인과 아이의 키 차이에 따라 앉을 수 있는 의자가 되기도 하고 서서 기대야 하는 지지대가 되기도 한다. 또한 다리의 피로감이 심해 쉴 곳이 필요한 사람에게는 인지되기도 하고 쉼에 대한 동기가 없는 이에게는 인지되지 않기도 한다(Gibson, 1979).

　　개인과 환경, 특히 아동과 환경과의 관계에 주목한 키타(Kyttä, 2002, 2004)는 어포던스를 실현된 어포던스(actualized affordance)와 잠재적 어포던스(potential affordance)로 분류하였다. 환경에 내재되어 있는 어포던스를 '잠재된 어포던스'로 명명하고, 그 가운데 개인이 지각하고(perceived), 사용한(utilized) 혹은 만들어낸(shaped) 어포던스를 '실현된 어포던스'라 칭하여 이 둘을 구분하였다. 잠재적 어포던스는 '환경'에, 실현된 어포던스는 '개인'에게 존재하는 것으로 볼 수 있으며, 어포던스의 실현 정도는 개인의 특성(목적과 의도, 동기, 문화, 발달수준 등)에 따라 달라질 수 있다(Kyttä, 2002, 2004).

　　전반적으로 온오프라인 공간 및 기기, 사물(제품)의 디자인에 있어 개인이 수행할 수 있거나 수행해야 하는 행동에 대한 단서를 공간과 사물이 얼마나 잘 제공하는지, 행위를 얼마나 쉽게 수행할 수 있도록 디자인이 구현되어 있는지 등이 어포던스의 주요한 개념 요소라고 볼 수 있다. 어포던스가 제품 및 공간 디자인 등에서 중요하게 고려되는 이유는 사물이나 공간은 복잡한 추론이나 판단 등 상위수준의 인지적 처리과정이나 사전지식 없이 '직관적으로' 행위를 유발할 수 있어야 하기 때문이다. 직관은 저장된 경험지식을 비의식적으로 사용하는 인지적 과정의 하나로, 사전경험의 유무와 정도, 장기기억 등에 의해 영향을 받는 것으로 알려져 있다(Dreyfus, 2014). 바로 이 지점에서 어포던스와 체화된 인지가 만나게 됨을 알 수 있다. 개인이 의식하거나 기억하지 못하지만 신체를 사용하여 체험한 경험은 몸에 기억되었다가 이를 촉발시키는 외부자극이나 상황(환경이나 사물)이 주어졌을 때 자연스럽게 되살아나 개인의 직관적 판단과 수행으로 이어지게 되는데, 이것이 바로 환경이나 사물이 갖는 어포던스이며 이러한 인지과정의 주요 메커니즘을 설명하는 이론이 체화된 인지이다. 다시 말해 경험의 축적으로서의 개인은 '잠재적 어포던스'를 안고 있는 환경을 접하고 능동적 존재로서 '체화된 인지'를 동원하여 다양한 어포던스를 '실현'해가는 주체인 것이다.

　　교육 분야(교육심리, 교육공학)에서는 어포던스가 학습자의 학습이 잘 일어나도록 학습주체의 행동을 유발하고 지원하는 환경의 특징(단서, 속성, 정보 등)을 의미하는 것으로 사용된다. 이러한 관점에서 유아교육기관의 공간은 그 형태 및 공간을 구성하는 물질, 공간 내 각종 가구, 소품, 자료 등이 유아의 놀이 및 기타 주체적 행위에 대한 행위지원성을 갖추어 유아의 자존성 발달을 지원할 수 있도록 구성되어야 한다(Gibson, 1979). 유아교육기관 내 공간 크기와 천장, 창의 높이, 조명의 위치와 밝기, 공간 속 구조물이나 도구 등이 모두 유아의 행동에 영향을 미치며 다양한 행동 패턴을 유도할 수 있는 가능성을 지닌다(김효진, 2020). 특히, 놀이와 탐색을 위한 여러 가지 재료와 도구들은 다양한 행위(자르기, 긁기, 던지기, 쥐기, 매듭짜기, 누르기, 치기 등)를 유도할 수 있는 속성과 특징(질감, 색, 구성, 크기, 모양, 부피, 유연성, 단단함, 이동성 등)을 지닌 물체들로 구성되어야 한다(Gibson, 1979). 더불어 구조성이 낮은 다양한 비구조적 놀잇감(개방적 놀이자료)을 제공하는 것은 폭넓은 잠재적 어포던스를 지닌다는 점에서 다양한 행위를 유도하는 데 보다 유리하며 동시에 비고츠키(Vygotsky)가 그 교육적 가치를 높게 평가한 상징적 사고에 기초한 가작화 놀이(Bodrova & Leong, 2012)를 유도·지원한다는 측면에서 행위지원성과 고등정신 기능의 발달을 동시에 충족시키는 것이라고 볼 수 있다.

키타(Kyttä, 2002, 2003)는 환경이 유아에게 매력적이고 흥미로울 때 유아가 환경 내 사물과 요소를 지속적으로 탐색하게 되며, 이러한 행위가 또 다른 어포던스를 지각하도록 함으로써 '어포던스의 발견과 행위 간 지속적인 선순환'이 일어나게 된다고 말했다. 이러한 행위 속에서 유아는 성취감을 경험하며 자기효능감이 발달해간다는 것이다. 유아에게 매력적인 환경의 특성으로 개방성이 높은 사물과 적절한 정도의 도전적 요소가 많은 장소를 언급하는데, 이는 곧 다양한 유형의 비구조적·개방적 놀이자료의 제공이 어포던스의 지속적 탐색을 통한 인지적·사회정서적·신체운동적 발달로 이어질 수 있음을 시사한다.

어포던스는 적용 분야에 따라 다양한 하위 유형으로 구분되기도 하는데(물리적, 인지적, 감각적, 기능적, 동기적, 감성적 어포던스 등), 이 중 몇 가지만 소개하면 다음과 같다(박태정, 2015; Hartson, 2003). 첫째, 인지적 어포던스(cognitive affordance)는 공간이나 사물의 사용자로 하여금 대상이 의미하는 바를 쉽게 이해할 수 있도록 돕는 것으로, 예를 들면 특정 버튼에 그 의미를 명확하게 이해할 수 있는 명칭을 부여하는 것이다. 둘째, 물리적 어포던스(physical affordance)는 사용자가 신체를 사용하여 하고자 하는 행위를 돕거나 촉진하는 것으로, 예를 들면 사용자의 신체크기에 적합한 위치에 버튼을 배치하거나 누르거나 조작하기에 적합한 크기로 제시하는 것이다. 셋째, 기능적 어포던스(functional affordance)는 사용자가 과업을 보다 손쉽게 성취할 수 있도록 지원하는 것으로, 예를 들면 과업의 목적성을 고려하여 달성의 용이성을 높이는 기능을 포함시키는 것이나 목적과 관계없는 어포던스는 포함시키지 않아 절차를 간소화하는 것 등이 해당한다. 마지막으로 감각적 어포던스(sensory affordance)는 사용자로 하여금 환경이나 사물의 감각적 특성을 보다 쉽게 지각하고 활용할 수 있도록 돕는 것으로, 예를 들면 특정 버튼이 눈에 잘 띄도록 디자인하거나[발견가능성(noticeability)] 읽기 쉽게 디자인하는 것[가독성(legibility)], 다른 자극과의 식별이 쉽도록 디자인하는 것[식별가능성(discernability)] 등이 해당된다. 하트슨(Hartson, 2003)은 사물의 물리적 특성과 의미는 근본적으로 '감각'을 통해 인식되기 때문에 감각적 어포던스는 인지적, 물리적 어포던스를 지원한다고 가정했다.

이상의 어포던스 개념들을 유아교육기관의 공간 구성에 적용해보면 다음과 같은 의미를 지닌다. 첫째, 인지적 어포던스 측면에서는 환경 내 공간을 구분해주거나 방향 및 장애물, 위험요인을 안내해주는 각종 문자나 기호, 단서, 안내선 등의 의미가 명확히 전달될 수 있도록 디자인하여야 한다는 것을 의미한다.

둘째, 물리적 어포던스 측면에서는 유아들의 신체크기나 운동능력 등을 고려하여 공간 크기를 충분히 확보하고, 환경 내 구조물이나 가구, 각종 사물의 크기, 재료, 질감 등을 사용에 적합하도록 구성하여야 함을 의미한다.

셋째, 기능적 어포던스 측면에서는 유아교육기관 내 특정 공간과 영역이 본래적 의도와 목적에 맞는 행위를 지원하고 유도할 수 있는 구조와 시설·설비 등을 갖추거나 이동동선을 최적화해야 함을 의미한다. 예를 들어, 언어영역이나 도서실의 경우 외부 소음을 최대한 차단할 수 있도록 구성하고, 여러 학급 유아들이 동시에 사용하는 개별 학급과 실외공간 및 기타 활동실과의 연결 동선을 최적화하여 구성하는 것이 해당된다. 유아교육기관 내 특수목적 공간(도서실, 아뜰리에 등)을 제외한 학급 포함 다수의 놀이공간은 유아의 주체적 탐색과 어포던스 실현을 통한 창발적 놀이행동을 지원할 수 있어야 한다는 데 그 주된 기능이 있다. 때문에 역설적이게도 기능적 어포던스를 갖춘 공간은 자연과 같이 놀이자료와 함께 빈 공간을 다수 포함한 개방적 공간이어야 함을 시사한다. 이는 개정 누리과정의 시행과 함께 강조된 학급공간 외 복도, 현관, 계단 등의 적극적이고 창의적인 활용과도 일맥상통한다. 학급뿐 아니라 진입(입구) 및 연결(복도와 통로) 공간, 중심공간(홀, 테라스, 공용공간 등)에서도 유아들이 발견할 수 있는 어포던스가 무궁무진함을 기억하고, 유아 놀이의 진화에 따라 지각·실현되는 어포던스에 맞추어 지속적 환경 지원을 해나가야 함을 시사한다.

넷째, 감각적 어포던스 측면에서는 환경 내 실별·영역별 의미를 전달하기 위한 단서와 기호 등을 글자를 모르거나 식별 능력이 상대적으로 떨어지는 어린 유아들도 이해하기 쉽도록 눈에 잘 띄는 색을 조합하여 사용하거나 글과 문자를 함께 제시하고, 최상의 감각적 지각이 이루어질 수 있는 환경 상태를 지원하도록 구성하여야 함을 의미한다. 예를 들어, 책을 읽기 위해서는 밝고 아늑한 상태, 빛의 속성과 결합 등을 탐색하기 위해서는 빛 자극 외 주변이 다소 어두운 상태가 마련될 수 있도록 하는 것이다.

이상의 특성들을 아울러 종합해보면, 연속적인 어포던스에 대한 지각과 어포던스의 실현을 불러일으킬 수 있는 '이동성(mobility)'과 '자유로운 탐색 행위'를 보장하는 이상적 공간은 다음과 같은 요건을 갖추어야 한다. 첫째, 빈 공간을 지녀 넓고 개방적이며, 다양한 영역으로 구성되어야 한다. 둘째, 유아의 행위에 대해 즉각적인 피드백을 제공하면서도 실패에 대한 허용과 도전을 허락하는 실외 자연과의 접근성이 높아야 한다. 셋째, 사물과 공간의 기능과 용도가 유아에게 저절로 이해되고 직관적 사용이 이루어질 수 있어야 한다. 넷째, 공간이 개방적 놀이자료를 포함한 다양한 유형의 놀잇감과 자료로 구성되어 유아의 창의적·발산적 사고를 자극할 수 있어야 한다. 다섯째, 적절한 정도의 신체적 도전을 유도하는 역동적 환경이어야 한다. 자기조절력이 약해 '지각된 어포던스'가 바로 행위로 이어지는 영유아들에게 자신의 신체운동 능력으로 조절 및 감당할 수 있는 적절한 수준의 모험을 무릅쓰게 하는 것은 자신의 신체능력의 한계를 시험하면서 동시에 어포던스에 대한 인지능력을 향상시켜줄 수 있는 것이다(차기주, 최지은, 2023).

2-3) 감각처리 및 요구에서의 차별성

개인이 외부로부터 다양한 감각정보(시각, 촉각, 청각, 운동감각, 중력 등)를 받아들이는 것을 '감각처리(sensory processing)'라고 하며, 이러한 외부 감각정보에 대해 적절하게 반응하고 이를 효과적으로 사용하는 능력을 '감각통합(sensory integration)'이라고 한다(Lynch & Simpson, 2004). 감각통합은 감각처리의 일부분으로 다양한 감각기관을 통해 들어오는 정보들을 분류하고 통합하여 적응적 반응을 일으키도록 한다. 이는 개인의 활동수준에 영향을 끼쳐 신체운동 감각의 발달에 영향을 미치는 것으로도 알려져 있다. 또한 타인과의 언어적 상호작용을 통한 관계 형성 및 사회성 발달, 주의집중과 과제몰입을 통한 학습 및 인지적 발달과도 관련성을 지닌다(신지연 외, 2005; Miller & Miller-Kuhaneck, 2006). 이러한 이유로 감각통합이 급격히 발달하는 인생 초기에는 감각처리능력의 발달이 잘 이루어질 수 있도록 각 유아에게 적합한 환경을 제공하는 것이 중요하다. 특히 '놀이'는 활동 몰입과 몰입 유지를 위해 다양한 감각적 정보를 효율적으로 처리하고 통합하는 능력, 그리고 물적·인적 환경과 상호작용하기 위해 이러한 정보를 효과적으로 사용할 수 있는 능력을 자연스럽게 함양시킨다. 바로 이 점에서 영유아기의 놀이는 감각통합 발달의 주요한 수단이므로 유아교육기관의 공간은 감각통합 발달을 이끌수 있는 다양한 유형의 적절한 놀이자료와 도구를 제공할 수 있어야 한다.

모든 영유아들은 외부로부터의 정보를 처리하고 반응하는 능력에 있어 차별적이며, 자신에게 적정하다고 느끼는 감각적 자극의 수준에 있어서도 차별적이다. 즉 똑같은 자극이라 할지라도 특정 유아에게는 과자극(overstimulation)이거나 스트레스일 수 있고, 또 다른 유아에게는 저자극(understimulation)일 수 있다(Cha, 2024). 아동들이 특정 상황에서 나타내는 행동 특성(동적인 아동 vs. 정적인 아동)은 사실상 감각처리의 하위 두 차원 간 상호작용에 의해 일어나는 것으로 가정되는데(Dunn, 1997), 그 2가지 차원은 '신경적 임계치(neurological threshold)'와 '행동적 반응(behavioral response)'이다.

먼저 신경적 임계치는 환경에서 들어오는 자극이 아동의 신경 체계를 활성화할 때 어느 정도 강렬해야 아동이 이를 감지할 수 있는지 그 수준을 의미한다. 즉 임계치가 낮은 아동은 낮은 수준의 외부자극도 쉽게 알아차리는 반면, 임계치가 높은 아동은 보다 강렬한 수준의 자극이 제시될 때에만 이를 알아차릴 수 있다. 따라서 후자의 경우에는 다른 아동들이 느끼는 정보들을 쉽게 놓칠 수 있기 때문에 이런 아동의 주의를 끌기 위해서는 이름을 여러 번 부르거나 신체를 직접 접촉해야 하기도 한다(예를 들어, 이름을 부르며 어깨를 손으로 짚는 행동을 함). 반면에 신경적 임계치가 낮은 아동은 낮은 수준의 자극에 대해서도 민감하게 반응한다.

다음으로 행동적 반응은 외부자극에 대해 아동이 나타내는 행동적 전략으로, 수동적인 것에서 적극적인 것까지 나타날 수 있다. 수동적 전략을 구사하는

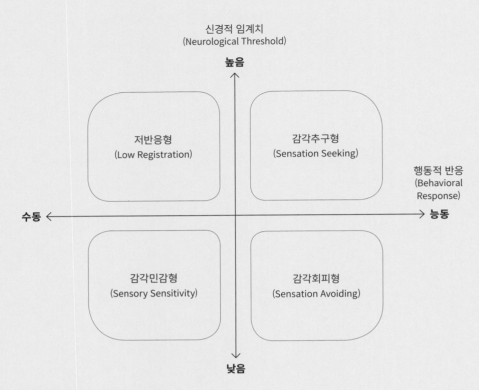

신경적 임계치
(Neurological Threshold)

높음

| 저반응형 (Low Registration) | 감각추구형 (Sensation Seeking) |

행동적 반응
(Behavioral
Response)

수동 ← → 능동

| 감각민감형 (Sensory Sensitivity) | 감각회피형 (Sensation Avoiding) |

낮음

[그림 6] 감각처리 모형

아동의 경우 불쾌하게 느껴지는 외적 자극에 대해 수동적으로 반응하며(예를 들어, 찡그린 표정을 짓거나, 몸을 움츠리고, 불평하는 등의 모습을 보임) 불편한 상황에서 즉각적으로 반응을 나타내지는 않고 추후에 불편함을 표출할 수 있다. 이와 반대로 적극적 행동 전략을 구사하는 아동은 불쾌한 자극은 즉각적으로 피하고 유쾌한 자극은 적극적으로 추구하려는 반응을 보인다. 예를 들어 공간에서 풍기는 특정 향(odor)이 싫다면 그 공간에서 바로 벗어나려는 모습을 보이고, 반대로 마음에 드는 촉각적 자극이 있다면 그 감각을 더 추구하기 위해 손으로 직접 해당 사물을 더 많이 쥐고 만지려는 반응을 보인다(Dunn, 1997). 신경적 임계치와 행동적 반응에서의 적극성 정도는 각 차원에서 높고 낮음에 따라 [그림 6]과 같이 저반응형(low registration), 감각민감형(sensory sensitivity), 자극추구형(sensation seeking), 자극회피형(sensation avoiding)의 4가지 유형으로 구분된다(Dunn, 1997).

　　첫 번째 '저반응형'은 신경적 임계치가 높은 가운데 수동적 행동반응 전략을 구사하는 유형으로 '방관자형(sensory bystander)'으로 불리기도 한다. 이들은 높은 자극 수준을 요구하기 때문에 특정 활동에 주의를 기울이기 어려워하면서 특별히 흥미를 나타내는 활동이 없는 모습으로 주로 관찰된다. 주변 상황을 잘 알아차리지 못하고 많이 지루해하거나, 하루 동안 있었던 일을 회상하기 어려워하고 신체의 작은 상처나 멍이 어떻게 생긴 것인지 잘 알지 못하는 등의 특징이 있다. 이 유형의 아동은 많은 양과 높은 수준의 자극을 필요로 하지만 이를 적극적으로 추구하지 않기 때문에 이들을 위해서는 환경에서 보다 강렬한 자극을 추구할 수 있는 사물, 매체 및 활동시간(예를 들어 크게 소리치는 활동을 하거나, 시각적으로 자극적인 그림, 향이 강한 음식 등을 제시함)을 제공하여야 한다.

두 번째 '감각민감형'은 낮은 신경적 임계치로 자극을 매우 민감하게 느끼지만 대응은 수동적으로 하는 유형이다. 이 유형의 아동들은 주변 자극에 의해 주의가 쉽게 분산되고 하나의 과제에 몰입하기 어려워하는 모습을 보인다. 또 짜증을 쉽게 잘 내고 특정한 반응이나 루틴을 고집하는 모습을 나타내기도 한다. 환경상의 변화를 쉽고 빠르게 알아채지만 행동반응에서는 수동적 전략을 구사하기 때문에 상황의 변화를 알아챘음에도 즉각적인 반응을 보이지 않고 지연된 반응을 보일 수 있다. 즉, 과자극이 주어지는 즉시의 상황이 아니라 그 이후에 자극에 대한 반응을 표출할 수 있는 것이다.

세 번째 '자극추구형'은 신경적 임계치가 높으면서 적극적 행동반응을 구사하는 유형이다. 이 유형의 아동들은 매우 동적이며 자신이 선호하는 특정 감각자극을 추구하기 위해 환경을 지속적으로 탐색하는 모습을 보인다. 예를 들어 시각적 자극을 선호하는 아동은 환경을 계속 둘러보고, 촉각적 자극을 추구하는 아동은 모든 것을 만지려고 하는 모습 등을 보이는데, 이러한 행동이 가끔 다른 아동들의 활동을 방해하거나 신체를 직접적으로 만지는 등의 행위로 나타나 문제가 발생하기도 한다.

네 번째 '감각회피형'은 낮은 신경적 임계치를 지녀 외부자극에 민감하면서 동시에 이를 회피하고자 하는 적극적 대응 전략을 구사하는 유형이다. 민감성이 높아 외부자극에 쉽게 동요되며 주의가 분산되기 쉽기 때문에 활동에 몰입하기 어려워하고, 불편하게 느끼는 상황이나 자극을 즉각적으로 회피하는 모습을 보인다. 예를 들어 손에 무엇이 묻는 것을 불편해하는 아동은 모래놀이, 손바닥 그림 그리기 같은 활동을 하지 않으려 하거나 장갑을 끼려고 할 수 있다. 또는 청각적 자극에 민감한 아동은 상황으로부터 도피하기 위해 손으로 귀를 막아버릴 수 있다. 이들은 주로 학급에서 혼자 조용히 놀이를 하거나 소수의 또래들과 어울리는 것을 선호한다.

유아는 감각자극에 대한 예민도뿐 아니라 선호하는 감각자극 및 정보자극의 표상양식과 처리속도에서도 차별적이다. 개인들은 저마다 상대적으로 선호하는 자극의 표상양식(시각, 청각, 신체운동, 읽고 쓰기 등)을 지니는데, 제공되는 정보의 양식이나 제시 순서가 아동의 선호와 일치할 때 학습이 더 잘 이루어진다는 보고가 있다(도경수, 황혜란, 2006; Grigorenko & Sternberg, 1995; Rayner & Riding, 1997). 또한 유아들이 나타내는 특정 양식의 정보처리 능숙도가 학습 결과에서의 차이로 이어질 수 있다는 보고도 있다(박윤현 외, 2021). 따라서 개인이 지닌 감각정보 등 외부 정보처리에서의 선호 및 능숙도로 인해 피해를 보는 유아가 발생하지 않도록 유아교육기관의 환경 및 자료의 구성이 다양한 양식의 감각 처리에 기반함으로써 개별 유아가 지니고 있는 차별적 요구를 반영할 수 있어야 하겠다.

인간의 인지처리 시스템에 관한 연구들은 시청각 정보를 동시적으로 제공할 때가 각 정보를 단일한 양식으로 분리하여 연속적으로 제시하는 것(예를 들어, 시각적 정보를 제시한 후 청각적 정보를 제시함)보다 학습효과가 더 높다는 것을 보여준다(Ginns, 2006; 박윤현 외, 2021). 이는 유아교육기관의 공간, 놀이자료 및 각종 도구를 통해 전달되는 정보가 어느 한 가지 표상양식으로 한정되기보다는 되도록 여러 감각들을 동시에 자극할 수 있는 다중양식적 형태를 지니는 것이 교육적으로 바람직함을 의미한다. 이는 또한 다중양식 지각 표상체계에 기반하고 있는 인지의 체화적 특성을 지지하는 교수적 접근이라고도 할 수 있다(차기주 외, 2022b).

2-4) 장소성

특정 '공간'은 그 공간에서의 경험과 기억이 어우러져 특별한 의미를 지니는 '장소'로 거듭난다. 객관적, 물리적 특성으로 정의되던 공간은 공간과 개인 간 상호작용을 통해 형성되는 경험과 체험, 가치, 기억 등을 통해 '관념적이고 관계적이며, 상대적인 의미'를 지니는 '장소'로 변화하게 되는데, 이를 공간의 '장소화'라고 한다(서동진, 김주연, 2022).

이러한 장소가 가지게 되는 특별한 의미와 관련하여 가장 많이 언급되는 개념으로 '장소성'이 있다. 장소성은 아직까지 통일된 정의 없이 유사한 개념들(장소감, 장소정체성 등)과 혼용되고 있는데, 일반적으로 장소성(placeness)은 '특정 장소가 갖게 되는 고유의 독특한 정체성', '특정 장소가 드러내는 특별한 성격' 혹은 '장소의 본질, 장소가 지니는 의미, 인간이 체험을 통해 형성하는 물리적 공간에 대한 인식'을 의미한다(서동진, 김주연, 2022; 홍성희 외, 2011). 장소성 관련 개념으로서 '장소감(sense of place)'은 개인이 특정 장소의 고유성과 특수성에 대해 느끼는 감정 혹은 인식을 의미한다. 장소에 대한 인식 중 정서적 측면과 관련된 또 다른 개념으로 '장소애착'이 있다. 장소애착은 장소성을 형성하는 하위 요인 중 하나로(서동진, 김주연, 2022), 명칭에서 알 수 있듯이 특정 장소에 대한 애착, 즉 특정 장소에 대해 개인이 느끼는 친밀한 정서 혹은 정서적 유대감을 의미한다.

장소성의 형성에 있어서 핵심적 요인은 '공간, 인간의 행위(행태), 시간'으로, 이 세 요인이 '경험'을 통해 '의미'를 형성하게 될 때 장소성이 발생된다고 본다(홍성희 외, 2011). 모든 장소에서 개인에게 유의미한 경험이 일어나지는 않기 때문에 모든 장소가 모든 개인에게 장소성의 형성을 유발하지는 않는다. 그러나 유아교육기관의 공간은 장소성이 발생될 수 있는 높은 가능성을 지니고 있다. 성격이 차별적인 개별적 실내외 '공간영역'이 존재하며, 그 가운데 유아들이 개성이 다른 또래 및 성인들과 '다양한 놀이와 활동'을 하고, '시간의 흐름' 속에서 저마다 다채로운 감정을 경험하고 성장하기에 장소감과 장소애착이 발생하고 그 장소에 대한 의미를 형성할 수 있다.

장소성을 지닌 유아교육기관의 공간을 구성하기 위한 조건으로서 올즈(Olds, 2009)는 ①자연과 관련된 곳, ②감각적으로 풍요로운 곳, ③영역성과 소유권이 인정되는 곳, ④사적이고 외부침입이 통제되는 곳, ⑤아무것도 하지 않아도 개인의 존재가 강조되는 곳, ⑥규제 없이 자유롭게 놀이할 수 있는 곳, ⑦성인으로부터 신뢰받을 수 있는 곳을 제안하였다.

올즈는 또한 장소성을 지닌 장소의 특성으로서 다음과 같은 7가지를 제안하였다. 첫 번째는 자연광이 비추는 곳으로, 하루 및 계절의 흐름에 따라 변화하는 일광의 색과 온도, 방향 등이 장소에 다양한 변화를 주기 때문이라고 설명한다. 두 번째 특성은 '동일성 가운데에서의 변화'로, 다양한 형태의 자극과 미묘한 변화가 있는 환경을 제안한다. 세 번째 특성은 '안전'이다. 위험에 노출되어 있다는 인식은 불안을 유발하여 지속적 스트레스 상태를 유발하고 면역을 포함한 건강을 해칠 수 있기 때문에 휴식과 안정을 취할 수 있는 다양한 속성의 공간 및 영역성과 프라이버시가 존중될 수 있는 안전한 환경을 제안한다. 네 번째 특성은 '아름다움'으로, 시각적으로 지나치게 압도적이지 않으면서도 공간의 기능성을 지원하는 심미적 환경을 제안한다. 다섯 번째 특성은 '자연과 부지의 조화로움', 여섯 번째는 '인간과 장소의 정체성'으로, 이는 물리적 환경뿐 아니라 그 내부를 구성하는 개인들이 상호작용을 통해 함께 성장하면서 의미를 형성해가는 측면을 강조한 것이다. 일곱 번째 특성은 '대비'로 안과 밖, 위와 아래, 밝음과 어둠, 거칠음과 부드러움, 있음과 없음, 질서와 신비의 6가지 대비가 어우러진 환경을 제안한다.

올즈가 제안한 이상의 내용을 종합해보면 이 책의 지침 구성에 바탕이 된 유아의 선천적 욕구와 필요, 그에 따른 행동적 특성으로서의 환경심리행태적 특성(차기주, 2022) 및 공간의 성격(차기주 외, 2021)과 일맥상통한다. 즉 유아는 '편리하고 쾌적하며 프라이버시가 보장된 안전한 환경에서 안정감과 정서적 이완을 경험하고, 오감 및 각종 운동감각 등의 자극을 추구하면서 만족감을 경험하며, 자율적 성취와 통제를 통해 유능감을 경험하고, 아름다움과 시각적 동적 에너지를 추구하면서 그에 따른 감상을 음미하고, 타인과 관계 맺으며 유대감을 형성하기도' 하는 그런 존재인 것이다. 이러한 측면에서 결국 '장소성을 지닌 장소'란 개인이 지닌 심리행태적 특성을 거스르지 않고 이러한 심리적 욕구와 필요를 충족시켜줌으로써 긍정적 경험과 자극, 만족감이 누적되어 장소에 대한 애착과 유의미성으로 연결될 수 있는 곳이다.

1장

편리하고
쾌적하며 안전한 공간

1절

적합성

: 공간 내 시설, 설비, 가구의 조건과 상태가 유아의
 신체 및 발달에 적합한 특성

○ **관련 심리행태적 특성 :**
 » 편리지향성
  : 신체적 조건 및 환경적 요구에 적합하여 사용과 조
   절이 쉽고 편리한 공간, 사물, 매체를 선호하는 성향

○ **추구하는 인간상 :**
 » 건강한 사람, 자주적인 사람

○ **주요 관련 핵심역량 :**
 » 자기관리 역량

　　유아는 개인의 편리함과 용이함을 지향하고자 하는 성향(편리지향성)을 지닌다(차기주, 2022). 따라서 유아교육기관의 공간은 이러한 심리행태적 특성에 기반하여 유아가 자유롭게 신체를 움직일 수 있으며, 유아의 신체크기와 발달에 적합하게 편의성, 접근성, 편안함 등을 지원하는 물리적 특성을 갖추어야 한다. 이는 유아의 자유로운 신체움직임, 신체크기와 발달에 적합하게 충분한 공간을 확보하여 공간이 과밀해지지 않도록 해야 한다는 것을 의미한다. 또한 유아기는 신체적 성장과 변화가 급격한 시기인 만큼 유아의 신체발달 및 연령에 적합한 인체공학적 가구를 구비하고 가구 크기와 높이의 다양성을 확보해야 한다. 이를 공간의 '적합성'이라고 하며(차기주 외, 2021), 공간의 규모, 가구 등의 공간 요소를 통해 이를 구현할 수 있다.

　　적합성을 갖춘 유아교육기관의 공간을 구성하기 위해 참고할 수 있는 자체 점검 항목을 '건축디자인 계획' 측면과 '교육적 사용 및 실제' 측면으로 구분해 제시하면 다음과 같다.

표 1-1-1 공간의 '적합성' 관련 「건축디자인 계획」 측면 자체 점검 체크리스트

계획범주	계획요소	학급	공용/매개			건축디자인 계획		충족 여부	
			진입	중심	연결	지침	하위 항목	예	아니오
규모 및 배치 계획	공통		●	●	●	공간의 시설·설비는 유니버설디자인을 따른다.	연령, 성별, 국적, 장애 유무 등과 관계없이 누구나 편안하게 이용할 수 있도록 계획한다.		
	공간면적	●				(학급의) 전체 공간 면적을 적정한 규모로 확보한다.	「고등학교 이하 각급 학교 설립·운영 규정」 [별표 1]에 의거하여 교사(校舍)의 기준면적은 학생이 40명 이하일 때는 5Nm²(N=학생 수)이며, 41명 이상일 때는 80+3Nm²을 확보한다.		
							「영유아보육법 시행규칙」 [별표 1]에 의거하여 보육실을 포함한 전체 시설 면적(놀이터 면적 제외)은 영유아 1인당 4.29m² 이상을 확보한다.		
							(예시) 영유아의 1인당 연면적을 6.8m²로 제안한다.		
		●				(학급의) 1인당 공간 면적을 적정한 규모로 확보한다.	「영유아보육법 시행규칙」 [별표 1]에 의거하여 보육실은 영유아 1인당 2.64m² 이상을 확보한다.		
							(예시) 유아 1인당 학급 면적을 3m² 이상 확보하도록 제안한다.		
		●	●	●	●	천장의 높이가 적정하다.	실내공간에서 천장 높이를 최소 2.7m 이상 확보하고, 바닥에서 보까지의 높이는 최소 2.4m, 경사형 천장의 평균 높이는 최소 2.7m 이상 확보한다.		
		●				(학급 내) 통로의 폭을 통행이 용이한 수준으로 확보한다.	평균 등너비가 영아는 약 20cm, 유아는 약 24-26cm임을 고려할 때 학급 내 적정 통로의 폭은 약 100cm 이상이어야 한다.		
	이동공간			●	●	복도의 너비와 길이가 적정하다.	「건축물의 피난·방화구조 등의 기준에 관한 규칙」 제15조의2에 준용하여 복도의 유효너비는 양옆에 거실이 있는 복도의 경우(중복도 등) 2.4m 이상, 기타 복도(편복도 등)의 경우 1.8m 이상을 확보해야 한다.		
							유아교육기관의 실내에서 통로로 사용되는 복도의 길이는 일반적으로 23m를 넘지 않도록 하며, 6.1m 이상의 막다른 통로를 설치하지 않도록 계획한다.		
							모든 학급에서 비상탈출구로 향하는 출입문과 비상탈출구 간 거리는 30m를 초과해서는 안 되며, 실내의 모든 지점에서 출입구까지의 거리는 45m를 초과할 수 없다.		

계획범주	계획요소	학급	공용/매개			지침	건축디자인 계획 하위 항목	충족 여부 예	아니오
			진입	중심	연결				
규모 및 배치 계획	이동공간			●	●	계단과 손잡이 및 난간의 높이, 폭, 너비 등이 유아의 신체크기에 적합하다.	유아교육기관 내부에 설치되는 계단의 유효너비는 「주택건설기준 등에 관한 규정」 제16조에 준용하여 120cm 이상으로 설치한다.		
							계단 높이는 법률상 18cm로 명시되어 있으나, 유아의 신체구조를 고려하여 16cm 이하를 확보한다.		
							예시 계단 디자인 시 높이는 16cm 이하, 디딤폭은 26cm 이상, 너비는 140cm 이상(피난층 직통계단의 경우 120cm) 확보하도록 제안한다.		
							계단에 설치하는 손잡이는 성인용과는 별도로 계단 바닥에서 60~70cm 높이에 보조 손잡이를 설치한다.		
							손잡이는 최대지름이 3.2cm 이상, 3.8cm 이하인 원형 또는 타원형의 단면으로 한다.		
							손잡이는 벽등으로부터 5cm 이상 떨어지도록 하고, 계단으로부터의 높이는 85cm를 확보한다.		
							계단이 끝나는 수평 부분에서의 손잡이는 바깥쪽으로 30cm 이상 확보한다.		
							난간 디자인 시, 유아가 난간에 올라가거나 난간 사이로 지나갈 수 없도록 높이는 68.6cm 이상, 간격은 10.8cm 이하를 확보한다.		
	가구		●		●	개인별 사물함과 신발장을 구비한다.	사물함의 크기는 한 유아당 1.1~2.2m²(0.34~0.67평)의 충분한 공간을 확보한다.		
	개구부		●			출입문은 유아가 열고 닫기에 적합하다.	유아를 위한 학급의 실내 출입문은 조작이 용이한 형태, 즉 유아가 스스로 문을 열 수 있는 형태로 설치한다.		
							예시 미닫이문이나 여닫이문으로 설치한다.		
							유아가 쉽게 열 수 있도록 문이 너무 무겁지 않아야 한다.		
							문이 천천히 닫히도록 도어체크를 설치한다.		
							문을 쉽게 열 수 있도록 충분한 측면 공간을 확보한다.		
							예시 미닫이문의 경우 90cm 이상 유효폭을 확보한다.		

계획범주	계획요소	학급	공용/매개			건축디자인 계획		충족 여부	
			진입	중심	연결	지침	하위 항목	예	아니오
							실내 출입문의 손잡이 크기는 유아가 손으로 만질 수 있는 정도가 적합하며, 손잡이의 위치는 유아의 허리와 눈높이 사이로 계획한다.		
							예시 다양한 성장단계의 유아가 열기 쉽도록 손잡이의 중앙점을 바닥으로부터 80~90cm 범위에 설치한다.		
							유아의 신체를 고려하여 손의 크기나 악력에 상관없이 열기 쉬운 손잡이의 형태(세로봉/일자형, 레버형 손잡이 등)를 갖추도록 계획한다.		
							예시 세로봉/일자형 손잡이의 경우, 다양한 키의 유아가 잡기 용이하도록 60cm 이상의 충분한 길이로 한다.		
		●	●	●	●	창문은 유아가 창밖을 조망하기 적절한 높이에 설치한다.	유아교육기관의 창문 높이는 유아가 외부환경을 직접 조망할 수 있도록 창문을 낮게 설치한다.		
							예시 영아의 경우 적정 창문의 높이는 바닥에서 높이 50~60cm를 권장한다.		
							예시 유아의 경우 적정 창문의 높이는 바닥에서 높이 60~70cm를 권장한다.		
마감재 계획	바닥	●	●	●	●	바닥 마감재는 가구, 자료, 설비 이동 및 유아의 신체움직임에 적합하다.	유아교육기관의 바닥 마감재는 사고의 위험을 줄이고 소음을 줄이기 위해 탄력성이 있는 재료를 사용하여 유아의 발디딤이 좋은 것으로 계획한다.		
							유아의 안전을 위해 유아가 뛰거나 걷거나 넘어져도 부상이 적은 부드러운 재질을 권장하고, 청소하기에도 용이한 것으로 계획한다.		
							방수, 방청, 미끄럼방지 처리가 된 마감재로 계획한다.		
		●	●	●	●	바닥 마감재는 가구, 자료, 설비 이동에 대한 내구성을 갖춘다.	충격흡수 바닥재(EQ 플로어, 이지엄, 쿠션매트 등)를 설치한다.		
							예시 유아의 신체움직임 및 내구성, 공간의 기능에 적합한 유아교육기관 실내 권장 바닥 마감재는 리놀륨, 코르크, 탄성코트, PVC우븐(직물) 바닥재, 후로링, 타일 등을 제안한다.		
	벽과 천장	●	●	●	●	벽과 천장은 각종 전시물이나 자료 등의 탈부착이 용이한 것으로 구성한다.	벽과 천장은 내구성이 좋은 표면재를 사용해야 하며, 탈부착이 용이한 기능을 지원할 수 있는 마감재를 계획한다.		
							예시 자석벽 마감, 코르크 마감, 철판 자석 마감, 페그보드 마감, 목재 타공판 마감 등을 제안한다.		

표 1-1-2 공간의 '적합성' 관련 「교육적 사용 및 실제」 측면 자체 점검 체크리스트

계획 범주	계획 요소	학급	공용/매개			교육적 사용 및 실제		충족 여부	
			진입	중심	연결	지침	하위 항목	예	아니오
규모 및 배치 계획	실크기	●				(학급의) 유효활동 면적을 적정한 규모로 확보한다.	학급의 유효활동 면적을 적정 수준으로 확보하기 위해서는 현재 교실의 상태가 적정한지, 공간이 협소하지 않은지, 교실 공간이 최대한으로 활용되고 있는지, 사용되지 않는 공간이 있는지, 교실의 흥미영역이 효율적으로 배치되어 있는지, 교실에서 유아가 원활하게 이동할 수 있는지 등 문제점을 파악해야 한다.		
							문제점을 파악한 후, 이를 해결할 수 있는 다각적인 방법을 모색하여 최선의 대책을 수립한다.		
							예시 놀잇감의 용도를 조사하여 자주 사용되는 것만 배치하고 그렇지 않은 놀잇감들은 정리한다.		
							예시 수납공간이 많은 교구장을 배치한다.		
							예시 2층 놀이집을 설치하여 제한된 면적을 넓게 활용한다.		
마감재 계획	가구		●			책상이나 의자의 종류와 수량을 적절히 확보한다.	책상의 모양(네모, 원, 팔각형, 사다리형, 도넛형 등)과 크기, 높이[고정용(낮은 책상, 높은 책상), 높이조절가능용 등]는 배치하고자 하는 영역에 따라 융통적으로 결정한다.		
							예시 조형영역에 배치하기 위한 책상은 유아 4~8명이 함께 사용할 수 있도록 반원 2개와 직사각형 1개로 구성된 높고 큰 책상을 준비한다.		
							예시 언어영역의 경우, 유아가 편안한 분위기에서 책을 읽을 수 있도록 낮은 책상을 준비한다.		
							예시 수조작영역의 경우, 여러 명의 유아가 마주 앉아 판을 이용한 그룹게임을 하기 위한 책상이라면 정사각형(혹은 사다리꼴형)의 낮고 작은 책상을 준비한다.		
							입식과 좌식으로 모든 유아가 앉을 수 있을 만큼의 적절한 수량을 확보한다.		
			●			[학급] 가구(책꽂이, 책상, 의자 등)의 높이와 크기가 유아의 신체크기에 적합하다.	유아교육기관 내 학급과 공용공간의 가구는 유아의 신체크기 및 신체적 눈높이에 맞아야 한다.		
							예시 책상의 높이는 (의자 앉는 면의 높이)+(앉은키×1/3)-1cm를 권장한다.		
							예시 의자의 앉는 면의 높이는 발에서 무릎까지의 높이-1cm, 등받이 중심 높이는 앉은키×0.3cm, 앉는 면 너비는 앉은 엉덩이 너비+5cm, 앉는 면 깊이는 엉덩이에서 오금까지의 길이×0.85cm, 의자의 총 길이는 책상 높이+4cm를 권장한다.		
			●	●	●	[공용] 가구(개인사물함, 신발장, 책꽂이, 교구장, 소파, 의자 등)의 높이와 크기가 유아의 신체크기에 적합하다.	예시 의자 높이는 30~40cm, 폭은 30~45cm, 의자 상판에서 책상 상판의 하단까지의 간격은 25~30cm를 권장한다.		
							예시 유아의 눈높이를 고려하고 손이 닿을 수 있는 높이의 교구장을 구비한다.		
							예시 개인사물함 크기와 가로·깊이는 동일하게 약 30cm, 높이는 120~130cm를 권장한다.		

| 계획범주 | 계획요소 | 학급 | 공용/매개 | | | 교육적 사용 및 실제 | | 충족 여부 | |
			진입	중심	연결	지침	하위 항목	예	아니오
마감재 계획	가구	●				[학급] 가구(책상, 의자, 교구장)의 소재와 무게, 크기가 유아가 이동하기에 용이하다.	유아교육기관 내 가구는 견고하면서 가벼운 재질로 만들고, 이동식 가구(교구장, 사물함 등)는 바퀴가 달려 있어야 하며, 바닥이나 가구의 손상 없이 쉽게 이동할 수 있는 것을 권장한다.		
			●	●	●	[공용] 가구(책꽂이, 교구장, 소파, 의자)의 소재와 무게, 크기가 유아가 이동하기에 용이하다.	예시 의자의 무게는 유아가 혼자 들어서 나를 수 있도록 3.6~4.6kg을 초과하지 않도록 한다.		
							예시 책상은 유아들이 협동해서 들 정도의 무게가 적당하다.		
			●		●	개인별 사물함과 신발장을 구비한다.	개인별 사물함의 모양은 문 없이 용도에 따라 분류하여 보관할 수 있도록 실내화를 두는 곳, 옷과 가방을 두는 곳, 서랍 등으로 구분한다.		
							개인별 사물함에는 유아가 쉽게 본인의 장을 찾을 수 있도록 이름, 사진, 그림 등 각 유아만의 자기 표식 그림을 붙여줄 수 있으며, 연령에 따라 변화를 준다.		
							예시 만 3세 이하는 자기 표식 그림과 본인의 사진을 붙여줄 수 있으며, 본인의 이름을 쓰고 식별할 수 있는 만 5세가 되면 반 표시와 함께 이름, 사진 등을 붙인다.		

이상의 자체 점검 체크리스트를 기반으로 공간의 '적합성' 관련 가이드라인을 제안하면 다음과 같다.

건축디자인 계획

지침1 — (학급의) 전체 공간면적을 적정한 규모로 확보한다.

| 계획범주 | 규모 및 배치 계획
| 계획요소 | 공간면적

모든 개인은 자신이 오롯이 통제할 수 있는 자신만의 공간을 소유하고 그 공간 안에서 사물의 배치 및 타인에 대한 출입 등을 자유롭게 조절하고자 하는 통제의 욕구를 지니며, 동시에 외부의 지나친 자극을 차단함으로써 심리적 안정감과 편안함을 추구하고자 하는 안락함에 대한 욕구 역시 지니고 있다(차기주, 2022). 이러한 선천적 욕구를 충족시키기 위해서 유아교육기관의 디자인 시 전체 공간면적을 적정한 규모로 확보할 수 있어야 한다.

유치원의 실내외 시설 관련법은 「영유아보육법 시행규칙」과 「고등학교 이하 각급 학교 설립·운영 규정」에 제시되어 있으며, 어린이집의 실내외 시설 관련법은 「영유아보육법 시행규칙」에 제시되어 있다(김은영 외, 2009). 이들 내용을 각각 살펴보면 다음과 같다. 「고등학교 이하 각급 학교 설립·운영 규정」[별표 1]에 의거하면, 교사(校舍)[1]의 기준면적은 학생이 40명 이하일 때는 5Nm²(N=학생 수)이며, 41명 이상일 때는 80+3Nm²(N=학생 수)을 확보해야 한다. 「영유아보육법 시행규칙」 [별표 1]에 의거하면, 보육실을 포함한 전체 시설 면적(놀이터 면적 제외)은 유아 1인당 4.29m² 이상을 확보하도록 계획해야 한다. 그런데 이러한 우리나라의 기준은 유아 1인당 최소 연면적[2]이 7.9m²(Olds, 2000/2009)인 미국과 비교하면 큰 차이가 있다. 이에 근거하여 김은영 외(2009)는 우리나라 현실을 고려하되, 상향조정하는 방향에서 유아의 1인당 연면적을 6.8m²로 제안하였다.

[1]
교사(校舍)란 교실, 도서실 등 교수학습활동에 직·간접적으로 필요한 시설물을 의미한다.

[2]
연면적이란 건축물의 바닥면적을 모두 합한 것을 의미한다.

지침2 — (학급의) 1인당 공간면적을 적정한 규모로 확보한다.

| 계획범주 | 규모 및 배치 계획
| 계획요소 | 공간면적

「고등학교 이하 각급 학교 설립·운영 규정」[별표 1]에 의거하면, 교실 총면적은 2.2Nm²(N=학생 수)로 명시하고 있다. 즉, 학급의 공간면적은 유아 1인당 2.2m² 이상을 확보하도록 계획해야 한다. 「영유아보육법 시행규칙」[별표 1]에 의거하면, 보육실은 유아 1인당 2.64m² 이상을 확보하도록 계획해야 한다.

학급 면적의 적정기준에 대해서는 여러 연구에서 다양하게 제시하고 있다. 예를 들어, 유아 1인당 3.6~4.1m² 정도가 유아의 사회화에 가장 적절하다고 보고하고 있다(Olds, 2000/2009). 미국이나 일본의 경우, 유아 1인당 학급 전용면적은 최소 3.2~4.95m²로 규정하고 있다. OECD 평균 유아 1인당 최소면적기준에 의거하면, 유치원 실내공간은 2.9m²이며 어린이집 실내공간은 3.6m²(김상호 외, 2016)이다.

즉, 우리나라 기준과는 비교적 큰 차이를 보이고 있다.

선행연구에 따르면, 1인당 학급 면적이 좁으면 불필요한 다툼과 갈등이 많아지고, 넓으면 사회적 상호작용이 저하된다고 한다. 특히 샤피로(Shapiro, 1975)의 연구 결과, 유아 1인당 면적이 2.7m²일 때는 비참여 행동이나 방관자적 행동 및 목적 없이 빈둥거리는 행동이 가장 많이 나타났다. 반면 1인당 면적이 2.7~4.5m²로 증가하였을 때는 비참여 행동이 감소한 반면, 4.5m² 이상으로 넓어진 경우에는 비참여 행동이 다시 증가하였다. 이러한 결과는 적정 수준의 학급 면적을 확보할 필요성을 시사한다.

이에 근거하여 김은영 외(2009)는 우리나라 현실을 고려하되 상향조정하는 방향에서 1인당 학급공간의 적정 면적을 유아 3.0m², 영아 3.2m²로 제안하였다. 영아의 경우 유아에 비해 0.2m²를 추가한 이유는 보육실에는 기저귀갈이대 등 생활공간과 대근육 활동공간이 필요하기 때문이라고 밝히고 있다. 이는 서울특별시 디자인정책과(2021)에서 유아 1인당 학급 면적을 3m² 이상 확보하도록 권장한 바와 맥을 같이 한다.

지침3 · 천장의 높이가 적정해야 한다.

| 계획범주 | 규모 및 배치 계획
| 계획요소 | 공간면적

많은 선행연구에 따르면, 천장이 낮을 경우 조용한 정적 행위가 촉진되며, 천장이 높을 경우 활동적 행위가 촉진되는 경향이 있다고 한다. 이에 근거하여 조용한 영역에는 낮은 천장을, 활동공간에는 높은 천장을 사용하여 다양한 천장 높이 활용을 제안하고 있다(김은영 외, 2009; 백선정 외, 2016). 예를 들어, 다목적실 혹은 대근육 활동공간은 활동하기에 넓고 융통성 있는 공간으로 높은 천장이 적합하다. 다만, 천장이 너무 높으면 유아에게 지배적 느낌을 줄 수 있고, 천장이 너무 낮으면 공기 순환이 어려워 비위생적(Decker & Decker, 2001)일 수 있기에 적정 높이를 갖추는 것이 중요하다.

이를 토대로 〈국공립어린이집 디자인가이드라인 설정 연구〉(김상호 외, 2016)에서는 실내공간의 천장 높이를 최소 2.7m 이상 확보하고, 바닥에서 보[3]까지의 높이는 최소 2.4m, 경사형 천장의 경우 평균 높이를 최소 2.7m 이상 확보하도록 제안하였다. 김은영 외(2009) 역시 적정 천장 높이로 2.7~3.0m의 평평한 구조가 바람직하다고 제안하였다.

3)
보란 건물 혹은 구조물의 형틀 부분을 구성하는 수평부재를 의미한다.

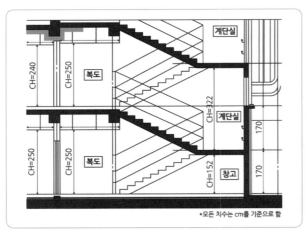

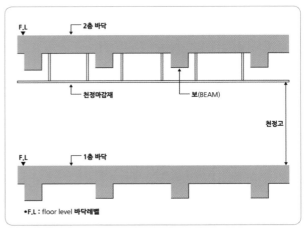

[그림 1-1-1] 어린이집의 천장, 바닥에서 보까지, 경사형 천장, 최소 높이 확보 관련 설계 예

[그림 1-1-2] 각 명칭의 예(보, 천정고)

지침4   (학급 내) 통로의 폭은 통행이 용이한 수준으로 확보한다.

| 계획범주 | 규모 및 배치 계획
| 계획요소 | 공간면적

    통로가 혼란스러우면 유아가 이동을 꺼릴 수 있고, 여러 활동 및 놀이를 방해받기 쉬우며, 교사가 유아를 감독 및 지도하기 어려워진다(백선정 외, 2016). 이러한 사실은 통로의 폭을 통행이 용이한 수준으로 확보할 필요성을 시사한다.

    학급 내 통로 디자인 시, 유아가 학급 내 통로를 다니면서 각각의 개방된 공간에서 무엇을 할 수 있을지를 살펴볼 수 있도록 통로 공간을 각 놀이영역(흥미영역) 둘레에 두도록 계획해야 한다. 통로의 형태는 학급 내 각 공간의 연결에 따라 다양할 수 있으나, 각 놀이영역(흥미영역)을 방해하지 않도록 동선을 계획해야 한다. 더불어 학급 내 출입문과 연결되는 출입 동선은 직선으로 계획하는 것이 바람직하다(백선정 외, 2016). 또한 통행을 용이한 수준으로 확보하기 위해서는 통행에 장애가 되는 물건을 미리 제거하도록 한다. 예를 들어, 이동식 놀이기구는 동선을 방해하지 않는 위치에 보관하도록 한다. 평균 등너비가 영아는 약 20cm, 유아는 약 24~26cm(한국디자인진흥원, 2012)임을 고려할 때, 학급 내 적정 통로의 폭은 약 100cm 이상이어야 한다.

지침5   복도의 너비와 길이가 적정해야 한다.

| 계획범주 | 규모 및 배치 계획
| 계획요소 | 이동공간

    각 학급의 유아는 복도에서 다른 유아나 어른 등과 직접적·간접적 접촉을 갖는다(백선정 외, 2016; GSA, 2003). 복도에서 유아는 다른 학급의 내부를 바라볼 수 있어야 하며, 유아의 통행 및 피난이 자유롭도록 복도는 적정한 너비와 길이를 갖추어야 한다. 「건축물의 피난·방화구조 등의 기준에 관한 규칙」 제15조의2에 준

용하여 유아교육기관 실내 복도의 유효너비는 양옆에 거실이 있는 복도의 경우(중복도 등)는 2.4m 이상을 확보하며, 기타 복도(편복도 등)의 경우 1.8m 이상을 확보하도록 계획한다. 다만, 해당 층에서 해당 용도로 쓰는 바닥면적의 합계가 500m² 미만인 경우 복도의 너비는 1.5m 이상이어야 하며, 당해 층 바닥면적의 합계가 500m²이상 1000m² 미만인 경우에는 1.8m 이상, 당해 층 바닥면적의 합계가 1000m² 이상인 경우에는 2.4m 이상을 확보해야 한다.

유아교육기관의 실내에서 통로로 사용되는 복도의 길이는 일반적으로 23m를 넘지 않도록 계획해야 하며, 6.1m 이상의 막다른 통로를 설치하지 않도록 유의해야 한다. 막다른 통로는 화재 등 재해 시 피난에 문제가 있기에 되도록 설치하지 않도록 유의해야 한다. 특히, 모든 학급에서 비상탈출구를 향하는 출입문과 비상탈출구의 거리는 30m를 초과하여서는 안 되며, 실내의 모든 지점에서 출입구까지의 거리는 45m를 초과할 수 없다(김상호 외, 2016).

또한 유아교육기관의 복도는 반대편에 대한 시야가 확보될 수 있는 너비와 길이로 계획하여야 한다. 이에 따라 반대편을 볼 수 없는 곡선형 통로를 권장하지 않는 의견(김상호 외, 2016)도 있으나, 심미성이나 역동성과 같은 디자인 측면에서 곡선형 통로를 설치할 필요도 있기에 해당 경우에는 반대편에서 진입하는 개인이나 사물에 대해 일정한 안전거리를 확보할 수 있는 곡률로 계획하여 설계하여야 한다.

지침6 계단과 손잡이 및 난간의 높이, 폭, 너비 등이 유아의 신체크기에 적합해야 한다.

| 계획범주 | 규모 및 배치 계획
| 계획요소 | 이동공간

유아교육기관 내부에 설치되는 계단의 유효너비는 「주택건설기준 등에 관한 규정」 제16조에 준용하여 120cm 이상으로 설치해야 한다. 다만, 계단 높이는 법률상 18cm로 명시되어 있으나, 유아의 신체구조를 고려하여 16cm 이하를 확보하도록 제안한다(김상호 외, 2015). 더불어 일본 유치원 시설정비 지침에 따른 유치원 안전관련 평가지표에 의거하면(김은영 외, 2009), 유아교육기관의 계단을 디자인할 때 높이는 16cm 이하, 디딤폭은 26cm 이상, 너비는 140cm 이상(피난층 직통계단의 경우 120cm)을 확보하도록 계획할 수 있다. 유아들은 보행 시 산만해지거나 균형을 잡기 어려울 수 있으므로 지나치게 회전이 급격한 형태로는 계단을 디자인하지 않는 것이 바람직하다.

계단에 설치하는 손잡이는 성인용과는 별도로 계단바닥에서 60~70cm 높이에 보조 손잡이를 설치해야 한다. 더불어 계단이 끝나는 수평 부분의 손잡이는 유아의 안전을 고려하여 제거하거나 아래로 향하도록 제안하고 있다(김상호 외, 2016). 그 외 기타 계단의 설치에 관해서는 「건축물의 피난·방화구조 등의 기준에 관한 규칙」 제15조에 준용하며 그 기준은 다음과 같다. 유아교육기관의 주계단

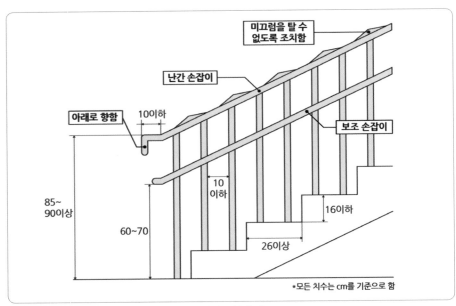

[그림 1-1-3] 계단, 손잡이, 난간의 권장 치수 및 안전 조치의 예

과 피난계단 또는 특별피난계단에 설치하는 난간은 유아의 이동에 안전하고 편리한 구조로 하여야 하며, 양쪽에 벽등이 있어 난간이 없는 경우에는 손잡이를 설치해야 한다. 손잡이는 최대지름이 3.2cm 이상 3.8cm 이하인 원형 또는 타원형의 단면으로 해야 한다. 손잡이는 벽등으로부터 5cm 이상 떨어지도록 하고, 계단으로부터의 높이는 85cm를 확보해야 한다. 계단이 끝나는 수평 부분에서의 손잡이는 바깥쪽으로 30cm 이상 나오도록 계획해야 한다.

유아교육기관의 난간을 디자인할 때는 유아가 난간에 올라가거나 난간 사이로 지나갈 수 없도록 높이는 68.6cm 이상, 간격은 10.8cm 이하를 확보하도록 계획한다(김은영 외, 2009). 난간 높이는 유아가 밟고 올라가지 않도록 적정 높이를 확보해야 하며, 난간의 간살 간격은 유아의 머리가 낄 위험이 있으므로 촘촘하게 설치해야 한다.

≫ 계단 난간의 간살에 대한 내용은 p.90 '안전성'의 건축디자인 계획 [지침 5], p. 99 교육적 사용 및 실제 [지침 3] 참고

지침7 개인별 사물함과 신발장을 구비한다.

| 계획범주 | 규모 및 배치 계획
| 계획요소 | 가구

모든 개인은 자신이 오롯이 통제할 수 있는 자신만의 공간을 소유하고 그 공간 안에서 사물의 배치 및 타인에 대한 출입 등을 자유롭게 조절하고자 하는 통제의 욕구 및 프라이버시에 대한 욕구를 지닌다(차기주, 2022). 이러한 선천적 욕구를 충족시키기 위해서 유아교육기관 디자인 시, 유아 개인별 사물함과 신발장을 마련하고, 사물함 하나의 크기는 한 유아당 1.1~2.2m²(0.34~0.67평)의 충분한 공

간을 확보하도록 계획한다(백선정 외, 2016). 유아교육기관 내에서 유아 개인의 소지품을 정리하고 보관하는 공간은 실내 면적 및 주요 가구 배치, 실내외 출입 등을 고려해 적절히 배치해야 한다.

≫ 유아의 연령을 고려한 개인사물함과 사물함의 크기는 p.51 '적합성'의 교육적 사용 및 실제 [지침 3] 참고

지침8   출입문은 유아가 열고 닫기에 적합해야 한다.

| **계획범주** | 규모 및 배치 계획
| **계획요소** | 개구부

「영유아보육법 시행규칙」[별표 1]에서는 비상문을 제외한 모든 출입문은 안쪽에서 잠길 우려가 없어야 하고, 밖에서 쉽게 열 수 있어야 함을 명시하고 있다. 이를 자세히 살펴보면 다음과 같다.

유아를 위한 학급의 실내 출입문은 유아가 조작하기 용이한 형태, 즉 유아가 스스로 문을 열 수 있는 형태(미닫이문, 여닫이문 등)로 설치하되, 유아가 쉽게 열 수 있도록 문이 너무 무겁지 않아야 하며(김상호 외, 2016), 천천히 닫히도록 도어체크를 설치하는 것이 바람직하다(서울특별시 문화관광디자인본부, 2011). 예를 들어, 실내 출입문은 손 보호대가 설치되어 있는 목재 미닫이문을 설치하는 것을 권장한다(김상호 외, 2015). 또한 문의 넓이는 부피가 큰 물건을 옮길 수 있을 정도로 충분히 넓은 것으로 계획한다(백선정 외, 2016).

문의 종류에 따라 문을 쉽게 열 수 있도록 충분한 측면 공간을 고려하며, 적정 측면 공간을 확보하도록 계획해야 한다(서울특별시 문화관광디자인본부, 2011). 예를 들어, 미닫이문의 경우 90cm 이상 유효폭을 확보하도록 계획하는 것이 바람직하다.

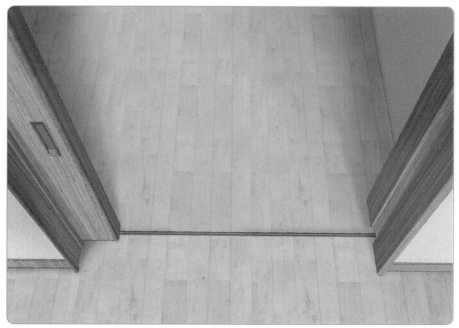

[그림 1-1-4] 안전한 문턱 및 미닫이문 레일을 설치한 예

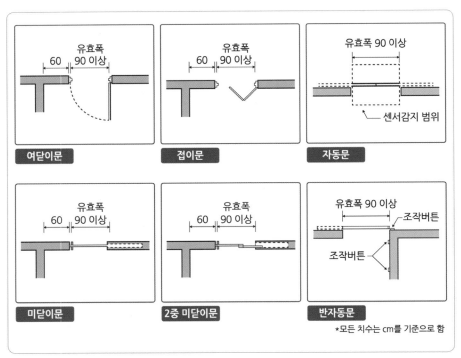

[그림 1-1-5] 실내 출입문 종류에 따라 적정 측면 공간을 확보한 예

    실내 출입문의 손잡이 크기는 유아가 손으로 만질 수 있는 정도가 적합하며, 손잡이의 위치는 유아의 허리와 눈높이 사이로 계획한다(백선정 외, 2016). 예를 들어, 실내 출입문의 손잡이는 다양한 성장단계의 유아가 열기 쉽도록 손잡이의 중앙점을 바닥으로부터 80~90cm의 범위에 설치한다. 또한 유아의 신체를 고려하여 손의 크기나 악력에 상관없이 열기 쉬운 손잡이의 형태(세로봉/일자형, 레버형 손잡이 등)를 갖추도록 계획한다. 예를 들어, 세로봉/일자형 손잡이의 경우에는 다양한 키의 유아가 잡기 용이하도록 60cm 이상의 충분한 길이로 한다(서울특별시 문화관광디자인본부, 2011).

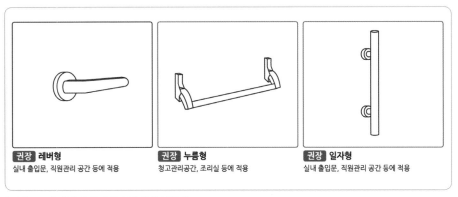

[그림 1-1-6] 실내 출입문의 손잡이 유형의 예

지침9 | 창문은 유아가 창밖을 조망하기 적절한 높이에 설치한다.

| **계획범주** | 규모 및 배치 계획
| **계획요소** | 개구부

유아교육기관의 창문 높이는 유아가 외부환경을 직접 조망할 수 있도록 창문을 낮게 설치하는 것이 바람직하며, 이는 연령별 신체크기에 따라 적정 높이가 다르다. 예를 들어, 영아의 경우 적정 창문의 높이는 바닥에서 높이 50~60cm이며, 유아의 경우는 바닥에서 높이 60~70cm를 권장하고 있다(백선정 외, 2016). 이와 비슷하게, 영아반의 창은 바닥에서 30.5cm 높이에 설치하고, 유아반의 창은 바닥에서 60.9~76.2cm 정도 높이에 설치하는 것을 권장한다(Olds, 2000/2009). 이를 토대로 영아반의 적정 창문 높이는 바닥에서 높이 30.5~70cm를 권장하며, 유아반은 바닥에서 높이 60~76.2cm로 제안할 수 있다. 유아가 보는 모든 창문은 안전유리로 설치해야 하며, 특히 영아반의 경우 창문의 창틀을 만들지 않아 영아들이 창문틀에 기어올라가는 것을 사전에 방지하는 것이 바람직하다(백선정 외, 2016).

[그림 1-1-7] 적정 창문 높이의 예

지침10 | 바닥 마감재는 가구, 자료, 설비 이동에 대한 내구성을 갖추어 유아의 신체움직임에 적합해야 한다.

| **계획범주** | 마감재 계획
| **계획요소** | 바닥

유아교육기관에서 유아는 바닥에서 구르고, 눕고, 뛰고, 엎드리는 등의 활동적인 생활을 많이 하므로 실내 바닥 마감재를 선정할 때 이러한 특성을 충분히 고려하고 배려하여야 한다. 예를 들어 유아교육기관의 바닥 마감재는 사고의 위험을 줄이고 소음을 줄이기 위해 탄력성이 있는 재료를 사용하여 유아의 발디딤이 좋아야 하며, 유아의 안전을 위해 유아가 뛰거나 걷거나 넘어져도 부상이

적은 부드러운 재질을 권장하고, 청소가 용이한 것으로 계획하는 것이 바람직하다(김은영 외, 2009). 또한 방수, 방청, 미끄럼방지 처리가 된 마감재를 사용해야 하며, 충격흡수 바닥재(EQ 플로어, 이지엄, 쿠션매트 등)를 설치할 수 있다(김상호 외, 2015). 더불어 놀이영역(흥미영역)에 따른 유아의 신체움직임이 효율적으로 이루어질 수 있도록 놀이영역(흥미영역)에 따라 각기 다른 재질로 구성할 수 있다. 예를 들어, 실내의 조형영역, 물모래놀이영역, 간식영역 등은 더러워져도 쉽게 청소가 가능한 재질로 구성한다(이정환, 김희진, 2013).

또한 유아들은 놀이 및 활동이 많으므로 유아교육기관 바닥 마감재는 무거운 것도 견딜 수 있는 내구성을 지녀야 한다(백선정 외, 2016). 예를 들어, 유아가 바퀴 달린 놀잇감을 가지고 놀이하거나, 교사나 성인이 바퀴 달린 무거운 교구장이나 가구를 옮길 수 있도록 단단한 내구성을 지닌 바닥을 제공하는 것이 바람직하다. 혹은 내구성을 강화 또는 보완하기 위한 장치 설치를 고려할 수 있다.

≫ 내구성 및 난연·불연성 소재로 적합한 실내 권장 바닥 마감재에 대한 내용은 p.92 '안전성'의 건축디자인 계획 [지침 6] 참고

지침11　　　　　　　　　　벽과 천장은 각종 전시물이나 자료 등의 탈부착이 용이한 것으로 구성한다.

| **계획범주** | 마감재 계획
| **계획요소** | 벽과 천장

시각적 표상은 유아의 인지적 과정을 돕거나 촉진한다(차기주 외, 2022b). 특히 2차원 표상으로서 사진, 그림, 표, 다이어그램, 그래프뿐만 아니라 3차원 표상으로서 각종 입체 모형 및 구성물 등은 유아 스스로 본인의 아이디어를 구체적으로 표상하는 데 고무적 기능을 할 수 있기 때문에 유아교육기관의 벽과 천장은 고정적인 것이 아니라 다양한 표상을 전시함으로써 교사와 유아가 융통성 있게 변화를 줄 수 있도록 환경 구성을 계획하는 것이 바람직하다(백선정 외, 2016). 다만 너무 자주 바뀌면 유아의 정서적 안정을 해칠 염려가 있으므로 1개월에 1, 2회 정도로 재구성하거나 일부에만 변화를 주어 다양하면서도 정서적인 안정감을 줄 수 있는 환경을 제공하는 것이 바람직하다(이숙재, 2019).

일반적으로 학급 내 벽에 부착하는 설비로는 태극기, 벽걸이 시계, 칠판 등을 필수 사항으로 정하고 있다(김은영 외, 2009). 그 외 학급 내 벽에 탈부착이 가능한 설비로는 출석판, 그림시간표, 급간식 당번표, 놀이영역(흥미영역) 표시판, 유아들 구성물 및 작품사진, 장식품 등이 있다. 따라서 유아교육기관의 벽과 천장은 내구성이 좋은 표면재를 사용해야 하며, 탈부착이 용이한 기능을 지원할 수 있는 마감재를 계획하여야 한다(자석벽 마감, 코르크 마감, 철판 자석 마감, 페그보드 마감, 목재 타공판 마감 등).

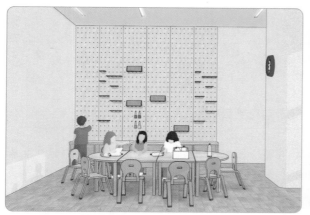

[그림 1-1-8] 목재 타공판으로 마감한 예

[그림 1-1-9] 코르크로 마감한 예

지침12　공간의 시설·설비는 유니버설디자인⁴⁾을 따라야 한다.

| **계획범주** | 공간디자인 계획
| **계획요소** | 공통

4)
유니버설디자인이란 '모든 사람을
위한 디자인(design for all)'
혹은 '보편적 디자인'으로 불린다.
연령, 성별, 국적, 장애의 유무
등과 관계없이 누구나 편안하게
이용할 수 있도록 건축, 환경,
서비스 등을 계획하고 설계하는
것을 의미한다.

유아교육기관 공간의 시설·설비를 디자인할 때는 연령, 성별, 국적, 장애 유무 등과 관계없이 누구나 편안하게 이용할 수 있도록 계획해야 한다. 즉, 사회적 약자를 포함한 다양한 사용자(each)에 대한 세심한 배려로 모두(all)가 존중받을 수 있는 사용자 친화 공간을 실현할 수 있어야 한다(서울특별시 문화관광디자인본부, 2011).

서울시에서 제시한 〈유니버설디자인 가이드라인〉의 5가지 원칙은 다음과 같다(서울특별시 문화관광디자인본부, 2011). 첫 번째는 자립지원성으로, 스스로 할 수 있고 하고 싶어지는 환경을 조성하여 자존감을 잃지 않도록 디자인하는 것이다. 두 번째는 안전성으로, 재해 및 범죄 등으로부터 안전하고 사고 등을 예방할 수 있도록 디자인하는 것이다. 세 번째는 인지성으로, 개인의 능력 차이에 따른 차별이 발생하지 않도록 누구나 이해하고 알 수 있게 디자인하는 것이다. 네 번째는 건강성으로, 신체 및 심리적으로 편안하고 쾌적하여 건강을 유지하고 향상시킬 수 있도록 혹은 사회적으로 건강을 도모할 수 있도록 디자인하는 것이다. 다섯 번째는 지속가능성으로, 과거와 현재는 물론 미래의 가치를 수용할 수 있도록 디자인하는 것이다.

교육적 사용 및 실제

(학급의) 유효활동 면적을 적정한 규모로 확보한다.

앞서 언급한 대로, 모든 개인은 자신이 오롯이 통제할 수 있는 자신만의 공간을 소유하고 그 공간 안에서 사물의 배치 및 타인에 대한 출입 등을 자유롭게 조절하고자 하는 통제의 욕구를 지니며, 동시에 외부의 지나친 자극을 차단함으로써 심리적 안정감과 편안함을 추구하고자 하는 안락함에 대한 욕구 역시 지니고 있다(차기주, 2022). 이러한 선천적 욕구를 충족시키기 위해서 유아교육기관을 디자인할 때는 전체 공간면적을 적정한 규모로 확보하여야 한다. 이에 근거하여 김은영 외(2009)는 1인당 학급공간의 적정 면적을 영아 3.2m², 유아 3.0m²로 제안하고 있다. 이는 서울특별시 디자인정책과(2021)에서 유아 1인당 학급 면적을 3m²이상 확보하도록 권장한 바와 맥을 같이 한다.

그러나 유아 1인당 적정 면적이 확보되었다 하더라도, 가구 면적 등으로 인해 실제 유아들이 활동 가능한 면적이 좁아지는 경우가 생길 수 있다. 이에 따라 유아들이 오롯이 공간을 확보하여 활동 및 놀이를 진행할 수 있는 공간을 '유효활동 면적(교실면적-고정식가구면적)'이라고 정의할 때, 유아들의 놀이와 활동에는 연면적보다 유효활동 면적이 훨씬 중요한 영향을 미친다.

면적이 넓은 교실에서 좁은 교실보다 주의력 조절이나 작업 기억과 같은 인지적 조절 과제의 수행이 높게 나타났다는 보고가 있다(Cha, 2023). 사회정서적 측면에서도 유효활동 면적이 넓으면 공격적 행동 및 대근육 놀이행동(달리기, 쫓기, 거친 신체놀이 등)이 감소하나 단독 놀이행동이 증가하는 반면, 유효활동 면적이 좁으면 신체적 접촉이 증가하여 공격적 행동 및 대근육 놀이행동이 증가한다는 보고도 있다(Smith & Connolly, 1980). 흥미로운 점은 스미스와 코놀리(Smith & Connolly, 1980) 연구에 의하면, 유아 1인당 공간이 6.9m²에서 2.3m²로 감소했을 때는 거의 영향을 받지 않았으나 2.3m²에서 1.4m²로 조밀해졌을 때는 공격적 행동, 대근육 놀이행동 및 집단놀이가 감소하는 것으로 나타났다. 이러한 결과는 적정 수준의 유효활동 면적을 확보할 필요성을 시사한다.

학급의 유효활동 면적을 적정 수준으로 확보하기 위해서는 현재 교실의 상태가 적정한지, 공간이 협소하지 않은지, 교실 공간이 최대한으로 활용되고 있는지, 사용되지 않는 공간은 없는지, 교실의 놀이영역(흥미영역)이 효율적으로 배치되어 있는지, 교실에서 유아가 원활하게 이동할 수 있는지 등과 같은 문제점을 우선적으로 파악하여야 한다(이숙재, 2019). 문제점을 파악한 후 이를 해결할 수 있는

[그림 1-1-10] 학급 내 유효활동면적을 확보하기 위해 책상/의자 수를 줄인 좌식생활 및 2층 놀이집을 설치한 예

다각적인 방법들을 모색하여 최선의 대책을 수립할 수 있어야 한다. 예를 들어 놀잇감의 용도를 조사하여 자주 사용하는 것만 배치하고 그렇지 않은 놀잇감들은 정리할 수 있다. 혹은 수납공간이 많은 교구장을 배치할 수 있으며, 2층 놀이집을 설치하여 제한된 면적을 넓게 활용할 수도 있다.

지침2 　　　　　책상이나 의자의 종류와 수량을 적절하게 확보한다.

유아교육기관 학급의 책상 종류와 수량은 놀이영역(흥미영역)별로 특성에 맞게 확보한다. 책상의 모양(네모, 원, 팔각형, 사다리꼴형, 도넛형 등)과 크기, 높이[고정용(낮은 책상, 높은 책상), 높이조절가능용 등]는 배치하고자 하는 영역에 따라 융통적으로 결정한다. 예를 들어, 조형영역의 경우는 한 작업에 오래 몰두하는 경우가 많으므로 유아 4~8명이 함께 사용할 수 있는 반원 2개와 직사각형 1개로 구성된 높고 큰 입식책상이 적당하다. 언어영역의 경우, 유아가 안락한 분위기에서 편안한 자세로 책을 읽을 수 있도록 낮은 책상을 준비할 수 있다. 또한 수조작영역의 경우, 여러 명이 마주 앉아 판을 이용한 그룹게임을 하기 위한 책상으로 정사각형(혹은 사다리형)의 낮고 작은 책상이 적당하다(이정환, 김희진, 2013).

유아교육기관 학급 내에는 인원 수(교사 수+유아 수)를 고려하여 의자를 구비해야 한다(김은영 외, 2009). 특히, 책상과 의자가 너무 많을 경우에는 유아의 자유로운 움직임을 방해하므로 주의해야 한다(서울특별시 디자인정책과, 2021). 또한 모든 유아가 의자를 활용한 입식으로 높은 책상 앞에 앉아서 간식(혹은 점심)을 먹지 않을 수 있다. 유아가 원한다면 좌식으로 앉아 낮은 책상에서도 먹을 수 있으므로 입식과 좌식으로 모든 유아가 자리를 잡을 수 있을 만큼의 적절한 수량을 확보하도록 한다.

[그림 1-1-11] 학급 내 다양한 책상(높은 책상)과 의자를 설치하고, 조형영역에 높은 책상을 배치한 예

[그림 1-1-12] 학급 내 다양한 책상(높은/낮은 책상)과 의자를 설치하고, 언어영역에 흔들의자를 배치한 예

학급과 공용공간의 가구(책꽂이, 책상, 의자 등/ 개인사물함, 신발장, 책꽂이, 교구장, 소파, 의자 등)의 높이와 크기가 유아의 신체크기에 적합해야 한다.

유아교육기관 내 학급과 공용공간의 가구는 유아의 신체크기 및 신체적 눈높이에 맞아야 한다. 인간의 인지는 기본적으로 체화적이기 때문에 유아의 신체크기, 즉 팔다리의 길이나 키에 따른 눈높이 등에 근본적으로 영향을 받는다. 이에 근거하여 유아교육기관 내 학급과 공용공간의 가구가 유아의 주의를 끌고 어포던스(affordance)[5]를 지니기 위해서는 기본적으로 유아의 신체크기, 눈높이 등을 고려해야 한다(차기주 외, 2022b).

유아의 신체크기에 적합한 가구는 유아의 바른 자세를 유지하는 데 도움을 줄 뿐만 아니라 신체발달에도 기여할 수 있다. 또한 교육적·발달적 효과도 지니는데, 유아는 타인의 도움 없이 혼자서 자율적으로 가구를 조작하거나 스스로 할 수 있는 일을 찾고 자신을 표현할 수 있는 기회를 제공받을 수 있기 때문이다.

우리나라에서는 소아청소년의 신장, 체중 등 신체계측치의 분포를 보여주는 성장도표를 보건복지부와 대한소아청소년과학회에서 공동으로 제정해 1967년부터 약 10년마다 발표하고 있다. 가장 최근 성장도표는 2017년 12월에 발표한 것으로 2017 소아청소년 성장도표(정은경, 2017) 신체발육표준치를 살펴보면 [표 1-1-3]과 같다. 유아교육기관 내 가구의 높이와 크기는 [표 1-1-3]의 기준에 부합해야 하며, 높이 조절이 가능한 가구 역시 해당 기준에 부합해야 한다.

유치원과 보육시설 시설·설비 기준 개발 연구(김은영 외, 2009)에서는 [표 1-1-4]와 같이 유아 신체크기에 적합한 구체적인 가이드라인을 제언한다.

5)
어포던스는 물체의 속성과 행위자의 능력 간의 관계성으로, 그 물체가 가능하면 어떻게 사용될 수 있을 것인지를 결정한다. 물체는 사람들이 그것들과 상호작용할 수 있는 방식에 대해 중요한 정보를 전달한다. 예를 들어, 의자는 받침을 제공하고 그로 인해 앉음을 지원한다.
≫ 보다 자세한 내용은 p. 21 「총론 – 2. 이론적 배경 중 2-2) 어포던스」를 참고

[표 1-1-3] 2017 소아청소년 성장도표 중 신체발육표준치

성별	연령	키높이	성별	연령	키높이
남아	만 0세	49.88~74.54cm	여아	만 0세	49.15~72.77cm
	만 1세	75.75~86.94cm		만 1세	74.02~85.85cm
	만 2세	87.12~95.42cm		만 2세	85.72~94.35cm
	만 3세	96.50~102.53cm		만 3세	95.41~101.35cm
	만 4세	103.07~109.06cm		만 4세	101.89~107.84cm
	만 5세	109.59~115.40cm		만 5세	108.37~114.21cm

[표 1-1-4] 신체크기에 적합한 구체적 가이드라인

가구 종류	가이드라인
책상	책상의 높이는 (의자 앉는 면의 높이)+(앉은 키×1/3)−1cm를 권장한다. 연령에 따라 유아의 신체크기가 다르므로 다른 높이의 책상을 구비하는 것이 바람직하며, 높이 조절이 가능한 책상을 구비할 수도 있다.
의자	유아의 의자는 등받이가 있고 앉는 부분에 넓은 받침이 있어야 유아가 등을 대고 앉았을 때 뒤로 넘어가지 않을 수 있다. 의자의 크기는 유아의 체중과 신체크기를 고려하여 구비하는 것이 바람직하다. 의자의 앉는 면의 높이는 발에서 무릎까지의 높이−1cm, 등받이 중심 높이는 앉은 키×0.3cm, 앉는 면 너비는 앉은 엉덩이 너비+5cm, 앉는 면 깊이는 엉덩이에서 오금6)까지의 길이×0.85cm, 의자의 총 길이는 책상 높이+4cm를 권장한다. 연령에 따라 유아의 크기가 다르므로 다른 높이의 의자를 구비하도록 한다 (예를 들어 만 2세는 25.7×20.6×20.8cm, 만 3세는 26.8×18.0×23.4cm, 만 4~5세는 28.5×20.0×26.8cm 정도의 가로×세로×높이를 권장함). 동일 연령의 유아라도 신체크기의 편차가 크므로 같은 보육실과 교실에 2종 이상의 의자를 구비하는 것이 바람직하며, 높이 조절이 가능한 의자를 구비할 수도 있다. 참고로, 서울특별시 디자인정책과(2021)에서 유아를 고려한 의자 높이는 30~40cm이며, 폭은 30~45cm가 적정하다고 제언한 바 있다. 더불어 의자 상판에서 책상 상판 하단까지의 간격은 25~30cm로 제언하였다. 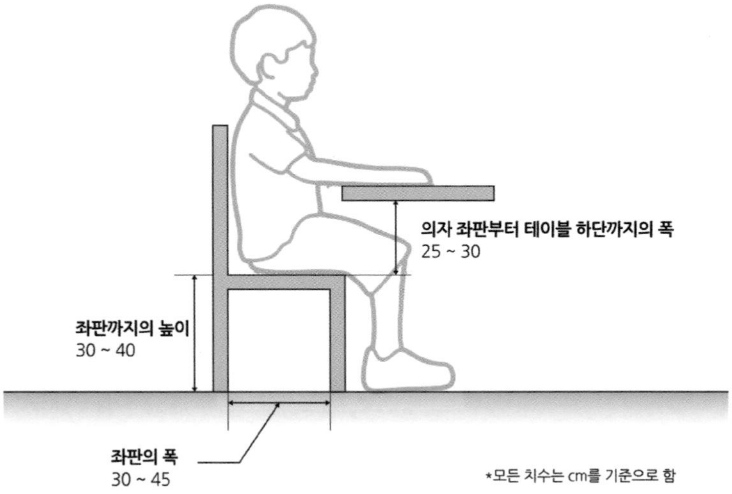 [그림 1-1-13] 유아 의자 높이 및 폭의 예
교구장	유아의 눈높이를 고려하고 손이 닿을 수 있는 높이의 교구장을 구비하는 것이 바람직하다. 영아의 경우 2단장, 유아의 경우 3단장을 권장한다.

6)
오금이란 무릎의 구부러지는
오목한 안쪽 부분을 의미한다.

가구 종류	가이드라인
개인사물함	공간의 사용을 효율적이고 융통성 있게 하도록 이동이 가능한 개인사물함을 구비할 수 있다. 백선정 외(2016)에 따르면 사물함의 전체 높이는 유아의 키를 초과하지 않고, 가장 윗부분의 선반 높이는 유아의 눈높이를 넘지 않는 것이 바람직하다. 또한 가장 낮은 부분의 선반 높이는 바닥에서 15~20cm가 되는 것이 바람직한데, 그 이유는 유아가 양말을 신을 경우 바닥에 앉지 않고 쉽게 신고 벗을 수 있도록 하기 위함이다. 연령을 고려한 개인사물함을 구비하는 것이 바람직하다 (예를 들어 만 2세는 30×36×79.1cm, 만 3세는 30×36×84.3cm, 만 4세는 30× 36×90.1cm 정도의 가로×세로×높이를 권장함). 특히, 만 2세 미만일 경우는 성인이 사용하기 편리한 개인사물함을 구비할 수 있다. 한편, 서울특별시 디자인정책과(2021)에서는 김은영 외(2009)와 동일하게 개인 사물함의 크기와 가로·깊이로 약 30cm를 제언하였으나, 높이는 120~130cm를 제언하였다. 이는 2017 소아청소년 성장도표의 만 3~5세 유아의 평균 키 높이가 101.35~115.40cm임을 감안하면 조금 높으나, 개인사물함의 상판 부분은 유아의 시선이 닿지 않는 곳으로 유아를 위한 수납공간이 아니라 학부모와의 소통공간 (예를 들어 약통, 주간교육계획안, 일일교육계획안 등을 게시함) 등으로 활용할 수 있다는 점을 고려할 수 있다. 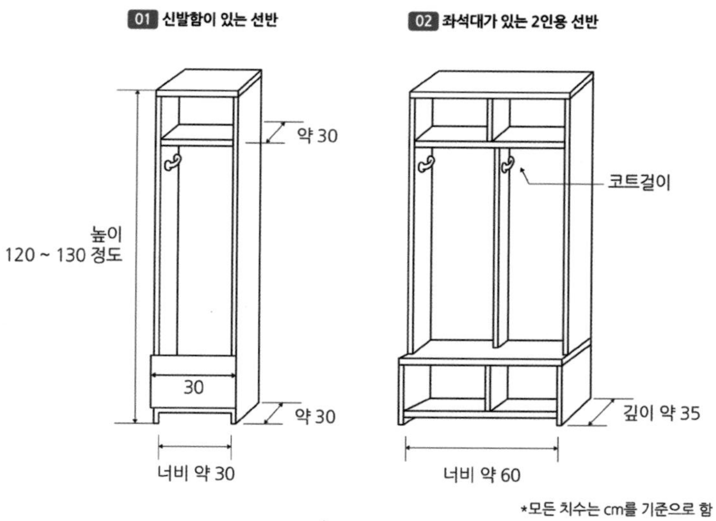

[그림 1-1-14] 유아용 개인사물함 크기의 예

출처: 김은영 외(2009), pp. 264-265; 서울특별시 디자인정책과(2021), p. 52, p. 104; 백선정 외(2016)에서 재구성

[그림 1-1-15] 유아의 신체크기에 맞는 책상과 의자 예

지침4   학급과 공용공간 내에서 가구(책꽂이·책상·의자 등, 책꽂이·교구장·소파·의자 등)의 소재와 무게, 크기가 유아가 이동하기에 용이해야 한다.

유아교육기관 내 학급과 공용공간의 가구는 그 소재와 무게, 크기가 유아가 이동하기에 용이해야 한다. 유아교육기관 내 가구는 견고하면서 가벼운 재질로 제작하고, 이동식 가구(교구장, 사물함 등)에는 바퀴를 부착해 바닥이나 가구의 손상 없이 쉽게 이동할 수 있도록 하는 것이 바람직하다.

특히, 학급 내에 유아가 쉽게 옮길 수 있는 가구를 두면 유아의 요구 및 흥미에 따라 변화하는 놀이 상황에 맞추어 스스로 자유롭게 가구의 위치를 정하고, 다양한 공간에 접근하여 놀이할 수 있도록 지원할 수 있다. 예를 들어, 의자의 무게는 유아가 혼자 들어서 나를 수 있도록 3.6~4.6kg을 초과하지 않도록 하며(김은영 외, 2009), 책상은 유아들이 협동해서 들 정도의 무게가 적당하다. 서울특별시 디자인정책과(2021)에서도 유아가 사용하는 의자는 넣고 빼기 쉽도록 가벼워야 하며, 유아가 넣고 뺄 때 잡기 편하도록 홈이나 손잡이가 있는 것을 선택하도록 제언하였다.

지침5   개인별 사물함과 신발장을 구비한다.

개인별 사물함과 신발장은 유아의 개인소지품을 보관하는 곳으로 대부분 학급 밖 이동공간에 설치하지만, 유아들이 자주 사용하므로 교실에서 잘 보이는 위치에 두는 것이 바람직하다(이정환, 김희진, 2013).

유아 1인당 하나의 개인사물함과 신발장을 지니는 것의 중요성은 여러 선행연구를 통해 증명되어왔다. 예를 들어, 유아 개인이 본인의 소지품을 일정한 장소에 보관한다는 것은 유아를 하나의 독립된 개체로 존중한다는 것의 표현임과 동시에 유아 스스로 본인의 소지품을 정리하는 습관을 기를 수 있다는 측면에서 중요한 교육적 의의를 지닌다(김은영 외, 2009). 또한 개인별 사물함은 유아에게 질서감 및 자기공간감을 부여하는 데 중요한 기능을 하는 공간이다(백선정 외, 2016). 따라서 유아 1인당 본인의 실내화, 실외화, 여분의 옷, 외투, 본인의 작품 등을 보관하는 개인사물함을 마련하는 것이 바람직하다.

개인별 사물함의 모양새는 문 없이 용도에 따라 분류하여 보관할 수 있도록 실내화를 두는 곳, 옷과 가방을 두는 곳, 서랍 등으로 구분하는 것이 바람직하다(이정환, 김희진, 2013). 즉 사물함의 수납장 형태는 물품의 특성에 맞춰 선반, 서랍 등을 기능적으로 배치할 수 있는 것이 적합하다(백선정 외, 2016). 이에 따라 개인별 사물함에는 겉옷, 신발, 여벌 의복, 유아가 만든 작품 등을 보관할 수 있다.

또한 개인별 사물함에는 유아가 쉽게 본인의 장을 찾을 수 있도록 이름, 사진, 그림 등 각 유아만의 자기 표식 그림을 붙여주고 연령에 따라 변화를 줄 수도 있다(이정환, 김희진, 2013). 특히, 사물함과 같은 개인적 공간에 유아의 사진을 붙여놓는 것은 유아 스스로 본인이 중요한 존재라는 메시지를 전달받는 효과가 있다(백선정 외, 2016). 예를 들어, 만 3세 이하를 위해서는 사물함에 자기 표식 그림과 본인의 사진을 크게 붙여주고, 대다수가 자기 이름을 쓰고 식별할 수 있는 만 5세 이상 유아의 사물함에는 반 표시와 함께 이름, 사진을 붙여줄 수 있다.

[그림 1-1-16] 개인별 사물함과 신발장 예

2절

쾌적성

: 공간 및 시설, 설비의 조건이나 상태가 일상적 활동에
 적절하고 청결하여 피로감이나 부정적 정서를
 유발하지 않는 특성

○ **관련 심리행태적 특성 :**
  » 쾌적지향성
    : 피로감이나 부정적 정서를 유발하지 않고 청결하며
     쾌적하게 느껴지는 공간, 사물, 매체를 선호하는
     성향

○ **추구하는 인간상 :**
  » 건강한 사람, 자주적인 사람

○ **주요 관련 핵심역량 :**
  » 자기관리 역량

유아는 피로감이나 부정적 정서를 유발하는 것을 기피하며, 청결하며 쾌적하게 느껴지는 공간, 사물, 매체를 선호(‘쾌적지향성’)한다(차기주, 2022). 따라서 유아교육기관의 공간은 이러한 심리행태적 특성에 기반하여 건강에 위해가 되지 않도록 위생적이며, 집중력을 지원하고, 불필요한 긴장이나 스트레스를 유발하지 않도록 실내의 온도와 공기, 조명, 소음, 밀도, 정리정돈에 있어서 적정한 수준을 유지해야 한다. 즉, 유아가 긍정적인 인지적·정서적 반응을 경험할 수 있도록 쾌적한 공간을 제공해야 한다. 이를 ‘쾌적성’이라고 하며(차기주 외, 2021), 편리한 가구·시설·기기, 적절한 채광·조명·빛, 쾌적하고 청결한 환경(온도·공기·습도·소음·환기 등) 및 위생 관리 등의 요소로 이를 구현할 수 있다.

쾌적성을 갖춘 유아교육기관의 공간을 구성하기 위해 참고할 수 있는 자체 점검 항목을 ‘건축디자인 계획’ 측면과 ‘교육적 사용 및 실제’ 측면으로 구분해 제시하면 다음과 같다.

표 1-2-1 공간의 '쾌적성' 관련 「건축디자인 계획」 측면 자체 점검 체크리스트

계획범주	계획요소	학급	공용/매개			건축디자인 계획		충족 여부	
			진입	중심	연결	지침	하위 항목	예	아니오
마감재 계획	공통	●	●	●	●	벽, 바닥, 천장에 내오염성, 흡음·차음성, 방수성, 단열성 소재의 마감재를 사용한다.	소음을 효과적으로 차단할 수 있는 차음성이 우수한 마감재를 사용한다.		
							예시 바닥에는 리놀륨, 코르크, 탄성코트, PVC우븐(직물) 바닥재, 후로링, 타일 등으로 설치한다.		
							예시 벽과 천장에는 방음재를 부착한다.		
							벽, 바닥, 천장의 마감재는 냉난방시스템과 공기정화장치가 설치되어 있는 유아교육기관 내에서 관리하기 용이하도록 방수성, 단열성 소재를 사용한다.		
		●		●	●	벽, 바닥, 천장에 목재를 주된 마감재로 사용한다.	목재 마감재 소재로 벽, 바닥, 천장 등 실내를 구성한다.		
규모 및 배치 계획	개구부	●	●	●	●	[학급] 공간 내 창문 면적을 충분히 확보한다. [공용] 공간의 특성에 따라 외부 조망이 가능한 창문 면적을 충분히 확보한다.	창의 면적은 자연광을 위해 법적기준(바닥면적의 1/10 이상)보다 높은 1/5(20%) 이상을 확보한다.		
							개폐가 가능한 창을 바닥면적의 5% 이상에 해당하는 면적으로 설치한다.		
							개폐가 가능한 창은 외부에 면한 곳에 설치하여 신선한 외기를 도입할 수 있어야 하며, 시설 내부에 전체적인 자연 통풍을 위해 가능한 2개소 이상으로 나누어 창을 설치하도록 계획한다. 만약 창의 설치가 불가능할 경우에는, 환기설비를 설치하여 외부의 공기가 공간 내에 직접 공급되거나 필터를 통하여 정화된 공기가 실내로 공급될 수 있도록 조치를 취해야 한다.		
							일조량 확보를 위해 창의 위치 다양화를 계획한다.		
							예시 측창은 가장 효과적이며, 천창은 역동적 분위기를 연출한다.		
							예시 필요시(자연광이 부족한 북향 등)에는 빛선반을 설치하여 활용한다.		
		●	●	●	●	실내로 유입되는 연속적이고 적절한 양의 자연광을 확보할 수 있도록 입지를 선정하고, 건물을 배치한다.	적절한 양의 자연광을 충분히 확보할 수 있도록 남향, 동남향을 우선적으로 고려해 유아교육기관의 입지를 계획함으로써 일일 4시간 이상 일조를 유지한다.		
							만약 자연광이 부족할 경우, 이에 대응하는 설비로서 인공적인 전체 또는 부분조명 설비를 갖춘다.		
	입지		●	●	●	소음을 발생시키는 외부 시설(도로, 번화가, 공장 등)로부터 충분한 거리를 확보한다.	「주택건설기준 등에 관한 규정」 제9조의2에 의거하면, 유아교육기관은 「소음·진동관리법」 제2조제23호에 따른 소음배출시설이 설치되어 있는 공장으로부터 수평거리 50m 이상 떨어진 곳에 배치해야 한다. 그러나 유아교육기관을 배치하려는 지점에서 소음·진동관리 법령으로 정하는 바에 따라 측정한 해당 공장의 소음도가 50 데시벨(dB) 이하로서 시설 등에 영향을 미치지 않거나, 방음벽·방음림 등의 방음시설을 설치하여 50dB 이하가 될 수 있는 경우는 제외한다.		
							예시 공항, 고속도로, 대중교통, 기차, 소방서, 병원, 쇼핑센터, 박람회장, 산업시설, 공장과 같은 소음을 발생시키는 외부시설로부터 충분한 거리를 확보한다.		
							불가피하게 소음이 심한 지역에 위치한 유아교육기관의 경우에는 이를 대비하여 소음원으로부터의 방음 대책을 마련해 설치한다.		
							예시 수목 식재, 정원 등의 소음차단 대책을 마련하고 설치한다.		

계획 범주	계획 요소	학급	공용/매개			지침	건축디자인 계획		충족 여부	
			진입	중심	연결		하위 항목		예	아니오
환경 계획	열 환경	●	●	●	●	공간별/실별 적정 온도 유지를 위한 냉난방시스템을 갖춘다.	「학교보건법 시행규칙」[별표 2]에 의거하여 실내온도는 18℃ 이상 28℃ 이하로 하되, 난방온도는 18℃ 이상 20℃ 이하, 냉방온도는 26℃ 이상 28℃ 이하로 한다.			
							가장 적절한 난방방식은 중앙난방식으로 바닥난방을 하는 것이다.			
							예시 난방용 파이프를 바닥에 묻어놓는 패널히팅으로 설치한다.			
							냉방은 천장매립형 에어컨을 설치한다(천장냉난방공조방식).			
							각 공간마다 온도조절기를 설치하여 공간의 용도와 이용시간에 따라 교사가 실내 적정온도를 자유롭게 조절한다.			
		●	●	●	●	공간별/실별 적정 습도 유지를 위한 습도조절장치를 갖춘다.	「학교보건법 시행규칙」[별표 2]에 의거하여 실내 비교습도는 30%~80%를 유지한다.			
							여름철 최소 상대습도는 50%, 겨울철 최소 상대습도는 35%로 유지한다.			
							계절 및 온도에 따라 적정습도를 조절할 수 있도록 유아교육기관 내 습도조절장치를 설치한다.			
		●	●	●	●	미세먼지, 냄새 등 적정 공기질 유지를 위한 공기정화장치를 갖춘다.	「학교보건법 시행규칙」[별표 2]에서 명시한 '환기용 창 등을 수시로 개방하거나 기계식 환기설비를 수시로 가동하여 1인당 환기량이 시간당 21.6m³ 이상이 되도록 한다'는 환기 조절기준을 충족한다.			
							환기설비의 구조 및 설치 기준 역시 「학교보건법 시행규칙」[별표 2]에 의거하여 환기설비는 교사(校舍) 안에서의 공기질 유지 기준을 충족할 수 있도록 충분한 외부공기를 유입하고 내부공기를 배출할 수 있는 용량으로 설치한다.			
							교사(校舍)의 환기설비에 대한 용량기준은 환기의 조절기준에 적합한 용량으로 한다.			
		●	●	●	●	적정한 산소농도를 유지하기 위한 공기 정화장치를 갖춘다.	교사(校舍) 안으로 들어오는 공기의 분포를 균등하게 하여 실내공기가 골고루 순환되도록 한다.			
							중앙관리방식의 환기설비를 계획할 경우, 환기닥트는 공기를 오염시키지 아니하는 재료로 만든다.			

| 계획범주 | 계획요소 | 학급 | 공용/매개 | | | 건축디자인 계획 | | 충족 여부 | |
			진입	중심	연결	지침	하위 항목	예	아니오
환경 계획	빛 환경	●	●	●	●	조도 조절 및 유지를 위한 설비를 갖춘다.	「학교보건법 시행규칙」[별표 2]에 의거하면, 조도(인공조명)의 경우 교실의 조명도는 책상 면을 기준으로 300럭스(lx) 이상이 되어야 하며, (동일 영역 내) 최대조도와 최소조도의 비율이 3대 1을 넘지 않아야 한다. 또한 인공조명에 의한 눈부심이 발생하지 않도록(웜화이트 조명) 가급적 현휘를 예방할 수 있는 조명을 설치한다.		
							유아교육기관 내 학급의 영역에 따라 부분적으로 적정조도를 유지 및 조절할 수 있도록 인공조명을 설치한다.		
							예시 영역에 따라 자연광이 좋지 않은 곳은 최대 500lx, 읽기 공간은 500lx, 교실 및 놀이공간은 250lx(필요에 따라 최대 500lx), 낮잠영역은 50lx, 계단 및 복도는 100lx를 권장하며, 교실과 낮잠실은 조명기구를 설치하여 어둡게 조절할 수 있다.		
							유아교육기관 내 공간에 따라 적절한 조명 형식을 둔다.		
							예시 직간접 형태의 코브, 코니스, 광천장조명, 루버조명, 매입조명, 캔, 스콘스, 트랙조명, 천장삽입형 캔, 확산직부등, 딤머, 고보라이트 등이 있다.		
							예시 영아 대상 학급의 경우 누워 있는 영아에게 눈부심을 주지 않도록 직간접 형태의 벽부착형 코브나 스콘스, 접시형 간접조명, 트랙조명 등을 사용한다.		
							예시 복도의 경우 직간접 형태의 벽부착형 코브, 캔, 스콘스, 천장삽입형 캔을 사용할 수 있다.		
							예시 다양한 조도를 제공하기 위해서는 형광등과 백열등 모두 딤머(dimmer)를 사용할 수 있다.		
		●	●	●	●	현휘를 방지하고 조도 조절 및 유지를 위한 설비를 갖추고, 적절한 양의 채광을 확보하기 위해 햇빛 조절장치를 갖춘다.	「학교보건법 시행규칙」[별표 2]와 「영유아보육법 시행규칙」에 따르면, 유아교육기관은 직사광선을 포함하지 아니하는 천공광에 의한 옥외 수평조도와 실내조도와의 비가 평균 5% 이상으로 하되, 최소 2% 미만이 되지 아니하며, 최대조도와 최소조도의 비율이 10대 1을 넘지 아니하도록 한다.		
							교실 바깥의 반사물로부터 눈부심이 발생하지 아니하도록 한다.		
							햇빛조절장치로 블라인드(롤 쉐이드, 베네시안 블라인드, 허니콤 쉐이드, 실루엣 윈도우 쉐이딩 등), 루버(louver) 등을 설치한다.		
	음 환경	●	●	●	●	쾌적한 소음 수준 유지를 위한 소음방지설비를 갖춘다.	유아교육기관 소음 관련 법은 「학교보건법 시행규칙」[별표 4]에 의거하며, 교사(校舍) 내의 소음은 55dB 이하(고요한 승용차의 소음 정도)로 유지한다.		
							실내의 소음 수준을 흡수하거나 조절하기 위해 소음방지설비를 갖춘다.		
							예시 벽, 바닥, 천장에 흡음성과 차음성이 우수한 마감재를 도입하고 특히 천장과 바닥에는 흡음재를 부착한다.		
							예시 2층 이상의 유아교육기관은 층간소음 방지를 위해 바닥슬래브 두께를 18cm 이상 확보한다.		

표 1-2-2 공간의 '쾌적성' 관련 「교육적 사용 및 실제」 측면 자체 점검 체크리스트

계획범주	계획요소	학급	공용/매개			교육적 사용 및 실제		충족 여부	
			진입	중심	연결	지침	하위 항목	예	아니오
마감재 계획	공통		●	●	●	●	가구 및 바닥, 시설설비는 청결하게 유지한다.	가구 및 바닥, 시설설비를 청결하게 유지하기 위해 청소하기 쉬운 것이어야 하며, 얼룩, 먼지, 거미줄, 색이 바랜 내부 벽지, 가구의 오염 등은 정기적으로 제거한다.		
환경 계획	열환경		●	●	●	●	온도계를 설치한다.	공간별/실별로 온도를 자동 조절할 수 있는 설비를 채택한다.		
								유아교육기관의 교사들은 계절에 따른 외기온도의 변화, 유아가 실내 및 실외에서 머무르는 시간, 유아의 연령, 유아의 활동량 등을 종합적으로 고려하여 하루 일과의 흐름 속에서 적정실내온도를 조절한다.		
			●	●	●	●	공간별/실별 냉난방시스템을 이용해 적정온도를 유지한다.	「학교보건법 시행규칙」 [별표 2]에서 제안한 적정 실내온도는 18℃ 이상 28℃ 이하이다.		
								예시 적정 난방온도는 18℃ 이상 20℃ 이하, 적정 냉방온도는 26℃ 이상 28℃ 이하로 유지한다.		
								각 학급 내 온도계를 설치하여 적정온도를 확인한다.		
			●	●	●	●	습도계를 설치한다.	습도가 너무 높으면 불쾌지수가 높아지기 때문에 제습기를 사용하여 습기를 제거하고 적정습도를 유지하며, 반대로 너무 건조한 경우에는 가습기를 사용해 습도를 적정하게 높인다.		
								습도조절장치(제습기, 가습기 등)를 작동하여 적정습도를 조절 및 유지한다.		
								학급 내에 습도계를 설치하여 적정습도를 확인한다.		
			●	●	●	●	공간별/실별 습도 조절장치를 이용해 적정 습도를 유지한다.	**예시** 유아교육기관 내에는 호흡기 감염률이 높기 때문에 난방 시에는 50~55%의 습도가 바람직하다. 이는 유아교육기관 내 적정온도 관련 법인 「학교보건법 시행규칙」 [별표 2]의 비교습도 30%~80%와 상당 부분 일치한다.		
			●	●	●	●	자연환기 및 공기 정화장치를 이용하여 적정 공기질을 유지한다(미세먼지, 냄새 등).	환경부(2011)에서 발행한 〈어린이집·아동복지시설 실내공기질 관리 매뉴얼〉에 따라 다음 사항을 준수한다. • 첫째, 정기적으로 청소하고 유아교육기관 내 살균소독을 1년에 1회 이상 한다. • 둘째, 환기설비, 팬, 에어컨과 공기청정기에 설치되어 있는 필터를 연 1회 이상 점검하며 필요에 따라 교체한다.		
			●	●	●	●	자연환기 및 공기정화장치를 이용하여 적정한 산소농도를 유지한다.	• 셋째, 실내를 충분히 환기하여 누적된 오염물질을 실외로 배출한다. 예를 들어, 건축자재, 가구, 교육용품 등에서 폼알데하이드와 휘발성유기화합물이 지속적으로 발생할 수 있으므로 항상 유아교육기관을 충분히 환기해 오염물질을 실외로 배출한다. • 넷째, 유아교육기관(연면적 430m² 이상)의 경우, 유지기준은 연 1회, 권고기준은 2년에 1회 이상 측정을 실시하여 자발적으로 관리한다.		
								식물을 이용해서 공기를 정화시킨다.		
								예시 벤자민 고무나무, 아레카야자, 관음죽, 스킨답서스, 시클라멘, 행운목 등을 배치한다.		

계획범주	계획요소	학급	공용/매개			교육적 사용 및 실제		충족 여부	
			진입	중심	연결	지침	하위 항목	예	아니오
환경계획	빛환경	●	●	●	●	정기적 조도 점검을 통해 적절한 조도를 유지한다.	유아교육기관 공간 내 창문 면적을 충분히 확보하여 햇빛이 잘 들도록 하고 적정조도를 유지한다.		
							학급 내 영역에 따라 부분적으로 적정조도를 유지·조절할 수 있도록 필요시 인공조명을 적절히 배치한다.		
							예시 과학영역이나 언어영역은 창문 근처의 밝은 곳에 배치하되, 자연광이 부족한 경우에는 부분조명을 설치하여 밝기를 조절한다.		
		●	●	●	●	현휘를 방지하고 조도 조절 및 유지를 위한 설비를 갖추고, 적절한 양의 채광을 확보하기 위해 햇빛 조절장치를 갖춘다.	학급 내 영역에 따라 부분적으로 적절한 자연광을 확보한다.		
							예시 과학영역이나 언어영역은 창문 근처의 밝은 곳에 배치하되, 직사광선을 받으면 안 되는 컴퓨터영역의 경우에는 창문 근처를 피하거나 햇빛조절장치를 이용한다.		
		●	●	●	●	햇빛조절장치를 이용하여 적절한 자연광을 확보한다.	예시 전체 유아가 낮잠 및 휴식을 취할 경우에는 햇빛조절장치(블라인드 등)로 채광을 차단하고 다소 어둡게 조절하여 충분히 휴식을 취할 수 있도록 한다.		
							예시 이야기 나누기 및 동영상 감상 등의 대집단 활동 시에 빔프로젝터를 사용하여 스크린에 투영된 화면(혹은 실물화상기, TV 등)을 유아들과 함께 볼 경우, 선명한 시야를 확보하기 위해 필요에 따라 햇빛조절장치를 사용한다.		
	소음환경	●	●	●	●	소음방지설비를 갖추어 쾌적한 소음 수준을 유지한다.	조화롭게 만족스러운 음환경을 만듦과 동시에 원하지 않는 소음을 제거하거나 조절하기 위한 장치나 소품을 마련하여 활용한다.		
							예시 학급 내 소음을 줄이기 위해 (부분) 카펫을 활용한다.		
							예시 책상, 의자, 가구 등의 소음을 줄이기 위해 다리에 고무, 헝겊 등을 부착한다.		
							예시 실내공간의 잡음을 완화하기 위해 내부 파티션을 설치하거나 차폐장치(baffle)를 설치한다.		
							예시 패브릭 소품 등을 활용한다.		

이상의 자체 점검 체크리스트를 기반으로 공간의 '쾌적성' 관련 가이드라인을 제안하면 다음과 같다.

건축디자인 계획

[학급] 공간 내 창문 면적을 충분히 확보한다.
[공용] 공간의 특성에 따라 외부 조망이 가능한 창문 면적을 충분히 확보한다.

| 계획범주 | 규모 및 배치 계획
| 계획요소 | 개구부

7)
천공광이란 천공으로부터 지표면에 입사하는 주광 성분 중 대기원 입자 성분에 의한 산란광 또는 구름 부분에 반사되거나 투과한 후 지표면에 입사하는 산란광 성분을 의미한다.

8)
외기란 바깥 공기를 의미한다.

9)
빛선반(light self)이란 측창채광으로 들어오는 빛을 실내 깊숙이 들이는 장치다. 자연광이 선반의 반사면에 부딪혀 다시 천정으로 반사되어 유입되는 것으로 측창 채광에 비해 실내공간의 빛을 고르게 분포해주는 장점이 있다. 잘 설계된 빛선반은 빛의 방향을 조정할 수 있으며, 실내공간에 자연광이 유입되면서 인공조명을 덜 사용하게 되어 인공조명에서 나오는 열을 감소시킴으로써 자연 냉방의 효과가 있고 이를 통해 공간의 쾌적함을 높일 수 있다.

유아교육기관 내 자연광 관련 법은 「학교보건법 시행규칙」[별표 2]와 「영유아보육법 시행규칙」에 명시되어 있다. 이에 따르면 유아교육기관은 직사광선을 포함하지 아니하는 천공광[7]에 의한 옥외 수평조도와 실내조도와의 비를 평균 5% 이상으로 하되, 최소 2% 미만이 되지 아니하도록 할 것과 최대조도와 최소조도의 비율이 10대 1을 넘지 아니하도록 할 것을 규정하고 있다. 다만, 이는 전체 교사(校舍)에 대한 내용으로 학급 내 일정 이상의 창 면적 확보에 대한 규정은 미비한 상황이다. 이에 따라 후속 연구를 통하여 자연광을 유입하기 위한 법적기준(바닥면적의 1/10 이상)보다 높은 적정한 창 면적 기준[바닥면적의 1/5(20%) 이상 등]이 제시될 필요성을 제언한다(차기주, 2022).

환경부(2011)의 〈어린이집·아동복지시설 실내공기질 관리 매뉴얼〉에 따르면, 유아교육기관의 경우 개폐가 가능한 창을 바닥면적의 5% 이상에 해당하는 면적으로 설치하고, 외부에 면한 곳에 설치해 신선한 외기[8]를 도입하도록 하고 있다. 또한 전체적인 자연 통풍을 위해 시설 내부에 가능한 2개소 이상으로 나누어 창을 설치하도록 권장하고 있다. 만약 앞서 언급한 창의 설치가 불가할 경우에는 환기설비를 설치해 외부공기를 공간 내에 직접 공급하거나, 필터를 통해 정화한 공기를 실내로 공급할 수 있도록 조치를 취해야 함을 명시하고 있다.

일조량 확보를 위해 창의 위치를 다양화할 수 있다. 예를 들어, 측창은 가장 효과적이며 천창은 역동적 분위기를 연출할 수 있다. 필요시(자연광이 부족한 북향 등)에는 빛선반[9]을 설치하여 활용할 수도 있다.

≫ 창 관련 분위기에 대한 내용은 p.180 '심미성'의 건축디자인 계획 [지침 1] 참고

[그림 1-2-1] 충분한 창문 면적 확보의 예

[그림 1-2-2] 충분한 창문 면적 확보의 예

지침2

실내로 유입되는 연속적이고 적절한 양의 자연광을 확보할 수 있도록
입지를 선정하고 건물을 배치한다.

| **계획범주** | 규모 및 배치 계획
| **계획요소** | 입지

 적절한 양의 자연광을 충분히 확보할 수 있도록 유아교육기관의 입지를 계획할 때 남향, 동남향을 우선적으로 고려하여 일일 4시간 이상 일조를 유지하도록 한다(김은영 외, 2009). 만약 자연광이 부족할 경우, 이에 대응하는 설비로서 인공적인 전체 또는 부분조명 설비를 갖출 필요가 있다.

지침3

소음을 발생시키는 외부 시설(도로, 번화가, 공장 등)로부터
충분한 거리를 확보한다.

| **계획범주** | 규모 및 배치 계획
| **계획요소** | 입지

10)
「소음·진동관리법」 제2조 제23호에 따른 소음배출시설이란 소음·진동을 발생시키는 공장의 기계·기구·시설, 그 밖의 물체로서 환경부령으로 정하는 것을 의미한다.

 「주택건설기준 등에 관한 규정」 제9조의2에 의거하면, 유아교육기관은 「소음·진동관리법」 제2조제23호에 따른 소음배출시설[10]이 설치되어 있는 공장으로부터 수평거리 50m 이상 떨어진 곳에 배치해야 한다. 다만, 유아교육기관을 배치하려는 지점에서 소음·진동관리 법령이 정하는 바에 따라 측정한 해당 공장의 소음도가 50(dB) 이하로 시설 등에 영향을 미치지 않거나, 방음벽·방음림 등의 방음시설을 설치하여 50dB 이하가 될 수 있는 경우는 제외한다고 명시하고 있다.

 이와 같이 유아교육기관은 공항, 고속도로, 기차, 소방서, 병원, 쇼핑센터, 박람회장, 산업시설, 공장과 같은 소음을 발생시키는 외부시설로부터 충분한 거리를 확보해야 한다. 만약 불가피하게 소음이 심한 지역에 위치하게 된 유아교육기관이라면, 소음원으로부터의 방음대책을 반드시 검토하여야 한다(김상호 외, 2016). 예를 들어 유아교육기관의 주변 부지가 소음이 심한 도로 주변에 위치한 경우 수목 식재, 정원, 이중창 등을 통해 소음차단 방안을 마련할 수 있다.

[그림 1-2-3] 상시 소음지역에 위치한 유아교육기관의 정원 예

| 계획범주 | 환경 계획
| 계획요소 | 열환경

11)
복사온도란, 열, 빛 따위의 복사에너지를 방출하는 물체가 발산하는 복사에너지 양이나 스펙트럼 분포에 의하여 결정되는 온도를 의미한다. 본서에서 복사온도는 창문에서 노출되는 온도를 의미한다.

12)
패널히팅이란, 건축물 안에 온수관·증기관·열덕트 등을 매설하여 넓은 저온도의 방열면을 구성하여 그 복사열을 이용하는 난방방식을 의미한다.

유아교육기관 내 적정온도 관련 법은 「학교보건법 시행규칙」[별표 2]에 의거하여 실내온도는 18℃ 이상 28℃ 이하로 하되, 난방온도는 18℃ 이상 20℃ 이하, 냉방온도는 26℃ 이상 28℃ 이하로 할 것을 명시하고 있다. 즉, 계절에 따라 적정온도를 조절할 수 있어야 한다.

적정온도를 유지하는 것은 유아의 건강에 기본적인 요소이기 때문에 유아교육기관에서 냉난방시스템은 필수적이다(김은영 외, 2009). 유아의 키는 바닥에서 0.3~0.9m 정도로 작기 때문에(Olds, 2000/2009) 창문 가까이에서 노출되는 복사온도11)에 영향을 받는 것보다 실내 바닥 온도의 영향을 더 많이 받는다. 또한 더운 공기는 위로 올라가므로 바닥에 차가운 공기와 외풍을 유발할 수 있다(Olds, 2000/2009). 따라서 유아교육기관의 가장 적절한 난방방식은 중앙난방식으로 바닥난방을 하는 것이다(김은영 외, 2009). 특히, 유아들이 방과후과정까지 머무르는 경우에는 낮잠을 자므로 이때 따뜻한 바닥 온도를 유지할 수 있도록 난방용 파이프를 바닥에 묻는 패널히팅12)으로 설치하는 방법이 가장 적절하며, 낮잠 시간의 적정온도는 20℃~24℃이다(Deck & Deck, 2001). 냉방의 경우 천장매립형 에어컨을 설치하여 유아의 몸에 냉기가 직접 닿지 않도록 유의한다(김상호 외, 2016).

종합적으로, 바닥난방과 천장냉난방공조방식으로 유아교육기관 내 냉난방시스템을 설치하는 것이 바람직하며, 각 공간마다 온도조절기를 설치하여 공간의 용도와 이용시간에 따라 실내 적정온도를 자유롭게 조절할 수 있도록 하는 것이 바람직하다(김상호 외, 2016).

[그림 1-2-4] 학급 내 냉난방시스템(에어컨, 선풍기) 설치 예

지침5 공간별/실별 적정습도 유지를 위한 습도조절장치를 갖추어야 한다.

| 계획범주 | 환경 계획
| 계획요소 | 열환경

13)
비교습도란, 절대습도와 포화습도와의 비율로 온도에 따른 적정습도를 의미한다.

14)
상대습도란, 단위 체적 중에서 실재하는 수증기의 양과 그 온도에 포함할 수 있는 최대의 수증기량(포화수증기량)과의 비를 백분율(%)로 나타낸 것을 의미한다. 즉 포화수증기량은 온도에 따라서 변하기 때문에 공기가 포함한 수증기량이 일정하여도 상대습도는 온도에 따라 다른 값을 지닌다.

유아교육기관 내 적정온도 관련 법은 「학교보건법 시행규칙」 [별표 2]에 의거하여 30%~80%의 비교습도[13]를 유지하도록 명시하고 있다. 〈미국 연방정부 보육센터 디자인 가이드라인〉에서는 여름철 최소 상대습도[14]를 50%, 겨울철 최소 상대습도를 35%로 유지할 것을 명시하고 있다(김상호 외, 2016). 즉, 계절 및 온도에 따라 적정습도를 조절할 수 있도록 유아교육기관 내 습도조절장치를 설치해야 한다.

지침6 미세먼지, 냄새 등 적정 공기질 유지를 위한 공기정화장치를 갖추어야 한다.
적정한 산소농도를 유지하기 위한 공기정화장치를 갖추어야 한다.

| 계획범주 | 환경 계획
| 계획요소 | 열환경

유아교육기관의 공기질은 유아의 건강을 위해 일정 수준 이상 청결함을 유지하도록 해야 한다. 「학교보건법 시행규칙」 [별표 2]에 의거하면, 환기의 조절 권고기준은 환기용 창 등을 수시로 개방하거나 기계식 환기설비를 수시로 가동하여 1인당 환기량이 시간당 $21.6m^3$ 이상이 되도록 하는 것이다.

환기설비의 구조 및 설치기준 역시 「학교보건법 시행규칙」 [별표 2]에 의거하여, 환기설비는 교사(校舍) 안에서의 공기질 유지기준을 충족할 수 있도록 충분한 외부공기를 유입하고 내부공기를 배출할 수 있는 용량으로 설치해야 하며, 교사(校舍)의 환기설비에 대한 용량기준은 환기의 조절기준에 적합한 용량으로 해야 한다. 또한 교사(校舍) 안으로 들어오는 공기의 분포를 균등하게 하여 실내공기가 골고루 순환되도록 하며, 중앙관리방식의 환기설비를 계획할 경우에는 공기 오염을 일으키지 않는 재료로 환기닥트를 만들어야 함을 명시하고 있다.

유아교육기관 내 공기질 유지기준은 「학교보건법 시행규칙」 [별표 4의2]에 의거하여 다음 표와 같다.

[표 1-2-3] 교사(校舍) 안에서의 공기질 유지 기준

오염물질 항목	기준	적용 시설	비고
미세먼지(µg/m³)	100	모든 교실	10µm 이하
이산화탄소(ppm)	1,000		기계 환기시설은 1,500ppm
폼알데하이드(µg/m³)	100		
홍부유세균(CFU/m³)	800		
낙하세균(CFU/실당)	10	보건실, 식당	
일산화탄소(ppm)	10	개별난방 및 도로변 교실	직접연소에 의한 난방의 경우
이산화질소(ppm)	0.05		
라돈(pCi/L)	4.0	지하 교실	
총휘발성유기화합물 (µg/m³)	400	건축한 때로부터 3년이 경과되지 아니한 학교	증축 및 개축 포함
석면(개/cc)	0.01	석면을 사용하는 학교	단열재로 석면을 사용한 학교의 경우
오존(ppm)	0.06	교무실 및 행정실	오존을 발생시키는 사무기기 (복사기 등)가 있는 경우
진드기(마리/m²)	100	보건실	

특히, 어린이 활동공간의 실내 공기질에 대한 법은 「환경보건법 시행령」을 준용하는데, [별표 2]에 의거하여 폼알데하이드(formaldehyde)의 농도는 80µg/m³ 이하, 총휘발성유기화합물의 농도는 400µg/m³ 이하를 유지할 것을 규정하고 있다. 또한 「교육환경 보호에 관한 법률」 제9조에 의거하여 학생의 보건·위생, 안전, 학습과 교육환경 보호를 위하여 「대기환경보전법」 제16조제1항에 따른 배출 허용기준을 초과해 대기오염물질을 배출하는 시설은 교육환경보호구역에 설치해서는 안 됨을 명시하고 있다.

환경부(2011)의 〈어린이집·아동복지시설 실내공기질 관리 매뉴얼〉에서는 유아교육기관의 경우 바닥면적의 5% 이상에 해당하는 면적의 개폐가 가능한 창을 설치해야 한다고 권고하고 있다. 더불어 앞서 언급한 창의 설치가 불가능할 경우에는, 환기설비를 설치해 외부공기를 공간 내에 직접 공급하거나, 필터를 통해 정화한 공기를 실내로 공급할 수 있도록 조치를 취해야 함을 명시하고 있다.

지침7
조도 조절 및 유지를 위한 설비를 갖추어야 한다.

| 계획범주 | 환경 계획
| 계획요소 | 빛환경

유아교육기관 내 적정조도 관련 법은 「학교보건법 시행규칙」[별표 2]에 의거하여 조도(인공조명)의 경우 교실의 조명도가 책상면을 기준으로 300럭스(lx) 이상이 되어야 하며, (동일 영역 내) 최대조도와 최소조도의 비율이 3대 1을 넘지

15)
현휘란 어둠에 적응된 상태에서
밝은 광선이 들어왔을 때 생기는
눈의 불쾌감이나 시력 저하
상태를 의미한다.

않아야 한다. 또한 인공조명(웜화이트 조명 등)에 의한 눈부심이 발생하지 않도록 가급적 현휘[15]를 예방할 수 있는 조명을 설치하도록 규정하고 있다.

미국 연방 보육시설 디자인 가이드에서는 영역에 따라 자연광이 좋지 않은 곳은 최대 500lx, 읽기 공간은 500lx, 교실 및 놀이공간은 250lx(필요에 따라 최대 500lx), 낮잠영역은 50lx, 계단 및 복도는 100lx를 권장하며, 교실과 낮잠실은 조명기구를 설치하여 어둡게 조절할 것을 명시하고 있다(김은영 외, 2009). 유아교육기관 내 학급의 영역에 따라 부분적으로 적정 조도를 유지 및 조절할 수 있도록 인공조명을 설치해야 한다.

올즈(Olds, 2000/2009)는 유아교육기관 내 공간에 따라 적절한 조명 형식을 제안하였다. 예를 들어 학급 내에는 직간접 형태의 코브, 코니스, 광천장조명, 루버조명, 매입조명, 캔, 스콘스, 트랙조명, 천장삽입형 캔, 확산직부등, 딤머, 고보라이트 등을 제안하였다. 만약 영아를 위한 학급이라면 직간접 형태의 벽부착형 코브 또는 스콘스, 접시형 간접조명, 트랙조명 등을 설치하여 누워 있는 영아에게 눈부심을 주지 않도록 유의해야 한다. 복도의 경우에는 직간접 형태의 벽부착형 코브, 캔, 스콘스, 천장삽입형 캔 등이 적절하다. 아울러 공간에 다양한 조도를 제공하기 위해서는 형광등과 백열등 모두 딤머(dimmer)를 사용할 수 있다.

[표 1-2-4] 유아교육기관 위치에 따른 조명 제안

		종류	특징
건축화조명		코브 (cove)	• 천장, 벽의 구조체에 의해 광원의 빛이 천장 또는 벽면으로 가려지게 하여 반사광으로 간접조명하는 방식 • 천장고가 높거나 천장 높이가 변화하는 실내에 적합함
		코니스 (cornice)	• 천장이나 벽의 상단 가장자리에 부착되어 벽에 빛을 분산시키는 광원의 조명 • 코너 조명과 같은 모양으로 천장과 벽면의 경계를 움푹 들어가게 하고, 그 내부에 등을 배치하여 아래 방향으로 벽면을 조명하는 방식
		광천장조명	• 천장에 조명기구를 설치하고, 유리나 반투명 플라스틱, PVC시트(바리솔) 등으로 마감처리하는 방식
		루버조명	• 천장 노출형 마감처리 방식으로 나무, 금속, 패브릭, PVC시트, 플라스틱 등의 재료를 이용하여 얇은 널빤지 등을 평행하게 수평으로 배열하는 방식

		종류	특징
건축화조명		매입조명	• 전반조명을 하거나, 바닥 또는 벽을 집중조명 하고자 할 때 활용함 • 다양한 조명과 조명기구를 이용함
조명기기설비		캔 (can)	• 조명기구가 깡통 형태라 하여 '캔'이라 불리며 빛이 아래로 떨어지는 직접등
		스콘스 (sconce)	• 벽부착형 조명기구로 빛이 벽, 바닥, 천장을 향하여 투사되도록 설치된 간접등
		트랙 (track) 조명	• 천장에 설치된 막대에 조명기구가 설치된 형태로, 조명의 위치 및 각도를 자유롭게 조절할 수 있음
		천장 삽입형 캔	• 캔 형태의 조명기구가 천장에 삽입된 형태로, 백열등이나 콤팩트형 형광전구가 들어갈 수 있음 • 빛이 아래로 떨어지는 형태임
		확산 직부등	• 매입형처럼 천장에 빛을 확산하지는 않으나, 확산 면이 넓어 배광 면적이 비교적 넓음
		딤머 (dimmer)	• 조명의 강도를 조절할 수 있는 기구
연출조명		고보 (GOBO) 라이트	• 특수필터를 붙여 작품 또는 사물에 실루엣을 주거나 문자, 영상 등을 투광하는 특수조명

출처: Olds(2000/2009), p. 214에서 재구성

<table>
<tr>
<td>**지침8**</td>
<td>현휘를 방지하고 조도 조절 및 유지를 위한 설비를 갖추고,
적절한 양의 채광을 확보하기 위해 햇빛조절장치를 갖추어야 한다.</td>
</tr>
</table>

| 계획범주 | 환경 계획
| 계획요소 | 빛환경

16)
루버란 폭이 좁은 판을 일정 간격을 두고 비스듬히 수평으로 배열한 것을 의미한다. 밖에서는 실내가 들여다보이지 않고, 실내에서는 밖을 내다보는 데 불편이 없는 것이 특징인데 채광·일조조정·통풍·환기 등의 목적으로 사용된다.

유아교육기관 내 자연광 관련 법은 「학교보건법 시행규칙」[별표 2]와 「영유아보육법 시행규칙」에 명시되어 있다. 이에 따르면 유아교육기관은 직사광선을 포함하지 아니하는 천공광에 의한 옥외 수평조도와 실내조도와의 비를 평균 5% 이상으로 하되, 최소 2% 미만이 되지 아니하도록 하며, 최대조도와 최소조도의 비율이 10대 1을 넘지 아니하도록 해야 한다. 또한 교실 바깥의 반사물로부터 눈부심이 발생하지 아니하도록 해야 한다. 이를 위해 햇빛조절장치로 블라인드(롤 쉐이드, 베네시안 블라인드, 허니콤 쉐이드, 실루엣 윈도우 쉐이딩 등), 루버(louver)16) 등을 설치할 수 있다.

햇빛조절장치를 선택할 때는 다음의 4가지 조건을 고려해야 한다(Olds, 2000/2009). 첫째, 빛의 조절 정도 또는 비가시성의 정도이다. 둘째, 햇빛조절장치에 대한 유아의 접근이다. 셋째, 햇빛조절장치를 사용하지 않고 옆으로 밀어두었을 때 햇빛조절장치가 창의 일부를 막게 되면서 학급으로 들어오는 빛을 감소시키는 정도이다. 넷째, 아름다운 스타일과 디자인이다. 해당 조건들에 의거하여 올즈(Olds, 2000/2009)에서 권장하는 블라인드 종류는 다음과 같다.

우선 커튼과 버티컬 블라인드는 옆으로 밀어두었을 때 창을 막고 유아가 잡아당기거나 장난을 치는 등 안전사고를 유발할 수 있기 때문에 유아교육기관 내에 설치하는 것이 적합하지 않다. 반면 롤 쉐이드는 직물로 되어 있으며 체인을 잡아당겨서 올리거나 내릴 수 있으므로 유아교육기관에 적합하다. 쉐이드는 직물의 종류에 따라서 불투명 정도와 색상도 다양하다. 특히, 쉐이드를 사용하지 않을 때는 작게 말아둘 수 있기에 창을 거의 막지 않는다는 이점이 있다. 또한 낮잠 시간이나 눈부심을 조절하기 위해서는 베네시안 블라인드가 적합하다.

[표 1-2-5] 유아교육기관에 적합한 햇빛조절장치 중 블라인드 종류표

	종류	특징
	롤 쉐이드	• 빛을 잘 막아주고, 감아올렸을 때 창을 차단하지 않음
	베네시안 블라인드	• 이탈리아 베니스에서 처음 발달되었음 • 얇고 좁은 기다란 나무, 금속, 플라스틱 조각을 수직 또는 수평으로 엮어 양쪽에 줄을 매달아 여닫게 만든 것임

	종류	특징
	허니콤 쉐이드	• 패브릭의 텍스처와 컬러는 트렌드에 맞게 다양하게 구성됨 • 허니콤 형태로 에어포켓을 형성하여 에너지 절약에 탁월함
	실루엣 윈도우 쉐이딩	• 패브릭 외부나 내부 코드가 없어 어린이 안정성이 향상됨 • 부드러운 베인과 패브릭이 덮인 일체형 제품으로 정교한 빛 조절이 가능하며, 베인 틸팅으로 자연스러운 빛을 연출할 수 있음

출처: Olds(2000/2009), p. 228에서 재구성

지침9 쾌적한 소음 수준 유지를 위한 소음방지설비를 갖추어야 한다.

| 계획범주 | 환경 계획
| 계획요소 | 음환경

「학교보건법 시행규칙」[별표 4]에 의거하여 교사(校舍) 내 소음은 55dB 이하로 유지하여야 한다. 유아교육기관의 음향적 목적은 크게 2가지로, 첫 번째는 조화롭고 만족스러운 음환경을 만드는 것이며, 두 번째는 원하지 않는 소음을 제거하거나 흡수 또는 조절하는 것이다(Olds, 2000/2009). 이 중 특히 실내의 소음 수준을 흡수하거나 조절하기 위해 소음방지설비를 갖추는 것이 필요하다. 예를 들어 실내에서 발생하는 소음을 효과적으로 차단하기 위해서 벽, 바닥, 천장에 흡음성과 차음성이 우수한 마감재를 도입하고 특히 천장과 바닥에는 흡음재를 부착할 수 있다(김상호 외, 2016). 또한 2층 이상의 유아교육기관일 경우, 층간소음과 관련하여 바닥슬래브 두께를 18cm 이상 확보하도록 권고하고 있다(김상호 외, 2016).

소음은 주로 공기, 충격, 진동의 3가지 방법으로 전달된다(Olds, 2000/2009). 공기에 의한 소음은 '쾌적성'의 건축디자인 계획 [지침 3]에서 언급한 수목 식재, 정원 등을 통해 조절하거나 이중창, 삼중유리를 설치하여 차단할 수 있다. 바닥이나 벽에 전달되는 충격에 의한 소음은 카펫, 이중바닥, 이중천장, 음향천장 등으로 조절할 수 있다. 진동에 의한 소음은 주로 수도관이나 엘리베이터 등에 음이 충돌해 발생하는데, 기계나 전기배관장비 주변의 틈을 메워 줄일 수 있다(Olds, 2000/2009).

지침10 벽, 바닥, 천장에 내오염성, 흡음성·차음성, 방수성, 단열성 소재의 마감재를 사용한다.

| 계획범주 | 마감재 계획
| 계획요소 | 공통

17)
'흡음'이란 소음을 흡수하여 공명현상이 나타나지 않고 원음

교사(校舍) 내 소음을 줄이기 위해 소음을 효과적으로 흡수하고 차단할 수 있는 흡음성[17]과 차음성[18]이 우수한 마감재를 사용할 수 있다. 예를 들어 바닥에는 리놀륨, 코르크, 탄성코트, PVC우븐(직물) 바닥재, 후로링, 타일 등을 설치하며, 벽과 천장에는 방음재[19]를 부착할 수 있다(김은영 외, 2009). 그 외 벽, 바닥, 천장

18)
'차음'이란 소리를 차단해주는
것을 의미한다.

19)
방음재는 소음을 차단하기 위한
것으로 차음재와 흡음재로
구분된다.

의 마감재는 냉난방시스템과 공기정화장치가 설치되어 있는 유아교육기관 내에서 관리하기 용이하도록 방수성, 단열성 소재를 사용하는 것이 바람직하다.

≫ 실내 권장 바닥 마감재에 대한 내용은 p. 45 '적합성'의 건축디자인 계획 [지침 10], p. 92 '안전성'의 건축디자인 계획 [지침 6] 참고

지침11 — 벽, 바닥, 천장에 목재를 주된 마감재로 사용한다.

| 계획범주 | 마감재 계획
| 계획요소 | 공통

체화된 인지적 관점에서 유아교육기관의 모든 공간은 근본적으로 유아의 인지적 체화성을 자극할 수 있는 특성을 지녀야 한다(차기주 외, 2022b). 예를 들어, 자연친화적 소재를 사용한 벽(나뭇결이 살아 있는 벽 마감재 등), 바닥, 천장 등으로 구성된 실내는 유아에게 냄새를 맡고, 촉감을 느끼고, 공기의 흐름에 반응하는 등 실제 자연 재료를 경험하게 하고 긍정적인 감정을 유발할 수 있다. 그리고 이는 유아의 장기기억에 풍부하고 우수한 다감각으로 표상되어 인지작용을 활성화하게 된다(Goldhagen, 2017/2019).

많은 연구결과들은 목재 마감재가 심신 안정 효과를 지니고 있음을 시사한다. 예를 들어, 실내 목재 마감재의 비율을 0%, 45%, 90%로 증가함에 따라 혈압이 감소하고 헤모글로빈 수치가 증가하였다(Tsunetsugu et al., 2005). 또한 목재로 만들어진 대기실에 들어가기 전과 후를 비교하였을 때 혈압 및 코르티솔 수치의 감소가 발견되었다(Kotradyova et al., 2019). 이러한 결과는 목재의 색깔, 질감, 구조 등이 시각적 안정감, 긍정적 냄새를 유발하고 심신 안정의 효과를 야기한다는 점을 보여준다. 따라서 유아교육기관의 벽, 바닥, 천장에 목재를 주된 마감재로 사용하면 유아의 인지작용을 활발하게 하고, 안정감과 편안한 분위기를 제공할 수 있다.

≫ 자연친화적 소재의 마감재에 대한 내용은 p. 114 '안락성'의 교육적 사용 및 실제 [지침 4] 참고

[그림 1-2-5] 목재 마감재 예

교육적 사용 및 실제

> **지침1**   온도계를 설치하여야 한다.
> 공간별/실별 냉난방시스템을 이용하여 적정온도를 유지한다.

적절한 온도는 유아의 건강에 기본적인 요소이다. 지나치게 더우면 신체가 체온을 유지하기 위해 땀을 발산하게 되어 수분 결핍을 가져올 수 있고, 지나치게 추우면 신체활동에 사용되어야 할 에너지가 몸을 따뜻하게 덥히는 데 사용된다. 더불어, 체화된 인지적 관점에 따르면, 다양한 환경적 자극이 비의식적으로 유아 개인의 느낌, 반응과 사고에 영향을 미칠 수 있다. 예를 들어 유아가 불쾌감을 느낄 수 있을 만한 자극(추위와 더위, 소음, 악취 등)에 의해 신체적 변화가 야기되면(예를 들어, 추위에 의해 근육이 수축되거나 방어적 태세를 갖춤) 뒤이어 이러한 신체적 변화와 연관된 정서(분노 등)가 동반되어 유아는 그 정서를 느낀다고 착각하게 된다. 따라서 유아교육기관은 유아가 불쾌감을 느낄 수 있을 만한 자극들을 미리 제거하여 쾌적함을 유지하도록 지원하여야 한다(차기주 외, 2022b).

많은 연구들은 적절한 실내온도가 인지수행능력(주의력 조절 및 억제, 작업기억)에 긍정적 영향을 미치는 것으로 보고하고 있다(차기주 외, 2021). 예를 들어, 가장 높은 인지수행력은 실내온도가 25.7℃일 때 나타나며, 실내온도를 17℃로 낮추거나 33℃로 높였을 때 인지수행력은 각각 9.9%, 7%로 감소한다고 보고하였다(Kim et al., 2020). 특히, 유아교육기관처럼 한 공간에 최소 1시간 이상 머무르는 경우에는 약 24~29℃가 적당한 수준의 인지수행능력을 유도할 수 있다고 제언한다(차기주 외, 2021). 이는 유아교육기관 내 적정온도 관련 법으로서「학교보건법 시행규칙」[별표 2]에서 제시한 실내온도 18℃ 이상 28℃ 이하(난방온도: 18℃ 이상 20℃ 이하, 냉방온도: 26℃ 이상 28℃ 이하)와 상당 부분 일치하는 것이다.

또한 유아교육기관의 공간별로 유아의 활동량 정도에 따라 적정온도 기준이 다르다(백선정 외, 2016). 따라서 공간별로 온도를 자동 조절할 수 있는 설비를 채택하는 것이 바람직하다. 예를 들어, 매우 활동적인 신체적 움직임이 이루어지는 공간과 비교적 정적이고 조용한 놀이가 이루어지는 공간의 온도는 차별적으로 조절한다. 활동적인 움직임이 이루어지는 공간의 적정온도는 약 20~22℃로, 유아들이 활발한 움직임을 할 때 땀을 흘리지 않고 쾌적한 환경에서 놀이할 수 있다. 반면, 조용한 놀이가 이루어지는 공간의 적정온도는 약 23~25℃로 활동적인 공간보다 약간 높다. 즉 적정실내온도는 계절에 따라 외기온도[20]와 연동하여 변화하는 점을 감안하면, 유아교육기관의 교사들은 계절에 따른 외기온도의 변화,

20)
'외기온도'란 실외공기의 온도를 의미한다.

유아가 실내 및 실외에서 머무르는 시간, 유아의 연령과 활동량 등을 종합적으로 고려하여 하루 일과의 흐름 속에서 적정실내온도를 조절할 수 있어야 한다(차기주 외, 2021). 이를 위해 각 학급 내 온도계를 설치하여 적정온도를 확인할 수 있도록 하는 것이 바람직하다.

결론적으로, 유아교육기관에서는 유아의 건강에 위해가 되지 않도록 위생적으로 공간을 관리하며, 집중력을 지원하고 불필요한 긴장이나 스트레스를 유발하지 않도록 실내의 온도를 적정 수준으로 유지해야 한다. 이를 위해 냉난방시스템을 갖추어 적절한 온도를 유지해야 하며, 학급 내에는 안전을 위해 전열기, 난방 파이프, 난로 등을 두지 않는 것이 바람직하다.

지침2
습도계를 설치하여야 한다.
공간별/실별 습도조절장치를 이용하여 적정습도를 유지한다.

적절한 습도는 감염을 예방하는 데 중요한 역할을 하기에 유아의 건강에 기본적인 요소이다. 코, 입, 목에 걸쳐 있는 점막은 항상 일정한 습도를 유지해야 방어기능을 할 수 있다. 점막이 건조한 공기와 접하면 감염을 더욱 쉽게 유발하며, 너무 높은 습도는 피부의 땀이 빨리 증발하지 못하여 체온을 높이기에 이와 관련된 질병을 유발할 수 있다(조경자, 이현숙, 2008). 특히, 습도가 너무 높으면 불쾌지수가 높아지기 때문에 제습기를 사용하여 습기를 제거하고 적정습도를 유지해야 하며, 반대로 너무 건조한 경우에는 가습기를 사용하여 습도를 적정하게 높여주어야 한다(이정환, 김희진, 2013).

유아교육기관 내에서는 호흡기 감염률이 높기 때문에 난방 시에는 50~55%의 습도가 바람직하다(Olds, 2000/2009). 특히 가습은 학급을 더 따뜻하게 느끼게 해주는 효과도 있어 연료를 절약할 수 있으며 정전기를 감소시킬 수도 있다. 따라서 쾌적한 환경을 유지하기 위해 습도조절장치(제습기, 가습기 등)를 작동하여 적정습도를 조절 및 유지해야 하며, 학급 내에 습도계를 설치하여 적정습도를 확인할 수 있도록 하는 것이 바람직하다.

지침3
자연환기 및 공기정화장치를 이용하여 적정 공기질 및 적정한 산소농도를 유지한다.

유아교육기관에서 환기가 적절히 이루어지지 않으면 땀 냄새, 음식 냄새, 탁한 공기 등으로 인해 불쾌한 환경이 조성될 수 있다. 나쁜 공기는 유아의 호흡기 질환을 일으키는 원인이 될 뿐만 아니라 집중력을 떨어뜨린다(이정환, 김희진, 2013). 또한 산소농도는 유아의 공간인지과제 수행에도 영향을 미치는 것으로 보고되고 있다. 예를 들어, 산소농도가 20%일 때보다 30%의 고농도 산소가 공급되었을 때 공간인지과제 수행 능력의 향상이 나타났다(최미현 외, 2009). 이러한 결과는 유아의 건강 및 인지능력 향상을 위해서 유아교육기관 내 적정 산소농도 유지가 필요함을 시사한다.

　유아들은 유아교육기관 내에서 여러 가지 실내 오염물질에 노출될 수 있다. 예를 들어, 카펫과 건물에서 알데히드, 일산화탄소, 라돈, 페인트, 납, 기타 다양한 실내 화학물질과 살충제 등이 유아의 호흡기 질환 및 눈의 염증, 두통, 피부염, 호흡곤란, 메스꺼움, 피로 등을 유발할 수 있다(조경자, 이현숙, 2008). 그러나 이러한 위험은 환기를 자주하는 것만으로도 충분히 개선될 수 있다. 자연환기를 통해 공기오염을 줄일 뿐 아니라 공기 중의 병원균을 내보내는 효과도 있다(조경자, 이현숙, 2008). 따라서 적어도 하루에 한 번은 창문을 열어 공기를 환기하도록 한다. 다만 미세먼지, 황사, 날씨 등과 같은 이유로 불가피하게 환기가 어려울 수 있기 때문에 인공적인 공기정화장치를 배치할 필요가 있다.

　환경부(2011)에서 발행한 〈어린이집·아동복지시설 실내공기질 관리 매뉴얼〉에 따르면, 다음과 같은 사항을 이행하여 실내 공기질 유지에 유의해야 함을 권고하고 있다. 첫째, 정기적으로 청소하고 1년에 1회 이상 유아교육기관 내 살균소독을 실시한다. 둘째, 환기설비, 팬, 에어컨과 공기청정기에 설치되어 있는 필터를 연 1회 이상 점검하며 필요에 따라 교체한다. 셋째, 실내를 충분히 환기하여 누적된 오염물질을 실외로 배출한다. 예를 들어, 건축자재, 가구, 교육용품 등에서 폼알데하이드와 휘발성유기화합물이 지속적으로 발생할 수 있으므로 항상 유아교육기관을 충분히 환기하여 오염물질을 실외로 배출해야 한다. 넷째, 유아교육기관(연면적 430m² 이상)의 경우, 유지기준은 연 1회, 권고기준은 2년에 1회 이상 측정을 실시하여 자발적으로 관리해야 한다.

　또한 식물을 이용해서 공기를 정화시키는 방법도 있다(환경부, 2011). 다음 표는 환경부에서 제언한 오염물질별 공기정화식물의 예시이다. 해당 사항은 국내 환경전문가와 식물전문가가 추천하는 것으로, 식물에 따른 오염물질 제거 특성을 파악하여 사용한다면 실내공기의 오염물질을 효과적으로 제거하는 데 도움이 될 수 있을 것이다. 차기주 외(2022a) 역시 산소농도를 높이기 위해 관엽식물이나 실내정원 배치를 제안한 바 있다.

[표 1-2-6] 식물의 정화 능력 및 특성

	이름	제거물질	특징
	벤자민 고무나무 (Weeping fig)	질소화합물, 오존	• 질소화합물, 오존 등의 제거에 효과적임 • 실내의 밝은 장소를 좋아함

	이름	제거물질	특징
	아레카야자 (Areca palm)	휘발성 유기화합물	• 휘발성유기화합물의 제거 능력이 뛰어남 • 담배연기뿐만 아니라 각종 냄새 제거에도 효과적임

	관음죽
	(Rhapis)
		냄새,
		암모니아
			• 화장실의 냄새나 암모니아 가스 제거
			  능력이 뛰어남
			• 음지의 실내에서도 잘 자라고 발육 속도가
			  느려 관리하기 편함

	스킨답서스 (Golden pothos)	일산화탄소, 이산화질소	• 음식물 냄새와 조리 시 발생하는 일산화탄 소, 이산화질소 등의 제거에 효과적임
	시클라멘 (Cyclamen)	미세먼지, 매연, 폼알데하이드	• 폼알데하이드와 미세먼지를 제거하는 데 탁월한 효과가 있음 • 음이온을 대량으로 방출함

	행운목
	(Dracaena
	fragrans
	Massan-
	geana)
		폼알데하이드,
		암모니아
			• 폼알데하이드와 암모니아 제거 능력이
			  뛰어남
			• 화단의 경계나 모서리 등 가장자리를
			  장식할 때 좋음

출처: 환경부(2011), p. 13에서 재구성

지침4　　　　　정기적 조도 점검을 통해 적절한 조도를 유지한다.

21)
산소포화도란 옥시미터 등을
통해 혈중 헤모글로빈 중 산소와
결합·포화된 헤모글로빈의
비를 측정하는 것을 의미한다.
이는 산소 공급이 원활한
상태를 의미하여 스트레스
감소 및 회복성 등을 파악할 수
있다(차기주, 2022).

　　　자연광은 인간의 육체가 24시간 주기의 리듬을 유지하는 데 중요한 역할을 하며 움직임, 변화, 안전성, 방향성 등과 같은 심리적 요소에 영향을 준다(Olds, 2000/2009). 자연광은 인체의 신체 생리에도 영향을 주는데, 예를 들어 자연광이 부족한 경우 비타민D 부족으로 육체의 면역체계가 약화되고 피곤과 스트레스가 증가된다(Rosental et al., 1985). 또한 자연광은 혈압을 낮추고 산소포화도[21]를 높여 체온을 상승시켜 생체 리듬을 회복시키는 데 긍정적인 역할을 수행한다(Zadeh et al., 2014). 일례로 자연광에 많이 노출된 환자들일수록 진통제 지출 비용이나 진통제

[그림 1-2-6] 언어영역 인공조명기구 설치한 예

복용량이 유의미하게 감소하였다는 보고도 있다(Walch et al., 2005). 아울러, 많은 선행연구들에서 실내에 유입되는 자연광의 주의집중 및 정서적 각성효과에 대해 보고하고 있다. 예를 들어, 자연광의 위치가 왼쪽 벽면에서 유입될 때가 머리 위에서 유입될 때보다 동공의 크기가 가장 확장되며, 이는 주의집중 및 정서적 각성효과가 가장 크게 일어났음을 의미한다(Tuszynska-Bogucka et al., 2020).

유아교육기관에서는 이처럼 모든 인간에게 긍정적 영향을 미치는 자연광을 유아들에게 충분히 제공해야 한다. 이를 위해 유아교육공간에 창문 면적을 충분히 확보하고 햇빛이 잘 들도록 적정조도를 유지하는 것이 중요하다. 자연광이 가장 바람직하기는 하지만 인공조명의 적절한 배치 또한 중요하다. 인공조명은 흐린 날, 겨울, 그리고 창에서 먼 영역에 자연광을 보충해주기 위해 사용하기 때문이다(Olds, 2000/2009). 또한 학급 내 영역에 따라 부분적으로 적정조도를 유지·조절할 수 있도록 부분 인공조명을 설치할 수 있다(조경자, 이현숙, 2008). 특히, 인공조명은 각 공간에서 일어나는 활동과 요구되는 분위기를 지원하기에 적절해야 한다(Olds, 2000/2009). 예를 들어, 과학영역이나 언어영역은 창문 근처의 밝은 곳에 배치하되, 자연광이 부족한 경우 부분조명을 설치해 밝기를 조절할 수 있다.

지침5

현휘[22]를 방지하고 조도 조절 및 유지를 위한 설비를 갖추고,
적절한 양의 채광을 확보하기 위해 햇빛조절장치를 갖추어야 한다.
햇빛조절장치를 이용하여 적절한 자연광을 확보한다.

22)
현휘란 빛이 반사되어 눈부심 현상이 발생하는 것을 의미한다.

자연광 확보의 필요성은 '쾌적성' 교육적 사용 및 실제 [지침 4]에서 언급하였다(예를 들어 주의 집중 및 정서적 각성상태 유지, 회복과 치유에 긍정적인 영향을 줌). 이는 유아교육기관에 햇빛이 잘 들고 적정조도를 유지할 필요성을 시사한다.

대다수의 유아교육기관에서 블라인드와 커튼을 사용해 빛을 조절하는 것으로 보고되고 있다(김은영 외, 2009). 그러나 커튼 사용은 앞서 언급한 대로 옆으로 밀어두었을 때 창을 막고 유아가 잡아당기거나 장난을 칠 수 있어 안전사고를 유발할 수 있으므로 유아교육기관 내에는 적합하지 않을 수 있으며 사용에 유의해야 한다. 또한 블라인드 사용 시에는 유해물질이 포함되지 않은 것을 설치하여 채광을 조절해야 한다.

학급 내 영역에 따라 부분적으로 적절한 자연광을 확보할 수 있어야 한다. 예를 들어, 과학영역이나 언어영역은 창문 근처의 밝은 곳에 배치하되, 직사광선을 받으면 안 되는 컴퓨터영역의 경우에는 창문 근처를 피하거나 햇빛조절장치를 이용할 수 있다(이정환, 김희진, 2013). 또한 휴식영역이나 전체 유아가 낮잠 및 휴식을 취할 경우에는 햇빛조절장치(블라인드 등)로 채광을 차단하여 유아들이 충분히 휴식을 취할 수 있도록 다소 어둡게 조절하는 것이 바람직하다(이정환, 김희진, 2013).

이야기 나누기 및 동영상 감상 등의 대집단 활동 시 빔프로젝터를 사용하여 스크린에 투영된 화면(혹은 실물화상기, TV 등)을 유아들과 함께 볼 경우에도 선명한 시야를 확보하기 위해 필요에 따라 햇빛조절장치를 사용할 수 있다. 예를 들어, 다같이 모여 앉기 시작하는 주의집중 시에는 빛이 투과될 수 있도록 블라인드 살의 납작한 부분을 지표와 수평이 되도록 하여 미리 내려놓을 수 있다. 이어 대소집단 활동 진행 시, 스크린에 화면이 투영되기 시작하여 감상할 때에는 미리 내려놓은 블라인드에서 체인 혹은 줄로 살의 방향만 조절하여 햇빛의 투입을 막고 학급 내 조도를 낮추어 스크린 화면의 선명도를 높일 수 있다. 그런 다음 감상을 마치고 유아들과 함께 이야기를 나누며 유아들의 적극적인 참여를 독려할 때는 다시 체인 혹은 줄을 조절하여 햇빛을 투입하고 조도를 높인 밝은 상태에서 유아들과 상호작용할 수 있다. 이렇게 약 10~15분 정도 짧게 진행되는 대소집단 활동 내에서도 유아의 참여도와 집중도를 높일 수 있기에 적절한 양의 채광을 확보할 수 있는 햇빛조절장치를 갖출 필요가 있다.

[그림 1-2-7] 학급 내 롤 쉐이드를 설치한 예

[그림 1-2-8] 학급 내 블라인드를 설치한 예

토마티스는 프랑스 물리학자로서 음 생리학 연구를 전공하였으며, 음 신경을 반응과 지각을 연결하는 주요 메커니즘으로 정의하였다(Tomatis, 1991). 그에 따르면 우리 몸의 모든 세포들은 음 파장을 가지고 있으며, 귀로만 듣는 것이 아니라 모든 감각(시각, 촉각, 미각, 청각)이 긴밀하게 연결되어 있다. 즉, 음향은 모든 사람의 건강과 밀접한 관련이 있다고 볼 수 있을 정도로 중요한 것이다(Olds, 2000/2009).

앞서 언급한 유아교육기관의 소음 관련 법「주택건설기준 등에 관한 규정」에서 제시한 50dB 이하 기준과「학교보건법 시행규칙」[별표 4]에서 제시한 교사(校舍) 내 소음 55dB 이하 기준은 WHO(세계보건기구)가 일상을 살아가는 데 안전하다고 제시한 규정인 55~60dB(일상 대화의 소음 수준)과 유사하다(Goldhagen, 2017/2019). 특히, WHO는 소음이 건강에 미치는 여러 해로운 영향을 발표한 바 있다(Berglund et al., 1999). 55dB 이상의 환경소음에 지속적으로 노출되면 호흡 리듬이 흐트러지고, 65dB 이상이면 심혈관계에 악영향을 받게 된다. 만약 80dB(트럭이 고속도로를 계속 지날 때 발생하는 소음 수준) 이상이면 공격적인 행동을 보이거나 정신질환을 겪을 위험이 높아진다.

이와 같은 맥락에서 많은 선행연구들은 소음이 공간을 이용하는 사람들에게 스트레스 반응을 야기한다고 보고하고 있다. 예를 들어, 소음 자극에 지속적으로 노출될 때 전기피부반응도, 심전도 및 뇌파에서 스트레스가 측정되었다(김민수, 조영창, 2017). 따라서 유아교육기관은 조화롭고 만족스러운 음환경을 만듦과 동시에 원하지 않는 소음을 제거하거나 조절할 수 있어야 한다(Olds, 2000/2009). 예를 들어, 학급 내 소음을 줄이기 위해 (부분) 카펫을 활용할 수 있다. 카펫은 촘촘하고, 더러움을 잘 타지 않으며, 쉽게 닦을 수 있는 것을 사용한다(조경자, 이현숙, 2008). 책상이나 의자의 소음을 줄이기 위해 다리에 고무, 헝겊 등을 부착할 수도 있다. 혹은 실내공간의 잡음을 완화하기 위해 내부 파티션을 설치하거나 차폐장치(baffle)를 설치할 수도 있다(김은영 외, 2009). 또한 패브릭 소품 등을 활용할 수도 있다(차기주 외, 2022a).

[그림 1-2-9] 의자 고무 부착 예

[그림 1-2-10] 부분 카펫을 설치한 예

유아교육기관에서 유아가 지내는 모든 공간은 청결하며 쾌적해야 한다. 가구 및 바닥, 시설설비를 청결하게 유지하기 위해 청소하기 쉬운 것으로 갖추고, 얼룩, 먼지, 거미줄, 색이 바랜 내부 벽지, 가구의 오염 등을 정기적으로 점검하여 제거해야 한다. 앞서 언급한 대로, 냉난방시스템 및 공기정화장치도 정기적으로 점검하여 적정 공기질을 유지할 수 있도록 해야 한다.

또한 유아교육기관에서는 유아들의 등원 전과 하원 후에 항상 환기 및 바닥청소를 해야 하며, 낮잠 자는 장소가 교실이 아닌 경우에는 낮잠 자는 시간에도 교실을 청소하여 청결함을 유지하여야 한다.

3절

안전성

: 공간 내 시설, 설비, 가구의 조건이나 상태가
신체적으로 위해가 되지 않고 안전한 특성

○ **관련 심리행태적 특성 :**

  » 안전지향성

  : 심신에 위해를 유발하지 않고 물리적·심리적
  안전을 보장하는 공간과 사물, 매체를 선호하는 성향

○ **추구하는 인간상 :**

  » 건강한 사람, 자주적인 사람

○ **주요 관련 핵심역량 :**

  » 자기관리 역량

유아는 인간의 기본적 욕구 중 하나인 안전의 욕구(안전지향성)를 지닌다(차기주, 2022). 따라서 유아교육기관의 공간은 이러한 심리행태적 특성에 기반하여 공간 내 안전사고를 일으킬 수 있는 위해요소가 없어야 하며, 안전사고를 예방할 수 있는 시설을 갖추어야 한다. 또한 유아의 건강을 고려하여 인체에 무해한 인공마감재와 친환경적인 마감재를 사용해야 한다. 즉, 유아가 물리적·심리적 안전이 보장되는 공간에서 지낼 수 있도록 공간의 디자인, 가구, 자료 등을 구성하여야 한다. 이를 공간의 '안전성'이라고 하며(차기주 외, 2021), 공간의 규모, 마감재, 바닥, 가구 등의 공간 요소를 통해 이를 구현할 수 있다.

안전성을 갖춘 유아교육기관의 공간을 구성하기 위해 참고할 수 있는 자체 점검 항목을 '건축디자인 계획' 측면과 '교육적 사용 및 실제' 측면으로 구분하여 제시하면 다음과 같다.

표 1-3-1 공간의 '안전성' 관련 「건축디자인 계획」 측면 자체 점검 체크리스트

계획 범주	계획 요소	학급	공용/매개			건축디자인 계획		충족 여부	
			진입	중심	연결	지침	하위 항목	예	아니오
마감재 계획	공통		●	●	●	벽, 바닥, 천장에 내구성 및 난연·불연성 소재의 마감재를 사용한다.	「영유아보육법 시행규칙」 [별표1]에 의거하여 어린이집 내부(벽, 천장 등)의 마감재료는 「건축법 시행령」 제2조에 따른 불연재료, 준불연재료 또는 난연재료를 사용한다.		
							예시 벽 마감재로는 포르보, 호모소테, 코르크 등이 있다.		
							예시 바닥 마감재로는 리놀륨, 코르크, 탄성코트, PVC우븐(직물) 바닥재, 후로링, 타일 등이 있다.		
							예시 천장 마감재로는 텍스, SMC천정재, 규조토보드 등이 있다.		
			●	●	●	벽, 바닥, 천장/시설, 설비, 문, 가구 등에 친환경적인 소재를 사용한다.	「영유아보육법 시행규칙」 [별표1]에 의거하여 어린이집 내부(벽, 천장 등)의 마감재료는 「환경보건법 시행령」 제16조에 따른 [별표2] 어린이활동공간에 대한 환경안전관리기준을 준수하여 설치한다.		
							예시 유아교육기관의 벽, 바닥, 천장, 문, 가구 등의 마감재는 친환경적인 마감재(생분해성, 무독성, 재활용 마감재, 리놀륨, 고무 등)를 사용하도록 계획한다.		
			●	●	●	전기시설, 설비를 안전하게 마감한다.	유아의 접근이 가능한 영역에 설치하는 전기콘센트의 경우, 유아의 손이 닿지 않아 감전 사고가 발생하지 않도록 최소 138cm 이상의 높이에 설치한다.		
							만약 유아의 손이 닿는 높이에 전기콘센트를 설치할 경우에는 안전덮개를 반드시 설치한다.		
							스위치는 벽의 중앙이 아니라 벽의 경계에 설치한다.		
			●	●	●	벽, 바닥 등에 안전사고를 유발할 수 있는 고정식 장애물이 없다.	유아교육기관의 벽과 바닥 등을 디자인할 때는 안전사고를 유발할 수 있는 고정식 장애물(문턱, 돌출된 창틀 등)은 제거한다.		
			●	●	●	바닥, 벽, 천장 등에 위해가 될 만한 설비 및 디자인 요소가 없다.	유아교육기관의 바닥, 벽, 천장 등을 디자인할 때는 위해가 될 만한 설비 및 디자인 요소[벽의 돌출부, 행잉 천장 시설물(또는 조형물) 등]가 없도록 유의한다.		
							벽과 천장은 손상(벗겨진 페인트, 벽지 등)을 최소화할 수 있도록 탈부착이 용이하고 내구성이 좋은 마감재를 사용한다.		
	바닥	●		●	●	충격을 흡수할 수 있는 바닥재를 사용한다.	유아들의 안전을 위해 충격을 흡수할 수 있는 바닥재를 사용한다.		
							예시 유아의 신체움직임 및 내구성에 적합한 유아교육기관 실내 권장 바닥 마감재는 리놀륨, 코르크, 탄성코트, PVC우븐(직물) 바닥재, 후로링, 타일 등이 있다.		

| 계획범주 | 계획요소 | 학급 | 공용/매개 | | | 건축디자인 계획 | | 충족 여부 | |
			진입	중심	연결	지침	하위 항목	예	아니오
규모 및 배치 계획	개구부	●	●	●	●	실내외로 통하는 출입문을 눈에 잘 띄도록 배치하고, 출입문의 위치를 인지할 수 있도록 시각적 장치를 마련한다.	학급의 실내문과 실외문(비상탈출구 및 실외놀이터로 통하는 문)을 눈에 잘 띄는 곳에 배치하며, 학급을 가로지르는 주요 통로를 비워 비상시 탈출 동선을 명확히 한다.		
		●	●			출입문에 완충장치를 설치한다.	「영유아보육법 시행규칙」 [별표1]에 따라 출입문의 가장자리에 유아의 손이 끼지 않도록 손끼임 방지 고무패킹이나 완충장치를 설치한다.		
		●	●			출입문의 가장자리에 손끼임 방지장치를 설치한다.	(예시) 유아교육기관 출입문 디자인 시, 손가락 끼임사고 방지를 위해 문닫힘 방지장치, 속도 제어장치(도어클로저), 모서리 끼임방지용 완충재[문의 고정부 모서리면(경첩부)에 설치하는 손끼임 방지장치, 유리문의 모서리 면에 마감하는 손끼임 방지 완충재 등]를 설치한다.		
		●	●	●	●	문과 창문은 안전유리를 사용한다.	유아교육기관의 문과 창문 디자인 시에는 유리 파손에 의한 부상을 방지할 수 있도록 파손 시 튀거나 흩어지지 않는 안전유리를 사용한다.		
							유아교육기관의 모든 문은 성인과 유아 모두가 실내외 양방향으로 투시할 수 있도록 문 전체 또는 일부를 유리로 한다.		
							유아도 볼 수 있도록 유리창의 높이는 바닥으로부터 최소 50cm 이상으로 하며 안전유리로 설치한다.		
			●	●	●	창의 개폐 및 구조가 추락사고의 위험 없이 안전하다.	유아교육기관의 창문 개폐방식은 유아의 안전을 최우선으로 고려하여 계획한다.		
							(예시) 어닝창은 적게 열리고 유아가 직접 사용하기 어렵기 때문에 오르내리기 창보다 안전하다.		
							(예시) 창에 유아의 머리가 끼지 않을 정도로, 약 15cm 이하로만 창이 열리도록 걸림 장치를 설치한다.		
							유아가 열 수 있는 창에는 모두 잠금장치를 설치한다.		
							2층 이상의 유아교육기관일 경우, 바닥에서 1.2m 높이에 추락방지용 안전장치(창호의 안전봉, 창문 보호대 등) 및 고정 창문을 설치한다.		
							「주택건설기준 등에 관한 규정」 제18조를 준용하여 창 난간의 높이는 바닥의 마감면으로부터 120cm 이상, 위험이 적은 장소에는 90cm 이상으로 설치한다.		

계획범주	계획요소	학급	공용/매개			건축디자인 계획		충족 여부	
			진입	중심	연결	지침	하위 항목	예	아니오
규모 및 배치 계획	개구부	●	●	●	●	창문에 방충망을 설치한다.	여름철을 대비해 벌레, 해충의 진입을 막고자 방충망을 설치하되, 반드시 난간을 함께 설치하여 추락사고를 방지한다.		
	이동공간		●	●		계단 및 2층 이상 이동공간에 설치한 난간의 간살 간격이 관련 법적기준을 충족한다.	유아교육기관의 난간 설치기준은 「주택건설기준 등에 관한 규정」 제18조를 준용한다. 난간은 강도 및 내구성이 있는 재료를 사용하여 안전한 구조로 설치하며, 실내에 설치하는 난간일 경우 목재도 사용할 수 있다.		
							「주택건설기준 등에 관한 규정」 제18조에 의거하여 난간의 높이는 바닥의 마감면으로부터 120cm 이상으로 설치한다.		
							「주택건설기준 등에 관한 규정」 제18조에 의거하여 유아교육기관 난간의 간살은 세로방향으로 설치해 유아가 난간살을 밟고 올라갈 수 없도록 하며, 간살의 간격은 안목치수 10cm 이하로 한다. 다만, 유아의 몸이 빠져나가지 않도록 그 안치수는 8cm 이하를 권장한다.		
							난간 손잡이의 높이는 84~86cm, 손잡이의 직경은 3.2~3.8cm 범위로 설치한다.		
							유아가 난간을 타고 내려오지 못하도록 장애물을 설치하되, 손잡이 이용에 최대한 방해가 되지 않도록 개수와 크기를 최소한으로 하며 날카롭지 않은 형상으로 한다.		

표 1-3-2 공간의 '안전성' 관련 「교육적 사용 및 실제」 측면 자체 점검 체크리스트

계획범주	계획요소	학급	공용/매개			교육적 사용 및 실제		충족 여부	
			진입	중심	연결	지침	하위 항목	예	아니오
마감재 계획	공통	●	●	●	●	전기시설, 설비를 안전하게 관리한다.	유아교육기관 내에서는 콘센트와 전선, 스위치 등을 안전하게 관리한다(예를 들어, 콘센트 안전덮개 등을 사용함).		
							예시 유아의 손이 닿는 높이에 전기콘센트가 있는 경우, 안전덮개를 반드시 설치한다.		
							전선은 유아들의 손이 닿지 않는 곳에 고정한다.		
							예시 전선은 바닥 및 벽에 고정하거나 전선정리용 몰드 및 전선보관함을 설치한다.		
							멀티탭을 이중·삼중으로 연결하여 사용하지 않는 등 정격 용량에 맞도록 안전하게 사용한다.		
							전기기구의 연결코드는 필요할 때만 사용하고, 사용 후에는 콘센트에서 코드를 뽑아 치우거나 유아의 손에 닿지 않게 둔다.		
		●	●	●	●	바닥, 벽, 천장 등에 위해요소가 없도록 안전하게 관리한다.	정기적으로 청소하고, 규칙적으로 소독하며, 위해요소 유무를 확인한다.		
							예시 바닥 갈라짐은 없는지, 벗겨진 페인트는 없는지, 천장 시설물 중 위해요소는 없는지 등을 정기적으로 점검한다.		
							예시 튀어나온 못은 없는지 확인하여 안전사고를 예방할 수 있도록 주의해야 하며, 필요시 위해요소를 제거하거나 보호막 또는 덮개를 설치한다.		

| 계획범주 | 계획요소 | 학급 | 공용/매개 | | | 교육적 사용 및 실제 | | 충족 여부 | |
			진입	중심	연결	지침	하위 항목	예	아니오
규모 및 배치 계획	바닥	●		●	●	필요시 충격을 흡수할 수 있는 깔개를 사용한다.	유아교육기관은 활동적인 장소이므로 충격을 흡수할 수 있는 깔개(카펫)를 사용한다. **예시** 깔개는 유아들이 넘어지는 안전사고가 자주 일어날 수 있는, 대근육 운동 및 거친놀이를 하는 영역에서 주로 사용한다. **예시** 카펫은 학급 내 유아들이 앉아서도 놀이를 할 수 있는 영역(쌓기놀이영역, 언어영역, 음률영역 등)에서 주로 사용한다.		
	가구	●				견고하고 내구성이 있는 가구(책상, 의자 등)를 사용한다.	견고하고 내구성 있는 가구로서 목재(자작나무 합판, 대나무, 등나무 등)를 사용한다.		
		●	●	●	●	가구의 표면, 가장자리, 모서리 등을 파손된 부분 없이 매끄럽고 안전하게 관리한다.	유아교육기관의 가구 및 자료의 표면, 가장자리, 모서리 등은 유아가 찔리거나 다치는 안전사고를 방지하기 위해 매끄럽게 처리하고 관리한다.		
		●		●	●	자료의 표면, 가장자리, 모서리 등을 파손된 부분 없이 매끄럽고 안전하게 관리한다.	**예시** 최소 1.3cm 반경의 원형으로 모서리가 마감처리된 가구를 사용한다. 모서리 보호 쿠션을 설치한다.		
	개구부	●	●	●	●	개방 가능 창문의 앞쪽에 적재된 물건이 없도록 한다.	만약 유아가 충분히 오를 수 있는 높이에 개방 가능한 창이 있다면, 창문 앞쪽에 디디고 오를 수 있는 물건을 두지 않는다.		
		●	●	●	●	햇빛조절장치(블라인드 등)의 줄을 유아의 손이 닿지 않는 곳에 고정한다.	유아교육기관에 설치하는 햇빛조절장치(블라인드 등)는 줄에 의한 잠김이나 질식사고 등을 예방할 수 있도록 줄이 없는 전자동식이나 수동식 제품을 설치한다.		
							햇빛조절장치에 줄이 있는 경우에는 줄 전체를 덮는 일체형 보호장치 또는 부분적으로 덮는 분리형 보호장치를 설치한다.		
							줄이 있는 햇빛조절장치를 설치한 경우, 줄 끝에 유아의 손이 닿지 않도록 정리하고 유아가 줄을 조작하거나 장난할 수 없도록 교실 바닥에서 80cm 이상에 위치하게 하며, 줄 고정장치(고정 고리, 보관함 등)는 벽에 설치한다.		
	이동공간		●	●		계단 및 2층 이상 이동공간 난간의 간살 간격에 대한 기준 미충족 시 보호판을 설치한다.	계단 및 2층 이상 이동공간의 난간 간살 간격이 관련 법적기준을 충족하지 못할 경우, 보호판을 설치하여 유아가 뛰어내리거나 유아의 신체가 끼이지 않도록 한다.		

이상의 자체 점검 체크리스트를 기반으로 공간의 '안전성' 관련 가이드라인을 제안하면 다음과 같다.

건축디자인 계획

<table>
<tr><td>지침1</td><td>실내외로 통하는 출입문을 눈에 잘 띄도록 배치하고,
출입문의 위치를 인지할 수 있도록 시각적 장치를 마련한다.</td></tr>
</table>

| 계획범주 | 규모 및 배치 계획
| 계획요소 | 개구부

　　유아교육기관에는 현관 주출입구의 문, 실내공간끼리 연결하는 실내문, 기타 실내공간을 실외로 연결하는 실외문, 이렇게 3가지 유형의 문이 있다(Olds, 2000/2009). 그중 실외문은 눈에 잘 띄는 곳에 배치하거나, 출입문의 위치를 쉽게 인지할 수 있도록 시각적 장치[사인물, 색채, 조명(비상등) 등을 통해 주목성을 높이는 장치]를 갖추고 있어야 한다. 일반적으로 실외로 통하는 문은 비상탈출구 및 실외 놀이터로 가는 역할을 수행하기 때문이다. 예를 들어 올즈(Olds, 2000/2009)에 따르면, 학급의 실내문과 실외문을 눈에 띄는 곳에 배치하면 학급을 가로질러 두 문을 연결하는 주요 통로를 시각적으로 명확하게 인지할 수 있다. 2개의 출입문을 중심으로 주요 동선을 확보하게 되면, 유아가 이동하면서 생길 수 있는 혼잡스러움을 최소화할 수 있으며 유아의 활동 및 놀이를 방해받지 않을 수 있다.

　　비상탈출구와 관련된 안전기준은 「영유아보육법 시행규칙」 제9조 관련 [별표1] 어린이집 설치기준을 준용한다.

「영유아보육법 시행규칙」 제9조 별표1 어린이집의 설치기준

어린이집은 비상시 양방향으로 대피할 수 있어야 하며, 각 층별 출구 및 대피시설 등은 다음의 구분에 따른다.

(i) 어린이집이 건물 1층인 경우: 주 출입구 외에 도로 등 안전한 외부 지상과 연결이 가능한 1개 이상의 출구[비상구 또는 유사시 사람의 출입이 가능한 창 또는 개구부(開口部)]를 어린이집 주 출입구의 반대방향에 설치하거나 장변길이의 2분의 1 이상을 이격하여 설치할 것. 이 경우 출구의 규격은 유효 폭 0.75m 이상 유효 높이 1.75m 이상이어야 하고, 출구의 최하단은 안전한 외부 지표면으로부터 1.2m 이하여야 한다.

(ii) 어린이집이 2층과 3층인 경우: 비상계단 또는 대피용 미끄럼대를 영유아용으로 설치하고 그 밖에 안전사고 및 비상재해에 대비한 대피시설, 장비 등을 구비할 것. 다만, 「건축법 시행령」 제34조제2항에 따라 어린이집 내부에 직통계단을 2개소 이상 설치하거나, 「소방시설 설치유지 및 안전관리에 관한 법률 시행령」에 따른 스프링클러설비(간이스프링클러설비를 포함한다)를 건물 전체에 걸쳐 유효하게 설치하고, 「소방시설 설치유지 및 안전관리에 관한 법률」 제9조제1항에 따라 소방방재청장이 정하여 고시하는 피난기구의 화재안전기준에 따른 피난기구를 「소방시설 설치유지 및 안전관리에 관한 법률 시행령」 별표 4에 따라 설치한 경우에는 비상계단 또는 대피용 미끄럼대를 설치하지 않을 수 있다.

(iii) 어린이집이 4층과 5층인 경우: 「소방시설 설치유지 및 안전관리에 관한 법률 시행령」에 따른 스프링클러설비 및 자동화재탐지설비를 건물 전체에 걸쳐 유효하게 설치하고, 건물 내에 양방향 대피가 가능한 2개소 이상의 직통계단을 설치하며(2개 이상의 직통계단 설치가 곤란한 경우에는 직통계단 1개소는 건물외부에 비상계단을 설치하여 이에 갈음할 수 있다), 보육실의 주출입구는 직통계단 또는 비상계단까지의 보행거리가 30m 이내가 되도록 설치…… (생략)

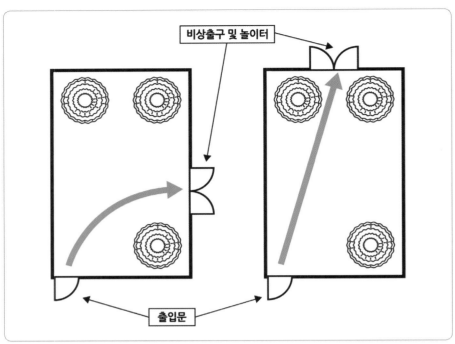

[그림 1-3-1] 학급의 주요 동선이 출입문과 비상구(실외놀이터 출입문) 사이에 만들어진 예

　　미국 연방 보육시설 디자인 가이드에 의거하면, 실내문과 실외문 사이의 거리는 30m를 초과하지 않아야 하며 실외문과 학급 안 어느 지점에서든 45m를 초과하지 않아야 한다. 학급 내에서는 유아들이 한 방향으로 나갈 수 있도록 안내하여야 하므로 출입문을 눈에 잘 띄는 곳에 배치하여야 한다(김은영 외, 2009).

> **지침2**　　출입문에 완충장치를 설치하거나, 출입문의 가장자리에 손끼임 방지장치를 설치한다.

| 계획범주 | 규모 및 배치 계획
| 계획요소 | 개구부

　　유아교육기관 출입문에 유아가 손가락이 끼거나 머리를 부딪치는 것은 흔히 일어나는 사고 중 하나다. 유아교육기관 출입문에 대한 설치기준은 「영유아보육법 시행규칙」 [별표1]을 준용한다. 이에 따르면 출입문의 가장자리에는 유아의 손이 끼지 아니하도록 손끼임 방지 고무패킹이나 완충장치를 설치해야 한다. 국토교통부에서 제공하는 〈안전한 실내건축 가이드라인(국토교통부 건축정책과, 2013)〉 역시, 유아교육기관 내부에 설치하는 문은 갑자기 닫히는 경우를 대비하여 손가락 끼임 사고 방지를 위한 문닫힘 방지장치를 설치할 것을 권고하고 있다. 이러한 기준에 의거하여 유아교육기관의 출입문 디자인 시에는 손가락 끼임사고를 방지하기 위해 문닫힘 방지장치, 속도 제어장치(도어클로저), 모서리 끼임방지용 완충재[문의 고정부 모서리면(경첩부)에 설치하는 손끼임 방지장치, 유리문의 모서리 면에 마감하는 손끼임 방지 완충재 등]를 설치하도록 한다.

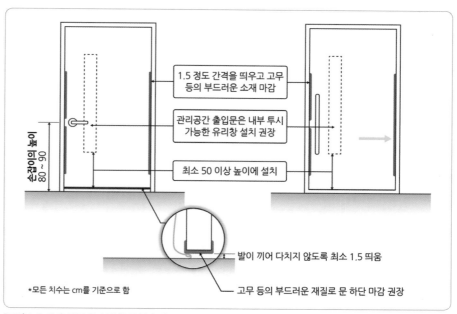

[그림 1-3-2] 출입문 완충장치 설치의 예

지침3　　　　문과 창문은 안전유리를 사용한다.

| 계획범주 | 규모 및 배치 계획
| 계획요소 | 개구부

23)
안전유리란 유리의 성질을 강하고 질기게 개선하여 잘 깨지지 않고, 깨져도 파편이 비산하지 않으며, 인체에 주는 피해가 적도록 만든 특수 유리이다.

유아교육기관의 문과 창문은 유리 파손에 의한 부상을 방지할 수 있도록 파손 시 튀거나 흩어지지 않는 안전유리[23]를 사용한다. 유아교육기관의 모든 문은 성인과 유아 모두가 실내외 양방향으로 투시할 수 있도록 문 전체 또는 일부를 유리로 하는 것이 더욱 매력적이다(Olds, 2000/2009). 유아도 볼 수 있도록 유리창의 높이는 바닥으로부터 최소 50cm 이상으로 하며, 안전유리로 설치한다(서울특별시 문화관광디자인본부, 2011).

[그림 1-3-3] 유아와 성인 모두가 양방향 투시가 가능한 실외문의 예

특히 커다란 창을 작은 격자로 분할할 경우, 문양을 만들 수 있을 뿐만 아니라 유리의 파손을 방지하는 효과도 있다. 창 위에 플라스틱으로 된 창살만을 부착해 마치 창이 작은 격자로 분할될 것처럼 보이게 하는 경우도 있는데, 이것은 실제 유리를 작은 격자로 분할할 때의 효과 및 장점을 전혀 살리지 못하기에 바람직하지 않다(Olds, 2000/2009).

지침4 창의 개폐 및 구조를 추락사고의 위험 없이 안전하게 한다.
창문에 방충망을 설치한다.

| 계획범주 | 규모 및 배치 계획
| 계획요소 | 개구부

유아교육기관 내에서는 창문을 열 수 있어야 신선한 공기와 따스한 햇빛을 실내로 쉽게 들일 수 있고, 바깥을 볼 수 있을 뿐만 아니라 집과 같은 분위기를 만들 수 있다(Olds, 2000/2009). 유아교육기관의 창문 개폐방식은 유아의 안전을 최우선으로 고려해 계획하여야 한다.

예를 들어, 안으로 열리는 창문(호퍼창[24])은 추락 위험이 있으므로 지양해야 한다(김상호 외, 2015). 한편, 어닝창[25]은 적게 열리고 유아가 직접 사용하기 어렵기 때문에 오르내리기창보다 안전할 수 있다(Olds, 2000/2009). 만약 유아가 닿거나 올라갈 수 있는 위치에 열리는 창문이 있다면, 유아의 머리가 끼지 않을 정도로 약 15cm 이하로만 창이 열리도록 걸림장치를 설치할 수 있다(조경자, 이현숙, 2008). 여닫이창을 설치할 경우에는 유아의 몸이 빠져나가지 않도록 열리는 폭을 최대 10cm 이하로 설치하는 것이 바람직하다(서울특별시 문화관광디자인본부, 2011).

24)
호퍼창(hopper window)은 창 아래쪽은 고정되어 있고 윗부분이 안쪽으로 열리는 창이다.

25)
어닝창(awing window)은 창의 윗부분이 고정되어 있고 아랫부분이 바깥쪽으로 열리는 창으로, 돌출장 또는 차양식 창이라고도 한다.

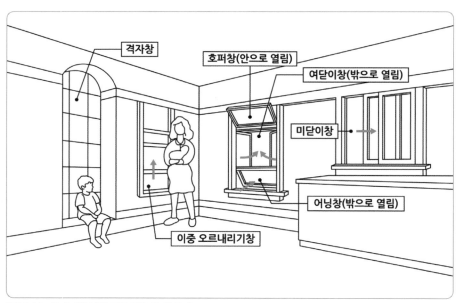

[그림 1-3-4] 개폐방식에 따른 다양한 창의 예

유아가 열 수 있는 창에는 모두 잠금장치를 설치해야 한다. 더불어 유아의 손이 닿는 높이에 있는 창문이 안전하게 잘 열리지 않거나 닫히지 않을 경우, 유아의 손가락이 창문에 낄 수 있으므로 안전사고에 유의해야 한다. 또한 여름철을 대비해 벌레나 해충의 진입을 막고자 방충망을 설치하되, 반드시 난간을 함께 설치하여 추락사고를 미연에 방지해야 한다.

[그림 1-3-5] 2층 이상에 설치된 추락방지 창문의 예

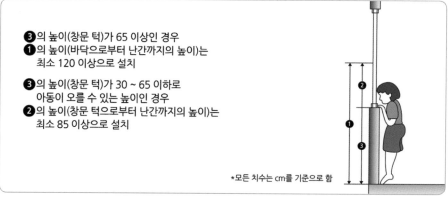

❸의 높이(창문 턱)가 65 이상인 경우
❶의 높이(바닥으로부터 난간까지의 높이)는
　최소 120 이상으로 설치

❸의 높이(창문 턱)가 30 ~ 65 이하로
　아동이 오를 수 있는 높이인 경우
❷의 높이(창문 턱으로부터 난간까지의 높이)는
　최소 85 이상으로 설치

*모든 치수는 cm를 기준으로 함

[그림 1-3-6] 추락사고 방지를 위한 창 난간의 높이 예

2층 이상의 유아교육기관일 경우, 바닥에서 1.2m 높이에 추락방지용 안전장치(창호의 안전봉, 창문 보호대 등) 및 고정 창문을 설치하여 추락으로 인한 안전사고를 방지해야 한다(김상호 외, 2015). 이때 추락방지용 안전장치로 인해 창문 개폐가 불편하지 않도록 유의해야 한다.

추락사고 방지를 위한 창 난간의 높이는 2가지 경우로 구분한다. 첫 번째는 창문의 턱이 유아가 다소 오르기 힘든 65cm 이상인 경우로, 이때는 창 난간의 높이를 바닥으로부터 120cm 이상으로 설치해야 한다. 두 번째는 창문의 턱이 유아가 충분히 오를 수 있는 30~65cm 이하인 경우로, 이때는 창 난간의 높이를 난간턱으로부터 85cm 이상으로 설치해야 한다(서울특별시 문화관광디자인본부, 2011). 본 기준은 「주택건설기준 등에 관한 규정」 제18조에 준용하며, 난간의 높이는 바닥의 마감면으로부터 120cm 이상을 권고하고 있으나 위험이 적은 장소에 설치하는 난간의 경우에는 90cm 이상으로 할 수 있음에 의거하고 있다.

지침5   계단 관련 법적기준 및 2층 이상 이동공간에 설치된 난간 관련 법적기준을 충족한다.

| **계획범주** | 규모 및 배치 계획
| **계획요소** | 이동공간

계단 및 난간의 높이, 폭, 너비 등은 유아의 신체크기 및 조절능력에 적합해야 안전사고가 일어나지 않을 수 있다. 계단과 관련한 구체적 기준은 '적합성'의 건축디자인 계획 [지침 6]을 참고할 수 있다.

유아교육기관의 난간은 유아가 뛰어내리거나 유아의 신체가 끼이는 등의 안전사고를 방지하는 형태로 설치하여야 한다. 「주택건설기준 등에 관한 규정」 제18조를 준용하면, 난간의 재료는 철근콘크리트, 파손되는 경우에는 비산되지 아니하는 안전유리 또는 강도 및 내구성이 있는 재료(금속제인 경우에는 부식되지 아니하거나 도금 또는 녹막이 등으로 부식방지처리를 한 것만 해당)를 사용하여 안전한 구조로 설치해야 한다. 실내에 설치하는 난간일 경우에는 목재도 가능하다.

「주택건설기준 등에 관한 규정」 제18조에 의거하면, 난간의 높이는 바닥의 마감면으로부터 120cm 이상이어야 한다. 다만, 건축물 내부 계단에 설치하는 난간, 계단 중간에 설치하는 난간, 이와 유사한 것으로 위험이 적은 장소에 설치하는 난간의 경우에는 90cm 이상으로 할 수 있다(서울특별시 문화관광디자인본부, 2011). 유아교육기관 난간의 간살은 세로방향으로 설치하여 유아가 난간살을 밟고 올라갈 수 없도록 하며, 간살의 간격은 안목치수 10cm 이하로 한다(「주택건설기준 등에 관한 규정」 제18조). 다만, 유아의 몸이 빠져나가지 않도록 그 안치수는 8cm 이하를 권장한다(서울특별시 문화관광디자인본부, 2011). 난간 손잡이의 높이는 84~86cm, 손잡이의 직경은 3.2~3.8cm 범위로 설치하는 것이 바람직하다(교육부, 2015).

유아교육기관에서는 유아가 계단 난간을 타고 내리는 등의 안전사고를 사전에 방지해야 한다. 따라서 유아가 난간을 타고 내려오지 못하도록 장애물을 설치하되, 손잡이 이용에 최대한 방해가 되지 않도록 개수와 크기를 최소한으로 하며 날카롭지 않은 형상으로 해야 한다(서울특별시 문화관광디자인본부, 2011).

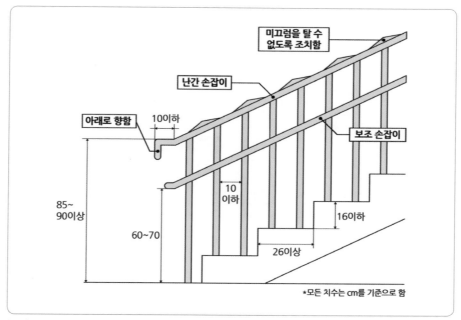

[그림 1-3-7] 계단, 손잡이, 난간의 권장 치수 및 안전 조치의 예

[그림 1-3-8] 2층 이상 이동공간에 설치된 난간의 예

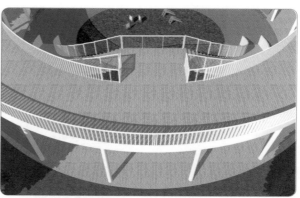

[그림 1-3-9] 2층 이상 이동공간에 설치된 난간의 예

벽, 바닥, 천장에 내구성 및 난연성·불연성 소재의 마감재를 사용한다.

| **계획범주** | 마감재 계획
| **계획요소** | 공통

26)
불연재료란, 불에 타지
아니하는 성질을 가진 재료로서
국토교통부령으로 정하는 기준에
적합한 재료를 의미한다.

27)
준불연재료란, 불연재료에
준하는 성질을 가진 재료로서
국토교통부령으로 정하는 기준에
적합한 재료를 의미한다.

28)
난연재료란, 불에 잘 타지
아니하는 성능을 가진 재료로서
국토교통부령으로 정하는 기준에
적합한 재료를 의미한다.

「영유아보육법 시행규칙」[별표1]에 의거하면, 어린이집 내부(벽, 천장 등)의 마감재료는「건축법 시행령」제2조에 따른 불연재료[26], 준불연재료[27] 또는 난연재료[28]를 사용하여야 한다. 이는 안전한 내부마감재 규정으로 영유아들을 화재 위험으로부터 보호하기 위함이다.

[**표 1-3-3**] 내구성 및 난연성·불연성 소재의 마감재

구분	내용		
		자재명	특징
벽		포르보 (forbo)	• 색이 다양하고 천연의 무독성, 접촉성, 탄력 있는 리놀륨 시트로 되어 있음 • 내구성, 접촉성, 내소음성이 좋음 • 곡면에도 설치하기 용이함
		호모소테 (homosote)	• 120x240cm 크기의 재활용 종이 패널 • 방음효과가 좋음 • 페인트, 폴리우레탄, 삼베로 마감된 것도 있으며 압정을 꽂을 수 있음. 단, 압정과 스테이플 자국이 많아지면 교체해야 함
		코르크 (cork)	• 호모소테보다 비싸지만 질감, 두께, 색이 다양하고 시트나 타일 형태가 있음 • 내소음성이 좋음
바닥		리놀륨 (linoleum)	• 나무가루, 나무수지, 코르크 먼지, 지상 석회석과 안료의 터치와 함께 아마씨 기름(linoxyn)을 경화해 사용함 • 내구성, 항균성이 좋음 • 유지보수 및 관리가 용이함
		탄성코트 (Corques Liquid Lino®)	• 코르크, 식물성 기름, 아마인유, 나무가루, 석회암 및 천연색소 등 순수 천연 재료로 구성됨 • 평평한 바닥에 직접 부은 후 하루가 지나면 매끄러운 내구성과 자연스러운 탄성을 지니게 됨

구분	내용		
		자재명	특징
바닥		코르크	• 자연친화적 제품으로 인체에 무해함 • 충격흡수 구조로 보행감과 안전성이 우수함 • 내구성, 항균성, 내소음성을 지님
		PVC 우븐 (직물) 바닥재	• PVC 원사 또는 폴리에스터 섬유를 직조해 표면에 적용, 실제 직물의 질감을 구현하여 직물이 주는 편안하고 고급스러운 분위기의 공간을 연출함 • 마찰력이 높아 미끄럼을 방지하고 보행 시 가해지는 충격을 완화해 소음 발생을 줄여준다는 장점이 있으며, 제품 표면의 특수 코팅 처리로 유지관리도 간편하고 위생적임
		후로링 (flooring)	• 자연원목 그대로의 아름다운 무늬결을 그대로 유지할 수 있도록 가공됨 • 표면 강도와 내구성이 강화됨 • 원목의 광택과 질감이 살아 있음
		타일 (tile)	• 불연재(소방기준에 적합)로 경제적이며 내마모성이 우수함 • 유지보수 및 관리가 용이함 • 다양한 색상 표현이 가능함
천장		텍스 (tex)	• 불연 천장판이며, 무해성, 단열성, 경량성, 흡음성을 지님 • 유지보수가 용이함 • 기능성(유해물질 분해 성능이 있는 특수도료로 도장 마감)을 지님
		SMC 천정재	• 친환경소재, 준불연재로 내구성, 내수성, 내습성, 항균성을 지님 • 유지보수가 용이함
		규조토 보드	• 불연건재로 습도 조절, 탈취, 항균, 실내공기 정화 기능이 있음 • 차음성을 지님

출처: 서울특별시 문화관광디자인본부(2011), p. 89, 91, 272에서 재구성

| 지침7 | 벽, 바닥, 천장, 시설, 설비, 문, 가구 등에 친환경 소재를 사용한다. |

| 계획범주 | 마감재 계획
| 계획요소 | 공통

독성물질은 어른보다 유아에게 더 위협적이다. 유아의 간(독소를 분해하는 인체 기관)은 작고 발달이 충분하지 못하기 때문이다(Olds, 2000/2009). 가장 민감한 어린 시기에 오염물질에 지나치게 노출되면 건강에 치명적인 악영향을 줄 수 있다. 따라서 유아교육기관에서는 친환경적인 소재를 사용하여 환경 호르몬으로부터 유아를 보호하는 것이 바람직하다(이정환, 김희진, 2013).

친환경적인 소재는 유아의 건강뿐만 아니라 의식과 태도에 영향을 미치며, 지속가능한 삶을 영위하도록 하는 지구의 건강과 생존과도 직결될 수 있다(Olds, 2000/2009). 친환경적인 소재는 폐기물을 적게 발생시키고, 재활용할 수 있으며, 환경에 적은 영향을 준다. 또한 에너지 효율이 높고, 내구적이고, 오랫동안 유지하면서 수리하기에 용이하므로 지구 건강을 유지하는 데 도움을 줄 수 있다.

「영유아보육법 시행규칙」[별표1]에 의거하면, 어린이집 내부(벽, 천장 등)의 마감재료는 「환경보건법 시행령」제16조에 따른 [별표2] 어린이활동공간에 대한 환경안전관리기준을 준수해 설치하여야 한다.

「환경보건법 시행령」별표2 어린이활동공간에 대한 환경안전관리기준

··· (중략) ···

2. 어린이활동공간에 사용되는 도료나 마감재료는 다음 각 목의 기준을 모두 충족해야 한다.

　가. 실내 또는 실외의 활동공간에 사용되는 도료 또는 마감재료에 들어 있는 물질이 다음의 기준을 모두 충족할 것

　　1) 납, 카드뮴, 수은 및 6가크로뮴의 합은 총함량으로 1,000mg/kg 이하일 것

　　2) 납은 함량으로 90mg/kg 이하일 것

　　3) 실내의 활동공간에 사용되는 합성수지 재질의 바닥재(표면재료)에 들어 있는 프탈레이트류[다이-2-에틸헥실프탈레이트(DEHP, Di-2-ethylhexyl phthalate), 다이뷰틸프탈레이트(DBP, Dibutyl phthalate), 뷰틸벤질프탈레이트(BBP, Butyl benzyl phthalate), 다이아이소노닐프탈레이트(DINP, Diisononyl phthalate), 다이아이소데실프탈레이트(DIDP, Diisodecyl phthalate), 다이-n-옥틸프탈레이트(DnOP, Di-n-octyl phthalate), 다이아이소뷰틸프탈레이트(DIBP, Diisobutyl phthalate)를 말한다. 이하 같다]의 총함량이 0.1% 이하일 것

　나. 법 제23조제6항 전단에 따른 확인검사를 받아야 하는 어린이활동공간의 실내 활동공간에 사용되는 도료나 마감재료는 「실내공기질 관리법」제11조제1항에 따라 정하는 건축자재의 오염물질 방출 기준을 초과하지 않을 것

3. 어린이활동공간의 시설에 사용한 목재에는 다음 각 목의 방부제를 사용하지 않은 것이어야 한다. 다만, 제2호의 기준에 적합한 도료를 사용하여 목재 표면을 정기적으로 도장(塗裝)하는 경우는 그렇지 않다.

　가. 크레오소트유 목재 방부제 1호 및 2호(A-1, A-2)

　나. 크로뮴·구리·비소 화합물계 목재 방부제 1호, 2호, 3호(CCA-1, CCA-2, CCA-3)

··· (중략) ···

---

5. 어린이활동공간에 사용되는 합성고무 재질 바닥재의 표면재료는 다음 각 목의 기준을 모두 충족해야 한다.

　가. 해당 표면재료에 들어 있는 납, 카드뮴, 수은 및 6가크로뮴의 합은 총함량으로 1,000mg/kg 이하일 것

　나. 해당 표면재료의 폼알데하이드 방출량이 75mg/kg 이하일 것

　다. 해당 표면재료의 프탈레이트류의 총함량이 0.1% 이하일 것. …… (생략)

친환경적 소재의 마감재로 올즈(Olds, 2000/2009)에서 제안한 것은 다음과 같다.

[표1-3-4] 친환경적 소재의 마감재 (+는 무해함, •는 보통)

구분	내용
벽	+ 페인트칠하지 않은 플라스터(도벽용 재료) • 집섬보드(합성물과 페인트 접합 시 저독성 사용)
바닥	+ 세라믹 타일(독성 첨가제 없는 몰탈이 최상임, 저독성 시멘트풀 사용) + 벽돌 + 슬레이트(점판암) + 대리석 + 목재(독성 마감재는 피함, 나무 자체에 알레르기가 있을 수 있음, 알루미늄이 바닥 밑에 아스팔트판 대용으로 가능함) + 가공하지 않은, 세탁 가능한 자연 섬유 부분 러그 • 자연 리놀륨(저독성 접착제 사용) • 콘크리트(라돈은 피함) • 하드 비닐(저독성 접착제 사용, 아스베스토스 피함)
천장	+ 페인트칠하지 않은 플라스터(도벽용 재료) • 집섬보드(합성물과 페인트 접합 시 저독성 사용)
창문	+ 금속 + 목재 • 제품화된 목재 창문(살균제와 살충제로 처리됨) • 유리창은 합성 화학물질로 되어 있어 민감한 사람들에게는 반응이 나타날 수 있음
문	+ 금속 + 목재 • 플러시 문(유독성 접착제를 사용함) • 양판문(유독성 접착제를 사용함)
가구	+ 애나멜 금속 + 견고한 목재 • 외장용 합판(폼알데하이드가 방출되는 것도 있음)

출처: Olds(2000/2009), pp. 187-190에서 재구성

종합적으로, 유아교육기관의 벽, 바닥, 천장, 문, 가구 등의 마감재는 친환경적 마감재(생분해성, 무독성, 재활용 마감재, 리놀륨, 고무 등)를 사용하도록 계획해야 한다.

지침8 전기시설, 설비를 안전하게 마감한다.

| **계획범주** | 마감재 계획
| **계획요소** | 공통

전기콘센트는 가능한 한 많이 설치하는 것이 바람직하다. 〈미국 연방정부 보육센터 디자인 가이드라인〉에 의거하면, 유아의 접근이 가능한 영역에 설치하는 전기콘센트의 경우, 유아의 손이 닿아 감전 사고가 발생하지 않도록 최소 138cm 이상의 높이에 설치하는 것이 바람직하다(김상호 외, 2015). 만약 유아의 손이 닿는 높이에 전기콘센트를 설치할 경우에는 안전덮개를 반드시 설치해야 한다.

스위치 설치 시 중요한 것은 벽의 중앙이 아니라 경계에 설치해야 한다는 점이다. 스위치는 일반적으로 사용하기 쉽고, 찾기 쉬우며, 다른 것에 방해되지 않도록 출입문 옆에 설치하는 것이 바람직하다(Olds, 2000/2009).

[그림 1-3-10] 안전한 위치에 설치한 전기콘센트 및 스위치 예

지침9 벽, 바닥 등에 안전사고를 유발할 수 있는 고정식 장애물이 없어야 한다.

| **계획범주** | 마감재 계획
| **계획요소** | 공통

유아교육기관의 벽과 바닥 등을 디자인할 때는 안전사고를 유발할 수 있는 고정식 장애물(문턱, 돌출된 창틀 등)을 제거하는 것이 바람직하다. 예를 들어, 문에 문지방이 있으면 유아들이 턱에 걸려 넘어질 염려가 있으므로(조경자, 이현숙, 2008) 유아교육기관의 모든 문에는 문지방을 없애 안전사고를 예방해야 한다. 국토교통부에서 제공하는 〈안전한 실내건축 가이드라인(국토교통부 건축정책과, 2013)〉 역시, 유아교육기관의 출입문은 특별한 용도의 실을 제외하고 바닥 문턱이 돌출되지 않도록 설계할 것을 권장하고 있다. 또한 창틀이 유아의 눈높이 혹은 그보다 아래 높이에 실내로 불필요하게 돌출되어 있다면, 창틀에 부딪힐 염려가 있으므로 설계 시에 창틀이 돌출되지 않도록 계획하는 것이 바람직하다.

지침10 — 바닥, 벽, 천장 등에 위해가 될 만한 설비 및 디자인 요소가 없어야 한다.

| **계획범주** | 마감재 계획
| **계획요소** | 공통

　　유아교육기관의 바닥, 벽, 천장 등을 디자인할 때는 위해가 될 만한 설비 및 디자인 요소[바닥 갈라짐, 벽의 돌출부, 벗겨진 페인트, 행잉 천장 시설물(또는 조형물) 등]가 없도록 유의해야 한다. 유아교육기관에서 실내는 유아가 가장 많이 접촉하는 공간이다(Olds, 2000/2009). 특히 유아는 바닥에 앉아서 놀기를 즐기며, 편안해하고, 구르고, 눕고, 뛰고, 엎드리는 등의 활동적인 생활을 할 뿐 아니라 바퀴 달린 놀잇감으로도 놀이한다. 따라서 유아교육기관의 바닥은 부드러우면서도 단단한 내구성을 갖춘 바닥재로 마감해 바닥이 갈라지는 등 유아의 안전에 위해가 될 만한 요소를 미연에 방지하는 것이 바람직하다.

　　유아교육기관의 벽과 천장은 각종 전시물이나 자료를 탈부착하는 기능을 지원함으로써 유아의 학습 및 정서적인 안정감을 도모할 수 있다. 따라서 벽과 천장에는 탈부착이 용이한 내구성이 좋은 마감재를 사용해 탈부착으로 인한 손상(벗겨진 페인트, 벽지 등)을 최소화하는 것이 좋다.

≫ 유아의 신체움직임에 적합한 실내 바닥 마감재에 대한 내용은 p.45 '적합성'의 건축디자인 계획 [지침 10] 참고
≫ 벽과 천장의 탈부착 용이한 기능 지원에 대한 내용은 p.46 '적합성'의 건축디자인 계획 [지침 11] 참고

지침11 — 충격을 흡수할 수 있는 바닥재를 사용한다.

| **계획범주** | 마감재 계획
| **계획요소** | 바닥

　　유아교육기관에서 유아는 바닥에서 구르고, 눕고, 뛰고, 엎드리는 등의 활동적인 생활을 많이 하므로 유아들의 안전을 위해 충격을 흡수할 수 있는 바닥재(EQ 플로어, 이지엄, 쿠션매트 등)를 설치할 수 있다(김상호 외, 2015). 파리시 영아어린이집 설계지침에서는 각 실에 맞는 바닥재 이용을 권장하며, 영아가 주로 사용하는 학급의 경우에는 천연고무나 코르크 등 충격흡수 재료를 사용할 것을 권장하고 있다(김상호 외, 2015). 혹은 나무 사용을 권장하기도 한다. 나무는 자연물이므로 친밀감을 줄 뿐만 아니라 오래 보아도 싫증나지 않으며, 콘크리트 바닥보다 충격흡수가 용이하여 유아의 신체움직임에 적합하고 유아가 넘어져도 안전하기 때문이다(이정환, 김희진, 2013). 이를 토대로 유아의 신체움직임 및 내구성에 적합한 유아교육기관 실내 권장 바닥 마감재로는 리놀륨, 코르크, 탄성코트, PVC우븐(직물) 바닥재, 후로링, 타일 등을 제안할 수 있다.

≫ 유아의 신체움직임에 적합한 실내 바닥 마감재 관련 내용은 p.45 '적합성'의 건축디자인 계획 [지침 10] 참고
≫ 내구성 및 난연성·불연성 소재로 적합한 실내 권장 바닥 마감재에 대한 내용은 p.92 '안전성'의 건축디자인 계획 [지침 6] 참고

교육적 사용 및 실제

지침1 개방 가능 창문의 앞쪽에 적재된 물건이 없어야 한다.

개방 가능한 창문 앞쪽에는 물건을 두지 않는 것이 바람직하다. 그 이유는 유아가 적재된 물건을 디디고 올라가 추락하는 안전사고를 유발할 수 있기 때문이다.

지침2 햇빛조절장치의 줄을 유아의 손이 닿지 않는 곳에 고정한다.

국토교통부에서 제공하는 〈안전한 실내건축 가이드라인(국토교통부 건축정책과, 2013)〉에 의거하면, 유아교육기관의 햇빛조절장치(블라인드 등)는 줄에 의한 질식사고 등을 예방할 수 있도록 줄이 없는 전자동식이나 수동식 제품을 설치하여야 한다. 만약 햇빛조절장치에 줄이 있는 경우에는 햇빛조절장치의 줄 전체를 덮는 일체형 보호장치 또는 부분적으로 덮는 분리형 보호장치를 설치하도록 권장하고 있다(국토교통부 건축정책과, 2013). 이에 의거하여 김상호 외(2015)에서도 줄이 있는 햇빛조절장치를 설치한 경우에는 햇빛조절장치의 줄을 덮는 보호장치를 설치하거나, 줄 끝이 유아의 손이 닿지 않도록 정리하여 유아가 줄을 조작하거나 장난할 수 없도록 교실 바닥에서 80cm 이상에 위치하도록 하며, 줄 고정장치(고정 고리, 보관함 등)는 벽에 설치할 것을 제안하고 있다.

[그림 1-3-11] 햇빛조절장치 줄 관리의 예

　　　'안전성'의 건축디자인 계획 [지침 5]에서 언급한 대로 유아교육기관의 난간
설치 기준은「주택건설기준 등에 관한 규정」제18조를 준용하여 난간의 높이는
바닥의 마감면으로부터 120cm 이상이어야 한다. 다만 건축물 내부 계단에 설치
하거나 계단 중간에 설치하는 난간, 이와 유사한 것으로 위험이 적은 장소에 설
치하는 난간의 경우에는 90cm 이상으로 할 수 있다. 특히, 유아교육기관 난간의
간살은 세로방향으로 설치하고 간살의 간격은 안목치수 10cm 이하로 하도록 명
시하고 있으며, 안치수는 유아의 몸이 빠져나가지 않도록 8cm 이하를 권장하고
있다(서울특별시 문화관광디자인본부, 2011). 그러나 불가피하게 계단 및 2층 이상 이동공간에
설치한 난간의 간살 간격이 관련 법적기준을 충족하지 못할 시에는 보호판을 설
치하여 유아들이 뛰어내리거나 신체가 끼이는 등의 안전사고를 예방해야 한다.

[그림 1-3-12] 난간에 보호판을 설치한 예

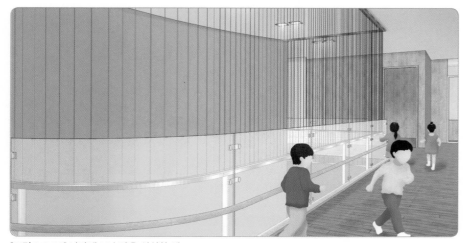

[그림 1-3-13] 난간에 보호판을 설치한 예

　　유아교육기관의 벽에는 많은 콘센트, 조명·난방·냉방·환기 등을 위한 전선과 작동 스위치가 설치되어 있다. 이러한 시설들은 자칫 전기사고를 일으키고 화재 및 인명사고를 유발할 수 있어(조경자, 이현숙, 2008) 주의가 필요하다. 인간의 신체는 전도체로서 전류가 신체를 통과하게 되면 화상이나 치명적인 쇼크를 입을 수 있고 심하면 사망에까지 이를 수 있다. 따라서 특히 유아들이 전기사고를 당하지 않도록 이에 대한 대비를 철저히 해야 한다.

　　유아교육기관 내에서는 콘센트와 전선, 스위치 등을 안전하게 관리하여야 한다. 유아의 손이 닿는 높이에 전기콘센트가 설치된 경우에는 안전덮개를 반드시 설치하고, 전선은 유아들의 손이 닿지 않는 곳에 고정해야 한다(조경자, 이현숙, 2008). 예를 들어, 전선은 유아의 손이 닿지 않도록 가구 뒤 혹은 벽을 따라 놓을 수 있다. 즉 벽이나 바닥에 고정하거나, 전선보관함 및 전선정리용 몰드를 설치하여 유아들이 걸려 넘어지지 않도록 안전사고를 미리 예방해야 한다(김상호 외, 2015). 한편 전선을 카펫 밑으로 지나가게 하면 전선이 닳아도 확인할 수 없어 화재 위험에 노출될 수 있으므로 주의해야 한다. 그 밖에 멀티탭을 이중·삼중으로 연결하여 사용하지 않는 등 전격 용량에 맞도록 안전하게 사용해야 한다. 또한 전기기구의 연결코드는 필요할 때만 쓰고, 사용 후에는 콘센트에서 코드를 뽑아 치우거나 유아의 손이 닿지 않게 둔다(조경자, 이현숙, 2008).

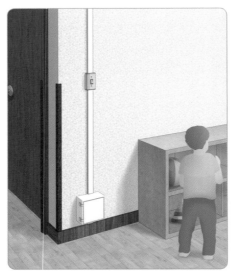

[**그림 1-3-14**] 안전한 전선 정리의 예

지침5 　　　　　　바닥, 벽, 천장 등에 위해요소가 없도록 안전하게 관리한다.

　　　　모든 개인은 안전하고 편안하며 따뜻하고 아늑한 장소를 선호하고 필요로 하는 안정감의 욕구를 지닌다. 이는 물리적 측면에서의 안전을 보장받고 싶어 하는 욕구(마감재의 안전성 구축, 외부 위협요소 및 침입에 대한 보호 등)뿐만 아니라 정서적 안정감(결속력, 친밀감 등)까지를 모두 포함한다(차기주, 2022). 특히 유아교육기관의 마감재는 보고, 만지고, 냄새 맡고, 듣는 것에 영향을 줌으로써 유아의 안위 및 발달에 직접적으로 영향을 준다(Olds, 2000/2009). 따라서 유아교육기관의 바닥, 벽, 천장 등의 마감재는 위해요소 없이 안전하게 관리하여야 한다. 이를 위해 정기적으로 청소하고 규칙적으로 소독하며 위해요소 유무를 확인해야 한다. 바닥 갈라짐은 없는지, 벗겨진 페인트는 없는지, 천장 시설물에 위해요소는 없는지 등을 정기적으로 점검해야 한다. 예를 들어, 튀어나온 못은 없는지 확인하여 안전사고를 예방할 수 있고 필요시 위해요소를 제거하거나 보호막 또는 덮개를 설치할 수 있다.

지침6 　　　　　　필요시 충격을 흡수할 수 있는 깔개를 사용한다.

　　　　유아교육기관은 활동적인 장소이므로 바닥에 충격을 흡수할 수 있는 깔개(카펫, 매트)를 사용하는 것이 필요하다. 깔개 선택 시에는 시각적으로 혼란을 주는 원색이나 복잡한 무늬는 지양한다. 일반적으로 깔개(매트)는 카펫보다 두께가

[그림 1-3-15] 충격을 흡수할 수 있는 깔개(파란색) 사용의 예

[그림 1-3-16] 부분 카펫을 설치한 예

두꺼우므로 충격흡수가 용이하여 유아들이 넘어지는 안전사고가 잦게 일어날 수 있는 대근육 운동 및 거친 신체놀이를 하는 영역에서 주로 사용한다. 한편, 카펫은 학급 내 유아들이 앉아서 놀이를 할 수 있는 영역(쌓기놀이영역, 언어영역, 음률영역 등)에서 주로 사용한다. 카펫은 유아들이 놀잇감을 떨어뜨리거나 바닥에 부딪혔을 때 충격을 완화하고 깨지는 것을 예방함으로써 안전사고를 막는 역할도 한다.

지침7   가구(책상, 의자 등)는 견고하고 내구성이 있어야 한다.

　　　　유아교육기관 내 유아용 가구(책상, 의자 등)는 견고하고 내구성이 있도록 목재를 사용하는 것이 좋으며, 일부 책상은 목적에 따라 내열 플라스틱판과 같이 표면을 물로 씻을 수 있는 것으로 제작하는 것도 효과적이다(NAEYC, 2007). 다만 플라스틱, 비닐 등과 같은 인공재료는 사용한 지 얼마 되지 않아 색이 바래거나, 흠이나 얼룩이 생기기 쉬워 권장하지 않는다(Olds, 2000/2009). 목재(자작나무 합판, 대나무, 등나무 등)로 된 가구에 내구성을 강화하는 표면처리를 하면, 더 오래 사용할 수 있을 뿐만 아니라 가정과 같은 따뜻한 느낌을 줄 수 있어 견고하고 내구성 있는 가구로서 목재 사용을 권장한다. 예를 들어, 유아들이 학급 내 책상이나 의자에 앉아 놀잇감으로 놀이를 하면서 힘을 가하거나 떨어뜨릴 경우 책상이나 의자에 홈이 파이지 않도록 견고하고 내구성이 있어야 한다. 또한 유아들이 책상이나 의자에 앉아 간식 또는 점심을 먹는 경우 물을 흘리거나 음식물을 흘릴 수 있는 데, 이때 청소가 쉬워야 하며 쉽게 더러워지지 않는 내구성 역시 지니고 있어야 한다. 더불어 유아가 의자에 앉아 있을 때 혹은 책상을 이용할 때 의자나 책상이 쉽게 넘어지거나 무너지지 않아야 안전사고를 유발하지 않는다.

유아들의 놀잇감을 담아두는 교구장도 견고해야 한다. 특히 무거운 놀잇감을 많이 담는 영역(나무블록을 수납하는 쌓기놀이영역 등)의 교구장은 보다 더 견고하고 강한 내구성을 필요로 한다.

지침8	가구/자료의 표면, 가장자리, 모서리가 매끄럽고 파손된 부분 없이 안전해야 한다.

유아교육기관에서 사용하는 가구나 자료의 표면, 가장자리, 모서리는 유아가 찔리거나 다치는 안전사고를 방지하기 위해 매끄럽게 처리하여야 한다(예를 들어, 원각형 표면의 가구 등을 비치함). 〈미국 연방정부 보육센터 디자인 가이드라인〉에서는 최소 1.3cm 반경의 원형으로 모서리를 마무리해야 한다고 권장하고 있다(김상호 외, 2015). 특히 가구의 경우, 모서리 보호대를 설치하는 것보다는 되도록 표면을 매끄럽게 하고 모서리를 둥글게 마감처리하는 것이 바람직하다. 따라서 가구 구매 시에는 이러한 사항을 고려하고, 보유 중인 가구의 모서리가 둥글게 마감처리되지 않았다면 보호대를 설치해 사용해야 한다.

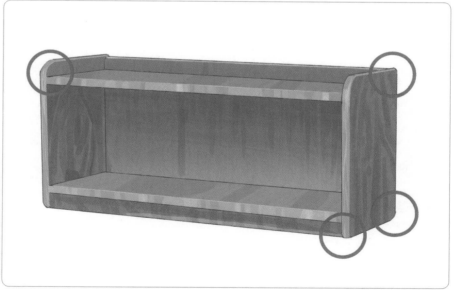

[그림 1-3-17] 가구의 모서리를 둥글게 처리한 예

2장

휴식과 안정감을
제공하는 공간

1절 **안락성**

1절

안락성

: 공간 사용자로 하여금 휴식과 편안함을 경험하게
하는 특성

○ 관련 심리행태적 특성 :
» 안락지향성
: 포근하고 따듯하며 부드러운 촉각적 경험과 휴식,
낮은 수준의 감각적 자극 등(명채도가 낮은 색상,
저소음 등) 정서적 이완과 안정감을 제공하는 공간
과 사물, 매체를 선호하는 성향

○ 추구하는 인간상 :
» 건강한 사람, 자주적인 사람

○ 관련 핵심역량 :
» 자기관리 역량

개인은 누구나 정서적 이완과 안정감에 대한 선천적 욕구를 지니며, 이러한 욕구를 충족시켜줄 수 있는 공간과 사물, 매체를 선호하는 성향('안락지향성')을 지닌다(차기주, 2022). 개인이 외적 환경을 경험하는 과정에는 감각적 자극이 복합적으로 작용하게 되는데, 이 과정에서 안락함을 경험하기 위해서는 대표적으로 명채도가 낮은 색상이나 저소음 등 외부자극의 강도가 강렬하지 않아야 한다. 또한 인간의 근원적 안정감의 원천인 '접촉 위안(contact comfort)'을 제공할 수 있도록 포근하고 따듯하며 부드러운 촉각적 경험을 제공할 수 있어야 한다. 개인이 사회적 무리로부터 벗어나 혼자 조용히 긴장을 이완하고 휴식을 취하거나 혼자만의 활동에 몰입할 수 있는 사적 공간의 유무 역시 개인이 특정 공간에서 안락함을 경험하는 데 영향을 미치는 중요한 요인이 된다.

이처럼 유아교육기관 공간이 유아의 안락지향성을 충족시키고 유아로 하여금 휴식과 편안함을 경험하게 하는 특성을 공간의 '안락성'이라고 한다(차기주 외, 2021). 안락성을 갖춘 유아교육기관의 공간을 구성하기 위해 참고할 수 있는 자체 점검 항목을 '건축디자인 계획' 측면과 '교육적 사용 및 실제' 측면으로 구분해 제시하면 다음과 같다.

표 2-1-1 공간의 '안락성' 관련 「건축디자인 계획」 측면 자체 점검 체크리스트

계획범주	계획요소	학급	공용/매개			건축디자인 계획		충족 여부	
---	---	---	진입	중심	연결	지침	하위 항목	예	아니오
규모 및 배치 계획	입지	●	●	●	●	자연과의 물리적·시각적 접근성을 확보할 수 있도록 입지를 선정하고 건물을 배치한다.	실내공간에 외부 자연채광을 확보하도록 계획한다.		
							예시 좋은 질의 채광을 위하여 동향, 남향, 서향에 학급공간을 배치한다.		
							자연과의 원활한 접촉을 위하여 야외공간과 인접하도록 공간을 계획한다.		
							예시 완전히 보호된 내부 자연공간을 제공하는 O-형태 구조 및 풍부한 자연채광과 반폐쇄 형태의 야외공간으로 접한 E-형태 구조로 계획한다.		
	배치 및 동선	●		●		유아의 신체크기에 맞게 형성된 아늑한 사적 공간을 구비한다.	2~3명이 모일 수 있는 작고 좁은 공간으로 아늑하고 편안한 공간을 구성하면서 외부의 상황을 파악할 수 있도록 시야를 확보하여 구성한다.		
							예시 벽의 수납공간, 창문의 턱, 계단 밑 공간에 앉거나 숨을 수 있는 공간 등을 계획한다.		
마감재 계획	벽	●	●	●	●	벽 마감재는 차갑거나 거칠지 않은 재질을 사용한다.	유아의 신체높이를 고려하여 벽의 하부 표면은 따뜻하고 부드러운 질감의 마감재로 계획한다.		
							자연 재료인 나무, 종이, 패브릭, 가죽 등으로 적절하게 마감한다.		
공간디자인 계획	색채	●	●	●	●	바닥, 천장, 벽은 심리적으로 편안한 색채를 사용한다.	편안한 톤의 색채로 공간을 계획한다.		
							공간 내 패턴은 복잡하거나 대비가 높은 것은 피한다.		
	조명	●	●	●	●	부드러운 빛깔의 조명등을 사용한다.	전반적으로 은은하고 포근한 느낌의 전체조명을 사용한다.		
							예시 은은하고 포근한 느낌의 전체조명은 색온도 3000K~4000K의 조명기기를 선택한다.		
							안락하고 포근한 공간을 조성하기 위해 부분조명을 사용한다.		
							예시 안락하고 편안하게 연출하는 부분조명(펜던트, 벽부형 조명 등)은 색온도 2700K~3000K의 조명기기를 선택한다.		
	조경	●		●	●	자연을 접하거나 감상할 수 있는 테라스 공간을 구비한다.	내부공간에서 외부로 접근할 수 있는 테라스 공간을 마련한다.		
							외부 자연환경을 조망할 수 있는 큰 창을 설치한다.		
		●	●	●	●	공간 내 자연적 요소를 포함하도록 한다.	외부로 접근이 어려운 경우 실내 정원이나 중정을 마련한다.		

표 2-1-2 공간의 '안락성' 관련 「교육적 사용 및 실제」 측면 자체 점검 체크리스트

| 계획범주 | 계획요소 | 학급 | 공용/매개 | | | 교육적 사용 및 실제 | | 충족 여부 | |
			진입	중심	연결	지침	하위 항목	예	아니오
규모 및 배치 계획	공통	●		●		편안함을 저해하는 공간적 특성에 대한 보완장치를 사용한다.	1인당 유효 놀이면적이 부족한 경우에는 공용·매개공간과 시각적 개방성을 확보할 수 있는 창이나 폴딩도어 등을 적극적으로 활용한다.		
							유아 수에 비해 학급이 크거나 길쭉한 경우에는 시야를 차단하지 않으면서 공간을 분할하는 효과를 줄 수 있는 가구를 구비하고 배치한다.		
							(예시) 가제보, 실내 캐노피를 비치하거나 문틀 가구와 교구장, 카펫 등을 활용해 공간을 분할한다.		
							(예시) 흡음소재의 소품을 사용하여 소리의 울림을 방지한다.		
	실크기	●		●		휴식공간은 천장 높이를 낮게 연출한다.	천과 실내용 캐노피, 어린이용 티피텐트 등의 소품이나 장치 등을 이용하여 천장이 낮은 공간을 제공한다.		
	배치 및 동선	●				독서 및 휴식이 가능한 공간을 제공한다.	정적 활동(독서, 퍼즐, 휴식 등)이 가능한 영역을 제공한다.		
							정적 활동 및 휴식을 위한 영역에 폭신하고 부드러운 소재의 소품(쿠션, 인형, 담요, 러그, 카우치, 빈백, 방석 등)을 제공한다.		
마감재 계획	가구	●	●	●	●	부드러운 질감의 가구와 소품을 사용한다.	정적 활동 및 휴식을 위한 영역은 명채도가 낮은 소프트톤이나 한색계열로 구성한다.		
						자연친화적 소재의 가구와 소품을 사용한다.	가구는 전반적으로 천연소재의 결을 느낄 수 있는 목재로 구성한다.		
		●	●	●	●		다양한 색과 형태, 결과 촉감을 경험할 수 있도록 종류가 다른 목재의 소품과 가구를 제공한다.		
							목재 이외의 다양한 천연소재(털실, 라탄, 면·마, 모 등의 천연 옷감 등)로 만든 자료, 소품 및 용기(보관함)를 제공한다.		
공간 디자인 계획	조명					부드러운 빛깔의 조명등을 사용한다.	전반적으로 은은하고 포근한 느낌의 전체조명을 사용한다.		
							놀이영역의 성격에 따라 적절한 부분조명을 사용하여 안락한 느낌을 연출한다.		
							(예시) 휴식영역에는 가림막을 사용하여 전체조명을 차단하고 낮은 조도의 부분조명을 제공한다.		
							오후로 접어듦에 따라 조도를 낮추고 온화한 느낌의 색으로 조절할 수 있도록 밝기나 톤 조절이 가능한 조명이나 장치(무드등)를 사용한다.		
	조경	●		●		공간 내 자연적 요소를 포함한다.	관엽식물 화분을 비치한다.		
							자연 풍경을 담은 그림이나 사진을 게시한다.		
							풀이나 나무, 흙과 같은 자연적 요소를 실내 인테리어에 사용한다.		

계획 범주	계획 요소	학급	공용/매개			교육적 사용 및 실제		충족 여부	
			진입	중심	연결	지침	하위 항목	예	아니오
공간 디자인 계획	소품 및 장식 전시물					집 안에서 볼 수 있는 물품들을 배치해 가정과 같은 아늑한 분위기를 연출한다.	가정에서 볼 수 있는 일상적 소품들(가족 사진, 거울, 그림, 벽걸이 장식, 화분 등)을 비치한다.		
						자연물과 자연친화적 소재의 교육용 자료를 구비한다.	**예시** 나이테와 결이 느껴지는 커팅 나무판, 나뭇가지, 낙엽, 자갈과 돌, 솔방울이나 도토리 같은 열매, 깃털, 조개껍질 등의 자연물을 놀이자료로 제공한다.		
							예시 목재 및 천연섬유, 각종 식용 재료 등 자연친화적 소재의 교육용 자료를 제공한다.		

이상의 자체 점검 체크리스트를 기반으로 공간의 '안락성' 관련 가이드라인을 제안하면 다음과 같다.

건축디자인 계획

지침1 자연과의 물리적·시각적 접근성을 확보할 수 있도록 입지를 선정하고
건물을 배치한다.

| **계획범주** | 규모 및 배치 계획
| **계획요소** | 입지

유아교육 시설은 유아들이 하루를 생활하는 환경으로 정서적 안락함을 제공할 수 있는 공간이어야 한다. 유아들은 자연의 좋은 공기, 바람, 채광, 질감, 색 등의 다양한 환경요소를 경험함으로써 안정감을 형성할 수 있다. 또한 자연을 바라볼 수 있는 공간에서 자연스러운 접근을 통해 자연을 인식하고 환경을 소중하게 다루는 방법을 배울 수 있다. 그러므로 유아들이 외부환경에 물리적, 시각적으로 자유롭게 접근할 수 있도록 계획하여야 한다(이정원 외, 2016).

특히, 학급공간은 좋은 질의 햇빛이 들어오도록 배치하여야 한다. 학급공간은 일상생활이 이루어지는 환경이기 때문에 동향, 남향, 서향에 배치하여 일조량을 확보하고 시간의 흐름을 알 수 있도록 해야 한다. 일반적으로 북향 배치는 지양하지만 가치가 있는 특별한 전망을 제공한다면 예외적으로 배치할 수 있다. 아울러 유아들이 자연과 원활히 접촉할 수 있도록 해야 한다. 예를 들어, O-형태의 구조는 완전히 보호된 내부 자연공간을 제공하여 유아들이 자유롭게 드나들며 경험할 수 있다. E-형태의 구조는 반 폐쇄의 야외공간과 인접해 배치되는데 3가지 방향에서 자연채광을 풍부하게 확보할 수 있다(Kotnik, 2014).

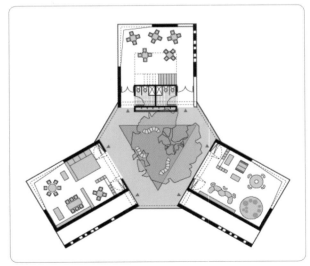

[그림 2-1-1] O-형태 구조의 평면 예

[그림 2-1-2] E-형태 구조의 평면 예

110

지침2 유아의 신체크기에 맞게 형성된 아늑한 사적 공간을 구비해야 한다.

| 계획범주 | 규모 및 배치 계획
| 계획요소 | 배치 및 동선

유아는 친숙하고 신뢰할 수 있는 공간에서 안도감을 느끼며, 다양한 행위를 통해 경험을 쌓으며 살아간다. 작고 좁은 공간은 유아에게 사적영역을 제공하며 정서적으로 안정감, 편안함, 친밀감을 느끼게 해주는 역할을 한다. 따라서 2~3명이 모여 놀이하거나 조용히 기대어 책을 보거나 쉬면서 안정을 취하는 동시에 밖의 상황을 볼 수 있도록 시야를 확보해주는 것이 필요하다. 사적인 공간이지만 외부와 단절되어 소통이 어려운 공간은 유아에게 불안감을 조성할 수 있기 때문에 주변의 상황을 파악할 수 있는 공간 구성이 필요하다. 예를 들어, 벽의 수납공간이나 창문의 턱, 계단 밑 공간 등을 활용하여 유아가 앉거나 숨을 수 있는 공간을 계획할 수 있다. 이러한 계획 방법은 기존의 공간을 활용함으로써 실용적으로 적용할 수 있다(이정원 외, 2016).

≫ 사적 공간의 공간계획에 대한 구체적 내용은 p.150 '자존지원성'의 건축디자인 계획 [지침 1] 참고

지침3 벽 마감은 차갑거나 거칠지 않은 재질로 하여야 한다.

| 계획범주 | 마감재 계획
| 계획요소 | 벽

유아의 공간에서 벽 마감은 접촉이 많이 일어나는 공간 요소로 적절한 자극이 필요하지만, 예상하지 못한 표면의 온도나 질감 등을 통해 좋지 않은 경험을 하게 할 수도 있다. 그리고 이러한 경험들은 공간에 대한 신뢰 형성에 방해가 되고 생활하는 공간에 대한 안정감 형성에 어려움을 겪게 되는 요인으로 작용할 수 있다. 따라서 유아가 주로 접촉하는 벽 하부의 표면은 따뜻하고 부드러운 질감의 마감재로 계획하여야 한다. 단, 너무 단조로운 계획은 지루할 수 있으므로 다양한 질감을 배치하여 적절한 자극을 줄 수 있어야 한다. 나무, 종이, 패브릭, 가죽 등 부드럽고 따뜻한 자연의 재료를 다양하게 적용하여 정서적 안락함을 주는 공간을 조성하는 것이 바람직하다.

≫ 벽 마감 소재에 대한 자세한 내용은 p.92 '안전성'의 건축디자인 계획 [지침 6] 참고

지침4 바닥, 천장, 벽은 심리적으로 편안한 색채를 사용한다.

| 계획범주 | 공간디자인 계획
| 계획요소 | 색채

색은 에너지의 형태로 사람의 마음과 감정뿐 아니라 생리현상에도 영향을 준다(Olds, 2000/2009). 특히 유아는 형태보다 색을 쉽게 분별하기에 공간의 색채 계획은 중요한 부분이다. 유아의 교구나 장난감들이 원색의 다채로운 색상인 경우가 많기 때문에 대부분의 시간을 보내는 학급공간 등은 편안한 톤의 색상으로 계획하는 것이 바람직하다. 또한 복잡한 패턴도 피해야 한다.

≫ 공간의 색채 계획에 대한 보다 자세한 내용은 p.189 '심미성'의 건축디자인 계획 [지침 4] 참고

부드러운 빛깔의 조명 등을 사용한다.

| 계획범주 | 공간디자인 계획
| 계획요소 | 조명

　　채광과 조명은 안락한 공간을 계획하는 데 중요한 역할을 한다. 공간의 색과 마감재의 질감은 조명의 색온도와의 조합으로 공간의 분위기를 형성하게 된다. 최근 LED 조명기기를 주로 사용하면서 공간의 사용성에 맞게 색온도를 선택할 수 있게 되었다. 공간에 전반적으로 은은하고 포근한 느낌을 주기 위하여 전체조명을 선택하는 것은 중요하다.

　　유아교육공간에서는 색온도 3000K~4000K 내의 조명기기를 사용하는 것이 바람직하다. 5500K 이상의 색온도는 푸르스름한 화이트 빛으로 공간을 차갑게 느껴지게 한다. 부분적으로 안락하고 포근한 공간을 조성하기 위해서는 주로 2700~3000K의 색온도를 적용할 수 있다. 온색 계열의 조명 빛은 차분하고 아늑한 분위기를 형성하여 책을 읽거나 휴식을 취하기에 적합하다.

≫ 빛환경에 대한 보다 자세한 내용은 p.66 '쾌적성'의 건축디자인 계획 [지침 7] 참고
≫ 색온도 조절에 대한 보다 자세한 내용은 p.169 '융통성(유연성)'의 건축디자인 계획 [지침 2] 참고

지침6
지침7
자연을 직접 접하거나 감상할 수 있는 테라스를 제공한다.
공간 내 자연적 요소를 포함한다.

| 계획범주 | 공간디자인 계획
| 계획요소 | 조경

　　자연환경은 유아에게 안락함을 주는 중요한 공간 요소이다. 유아에게 어느 정도 일정한 변하지 않는 동일성을 느끼게 하면서도 지속적으로 변화하는 모습을 제공하기 때문이다. 아름다운 자연환경에서 느끼는 편안한 감정은 인간의 생리학적 리듬과 유사하게 변화하는 자연의 리듬에 기인하는 것으로, 유아에게 이러한 자연을 감지할 수 있는 확장 경험의 기회를 제공하여야 한다(Olds, 2000/2009). 테라스 공간은 실내공간과 실외공간이 접하는 곳으로 2가지 다른 공간의 성격을 지닌다. 이는 내부와 외부의 공간적 이질감을 최소화하고 유아가 직접 외부로 나갈 수 있게 하여 자연환경을 관찰하고 경험하게 해주며, 이를 통하여 유아는 안정감을 얻을 수 있다. 날이 좋은 날 테라스 공간에서 활동과 놀이를 하고 식사하는 경험 등을 통해 유아는 휴식과 편안함을 느끼게 된다.

≫ 테라스에 대한 보다 자세한 내용은 p.245 '연결성'의 건축디자인 계획 [지침 6] 참고

교육적 사용 및 실제

지침1	휴식공간은 천장 높이를 낮게 연출한다.
지침2	독서 및 휴식이 가능한 공간을 제공한다.
지침3	부드러운 질감의 가구와 소품을 사용한다.

천장이 높은 공간은 인간의 창의적·발산적 사고를 자극하고 더 높은 주의집중과 탐색반응을 유도하는 것으로 알려져 있지만(Vartanian et al., 2015), 천장이 지나치게 높으면 위압감을 느낄 수 있다. 반대로 천장이 낮고 작고 아담한 공간에서는 안락함을 경험할 수 있으므로 유아교육기관의 학급 혹은 공용공간의 경우 부분적으로 천장을 낮추어 휴식을 위한 공간을 마련해줄 필요가 있다. 아지트나 굴, 계단 아래의 공간과 같이 설계 시에 구조적으로 마련된 낮은 천장의 아늑한 공간을 제외하면, 일반 학급공간이나 이동공간의 천장 높이는 쉽게 조정하기 어렵다. 따라서 천과 실내용 캐노피, 어린이용 티피텐트 등의 소품이나 장치를 이용해 천장 높이를 필요에 따라 조정해줄 수 있다.

≫ 관련하여 보다 자세한 내용은 p.150 '자존지원성'의 건축디자인 계획 [지침1] 참고

인간은 보통 어떠한 정서를 먼저 경험한 후 그에 상응하는 신체적 반응을 나타내기 마련이다(예를 들어, 분노를 느끼면 심박수가 증가함). 그러나 거꾸로 외부 감각적 자극에 따라 신체적 반응이 먼저 일어난 후 그것을 자신의 정서로 해석하기도 한다(예를 들어, 의자가 딱딱하거나 불편해서 혹은 음료가 지나치게 차가워서 느끼는 신체적 불편함을 상대방으로 인한 불쾌감으로 해석함)(차기주 외, 2022b). 이를 유아교육기관의 공간 구성에 적용해보면, 독서와 같은 '정적인 활동'이 근육 이완 및 심박

[그림 2-1-3] 학급의 구석진 공간에 천과 관엽식물, 러그와 쿠션 등으로 안락한 독서공간을 마련한 예

[그림 2-1-4] 어린이용 티피(tipi) 텐트와 쿠션 등으로 아늑한 휴식공간을 마련한 예

수 감소 등의 신체적·생리적 반응의 안정을 통해 안락함이라는 감정을 제공해줄 수 있음을 의미한다. 따라서 유아들이 놀이 및 기타 주체적 활동을 선택하게 되는 학급 및 중심 공용공간에 독서를 포함한 정적 활동공간을 마련해두는 것이 좋으며, 신체적 포근함과 부드러움을 느낄 수 있도록 폭신하고 부드러운 소재의 소품(러그, 카우치, 빈백, 방석, 쿠션, 인형, 담요 등)을 함께 비치하는 것이 좋다. 더불어 색채가 인체에 미치는 영향에 관한 연구들에 따르면, 전반적으로 난색계열의 명도와 채도가 높은 색상은 각성 반응을 유도하고, 한색계열이나 명채도가 낮은 색상은 집중력과 차분함을 유도하는 것으로 나타난다(차기주 외, 2022a). 따라서 휴식 공간을 포함하여 학급 전체적으로 온화하고 따스한 분위기를 제공하도록 명채도가 낮은 빛깔의 소품을 비치하고, 계절에 따라 소재를 달리하여 교체하며, 유아가 긴장을 이완하고 편안한 자세로 머물 수 있도록 하는 것이 좋다.

≫ 휴식공간 제공과 관련하여 시청각적 노출 조절에 대한 내용은 p.156 '자존지원성'의 교육적 사용 및 실제 [지침 2] 참고

지침4   자연친화적 소재의 가구와 소품을 사용한다.

인간은 자연적 요소를 접할 때 스트레스가 감소하고 휴식과 안락함을 경험하는 것으로 나타난다(김상희 외, 2021; Kotradyova et al., 2019; Song et al., 1999; Tsunetsugu et al., 2005; Ulrich, 1984). 대표적으로 나뭇결이 살아 있는 목재 가구는 심신의 안정을 가져다주는 효과가 있으므로(Kotradyova et al., 2019) 유아교육기관의 가구는 대부분 목재 가구로 구성하는 것이 바람직하다. 이때 다양한 복합 감각경험이 이루어질 수 있도록 종류를 달리하여 다양한 색과 형태, 결(촉감)이 살아 있는 목재를 경험하게 하는 것이 좋다(차기주 외, 2022b). 그리고 목재 이외에 다양한 천연소재(털실, 라탄, 면·마·모 등의 천연 옷감 등)로 만든 자료, 용기(container)와 소품을 학급 및 실내공간에 비치해 사용하는 것이 좋다.

지침5   편안함을 저해하는 공간적 특성에 대한 보완장치를 사용한다.

일부 유아교육기관의 학급공간은 천장이 유달리 높거나 공간의 크기나 형태가 유아 수 대비 협소·거대하고, 지나치게 길쭉한 형태를 지녀 유아들이 편안함을 느끼기에 부적절한 조건을 갖추고 있기도 하다. 이러한 물리적 단점을 보완하기 위한 노력으로 학급공간의 유효 놀이면적(가구 등의 면적을 제외하고 실제로 놀이가 가능한 면적)이 부족한 경우는 창이나 폴딩도어 등을 통해 공용·매개 공간과의 물리적·시각적 개방성 및 연결성을 확보하고 적극적으로 활용할 수 있다. 좁은 교실 면적은 유아의 인지 및 정서에 부정적 영향을 끼칠 수 있기 때문에

(Cha, 2023) 가능한 한 다양한 공용공간을 활용하여 유아를 분산하고 유아 1인당 충분한 놀이면적을 확보하는 것이 중요하다. 유아 수의 감소로 학급공간이 총 유아 수에 비해 크거나 길쭉한 형태를 지닌 경우에는 가제보, 실내 캐노피, 문틀 가구와 교구장처럼 시야를 가리지 않고도 울타리와 같이 공간을 분할하는 효과를 줄 수 있는 장치나 가구를 활용할 수 있다. 공간이 큰 경우에는 중심부가 휑하지 않도록 가구를 배치하고, 소리가 울리지 않도록 흡음소재의 소품을 사용할 수도 있다.

≫ 천장이 높은 공간에 대한 보완 방법 관련 내용은 p.113 본 절 교육적 사용 및 실제 [지침 1] 참고
≫ 흡음소재의 소품 사용을 통한 안락성 지원 내용은 p.161 '자존지원성' 중 교육적 사용 및 실제 [지침 7] 참고

[그림 2-1-5] 가제보 및 기타 구조물을 활용하여 학급공간을 시각적으로 분할한 예

[그림 2-1-6] 영역을 구분해주는 문틀 가구와 교구장을 활용한 예

유아교육기관의 학급 내 조명은 전체적으로 은은하고 포근한 빛깔을 사용함으로써 학급 전체에 온화한 느낌을 줄 수 있어야 한다. 특히, 영역별로 놀이의 성격에 따라 적절한 부분조명을 사용해 분위기를 달리하여 영역의 기능을 향상시킬 수 있다. 예를 들어, 안락한 느낌이 요구되는 휴식을 위한 영역에는 각종 가림막 등을 사용해 전체조명을 차단하고 다소 낮은 조도의 부분조명을 제공할 수 있다.

조명은 밝기나 빛깔을 조절할 수 있는 것으로 설치하는 것을 권장한다. 이러한 기능은 다양한 용도로 사용할 수 있으나 특히 늦은 오후 시간에 조도를 낮추는 데 사용할 수 있다. 인간의 신체 내부에는 빛에 대한 감지를 바탕으로 생체리듬을 조절하는 유전자가 존재한다. 생체시계는 외부에서 감지되는 빛의 강도에 기반해 하루의 흐름을 판단하고, 빛의 밝기가 줄어드는 저녁이 되면 멜라토닌을 서서히 분비해 졸음을 느끼게 하고 숙면을 취할 수 있도록 유도한다(Gooley et al., 2011). 따라서 유아들이 실내공간에서 낮과 같이 밝은 인공조명에 저녁 늦게까지 노출되면 생체리듬이 흐트러져 숙면을 취하기 어렵게 되는데, 영유아기는 숙면 여부에 따라 신체적 성장과 컨디션에 영향을 더 크게 받기에 조명의 밝기 정도는 중요한 요소이다. 그러므로 밝기나 빛깔을 조절할 수 있는 전체조명을 설치하거나 부분조명 기구(무드등)를 활용해 늦은 오후에는 빛의 밝기를 어둡게 조정함으로써 점차적으로 하루가 저물어감을 생체시계가 감지할 수 있도록 지원해야 한다. 더불어 조도 조절이 가능한 조명은 개인의 자극 민감성에 따른 차이를 수용할 수 있게 한다는 점에서 공간의 자존지원성을 향상시키는 것으로도 볼 수 있다.

≫ 개인의 자극 민감성 반영에 대한 내용은 p. 157 '자존지원성'의 교육적 사용 및 실제 [지침 3] 참고

[그림 2-1-7] 휴식공간에 간접조명을 사용하여 은은하고 차분한 분위기를 연출한 예

[그림 2-1-8] 조명갓의 색깔 차이로 다른 분위기와 유머를 연출하는 부분조명의 예

초록색의 나뭇잎과 같은 자연적 요소는 심신 안정과 인지작용에 긍정적 효과를 미치는 것으로 알려져 있다(차기주 외, 2022a; Ulrich et al., 1991). 또한 자연 풍경을 담은 그림이나 사진 등도 자연을 직접 접하는 것과 유사한 심신 안정의 효과를 가져다준다는 연구결과가 있다(Taylor, 2006). 따라서 실내환경에 자연을 경험할 수 있는 관엽식물 화분을 비치하는 것이 좋으며(Song et al., 1999), 자연 풍경이 담긴 그림이나 사진을 유아들의 눈높이에 맞도록 비치하는 것이 좋다. 실외에서 접하는 자연적 요소(나무, 풀, 흙 등)를 실내공간 인테리어 연출에 사용할 수도 있다.

[그림 2-1-9] 자연 풍경이 그려진 칸막이를 사용한 예

[그림 2-1-10] 나뭇가지와 나무 화분 등을 학급 인테리어 연출에 활용한 예

지침8 집 안에서 볼 수 있는 물품들을 배치해 가정과 같은 아늑한 분위기를 연출한다.

유아들이 유아교육기관에서 생활하는 시간이 점점 길어지고 있기 때문에 유아교육기관의 공간을 가정과 같은 아늑한 분위기로 연출해야 할 필요성 역시 더욱 커지고 있다. 따라서 가정에서와 같이 학급 내에서 편하게 눕고 뒹굴 수 있는 공간을 제공해야 한다. 더불어 가정에서 볼 수 있는 다양한 일상적 소품들(가족 사진, 그림 등의 각종 액자, 무드등 및 스탠드 등의 부분조명등, 거울, 벽걸이 장식 등)과 화훼 식물 등을 비치하는 것이 좋다.

지침9 자연물과 자연친화적 천연소재의 교육용 자료를 구비한다.

자연 요소가 스트레스 완화와 심신 안정 효과에 미치는 긍정정 효과를 유아들에게 경험하게 하고, 다양한 감각적 자극에 대한 직접적 경험을 지원하기 위하여 자연물이나 자연친화적 소재의 교육용 자료를 제공하여야 한다. 이러한 자료의 예시로는 각종 자연물, 즉 나무의 나이테와 결을 느껴볼 수 있는 커팅된 나무판, 나뭇가지, 솔방울이나 도토리 등의 각종 열매, 나뭇잎과 낙엽, 자갈과 돌, 깃털, 각종 조개껍질 등이 있다. 또한 목재(목재 소재의 블록 등), 천연섬유(면, 마, 모, 텐셀 등 소재의 교구), 여러 식용 재료(각종 씨앗, 식용유, 과일과 채소, 사탕수수 등의 작물 등) 등 자연친화적 소재의 자료가 있다. 이러한 자연물은 '개방적 놀이자료'로서 상업적 교구에 비해 '잠재적 어포던스'가 높아 유아의 창의적 놀이 및 사고력 향상을 지원한다. 또한 보다 다양한 놀이와 사회적 상호작용이 이루어지도록 지원한다(차기주, 최지은, 2023).

[그림 2-1-11] 나뭇가지, 솔방울, 돌, 각종 열매 등의 개방적 놀이자료를 제공한 예

3장

신체적 움직임을

지원하는 공간

1절
운동지원성

: 공간 이용자의 신체움직임을 촉진하고 지원하는 특성

○ **관련 심리행태적 특성 :**
　　» 움직임지향성
　　　: 내적 욕구에 따라 다양하고 자유로운 신체동작과
　　　　근육의 움직임을 추구하고자 하는 성향

○ **추구하는 인간상 :**
　　» 건강한 사람, 자주적인 사람

○ **주요 관련 핵심역량 :**
　　» 자기관리 역량

　　유아는 내적 욕구에 따라 다양하고 자유로운 신체동작과 근육의 움직임을 추구하고자 하는 성향('움직임지향성')을 지닌다(차기주, 2022). 따라서 유아교육기관의 공간은 이러한 심리행태적 특성에 기반하여, 도전적 과제를 통해 신체와 대소근육을 단련하고자 하는 유아의 욕구를 충족시켜줄 수 있는 특성을 갖추어야 한다. 특히 유아기는 다른 시기와 차별적으로 대소근육 및 신체적 움직임의 발달이 중요한 과업이기에 실내공간이 신체활동을 유도하고 신체적 기술을 연마할 수 있도록 해야 한다(차기주 외, 2021). 예를 들어, 다공성 출입구를 통해 입체적이고 다채로운 동선을 유도할 수 있으며, 대근육 운동 시설 및 기구를 실내에 비치하여 수직적·수평적 신체움직임(대근육 활동)을 유도할 수 있다. 또한 충분한 공간을 확보하여 자유로운 움직임을 유도할 수 있다.

　　이처럼 유아의 신체움직임을 유도하고 지원하는 공간의 특성을 '운동지원성'이라고 한다(차기주 외, 2021). 운동지원성을 갖춘 유아교육기관의 공간을 구성하기 위해 참고할 수 있는 자체 점검 항목을 '건축디자인 계획' 측면과 '교육적 사용 및 실제' 측면으로 구분하여 제시하면 다음과 같다.

표 3-1-1 공간의 '운동지원성' 관련「건축디자인 계획」측면 자체 점검 체크리스트

계획 범주	계획 요소	학급	공용/매개			건축디자인 계획		충족 여부	
---	---	---	진입	중심	연결	지침	하위 항목	예	아니오
규모 및 배치 계획	배치 및 동선			●	●	신체움직임 및 놀이행동을 유도할 수 있도록 공간 간 순환적 연결구조를 계획한다.	공간(교육공간, 공용공간)이 분절되지 않도록 연결된 동선 체계를 계획한다.		
							내부와 외부 공간이 이어져 연속적으로 순환하는 동선을 계획한다.		
							바닥 그래픽 또는 패턴으로 다른 공간을 연결하고 움직임을 유도하는 장치를 계획한다.		
				●	●	사회적 상호작용과 다양한 동선을 유도할 수 있도록 공간 및 구조물은 여러 형태와 크기의 창이나 출입통로를 갖추게 한다.	움직임 동선 내에 유아가 선택할 수 있는 다양한 출입통로나 이동동선을 계획한다.		
							이동동선 중간에 포켓 형태의 놀이공간을 배치하여 유아의 움직임과 이동을 유도하는 공간 장치를 계획한다.		
							예시 이동하는 동선 내에 아지트 공간, 움직임 놀이 공간(미끄럼틀, 사다리 등), 무대 공간과 같이 다양한 형태와 크기의 공간 구조물을 배치한다.		
		●		●	●	다양한 신체움직임 및 균형과 위치변화를 유도하는 고정식 구조물과 기구 등을 설치·비치하고, 이를 위해 충분한 공간을 계획한다.	신체발달 능력에 따라 유아가 선택하여 몸을 움직일 수 있는 구조물 및 기구를 배치한다.		
							예시 계단과 슬로프를 함께 구성하여 경사도에 따라 유아가 신체를 조절할 수 있는 공간 구조물을 계획한다.		
마감재 계획	바닥	●		●	●	대근육 활동 구조물 아래쪽이나, 수직적 신체움직임이 활발한 영역의 바닥 및 벽은 충격흡수가 가능한 소재로 계획한다.	유아가 상부에서 아래로 뛰어내리거나 주변의 구조물에 부딪힐 수 있는 신체활동 구역의 바닥이나 벽면은 충격을 흡수할 수 있도록 마감한다.		
		●		●	●	수직적 신체움직임이 활발한 영역을 제외한 학급의 바닥재는 유아의 수평적 신체움직임을 원활히 할 수 있도록 적정한 경도를 확보한다.	유아가 공간에서 뛰고 걷는 데 어려움이 없는 강도의 바닥으로 마감한다.		
							예시 영아 대상 공용공간의 경우, 수평적 신체움직임을 원활하게 받쳐주는 힘이 있어 영아의 배밀이나 걷기 연습에 적합한 우드플로링을 바닥 마감재로 계획한다.		
	가구	●		●		다양한 신체움직임을 유도하기 위해 대근육 활동 구조물은 다양한 형태와 재료로 구성한다.	유아가 자유롭게 움직임을 계획할 수 있도록 다양한 마감재와 공간 구조를 구성한다.		
							예시 바닥 마감재로 딱딱한 재질의 나무 마감재와 탄성이 있는 그물 구조의 마감재를 복합적으로 계획하여 구성한다.		
							예시 계단 및 슬로프(또는 미끄럼틀) 등으로 구성된 복합 구조물을 설치한다.		

표 3-1-2 공간의 '운동지원성' 관련 「교육적 사용 및 실제」 측면 자체 점검 체크리스트

| 계획범주 | 계획요소 | 학급 | 공용/매개 | | | 교육적 사용 및 실제 | | 충족 여부 | |
			진입	중심	연결	지침	하위 항목	예	아니오
규모 및 배치 계획	배치 및 동선	●		●	●	다양한 신체움직임 및 균형과 위치변화를 유도하는 고정식·이동식 구조물과 기구 등을 설치·비치하고, 이를 위해 충분한 공간을 제공한다.	유아들이 실내에서도 기거나, 높고 낮은 매트 위를 기어오르고 내리거나, 구르거나, 점프하거나, 평균대에서 균형을 잡고 버티는 등 다양한 신체움직임을 할 수 있도록 충분한 공간을 제공한다.		
							많은 공간을 활용하지 않고도 다양한 신체움직임을 유도할 수 있는 공간을 확보한다.		
							예시 잡고 일어서는 바(grab bar), 벽에 부착하는 놀이판, 거울, 반사판 등을 다른 높이에 붙여서 유아의 다양한 신체움직임을 유도할 수 있는 공간의 다양성을 제공한다.		
마감재 계획	바닥	●		●	●	대근육 활동 구조물 아래쪽이나, 수직적 신체움직임이 활발한 영역의 바닥에는 충격흡수가 가능한 매트를 필요에 따라 설치한다.	유아가 뛰거나 넘어질 때 충격을 최소화할 수 있도록 적정한 두께의 충격흡수재를 바닥재로 사용한다.		
							충격흡수재를 바닥재로 구비하지 못하였을 때는 충격흡수매트를 설치한다.		
	가구	●		●		다양한 신체움직임을 유도하기 위해 고정식 대근육 활동 구조물 이외에도 다양한 이동식 구조물을 적극적으로 지원·활용한다.	고정식 대근육 구조물 외에도 뛰고, 달리고 하는 움직임 이외에 다양한 형태의 움직임을 유도하기 위해 신체매트, 계단형/경사형 매트, 터널, 나무상자, 속이 빈 블록, 상상놀이터 블록, 플라스틱 용기, 널빤지, 로프, 공 등의 고정되지 않은 도구를 비치한다.		

이상의 자체 점검 체크리스트를 기반으로 공간의 '운동지원성' 관련 가이드라인을 제안하면 다음과 같다.

건축디자인 계획

> **지침1** 신체움직임과 놀이행동을 유도할 수 있도록 공간 간 순환적 연결구조를 계획한다.

| **계획범주** | 규모 및 배치 계획
| **계획요소** | 배치 및 동선

공간에서 순환적 연결구조는 유아의 움직임을 유도하며 운동감과 더불어 다감각적 자극으로 흥미와 호기심을 유발시킨다. 공간에서의 움직임은 시간적 특성을 내포하므로 다음의 요인을 통해 유아의 행동을 유도할 수 있다.

순환적 연결구조의 공간은 행위를 예측할 수 있는 단서(자극)들이 임의로 흩뿌려진 공간의 특성을 갖는다. 유아의 움직임을 통한 역동적 상호작용이 발생하는 행동 유도 단계를 3단계로 정리할 수 있다. 첫째, 단서(자극)에 의한 체화된 예측(embodied prediction)으로 행동(행위, 움직임)을 유도한다. 둘째, 순환적 연속의 움직임이 발생하며 운동성이 활성화한다. 셋째, 활동의 범위가 확장하면서 경험의 다양성과 복합성이 증가하고 유아와 주변 세계의 역동적 상호작용이 발생한다.

공간에서 순환하는 동선은 유아가 스스로 움직이는 공간 요인으로 작용한다. 이는 연결된 고리구조의 순환동선으로 동선이 공간에서 분절되지 않고 이어진 형식으로 내부공간의 순환동선에서 확장되어 외부공간으로 이어질 수 있다. 연속된 동선 구조 내에 다양한 체험 내용[미끄럼틀, 오를수 있는 벽(클라이밍 월), 수직·수평으로 이동할 수 있는 그물망 구조, 초크보드, 무대공간, 화단 등]이 담긴 공간을 구성한다면 유아의 호기심과 움직임은 더욱 증폭할 수 있다. 또한 공간의 중첩 및 변이를 통하여 새로운 공간감을 형성하고 흥미와 호기심을 자극하면 더 많은 움직임을 유도할 수 있다. 이로써 유아의 신체적 움직임을 유발하여 놀이 의욕을 일으키는 긍정적 공간 구성이 가능하다.

[그림 3-1-1] 연결된 고리구조의 순환동선의 예
@일본, 후지 유치원(Fuji kindergarten)

[그림 3-1-2] 내외부로 이어지는 확장된 순환동선의 예
@일본, 아키시마 스미레 유치원(昭島すみれ幼稚園)

사회적 상호작용과 다양한 동선을 유도할 수 있도록 공간 및 구조물에
여러 형태와 크기의 창이나 출입 통로를 갖춘다.

| 계획범주 | 규모 및 배치 계획
| 계획요소 | 배치 및 동선

공간의 순환적 연결구조는 다원적 움직임과 동선을 구성할 수 있도록 하
며, 이는 유아에게 삶의 활력소로서 작용하는 요인이 될 수 있다. 순환적 연결구
조 내에 다양한 출입구는 유아들이 동선을 선택하고 재구성함으로써 공간이 고
정되지 않고 변화하는 속성을 갖게 한다. 유아들은 여러 개의 출입구를 자유롭
게 선택해 순환구조를 오가며 다원화된 공간 이동을 하고 이를 통하여 다양한
경험을 한다. 이러한 경험을 통해 유아는 공간에 대한 긍정적 인상을 형성하고
개인적 이야기(추억, 기억)를 생성하게 된다. 아울러 이러한 경험의 축적으로 장소
성, 공간에 대한 애착(장소애착)을 형성할 수 있다.

이동 과정에서 다양한 자극 요소로서 포켓 형태의 놀이공간을 배치하면
주변환경과의 교류가 발생하게 된다. 포켓 공간은 주변을 조망하거나 다른 사람
의 행동을 관찰하기에 좋은 공간적 장치다. 때로 혼자만의 공간이 필요할 때 아
지트로 활용할 수도 있다. 이렇듯 다양한 형태와 크기의 공간 및 구조물로 유아
에게 변화하는 감정과 상황에 적합한 공간을 선택하고 경험하는 기회를 제공할
수 있다.

[그림 3-1-3] 다양한 크기의 아지트 공간으로 내적 움직임의 정서적 공간을
형성한 예 @일본 아키시마 스미레 유치원

[그림 3-1-4] 움직임을 자극하는 포켓 공간을 형성한 예 @고양어린
이박물관 내 '아기산책'

지침3 다양한 신체움직임 및 균형과 위치변화를 유도하는 고정식 구조물과 기구 등을 설치·비치하고, 이를 위해 충분한 공간을 계획한다.

| **계획범주** | 규모 및 배치 계획
| **계획요소** | 배치 및 동선

유아의 신체조절능력을 발달시키기 위한 공간적 지원은 일상생활에서 신체를 적합하게 움직일 수 있는 능력을 키울 수 있도록 하는 것이다. 즉, 움직임을 통해 유아가 자신과 외부세계를 지각하고 신체와 공간에 대한 기본적 이미지를 발달시키도록 한다. 이는 반복적인 움직임을 통해 자신의 신체를 조정하는 능력과 움직임에 대한 다양한 방법들을 발견하며 새로운 운동기능을 습득하게 되는 것이다(황순각, 2000). 예를 들면, 수직적 이동을 위한 계단과 슬로프에서 어떻게 신체를 조절하여야 하는지, 경사도에 따라 몸의 움직임을 어떻게 해야 하는지 등을 유아가 습득할 수 있도록 공간을 계획해야 한다.

그리고 유아의 공간을 설계할 때는 형태나 쓰임을 고정하지 않고 유아가 자신만의 방식으로 공간을 사용할 수 있도록 하는 정형화되지 않은 계획이 필요하다. 유아는 개인별로 발달 시기와 속도에 차이가 있으므로 자신의 능력에 맞게 스스로 선택하거나 구성하여 신체움직임을 반복해나갈 수 있도록 유도하는 고정식 구조물과 기구들을 구비하여야 한다. 영아들을 위해서는 움직임의 발달단계에 적합한 공간을 선택하여 자유롭게 신체움직임을 구성해나갈 수 있도록 기어오르는 나지막한 단이나 나무로 만든 터널, 상자들과 같은 나지막한 경사판 등

[그림 3-1-5]
1. 계단과 슬로프를 같이 구성하여 신체발달에 따라 유아가 선택할 수 있도록 계획한 예
2. 공간의 구조(중층의 천장 보구조 및 기둥 구조)를 노출하여 매달리거나 기어오르는 등 유아가 자유롭게 움직임을 구성할 수 있도록 한 예

으로 공간을 조성해주어야 한다. 영유아들이 움직임 성장에 따라 이러한 가구를 조작하고, 경사를 높이거나 조합하여 변형된 공간을 형성할 수 있도록 해야 한다. 도전적인 신체움직임과 균형감각 발달을 추구하는 유아 시기에는 보다 높은 단을 오르고 이동 및 조합할 수 있는 단계형 구름사다리, 오를 수 있는 벽(클라이밍 월), 고정식 수평·수직 그물망, 고정식 흔들그네 등을 통해 다양한 움직임을 유도할 수 있다. 또한 정교한 신체부위 간 협응, 질적 움직임을 행할 수 있도록 조절 가능한 공간적 장치를 통해 신체발달을 유도할 수 있다.

지침4 　대근육 활동 구조물 아래쪽이나 수직적 신체움직임이 활발한 영역의 바닥재는 충격흡수가 가능한 소재로 계획하여야 한다.

| 계획범주 | 마감재 계획
| 계획요소 | 바닥

　　　　대근육 활동공간에서는 대부분 뛰어가거나 높은 곳에서 뛰어내리는 등의 움직임이 주로 일어나기 때문에 충격을 최소화할 수 있는 바닥 마감재를 사용하여야 한다.

≫ 유아의 활동성에 적합한 실내 권장 바닥 마감재 관련 내용은 p.97 '안전성'의 건축디자인 계획 [지침 11] 참고

지침5 　[학급/공용] 수직적 신체움직임이 활발한 영역을 제외한 학급의 바닥재는 유아의 수평적 신체움직임을 원활히 할 수 있도록 적정한 경도를 확보하여야 한다.

| 계획범주 | 마감재 계획
| 계획요소 | 바닥

1)
에미 피클러(1902-1984)는 소아과 의사이며 영유아 발달 연구자다. 그녀는 유아의 개별성을 펼치기 위한 능동적 활동과 자율적 움직임 발달의 가치를 깨닫고 유아들을 대하는 방식과 태도에 대한 인식의 전환을 통해 교육방식을 제시하고 실천하였다.

　　　　에미 피클러(Emmi Pikler)[1]에 따르면, 영유아가 신체 및 감각 운동을 할 때는 푹신한 스펀지나 매트보다 딱딱한 나무 바닥이 성장에 도움이 된다고 한다. 특히 영아들의 경우, 몸의 움직임(배밀이나 걷기 연습)을 할 때 바닥이 딱딱하게 받쳐줘서 힘의 원리를 몸으로 체득하여 신체움직임을 형성해나가는 것이 바람직하다. 너무 푹신한 스펀지는 힘을 분산시켜 움직임을 익히는 데 어려움을 준다. 카펫은 스펀지보다는 괜찮을 수 있지만 마찰이 심해 영아가 움직이기 어렵다.

[그림 3-1-6] 움직임이 빈번히 일어나는 공간에 그에 적합한 탄성과 미끄럼방지 성능을 적용한 바닥 마감재의 예

운동능력을 형성하기 위해서는 사물에 대한 의미 파악이 중요하기 때문에 영유아들은 주변의 다양한 사물을 만지고 뒤집고 들어 올리고 던지기도 한다. 이러한 활동에서 사물이 바닥에 부딪히는 정도에 따라 그 사물의 특성(강도, 무게, 운동방향 등)을 파악하고 운동성을 형성해나가는데, 바닥의 마감재가 탄성이 있거나 마찰력이 생기면 사물의 특성에 대한 잘못된 인식을 영유아에게 심어주어 실제 특성과 부조화하는 운동행동으로 이끌 수 있다. 그러므로 영유아의 공간에서 충격흡수가 강조되어야 하는 구역이 아니라면 걷기 및 기타 운동행동을 지원할 수 있도록 적정한 경도의 바닥재로 마감하는 것이 중요하다. 우드플로링은 유아교육공간에서 선호하는 바닥 마감재로 수종에 따라 나무의 강도가 다르기 때문에 공간 특성에 맞게 선택할 수 있다.

지침6

다양한 신체움직임을 유도하기 위해 대근육 활동 구조물은 여러 가지 형태와 재료로 구성하여야 한다.

| **계획범주** | 마감재 계획
| **계획요소** | 가구

유아는 신체움직임을 통해 자신과 외부세계를 지각하고, 신체와 공간의 관계성을 이해하고 형성해나간다. 따라서 유아교육기관은 유아들이 자신의 몸에 대해 알아가는 성장 시기에 신체기능을 발달시키고 정교화할 수 있도록 공간을 구성하여야 한다. 유아의 자유로운 행동과 움직임을 지원하기 위해 일반적으로 볼 수 있는 단순한 구조의 복합놀이 구조물 대신 보다 다양한 마감재와 공간 구조로 구성된 구조물을 계획하여야 한다. 예를 들면, 바닥 구조의 단차를 활용하거나 그물망 혹은 사다리 등을 활용하여 유아들이 호기심을 가지고 놀이를 구성

[그림 3-1-7] 계단과 슬로프 구조, 그물망이나 밧줄 등의 다양한 재료를 활용하여 신체움직임을 지원하는 공간의 예

해 움직일 수 있는 공간계획으로 실제화할 수 있다.

유아의 수직적 이동을 유도하기 위해 계단이나 슬로프를 형성할 수도 있다. 이때 복합 구조물의 각 구역마다 움직임 유도 부위(팔, 다리, 전신 등) 및 유도 능력(평형감각, 지구력, 근력 등), 주제(평평한 판, 구름 사다리, 그물, 디딤돌과 손잡이가 있는 판 등), 재료(밧줄, 나무, 플라스틱, 금속 등), 난이도[단차, 높이, 거리, 길이, 기울기(0도~90도, 오르막과 내리막) 등] 등에 따라 유아가 경험하게 되는 감각과 도전의식, 흥미 및 유도되는 놀이의 내용이 달라질 수 있기 때문에 구조물의 구성이 복합적이고 단조롭지 않아야 한다. 예를 들어, 흔들그네의 경우 그물망이나 사다리, 경사로에서는 불가능한 신체 위치 및 균형감각의 지속적 변화를 경험할 수 있도록 해주며, 그 재료를 무엇으로 할 것인지(나무, 라탄, 타이어 등), 몇 인용으로 할 것인지(1인용, 2~3인용 등) 등에 따라서 유아들로부터 새로운 놀이행동과 신체움직임을 유도하게 된다.

교육적 사용 및 실제

지침1

다양한 신체움직임 및 균형과 위치변화를 유도하는 고정식·이동식 구조물과 기구 등을 설치·비치하고, 이를 위해 충분한 공간을 제공한다.

유아기는 신체발달이 일생 중 가장 빠르게 이루어지는 시기로 신체발달의 결정적 시기라 할 수 있다(조복희, 2017; Berk, 2005/2019). 개인차가 존재하기는 하나 일반적으로 유아의 키와 몸무게는 생후 2년까지 급속히 발달하여 생후 1년이 될 때 키가 출생 시의 1.5배, 몸무게가 3배 성장한다. 신체발달에 영향을 미치는 요인은 생물학적 요인(유전자 등)과 환경적 요인(적절한 영양 섭취, 정서적 안정 등)이 있으나, 운동능력(기기, 앉기, 서기, 걷기, 달리기, 잡기, 던지기 등)이 정상적으로 발달하기 위해서는 이런 기술을 연습할 기회가 주어졌는가에 대한 여부 역시 중요하다(김승희, 2021). 즉, 유아의 신체발달은 유아에게 다양한 신체움직임 및 균형과 위치변화를 유도하는 공간이 충분히 마련될 때 그 안에서 유아가 생활하면서 자연스럽게 발달하는 것이다. 이는 유아기가 신체움직임을 활성화해야 하는 시기임을 시사한다.

또한 유아는 몸을 움직이며 학습한다. 또래의 신체움직임을 바라보는 것은 거울뉴런[2]의 작용을 활성화(Kilner & Lemon, 2013)하여 관찰자 유아로 하여금 동일한 행동을 하고 싶도록 유도한다. 신체움직임은 거듭할수록 운동조절근육을 발달시키고 근육 움직임을 분화하여 더욱 정밀한 움직임을 알아채고 수행할 수 있도록 해준다(차기주 외, 2022b). 신체움직임이 동반될 때 수동적인 관찰학습에 비해 학습효과가 증가한다(James & Swain, 2011)는 점은, 뇌 가소성이 높은 유아기에 충분한 공간에서 정교하고 풍부한 감각운동적 체험을 통해 다양한 신체움직임을 경험할 수 있도록 제공하는 것이 필요함을 시사한다(차기주 외, 2022b).

많은 연구들은 유아의 신체움직임이 인지발달에도 영향을 미친다고 보고하고 있다. 예를 들어, 신체움직임의 경험은 관련 행동을 인식하고 의도를 짐작하는 능력의 발달을 촉진한다. 특정 물체에 대해 뻗기 행동을 많이 경험한 영아는 타인이 뻗기 행동을 했을 때 그 행동을 목표지향적인 것으로 인식하는 능력이 뻗기 행동을 많이 경험하지 않은 일반 영아에 비해 유의하게 빠른 것으로 나타났다(Sommerville et al., 2005). 즉, 신체움직임의 경험 및 운동능력의 향상이 인지발달에 근본적인 변화를 야기한 것이다(차기주 외, 2022b).

따라서 유아교육기관 내에 유아의 다양한 신체움직임 및 균형과 위치변화를 유도할 수 있는 고정식·이동식 구조물 및 기구들을 충분히 확보하여야 한다.

[2) 거울뉴런(mirror neuron)은 뇌의 전두엽과 두정엽에 위치해 있다. 거울뉴런은 개인이 타인의 행동을 관찰할 때, 그 행동을 직접 수행할 때와 동일한 감각운동 영역에서 발화되는 신경세포들을 의미한다. 거울뉴런 회로는 인간의 모방행동과 관찰학습, 언어이해 및 조망수용능력, 타인의 의도 이해, 공감능력의 기저를 이루는 것으로 알려져 있다(차기주 외, 2022b, p.153).]

유아교육기관 실내에 매달리기, 기어오르기, 점프하기, 받기, 던지기, 뛰기 등과 같은 활동공간이나 구조물 및 기구가 잘 갖추어진 곳이 부족한 실정이지만, 황사 및 미세먼지 등 기후변화와 함께 실내공간에 대근육 활동을 수용할 수 있는 시설을 마련하는 것의 중요성은 점점 더 커지고 있다. 이에 따라 실내에서도 기거나, 높고 낮은 매트 위를 기어오르고 내리거나, 구르거나, 점프하거나, 평균대에서 균형을 잡고 버티는 움직임 등을 할 수 있는 충분한 공간을 제공하는 것이 필요하다(백선정 외, 2016).

한편, 많은 공간을 활용하지 않고도 다양한 신체움직임을 유도할 수 있는 공간을 확보할 수 있다. 예를 들어, 잡고 일어서는 바(grab bar), 벽에 부착하는 놀이판, 거울, 반사판 등을 다른 높이에 붙여서 유아의 다양한 신체움직임을 유도하는 공간의 다양성을 제공할 수 있다(Olds, 2000/2009).

≫ 실내 고정식·이동식 구조물 및 설비 구성에서의 복합성과 다양성의 중요성에 대한 내용은 p. 127 '운동지원성'의 건축디자인 계획 [지침 3], p. 129 [지침 6] 참고

지침2   대근육 활동 구조물 아래쪽이나, 수직적 신체움직임이 활발한 영역의 바닥에는 충격흡수가 가능한 매트를 필요에 따라 설치한다.

유아가 뛰거나 넘어질 때 충격을 최소화할 수 있도록 적정한 두께의 충격흡수재를 바닥재로 사용해야 한다. 그러나 만약 그러지 못하였을 때는 충격흡수매트를 설치(김상호 외, 2015)하거나 고정식으로 시공할 수 있는 매트를 사용할 수도 있다(예를 들어, 안심매트 중 내구성이 좋은 TPU필름으로 표면이 구성된 친환경 바닥매트를 사용함).

≫ 충격흡수 깔개에 대한 내용은 p. 101 '안전성'의 교육적 사용 및 실제 [지침 6] 참고

지침3   다양한 신체움직임을 유도하기 위해 고정식 대근육 활동 구조물의 활용 외에도 다양한 이동식 구조물을 적극적으로 지원한다.

3)
카논뉴런(canonical neuron)은 뇌의 전두엽과 두정엽에 위치해 있으며 운동 동작을 통제한다. 카논뉴런은 행동을 할 때뿐만 아니라 어떤 행위를 하는 모습을 상상하며 바라보기만 해도 활성화된다.

특정 움직임이나 행동을 연상시키는 물체에 관심을 집중하면 우리 뇌에서 카논뉴런[3]과 거울뉴런이 활성화되어 움직임을 자극하게 된다. 예를 들어, 올라가는 행동을 연상시키는 계단이나 경사로를 보면 시각적 역동성이 더해져 무의식적으로 다리와 몸통에 가볍게 힘이 들어가게 된다(Goldhagen, 2017/2019). 이는 깁슨(Gibson, 1983)이 제시한 '특정 행동을 유도하는 물체의 속성이나 환경의 특성'으로서의 어포던스(affordance), 즉 행위지원성(행동지원성, 행위유도성)이라는 개념으로도 설명될 수 있다. 예를 들어, 유아교육공간에 대근육 활동 구조물이 있다면 유아들은 해당 구조물을 활용하여 놀이하는 행동을 연상하게 되고 신체움직임이

유도되는 것이다.

따라서 유아교육공간에는 고정식 대근육 구조물(복합놀이기구 등) 외에도 뛰고, 달리고, 기고, 매달리고, 균형을 잡는 등의 다양한 움직임을 유도하기 위해 신체매트, 계단형/경사형 매트, 터널, 나무상자, 속이 빈 블록, 상상놀이터 블록, 플라스틱 용기, 널빤지, 로프, 공, 다단식 구름다리 등의 고정되지 않은 도구를 비치하여 신체조절능력, 평행감각, 리듬감각 등을 길러줄 수 있어야 한다(백선정 외, 2016). 예를 들어, 신체매트는 다른 놀잇감에 비해 크기가 크며, 다양한 모양과 크기를 가지고 있다. 이러한 특성을 가진 신체매트를 활용해 유아는 자신이 필요한 신체매트의 모양과 크기를 주도적으로 선택하여 오르내리거나 밟고 가는 등 다양한 움직임을 하며 놀이할 수 있다(김희진 외, 2017). 이와 마찬가지로, 크기가 크고 부드러운 특성을 지닌 상상놀이터 블록 역시 유아들이 자유롭게 움직이며 쌓고 하면서 다양한 형태로 구성할 수 있다(김희진 외, 2017). 유아가 놀이 과정을 스스로 디자인하며 다양한 신체움직임을 경험할 수 있는 것이다.

[그림 3-1-8] 다양한 신체움직임을 유도하기 위해 신체매트를 활용한 예

[그림 3-1-9] 다양한 신체움직임을 유도하기 위해 상상놀이터 블록을 활용한 예

4장

주도적 경험을
지원하는 공간

개별지원성

: 공간디자인 요소 및 시설·설비, 가구, 자료의 종류와 배치 등이 공간사용자의 차별적 요구(발달수준, 흥미와 관심사, 학습유형, 기질과 욕구, 선호하는 감각자극과 놀이·활동의 유형과 강도 등에서 나타나는 개별 유아의 차별성)를 충족시키는 특성

○ **관련 심리행태적 특성 :**
   » 자기주도성
      : 자신의 신체 및 활동, 주변환경에 대해 주도적으로 통제·조절하고자 하는 성향
   » 자극추구성
      : 공간 및 사물, 매체의 사용에 있어 인지적·정서적· 신체적 도전과 자극, 과제 몰입을 통해 만족감을 경험하고자 하는 성향

○ **추구하는 인간상 :**
   » 자주적인 사람, 창의적인 사람

○ **주요 관련 핵심역량 :**
   » 자기관리 역량, 지식정보처리 역량

모든 유아는 발달수준 및 기질, 흥미와 관심사 등에서 차별적이며, 이러한 차이는 각자가 선호하는 활동의 유형이나 강도, 추구하고자 하는 감각자극, 학습유형 등에서의 차별성으로 나타난다. 인간은 선천적으로 자신이 선호하는 다양한 인지적·정서적·신체적 자극을 추구함으로써 만족감을 경험하고자 하는 욕구(자극추구성)를 지니며(차기주, 2022), 자신이 선호하는 표상양식(시각, 청각, 언어, 운동감각 등)으로 정보가 제공되었을 때 더 많은 양의 정보를 기억하고 학습한다는 연구 보고들도 존재한다(Thomas & McKay, 2010; 박윤현 외, 2021). 따라서 유아교육기관의 공간은 개별 유아의 발달수준에 적합하면서 개인의 선호와 기호에 부합하는 놀이와 활동이 이루어질 수 있도록 구성하여야 한다. 이를 충족하는 공간은 유아로 하여금 성취감과 만족감을 경험하게 하여 자아존중감 향상에 긍정적 영향을 미치며, 자율적으로 행동하고자 하는 욕구를 더욱 상승시켜 자기주도성 발달을 촉진한다(차기주, 2022). 이렇듯 공간의 설비, 가구, 자료 등이 공간 이용자의 차별적 요구를 충족시키는 특성을 '개별지원성'이라고 하는데(차기주 외, 2021), 개별지원성을 갖춘 공간을 구성하기 위한 자체 점검 리스트 항목을 '건축디자인 계획' 측면과 '교육적 사용' 측면으로 구분하여 제시하면 다음과 같다.

○ **유아의 감각정보 통합처리 능력 발달을 지원하는 것이 중요해요.**

개인이 외부로부터 다양한 감각정보를 효과적으로 받아들이고 통합하여 사용하는 능력을 의미하는 '감각통합'은 개인의 '신체적 활동수준'에 영향을 미치고, 이는 곧 '신체운동감각 발달'에 대한 영향으로 이어집니다. 또한 다양한 감각을 통합적으로 처리하는 능력은 타인과의 언어적 상호작용을 통한 관계 형성과 사회성 발달, 주의집중과 과제몰입을 통한 학습 및 인지적 발달, 인지의 체화성과도 관련성을 지니기 때문에(차기주 외, 2022b; 신지연 외, 2005; Miller & Miller-Kuhaneck, 2006), 감각통합 능력이 급격히 발달하는 인생 초기에 감각처리능력의 발달이 잘 이루어지도록 다양한 감각적 자극을 제공하는 놀이자료와 도구를 마련해야 합니다.

○ **개별 유아는 감각정보의 처리 및 선호, 학습양식에서 차별적이에요.**

유아는 감각자극에 대한 예민도, 선호하는 감각자극 및 정보자극의 표상양식과 처리속도에서 차별적이에요. 감각자극에 민감한 유아들이 외부자극에 대해 나타내는 반응은 대응의 적극성 정도에 따라 차별적입니다. 예를 들어, 불쾌하게 느껴지는 외부자극에 대해 수동적으로 대응하게 되면 불쾌한 외부자극을 피하기보다는 그대로 받아들이고 부정적 반응을 소극적으로 드러내는 정도(예를 들어, 찡그린 표정을 짓거나 움츠림)로 그치는 반면, 적극적으로 대응하는 경우에는 외부자극을 피하거나 적극적으로 방어하는 방식(예를 들어, 자극 범위 밖으로 이동함)으로 나타납니다. 반면에 외부 감각자극에 대한 역치가 높은 유아들, 즉 외부자극에 둔감한 유아들은 쉽게 지루해하고 지속적으로 자극을 바꾸어 가면서 적극적으로 자극을 찾아 추구하려는 행동반응을 나타냅니다(Dunn, 1997).

개인들은 저마다 상대적으로 선호하는 차별적 자극의 표상양식(시각, 청각, 신체운동, 읽고 쓰기 등)을 지니는데, 제공되는 정보의 양식이나 제시 순서가 아동의 선호와 일치할 때 학습이 더 잘 이루어진다는 보고가 있습니다(도경수 & 황혜란, 2006; Grigorenko & Sternberg, 1995; Rayner & Riding, 1998). 또한 유아들이 나타내는 특정 양식의 정보처리 능숙도가 학습 결과에서의 차이로 이어질 수 있다는 보고도 있습니다(박윤현 외, 2021). 따라서 유아교육기관은 환경 및 자료를 구성할 때 정보처리에 있어서 개인적 선호 및 능숙도의 차이로 인해 피해를 보는 유아가 없도록, 개별 유아가 지니고 있는 차별적 요구를 반영할 수 있도록 다양하게 구성하여야 합니다.

○ **최상의 학습은 다양한 감각을 동시에 자극할 때 이루어져요.**

인간의 인지처리 시스템에 관한 연구들은 시청각 정보를 동시적으로 제공할 때가 각 정보를 단일한 양식으로 분리하여 시차를 두고 연속적으로 제시할 때(예를 들어, 시각적 정보를 제시한 후 청각적 정보를 제시함)보다 학습효과가 더 높다는 것을 보여줍니다(Ginns, 2006; 박윤현 외, 2021). 이는 유아교육기관의 공간, 놀이자료 및 각종 도구를 통해 전달되는 정보가 되도록 어느 한 가지 표상양식으로 한정되기보다는 여러 감각을 동시에 자극할 수 있는 다중양식적 형태를 지니는 것이 교육적으로 바람직함을 의미합니다. 이는 다중양식 지각 표상체계에 기반하고 있는 인지의 체화적 특성과도 결을 같이 하는 교수적 접근이라고도 할 수 있습니다(차기주 외, 2022b).

≫ 보다 자세한 내용은 p. 25 「총론 – 2. 이론적 배경 중 2-3) 감각처리 및 요구에서의 차별성」을 참고

표 4-1-1 공간의 '개별지원성' 관련 「건축디자인 계획」 측면 자체 점검 체크리스트

| 계획범주 | 계획요소 | 학급 | 공용/매개 | | | 건축디자인 계획 | | 충족 여부 | |
			진입	중심	연결	지침	하위 항목	예	아니오
공간 디자인 계획	공통	●	●	●	●	개별 유아의 차별적 요구를 충족시킬 수 있도록 공간 내 디자인 요소와 조명, 가구, 소품의 물리적 특성을 다양하게 한다.	공간의 구조적 형태와 크기, 마감재의 질감과 색상, 채광과 조명을 다양하게 계획·구성하여 공간을 사용하는 유아들이 선택할 수 있도록 한다.		
							유아의 선호에 부합할 수 있도록 좌식, 입식, 와식에 적합한 공간을 모두 구성한다.		
	소품 및 장식물	●		●	●	유아의 좌식, 입식, 와식 생활을 지원할 수 있는 구조와 마감재로 공간을 계획한다.	(예시) 바닥의 단차를 활용하여 좌식 공간을 구성한다.		
							(예시) 바닥 단차 하부 공간을 부드럽고 포근한 마감재로 계획하여 와식 공간을 구성한다.		
						개별 유아의 차별적 요구를 충족시킬 수 있도록 고정식 구조물을 다양하게 설치한다.	유아의 다양한 상황을 수용하며 행동을 촉진하는 요소로 작용하는 구조물을 설치한다.		
							(예시) 다양한 경험을 할 수 있는 고정식 구조물(로프트, 라이저, 클라이밍 월, 그물 구조, 사다리 등)을 설치한다.		
							(예시) 유아가 자극에서 벗어나 편안함과 휴식을 취할 수 있는 공간을 계획한다.		

표 4-1-2 공간의 '개별지원성' 관련 「교육적 사용 및 실제」 측면 자체 점검 체크리스트

| 계획범주 | 계획요소 | 학급 | 공용/매개 | | | 교육적 사용 및 실제 | | 충족 여부 | |
			진입	중심	연결	지침	하위 항목	예	아니오
공간 디자인 계획	공통	●		●	●	좌식, 입식, 와식 공간과 생활을 지원할 수 있도록 가구, 소품, 장치를 다양하게 비치한다.	유아의 신체적 컨디션에 따라서 앉거나 누울 수 있도록 가구, 소품, 장치(부드럽고 폭신한 소재의 쿠션과 방석, 러그, 담요, 카우치 등)를 마련한다.		
							(예시) 휴식을 취할 수 있도록 편안한 카우치나 쿠션을 비치한다.		
							놀이상황 및 요구에 따라 적합한 자세(좌식, 입식, 와식)로 놀이할 수 있도록 가구, 소품, 장치(입식 및 좌식 책상과 의자, 카펫 등)를 마련한다.		
							(예시) 쌓기놀이는 서거나 바닥에 앉아 할 수 있도록, 미술놀이나 조작교구활동은 의자에 앉거나 낮은 책상에서 작업할 수 있도록 가구를 배치한다.		

계획범주	계획요소	학급	공용/매개			교육적 사용 및 실제		충족 여부	
			진입	중심	연결	지침	하위 항목	예	아니오
공간 디자인 계획	소품 및 장식물		●		●	●	개별 유아의 차별적 요구를 충족시킬 수 있도록 공간 내 조명, 가구, 소품의 물리적 특성을 다양하게 구비한다.	조명의 조도나 톤, 가구의 형태와 종류, 높낮이(크기) 및 소재, 소품의 색채와 소재, 질감 등이 개별 유아의 차별적 요구를 충족시킬 수 있도록 다양성을 지닌다.		
			●		●	●	자료(교구, 놀잇감 등)의 수량을 적절하게 확보한다.	학급 유아들이 개별 혹은 집단별로, 동시적으로 혹은 시차를 두고 활동을 진행할 수 있도록 자료의 수량을 충분히 확보한다.		
		●		●	●	개별 유아의 차별적 요구를 충족시킬 수 있도록 다양한 수준과 유형의 놀이자료 및 도구를 제공한다.	유아들의 발달 편차를 반영하여 각 영역별로 다양한 난이도의 놀이자료를 구비한다.		
								예시 유아의 발달 편차를 고려하여 전체 조각의 개수가 다른 퍼즐을 고루 제공한다.		
								유아들의 외부자극에 대한 민감도를 고려하여 다양한 종류와 수준의 감각경험을 제공하는 놀이자료를 구비한다.		
								예시 외부자극에 예민한 유아를 위한 정적인 놀잇감과 외부자극을 추구하는 성향의 유아를 위한 자극성이 있는 놀잇감(색과 향이 있는 고무찰흙, 구성놀이 블록 등)을 제공한다.		
								여러 감각을 동시에 자극할 수 있는 다중양식적 놀이자료를 제공하며, 이를 반복적으로 체험할 수 있도록 한다.		
								예시 시청각적으로 다양한 정보를 동시적으로 제공하는 전자그림책을 제공하고 반복 청취할 수 있도록 한다.		
								선호하는 감각자극, 자극에 대한 예민도를 반영하여 다양한 소재와 재질, 유형, 자극 강도의 놀이자료를 제공한다.		
								예시 청각자극에 민감한 유아를 위해 소리가 부드럽고, 소리 강도를 스스로 조절할 수 있는 악기를 제공한다.		
								놀이자료의 구조성에서 차별적인 놀잇감을 제공한다.		
								예시 놀잇감이 정한 목표를 성취하는 것을 선호하는 유아를 위해 폐쇄적·구조적 놀잇감(보드게임, 퍼즐 등)을 제공하고, 자유로운 시도와 창의적 응용활동을 선호하는 유아를 위해서는 개방적·비구조적 놀잇감(자연물, 폐품, 점토 등)을 제공한다.		
규모 및 배치 계획	배치 및 동선	●				다양한 놀이영역(흥미영역)이 학급 내에 적정한 규모로 포함되도록 한다.	학급 유아의 놀이 및 감각자극에 대한 다양한 선호와 기호를 반영하여 놀이영역을 제공한다.		
							놀이영역의 규모 및 배치는 유아들의 흥미와 선호를 반영하여 지속적으로 조정한다.		

이상의 자체 점검 체크리스트를 기반으로 공간의 '개별지원성' 관련 가이드라인을 제안하면 다음과 같다.

건축디자인 계획

| 지침1 | 개별 유아의 차별적 요구를 충족시킬 수 있도록
공간 내 디자인 요소 및 조명, 가구, 소품의 물리적 특성을 다양하게 한다. |

| **계획범주** | 공간디자인 계획
| **계획요소** | 공통

　　유아는 공간 안에서 다양한 변화를 민감하게 받아들이고 반응한다. 유아마다 변화와 자극을 받아들이는 정도에는 차이가 있다. 따라서 유아 스스로 자신의 성향과 상태에 적합한 장소를 선택하여 경험할 수 있는 공간이 필요하다.

≫ 개별 유아의 차별적 요구를 충족시킬 수 있는 구체적 공간계획에 대한 내용은 pp. 211-218 '역동성'의 건축디자인 계획 [지침 1, 2, 3, 6] 참고

| 지침2 | 유아의 좌식, 입식, 와식 생활을 지원할 수 있는 구조와 마감재로 공간을 계획한다. |

| **계획범주** | 공간디자인 계획
| **계획요소** | 공통

　　유아교육기관은 유아들이 하루 대부분의 시간을 보내는 일상생활 공간으로 유아들의 개인적·상황적 상태에 따라 좌식, 입식, 와식 생활이 가능하도록 공간적 지원을 해주어야 한다. 특히 학급공간은 유아들이 신체적 상태나 놀이하는 방식에 따라 선택하여 편리하게 사용할 수 있도록 구성하여야 한다. 예를 들면 바닥의 단을 높이거나 낮춤으로써 자연스러운 좌식 공간을 형성할 수 있으며, 단이 내려간 하부 공간의 바닥 마감재를 부드러운 카펫이나 탄성의 매트 소재로 계획해 와식 공간을 마련할 수 있다. 즉 유아의 다양한 활동을 지원해줄 수 있는 공간 구조가 필요하며, 유아가 자세를 바꿔가며 편하게 놀이나 활동을 구성할 수 있도록 공간을 계획하여야 한다.

≫ 좌식, 입식, 와식에 대한 가구, 소품 등에 대한 구체적 내용은 p. 142 본 절의 교육적 사용 및 실제 [지침 2] 참고
≫ 다양한 공간 구조에 대한 구체적 공간계획 내용은 pp. 214-218 '역동성'의 건축디자인 계획 [지침 3, 6] 참고

| 지침3 | 개별 유아의 차별적 요구를 충족시킬 수 있도록 고정식 구조물을 다양하게 설치한다. |

| **계획범주** | 공간디자인 계획
| **계획요소** | 소품 및 장식물

　　다양한 고정식 구조물은 개별 유아의 차별적 요구와 맞물려 다양한 행위를 유발한다. 신체적 움직임에 대한 요구를 지닌 유아에게는 운동행동을 유도하고, 정서적으로 안정감과 휴식을 필요로 하는 유아에게는 정적 행동을 유발하기도 한다.

　　유아는 신체움직임을 통해 다양한 경험을 하기를 원한다. 따라서 이러한 요구에 부합하는 공간 구조물을 유아교육공간에 마련하여야 한다. 예를 들어 로

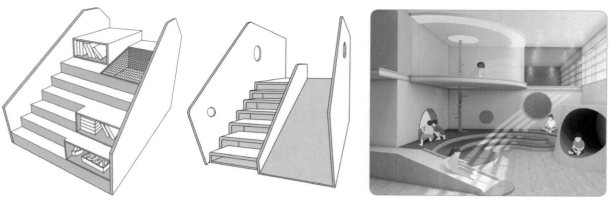

[그림 4-1-1] 계단, 미끄럼틀, 그물구조, 로프트 구조물 등의 복합적 공간 구성의 예

[그림 4-1-2] 클라이밍 월, 자석초크보드, 다층 구조물 설치의 예

프트, 라이저, 클라이밍 월, 그물구조, 사다리 등과 같은 고정식 구조물이 움직이는 동선에 있으면 유아들의 움직임은 강하게 발생하게 된다. 한편, 여러 자극으로부터 벗어나 안정감이 필요한 유아들을 위해서는 휴식을 취할 수 있는 안락한 공간을 마련하여야 한다. 이렇듯 유아의 다양한 요구를 지원할 수 있는 복합적 공간을 구성하고 지원하여야 한다.

≫ 개별 유아의 차별적 요구를 충족시킬 수 있는 구체적 공간계획에 대한 내용은 pp. 211-218 '역동성'의 건축디자인 계획 [지침 1, 2, 3, 6] 참고

교육적 사용 및 실제

지침1 다양한 놀이영역(흥미영역)이 학급 내에 적정한 규모로 포함되도록 공간을 구성한다.

유아의 놀이 및 감각자극에 대한 선호와 기호를 반영하여 학급 내 다양한 놀이영역(흥미영역)을 제공하여야 한다. 자유놀이시간 동안 주로 머무르게 되는 학급 및 공용 중심공간 내 놀이영역(흥미영역)에는 시각, 청각, 후각, 운동감각 등을 자극하는 놀이자료 및 도구가 고루 포함될 수 있도록 구성하여야 한다. 예를 들어, 청각 자극 중에서도 음악(노래, 악기 연주 등), 언어(말), 기타 소리 등 각 하위 유형에 대한 유아의 선호가 차별적일 수 있기에 이를 반영한 자료 제공이 필요하다.

≫ 놀이자료와 도구의 다양성에 대해서는 p.144 본 절의 교육적 사용 및 실제 [지침 5] 참고

이때 각 영역의 적정 규모는 학급 유아들의 놀이(영역) 선호 변화에 따라 교사가 혹은 유아 스스로 지속적으로 조정할 수 있도록 하는 것이 좋다. 특정 영역 놀이에 대한 관심도 및 참여도가 증가하는 경우, 비선호 놀이영역(흥미영역)을 제거하거나 축소하고 선호 영역의 크기를 확장하도록 한다.

지침2 유아의 좌식, 입식, 와식 공간과 생활을 지원할 수 있도록 가구, 소품, 장치를 다양하게 비치한다.

인간은 하루를 살아가면서 개인적·상황적 필요에 따라 서기도, 앉기도, 눕기도 한다. 유아교육기관에서 하루의 대부분을 보내는 유아들의 수가 증가하고 있음을 고려해보면, 유아교육기관의 공간, 특히 학급은 유아들이 신체적 컨디션이나 놀이 상황에 따라 좌식·입식·와식 등 다양한 자세를 취할 수 있도록 지원하여야 한다. 이는 곧 개별 놀이자료 및 공간의 어포던스를 지원하는 것이 된다.

예를 들어, 대형블록을 이용하여 구성물을 만드는 쌓기놀이의 경우는 책상에 앉아서 진행하는 것보다 마룻바닥에서 필요에 따라 자세를 바꾸며 진행하는 것이 쌓기블록의 물리적 어포던스와 기능적 어포던스를 지원하는 길이다. 또한 미술활동이나 퍼즐 맞추기, 그림책 읽기 등은 의자에 앉아서 진행할 수도 혹은 낮은 책상에 앉아 진행할 수도 있다. 아울러 편안한 카우치나 쿠션을 비치해 유아가 긴장을 이완한 채로 눕거나 엎드려 쉴 수 있도록 하거나, 그림책을 편한 자세로 읽을 수 있도록 지원해야 한다. 이를 위해 유아의 신체크기에 적합한 높낮이의 입식 및 좌식 책상과 의자, 카펫 및 러그, 부드럽고 폭신한 소재의 쿠션과 방석, 덮개, 담요, 카우치 등 가구와 소품을 학급 및 공용 중심공간에 비치하여야 한다.

[그림 4-1-3] 좌식·입식·와식 자세를 지원하는 학급공간의 예

[그림 4-1-4] 좌식·입식·와식 자세를 지원하는 공용공간의 예

지침3 개별 유아의 차별적 요구를 충족시킬 수 있도록
공간 내 조명, 가구, 소품의 물리적 특성을 다양하게 구비한다.

학급 및 공용 중심공간 내 비치된 조명이나 가구, 소품 등은 개별 유아가 지니고 있는 선천적 기질(외부자극에 대한 예민함, 운동반응성 등)과 발달 차이, 흥미와 관심사, 추구하는 감각자극의 종류 및 수준에 있어서의 차이 등을 수용할 수 있도록 구성하여야 한다. 즉, 조명의 조도나 톤, 가구의 형태와 종류, 가구 높낮이 및 소재, 소품의 색채와 소재, 질감 등에서 다양성을 지녀야 한다. 이러한 다양성은 개별 유아의 차별적 요구와 특성을 충족시킴과 동시에 공간 내 안락함 및 역동성 조성과도 관련되어 있다.

≫ 이와 관련한 학급 구성에 대한 구체적 내용은 pp.113-118 '안락성'의 교육적 사용 및 실제 [지침 3, 4, 5, 6, 7, 8, 9], pp.222-224 '역동성'의 교육적 사용 및 실제 [지침 4, 5, 6, 7, 8] 참고
≫ 놀이자료 및 도구의 다양성 관련 내용은 p.144 본 절의 교육적 사용 및 실제 [지침 5] 참고

지침4 자료(교구, 놀잇감 등)의 수량을 적절하게 확보한다.

학급 내 놀이 및 활동을 위한 자료(각종 교구 및 놀잇감)의 필요 수량은 놀이 및 활동의 성격에 따라 차별적이다. 즉 유아를 대상으로 한 놀이나 활동을 '개별 혹은 집단별로', '동시에 혹은 시차를 두고' 진행하는지에 따라 상황별로 충분한 수량이 다를 수 있는데, 이를 고려하여 충분한 정도로 확보하여야 한다. 예를 들어 소집단 유아별로 동시에 진행하는 활동자료인 경우, 동시 참여 유아 수만큼 자료를 확보하여야 한다. 반면 자유놀이시간과 같이 시차를 두고 개별 유아의 선택에 의해 진행하는 놀이자료인 경우, 평균적으로 해당 자료를 동시에 사용하는 유아들의 수를 중심으로 자료의 부피 및 비용, 전체 유아 수 등을 고려하여 가능한 선에서 최대 수를 제공해주어야 한다. 일정 수의 유아들이 시차를 두고 놀이를 진행하였을 때 당일에 자료를 사용하지 못하는 유아가 발생하지 않도록 수량

을 확보하는 것이 좋다. 소모성 자료인 경우도 예비 수량을 충분히 확보하여 유아의 요청에 따라 즉각적으로 공급해줄 수 있어야 한다.

지침5	개별 유아의 차별적 요구를 총족할 수 있도록 다양한 수준과 유형의 놀이자료 및 도구를 제공한다.

유아기는 동일 연령 내에서도 월령차 등에 의해 언어 및 신체 대소근육 발달, 인지발달 등에서 크고 작은 편차를 나타내는 시기이다. 따라서 학급 내 유아들의 발달 편차를 반영하여 각 영역별로 다양한 난이도의 교구를 구비해야 한다. 예를 들어, 한 교실에 30조각 퍼즐을 능숙하게 맞추는 유아가 있는 반면 15조각 퍼즐을 어렵사리 맞추는 유아도 있으므로 이를 고려하여 난이도가 다양한 퍼즐 교구를 비치해야 한다.

외부자극에 대한 민감성의 정도는 선호하는 놀이유형과도 관련성을 지닌다는 보고가 있다. 예를 들어, 외부자극을 회피하고자 하는 예민한 성향을 지닌 유아는 자세 이동이 많지 않은 정적인 놀이, 예를 들어 미니어처 놀잇감이나 장난감 자동차를 이용하여 바닥에 앉거나 누워서 하는 놀이를 선호하는 반면, 외부 감각자극에 대한 역치가 높아 외부자극을 추구하는 성향의 아동은 색과 향이 있으며 독특한 촉각적 경험을 제공하는 고무찰흙놀이나 협동놀이를 주로 행하고, 만들고 부수는 등의 소음과 에너지 레벨이 높은 쌓기놀이(구성놀이)를 선호하는 것으로 나타났다(Lawson & Dunn, 2008). 이는 유아의 외적 자극에 대한 민감성을 고려하여 다양한 종류와 수준의 감각적 경험을 제공할 수 있는 놀이자료를 제공하여야 함을 시사한다.

더불어, 유아들이 나타내는 특정 유형의 정보처리에서의 능숙도가 학습차로 이어질 수 있다는 점에서(박윤현 외, 2021), 감각의 통합적 처리능력을 함양할 수 있도록 다양한 감각을 동시적으로 자극할 수 있는 놀이자료와 도구를 고루 제공하여야 한다. 실제로 정보자극이 언어적(말, 글), 시각적(도표나 그림 등 이미지), 신체운동적(촉각) 양식 중 어느 하나로 한정되는 것보다는 둘 이상의 표상양식으로 표현되어 여러 감각을 동시적으로 자극할 때 학습이 가장 잘 일어났다는 보고도 있다(박윤현 외, 2021). 그러므로 여러 감각을 동시에 자극할 수 있는 다중양식적 놀이자료를 제공하는 것이 교육적으로 바람직하다고 볼 수 있다. 다중양식적 교육용 자료는 그 유형이 다양할 뿐만 아니라 반복적으로 체험할 수 있는 것이어야 한다. 예를 들어, 전자그림책의 경우 시청각적 정보를 동시적으로 제공하기 때문에 이야기 내용에 대한 정보가 유아에게 더욱 잘 전달되고 기억될 수 있으며, 그와 동시에 반복적 청취를 통해서 각자에게 보다 능숙한 양식뿐 아니라 덜 능숙한 양식의 정보에도 반복 노출됨으로써 다양한 감각정보를 동시적으로 처리하는 능력이 더욱 발달될 수 있다.

선호하는 감각자극 및 예민도에서 유아의 차이를 반영하여 소재와 재질, 자극의 강도와 유형 등의 물리적 특성에서 다양성을 갖춘 놀이자료를 제공할 수 있어야 한다. 예를 들어 악기의 경우, 청각적 자극에 민감한 유아를 위해서는 소리가 부드럽고 소리의 강도를 스스로 조절할 수 있으며 소리의 변화를 체험할 수 있는 악기(윈드차임, 오션드럼 등)를 제공하는 것이 좋으며, 신체움직임을 통한 감각자극을 선호하는 유아를 위해서는 도구나 신체를 사용하여 소리를 직접 만들고 체험할 수 있는 타악기를 제공하는 것이 좋다.

마지막으로, 구조성에서 차별적 특성을 지닌 놀잇감을 제공하는 것도 유아의 차별적 요구와 필요를 반영하는 한 방법이다. 놀잇감은 특정한 용도로 사용이 한정되는지, 표상하는 실재물과 얼마나 유사한지의 구조성(혹은 사실성)에 따라 유아가 전개하게 되는 놀이 및 배움의 내용에 영향을 미칠 수 있다(엄정애, 2002). 사실성이 높거나 기능이 한정적인 폐쇄적·구조적 놀잇감(보드게임, 퍼즐 등)은 정해진 용도와 기능에 부합하는 놀이행동을 유도하며 수렴적 사고 발달을 지원하고(Lloyd & Howe, 2003), 놀잇감에 정해진 목표를 달성했을 시 성취감과 독립심을 느끼며 목표 달성의 과정에서 전략적 사고 및 숙달을 경험하도록 한다. 반면, 개방적·비구조적 놀잇감(자연물이나 폐품, 점토 등)은 폭넓은 잠재적 어포던스로 유아에게 가작화(假作化)를 유도하여 개방적·상징적 사고를 경험하게 하며, 다양한 방식의 활용을 통해 창의성을 함양시킨다(Lloyd & Howe, 2003). 구조성이 높은 놀잇감이 유아의 가작화 행동 및 사회적 상호작용을 더 활발히 유도한다는 연구결과는 여럿 존재한다(엄정애, 2002; Einsiedler, 1985; Robinson & Jackson, 1985). 그러나 무엇보다 중요한 것은 구조성에서 차별적인 다양한 놀잇감을 고루 제공하는 것이 놀잇감에 정해진 목표를 성취하는 것을 선호하는 유아와 자유로운 시도와 창의적 응용활동을 선호하는 유아의 선호를 모두 반영하는 것이며, 동시에 유아의 체험 폭을 넓혀 사고와 정서의 폭을 확장하는 것이라는 점이다.

[그림 4-1-5] 자연물(비구조적 놀잇감)로 놀이하는 유아의 예

[그림 4-1-6] 종이컵(비구조적 놀잇감)으로 놀이하는 유아의 예

2절

자존지원성

: 공간, 가구, 자료 등이 공간 사용자로 하여금 통제감과
 유능감을 경험하도록 하고 활동에 몰입할 수 있도록
 지원하는 특성

○ **관련 심리행태적 특성 :**

　》 **자기주도성**

　　: 자신의 신체와 활동, 주변환경에 대해 주도적으로
　　통제·조절하고자 하는 성향

　》 **자극추구성**

　　: 공간과 사물, 매체를 사용할 때에 인지적·정서적·
　　신체적 도전과 자극, 과제 몰입을 통해 만족감을
　　경험하고자 하는 성향

○ **추구하는 인간상 :**

　》 자주적인 사람, 창의적인 사람

○ **주요 관련 핵심역량 :**

　》 자기관리 역량, 지식정보처리 역량

　　유아는 주체가 되어 자율적으로 행동하고자 하며('자기주도성') 다양한 인지적·정서적·신체적 '자극'을 추구함으로써 만족감을 경험하고자 하는 선천적 욕구('자극추구성')를 지닌다(차기주, 2022). 따라서 유아교육기관의 공간은 이러한 심리행태적 특성에 기반하여 성인의 도움 없이 유아 스스로 주체가 되어 자율적으로 행동할 수 있도록 지원하는 물리적 특성을 갖추어야 한다. 즉, 유아가 독립적으로 활동할 수 있는 환경에서 통제감과 유능감을 경험하며 지속적으로 도전하고 몰입할 수 있도록 유아교육공간을 설계하고 내부를 구성하여야 한다. 이를 공간의 '자존지원성'이라고 하는데(차기주 외, 2021), 이러한 자존지원성은 일정 규모 이상의 공간을 확보하고 색채·조명·가구 등의 다양한 물리적 공간 요소를 비치함으로써 구현할 수 있다.

　　자존지원성을 갖춘 공간을 구성하기 위해 참고할 수 있는 자체 점검 항목을 '건축디자인 계획' 측면과 '교육적 사용 및 실제' 측면으로 구분하여 제시하면 다음과 같다.

표 4-2-1 공간의 '자존지원성' 관련 「건축디자인 계획」 측면 자체 점검 체크리스트

| 계획범주 | 계획요소 | 학급 | 공용/매개 | | | 건축디자인 계획 | | 충족 여부 | |
			진입	중심	연결	지침	하위 항목	예	아니오
공간 디자인 계획	공통	●		●	●	유아의 발달과 배움을 촉진할 수 있도록 공간 내 환경적 자극과 반응의 유형을 다양하게 하고, 그 양과 제시방식을 적절하게 한다.	복합적 감각경험이 가능한 공간디자인 요소를 계획한다.		
							예시 벽면과 천장 마감재 및 가구 등의 재질과 무늬, 색채, 형태 등이 유아의 시각과 후각, 촉각을 적절한 수준에서 자극하도록 계획한다.		
							자극의 정도를 조절할 수 있는 장치를 마련해 유아에게 적절한 자극을 제시한다.		
							예시 조명조절장치를 통해 조명의 밝기와 색상 강도를 조절하거나, 청각적 자극이나 소음을 조절할 수 있는 장치를 설치한다.		
							신체의 내수용감각 및 외수용감각을 자극할 수 있는 바닥의 경사면, 실내 대근육기구 등을 계획한다.		
	공통	●	●	●	●	유아가 스스로 조작 및 조절할 수 있는 설비와 도구를 구비한다.	**예시** 조명의 스위치 방식과 높이, 문 손잡이의 위치와 무게, 가구의 크기와 무게, 화장실 세면대나 변기의 크기와 높이 등을 유아의 신체크기 및 신체적 힘을 고려하여 계획한다.		
	색채	●		●		유아 활동의 성격을 고려한 색채 계획을 적용한다.	학급공간의 벽면은 가구 및 소품 등과의 조화와 공간적 기능을 고려하여 지나치게 자극적이지 않은 색채로 구성한다.		
							학급공간과의 시각적 구분을 위해 이동공간과 공용공간의 색채를 달리한다.		
							예시 도서실 및 아틀리에, 대근육 활동실 등과 같이 공간의 성격이 분명한 경우 차별화된 색채 계획을 적용하여 유아의 행동을 유도한다.		
	조명	●		●		필요에 따라 부분별로 조도를 달리할 수 있도록 조도조절장치를 설치한다.	한 공간 안에서 발생하는 동적, 정적 활동에 적합하게 조도를 조절할 수 있도록 장치를 설치한다.		
							예시 부분별로 조도를 달리할 수 있도록 차양장치 및 조도 조절이 가능한 부분조명을 설치한다.		
규모 및 배치 계획	배치 및 동선	●	●	●		유아 스스로 활동 및 정서를 조절할 수 있도록 개방적 공간 및 사적 공간을 제공한다.	학급 및 공용 공간에 유아의 사적인 비밀스러운 공간을 계획한다.		
							예시 2~3명이 들어갈 수 있는 작은 면적의 천장고가 낮은 공간에 부드러운 질감으로 마감재를 구성하여 유아들이 조용한 행동이나 휴식을 취하기 적합한 공간을 계획한다.		
							신체놀이 및 대그룹 활동을 위한 개방된 공간을 계획한다.		

표 4-2-2 공간의 '자존지원성' 관련 「교육적 사용 및 실제」 측면 자체 점검 체크리스트

계획 범주	계획 요소	학급	공용/매개 진입	공용/매개 중심	공용/매개 연결	교육적 사용 및 실제 지침	교육적 사용 및 실제 하위 항목	충족 여부 예	충족 여부 아니오
공간 디자인 계획	공통		●	●	●	유아의 발달과 배움을 촉진할 수 있도록 공간 내 다양한 유형의 환경적 자극을 제시하고, 그 양과 제시방식을 적절하게 한다.	유아의 오감을 자극할 수 있도록 유아용 교육적 자료 및 소품과 가구를 다양한 유형(자연물 및 인공적 자료들)으로 구성한다.		
							예시 나무(편백나무, 대나무, 라탄 등), 가죽, 금속, 유리, 벨벳, 털 등 촉감과 결이 다른 다양한 소재의 교육적 자료와 용기, 가구, 소품을 제공한다.		
							공간 내 환경적 자극이 유아의 오감 외에도 운동감각과 균형감각 등을 고루 자극하도록 구성한다.		
							촉지적 감각 등 교육용 자료로 유발되는 환경 내 복합적 자극의 총합이 유아 개인에게 부담이 되지 않도록 하며, 그 수준을 개인적·상황적 필요에 따라 조절할 수 있도록 한다.		
							예시 사적 공간 VS. 개방적 공간, 정적 활동 교구 VS. 동적 활동 교구 등을 구비한다.		
			●	●	●	유아 스스로 조작 및 조절할 수 있는 도구와 자료를 구비한다.	사용 방법이 쉽고 간단한 놀잇감, 자료, 사물 및 도구를 제공한다.		
							놀잇감, 자료, 사물 및 도구 등의 사용 방법(설명, 그림 단서 등)을 명료하게 직관적으로 제시한다.		
							유아가 사용하기에 무겁지 않고 조작 시에 과도한 힘을 요구하지 않는 놀잇감, 자료, 사물 및 도구 등을 제공한다.		
							유아의 신체크기에 적합한 놀잇감, 자료, 사물 및 도구 등을 적절한 눈높이와 위치에 배치한다.		
	색채		●	●	●	유아의 활동을 지원할 수 있도록 동적, 정적 공간에 적절한 색채를 사용한다.	대비되는 정적 영역 vs. 동적 영역에 가구, 캐노피 및 각종 소품의 색채를 달리하여 분위기를 차별적으로 연출한다.		
							예시 휴식을 위한 공간은 한색이나 소프트톤 계열로 차분히 구성한다.		
							예시 동적 활동이 많은 공간은 난색이나 선명하고 밝은 색상 위주로 구성하여 활동적 분위기를 연출한다.		
	조명		●		●	활동의 성격에 부합하도록 일부 영역의 조도에 차이를 준다.	활동의 성격에 부합하고 즉흥적 놀이 변화를 지원할 수 있도록 공간에 부분별로 조도 조절이 가능한 장치나 소품을 비치한다.		
							예시 차양장치나 부분조명(스탠드조명, 레일조명 등)을 활용하여 집중력이 요구되는 영역(조형활동, 수조작 교구활동 등)은 조도를 비교적 높게 유지한다.		
							예시 라이트박스나 OHP 장치, 빛과 그림자 탐색용 자료들이 비치되어 있는 영역은 조도를 상대적으로 낮게 유지한다.		
							예시 휴식영역의 경우는 낮은 조도와 따뜻한 색상 톤의 간접조명을 제공한다.		
	소품 및 장식 전시물		●		●	유아의 놀이 및 활동을 지원할 수 있도록 관련 자료(화보나 도서 등)를 게시·제시한다.	유아가 관심을 나타내는 놀이 및 활동을 지원할 수 있는 화보나 도서 등의 자료를 게시·비치한다.		
							예시 학급 유아들의 관심사가 거북선일 경우, 거북선을 직접 그리거나 구성해볼 수 있도록 미술 및 쌓기 영역 등에 관련 사진이나 도서 등을 게시·비치한다.		

계획범주	계획요소	학급	공용/매개			교육적 사용 및 실제		충족 여부	
			진입	중심	연결	지침	하위 항목	예	아니오
공간 디자인 계획	소품 및 장식 전시물		●	●	●	유아의 작품이나 활동사진, 활동기록 등을 눈높이에 맞게 전시한다.	유아의 활동 결과물이 생성되면 수시로 유아의 눈높이에 맞추어 전시를 한다.		
							예시 창의적이거나 유머가 있는 유아들의 놀이 발상 및 내용, 놀이의 전환이나 확장이 일어난 순간 등을 담은 매일의 활동 기록(daily journal)을 유아들이 볼 수 있도록 관련 영역에 전시한다.		
			●	●	●	유아의 작품이나 활동기록을 전시할 때는 진행 중인 교육과정을 반영하며, 양식이 다양할 수 있도록 구성한다.	전시되는 놀이 기록 및 활동 결과물의 유형 및 표상 양식을 다양하게 한다.		
							예시 전시되는 작품이나 기록은 입체 vs. 평면, 사진/그림 vs. 동영상, 시각 vs. 청각 vs. 촉각 vs. 신체운동 감각 vs. 복합 감각자극 등으로 내용적 분류나 표상 양식에서 다양성을 지니도록 한다.		
							학급의 게시물(전시물)에는 되도록 학급 구성원 전원의 것이 포함되도록 한다.		
규모 및 배치 계획	배치 및 동선		●	●	●	유아의 활동을 지원할 수 있도록 유사성과 관련성, 동선을 고려하여 영역과 가구, 자료를 배치한다.	영역의 성격에 따라 완전개방형, 반개방형, 폐쇄형으로 구성하고, 적절한 영역 구분 장치(가볍고 이동하기 쉬운 교구장 등)를 사용한다.		
							영역의 성격에 따라 책상과 의자를 방사형(링크형), 배향형, 대향형, 독립형, 벽면부착형 중 적절한 형태로 배치한다.		
							예시 집중이 요구되는 영역에는 시청각적 외부자극을 줄일 수 있도록 단독 책상을 배치하거나(독립형) 벽을 바라보도록 책상을 배치(벽부형)한다.		
							함께 빈번히 사용하거나, 함께 사용할 때 놀이의 심화·확장을 지원하는 자료 및 놀잇감은 가까이 배치하도록 한다.		
							예시 쌓기놀이-역할놀이-수조작 교구영역은 영역 간 놀잇감 및 자료의 이동과 교차 사용이 빈번하므로 이들 영역 간 가구를 개방적으로 배치한다.		
							예시 물을 빈번히 사용하는 활동이나 놀잇감 해당 영역은 수도와 근접해 배치하도록 한다.		
							유아의 동선을 고려하여 근접 영역 간 통로를 확보하여 가구를 배치한다.		
			●		●	유아의 활동을 방해하지 않고 몰입을 지원할 수 있도록 동적(소음) 영역과 정적(비소음) 영역을 구분한다.	소음이 많이 발생하는 영역과 적게 발생하는 영역은 되도록 멀리 배치한다.		
							공간의 물리적 특성(규모, 형태 등)상 소음·비소음 영역 간 근접 배치가 불가피할 경우에 흡음 소품을 활용하는 등 소음을 줄이기 위한 노력을 한다.		
							예시 소음이 발생할 수 있는 영역에는 차음·흡음 등을 위해 카펫과 매트, 식물, 가림막 등을 두고, 각종 패브릭(천연, 합성소재)과 나무 소재의 벽걸이, 모빌 등의 소품을 비치한다.		
			●	●	●	유아 스스로 행동 및 정서를 조절할 수 있도록 개방적 공간과 사적 공간을 제공한다.	전반적으로 높이가 지나치게 높지 않은 가구를 개방적 구조로 배치하여 상호작용을 위한 열린 공간을 제공하고, 유아가 교사와 다른 유아들을 관찰할 수 있도록 한다.		
							시각·청각·촉각적으로 아늑하고 안락한 사적 공간을 제공한다.		
	가구		●		●	유아의 활동목적이나 기분에 따라 시청각적 노출을 조절할 수 있도록 가구 및 소품을 배치한다.	**예시** 가림막이나 식물, 깔개, 티피(천막 텐트) 등을 사용해 시청각적으로 차단되며, 부드러운 소품으로 구성된 공간을 제공한다.		
							예시 캐노피 등을 설치해 천장을 낮추어 아늑한 공간을 연출한다.		

이상의 자체 점검 체크리스트를 기반으로 공간의 '자존지원성' 관련 가이드라인을 제안하면 다음과 같다.

건축디자인 계획

<table>
<tr><td>지침1</td><td>유아 스스로 활동 및 정서를 조절할 수 있도록
개방적 공간 및 사적 공간을 제공한다.</td></tr>
</table>

| **계획범주** | 규모 및 배치 계획
| **계획요소** | 배치 및 동선

유아의 선천적 욕구를 충족시키기 위하여 학급 및 공용 공간에 혼자 또는 유아들만의 비밀스런 활동이나 휴식을 위한 사적 공간이 포함되도록 계획한다. 유아는 신체적·정서적 상태에 적합한 공간을 선택하여 자신의 리듬에 맞게 살아갈 수 있는 사적 공간을 필요로 한다. 따라서 유아 1명 또는 2~3명 정도가 들어가 혼자 휴식을 취하거나 소그룹을 형성할 수 있는 작은 면적에, 유아의 신장을 고려한 낮은 천장의 아지트 공간, 은둔처 또는 비밀 공간을 계획한다. 마감재 또한 아늑하고 포근한 느낌을 줄 수 있는 패브릭, 나무, 종이, 코르크 등 천연자재로 구성하는 것이 바람직하다.

개방적 공간은 신체놀이 및 대그룹 놀이를 위한 공간으로, 자유로운 움직임이 가능한 무장애의 넓은 공간 규모와 높은 천장을 계획하고 개방된 공간 구조를 구성한다. 신체적 활동이 일어나는 공간으로 다양한 소음이 발생할 수 있기 때문에 흡음 마감재를 계획하면 공간 내에 공명하는 음을 줄일 수 있다.

[그림 4-2-1] 알코브 구조와 계단 아래 사적 공간의 예

[그림 4-2-2] 천장 구조물과 바닥 그래픽으로 공간영역을 다양하게 형성해 다채로운 놀이 구성이 가능한 공간의 예

| 흡음판 | 목모 보드 | 아트 보드 | 타공 석고보드 |

[그림 4-2-3] 흡음 마감재

지침2

유아의 발달과 배움을 촉진할 수 있도록 공간 내 환경적 자극과 반응의 유형을 다양하게 하고, 그 양과 제시방식을 적절하게 한다.

| 계획범주 | 공간디자인계획
| 계획요소 | 공통

오감을 자극하는 개별적 요소들과 이들이 동시적으로 작용하여 복합적 감각경험을 하는 촉지적 공간이 전체 공간 내에 포함되도록 디자인 요소를 계획한다. 일부의 디자인 요소는 '시각적 촉감'처럼 복합적으로 작용하기 때문에 이를 고려하여 복합적 감각경험을 선사하는 공간으로 계획한다. 공간 구조와 시설(바닥, 벽면, 천장, 붙박이 가구 등)의 마감재를 계획할 때는 질감, 패턴, 형태의 조합으로 시각·촉각·후각 등 다양한 감각을 적절하게 자극할 수 있도록 계획하여야 한다. 실내 풍경이나 분수 등은 시각적 아름다움에 더해 청각적 자극 요소로도 활용할 수 있다.

자극의 수준이 지나쳐서 개인에게 스트레스로 작용하거나, 반대로 자극의 수준이 낮아 유아가 호기심을 느끼지 못하고 지루해하거나, 감성적 경험을 박탈

[그림 4-2-4] 조명레일을 설치해 원하는 위치로 조명을 변경하여 설치하고, 팬던트 조명으로 필요에 따라 선택적으로 조명을 연출한 예

당하지 않도록 자극의 정도를 조절할 수 있는 장치를 마련한다. 예를 들어, 조도 조절장치를 사용하여 조명의 밝기 혹은 시각적 촉감 정도를 조절하고 청각적 자극이나 소음을 조절할 수 있다.

오감을 자극하는 것 이외에도 램프와 같은 경사면을 통해 바닥의 기울기 변화를 경험하거나, 실내 대근육 기구를 통해 매달리고 오르내리는 등 몸의 위치와 방향의 변화를 경험해볼 수 있도록 다양한 장치들을 설치하여 유아의 내수용감각과 외수용감각을 자극한다.

지침3   유아 스스로 조작 및 조절할 수 있는 설비와 도구를 구비한다.

| 계획범주 | 공간디자인계획
| 계획요소 | 공통

거주공간의 조명 스위치와 문 손잡이의 위치, 가구의 크기와 높이 등은 대부분 성인 위주로 되어 있지만, 유아들을 위해 설계된 공간인 유아교육기관은 유아들이 스스로 조작하고 조절할 수 있는 설비로 채워져야 한다. 따라서 조명의 스위치나 중앙과 학급 문의 손잡이 위치와 무게, 가구의 크기와 무게, 이동 편리성 이외에도 화장실의 세면대와 변기 크기 및 높이 등을 유아의 신체크기와 신체적 힘을 고려해 계획하여야 한다.

화장실은 유아가 쉽게 이용하도록 연령별 발달특성을 고려하여 설비기기(대·소변기 및 세면대)를 안전하고 편리하게 계획하여 설치한다(서울시, 2021).

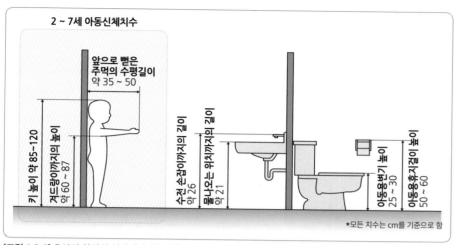

2 ~ 7세 아동신체치수

앞으로 뻗은
주먹의 수평길이
약 35 ~ 50

키 높이 약 85~120

거드랑이까지의 높이
약 60 ~ 87

수전 손잡이까지의 길이
약 26

물나오는 위치까지의 길이
약 21

이동용변기 높이
25 ~ 30

이동용휴지걸이 높이
50 ~ 60

*모든 치수는 cm를 기준으로 함

[그림 4-2-5] 유아의 화장실 설비기기 〈유니버설디자인 가이드라인〉

[표 4-2-3] 유아가 조작 및 조절할 수 있는 위생설비

위생설비	설치 권장 내용
대변기	• 유아의 변기 높이는 25~30cm, 폭은 30cm, 길이는 60cm 정도로 유아의 신체크기에 적합하게 선택한다. • 안정감 있는 배변 자세를 위해 손잡이(직경 2.7cm를 권장)를 설치하고, 세정장치와 휴지걸이 등은 대변기에 앉은 상태에서 손이 닿기 쉬운 위치에 설치한다. [그림 4-2-6] 영아용 대변기의 예 W37.5×D19.5×H16.5cm [그림 4-2-7] 유아용 대변기의 예 W38×D28×H24cm [그림 4-2-8] 영아 스스로 배변을 쉽고 편리하게 할 수 있도록 디자인된 제품의 예 (영아의 신체발달을 고려하여 디자인된 제품)

위생설비	설치 권장 내용
소변기	• 소변기는 유아의 성장기와 연령대에 따른 신장의 차이를 고려하여 선택한다. • 소변기는 바닥으로부터 약 30~53cm 정도의 사용범위를 가질 수 있도록 설치한다.
세면대	• 유아의 세면대는 사용 편의성을 위해 상부 높이를 60cm로 하며, 하부 공간은 유아가 들어가지 못하도록 틈을 두지 않는다. • 세면대 수도꼭지는 세면대 상부 앞으로부터 최대 50cm 이내에서 작동할 수 있도록 수도꼭지 손잡이와 물이 나오는 위치와 간격에 유의하여 설치한다. 세면대가 깊어 유아가 수도꼭지까지 손을 뻗기가 어려운 경우 세면대 옆면으로 설치할 수 있다. • 수도꼭지는 광감지식, 누름버튼식, 레버식 등 사용하기 쉬운 형태로 하고, 냉온수를 쉽게 구별할 수 있고 온도 조절이 쉬우며, 일정 온도 이상 올라가지 않도록 장치를 설치한다.
다인용 세면대	• 다인용 세면대 설치 시 영아용(2세 이하)은 폭을 40cm 이하로 하고, 유아용(3세 이상)은 폭 50~60cm, 높이 45cm로 계획한다. • 여러 명의 유아가 함께 양치할 수 있도록 세면대를 가로로 길게 제작해 설치한다. 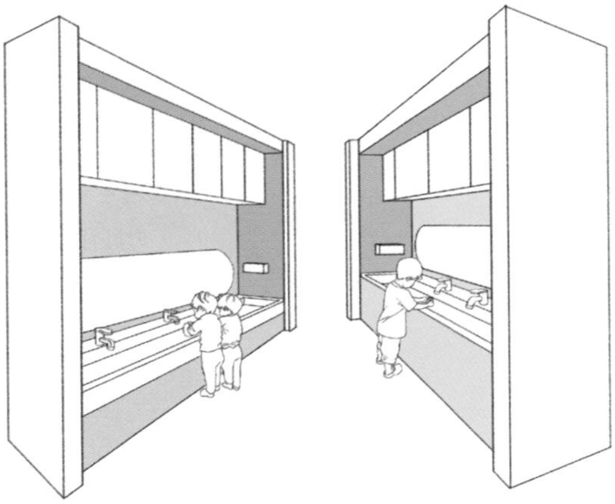

[그림 4-2-9] 영아용 다인용 세면대의 예   [그림 4-2-10] 유아용 다인용 세면대의 예

출처: 서울시(2021), pp. 81-83을 재구성

지침4

유아 활동의 성격을 고려한 색채 계획을 적용한다.
유아의 활동을 지원할 수 있도록 동적, 정적 공간에 적절한 색채를 사용한다.

| 계획범주 | 공간디자인계획
| 계획요소 | 색채

유아교육기관의 학급은 동적·정적 활동을 아우르는 다양한 성격의 놀이와 활동이 동시적으로 일어난다. 놀이 및 활동의 흐름에 따라 공간을 이동하며 진행하기 때문에 영역을 구분하여 색채를 적용하는 것이 어렵다. 또한 각 실별 색채를 구분하여 계획하면 공간의 영역을 구별하게 되어 유동적으로 공간을 사용할 수 없다는 단점이 있다.

이러한 내용을 바탕으로 학급공간의 벽면은 가구 및 소품 등과의 조화와 공간적 기능을 고려하여 지나치게 자극적이지 않은 색채로 조화롭게 계획하며, 복도 등의 이동공간과 공용공간은 학급과의 기능적 분리를 시각적으로 경험할

[그림 4-2-11] 공간 내 구조물의 색채를 강조하여 유아의 호기심과 흥미를 자극하고 자연스럽게 동선을 유도한 예

수 있도록 색채를 달리하여 적용하는 것이 좋다. 또한 도서실과 아틀리에, 대근육 활동실(유희실) 등과 같이 활동의 성격이 분명한 공간에는 차별화된 색채 계획을 적용할 수 있다. 한편, 학급공간에서도 특별한 활동 구조물(라이저, 로프트, 미끄럼틀 등)은 주변의 공간과 구별되는 색채를 적용할 수 있다. 이를 통해 유아들의 호기심을 자극하는 시각적 요인으로 작용하여 다양한 움직임을 유도할 수 있다.

지침5   필요에 따라 부분별로 조도를 달리할 수 있도록 조도조절장치를 설치한다.

| 계획범주 | 공간디자인계획
| 계획요소 | 조명

유아교육기관의 학급은 동적·정적 활동을 아우르는 다양한 성격의 놀이 및 활동을 수용할 수 있어야 한다. 유아의 놀이는 즉흥적으로 발생하기도 하고, 사라지거나 지속되거나 진화하기도 한다. 따라서 학급공간은 이러한 유아의 놀이 및 활동의 성격에 적합하게 유동적으로 변화할 수 있어야 한다. 특히, 놀이와 활동의 성격에 따라 다양하게 빛을 조절할 수 있는 공간이어야 한다. 예를 들어 책을 읽거나 소규모로 정적인 놀이를 진행할 때는 따뜻하고 편안한 빛환경을 구성하여야 하며, 신체적 활동 놀이나 대집단의 동적인 놀이를 할 때는 밝고 빛의 강도가 높은 빛환경을 조성하여야 한다. 이는 학급 전체조명 이외에도 부분별로 조도를 달리할 수 있는 차양장치와 조도 조절이 가능한 부분조명의 설치를 유아교육기관 설계 시에 포함해야 하는 필요성을 시사한다.

≫ 공간의 필요에 따라 부분별로 조도를 달리할 수 있는 부분조명 설치에 대한 내용은 p.66 '쾌적성'의 건축디자인 계획 [지침 7], p.168 '융통성(유연성)'의 건축디자인 계획 [지침 1] 참고
≫ 자연광의 실내 유입을 조절하는 장치에 대한 내용은 p.66 '쾌적성'의 건축디자인 계획 [지침 7] 참고

교육적 사용 및 실제

유아 스스로 행동 및 정서를 조절할 수 있도록 개방적 공간과 사적 공간을 제공한다.
유아의 활동목적이나 기분에 따라 시청각적 노출을 조절할 수 있도록
가구 및 소품을 배치한다.

선행 연구들은 유아교육기관 학급 내 개방적 공간(open zone)에서 아동들 간 사회적 상호작용이 보다 활발히 일어나고 근거리에서 놀이하는 행동이 유의하게 많이 나타난 반면, 폐쇄적 공간에서는 또래 간 갈등이 많이 관찰되었음을 보고하고 있다(Legendre, 1999; Legendre & Fontaine, 1991). 그러나 이와 대조적으로 폐쇄적이고 안락한 공간에서 아동의 또래 간 상호작용 행동이 증가하고, 사적 공간을 선호해 열린 공간에서보다 더 많은 시간을 보낸다는 보고도 있다(Campos-de-Carvalho & Rossetti-Ferreira, 1993; Lowry, 1993). 이러한 결과는 개인이 타인과 관계를 맺고 상호작용하고자 하는 '관계지향성'을 지니면서도 동시에 독립적 안락함과 프라이버시를 추구하고자 하는 '안락성'을 지닌 존재(차기주, 2022)임을 말해주며, 개인의 외부자극에 대한 예민도를 반영한 공간 구성의 필요성을 시사해준다. 따라서 유아교육기관의 학급공간에는 타인들에 대한 노출 정도를 조절할 수 있는 사적 공간과 개방적 공간이 반드시 모두 제공되어야 한다.

이와 같이 상충되는 2가지 욕구를 모두 수용하는 학급 환경을 제공하기 위해서는 우선 전반적으로 높이가 지나치게 높지 않은 가구를 개방적 구조로 배치해 교사와 유아들이 항상 서로를 관찰할 수 있도록 하고, 열린 공간에서 또래들이 상호작용을 주고받으며 놀이를 전개할 수 있도록 해야 한다. 그리고 열린 공간을 계획할 때는 자칫 버려지는 공간이 되지 않도록 쓸모를 고려하여 영역 간 연결공간으로 배치하여야 한다. 유아의 몰입도는 놀이영역(흥미영역)의 물리적 구분이 명확하고 성격이 분명할 때 올라가며, 아무런 자료 없이 빈 공간으로 제공되는 개방적 공간은 유아들의 활용 정도가 낮다는 연구결과(van Liempd et al., 2020)가 이러한 필요를 뒷받침해준다.

사적 휴식공간은 시청각적으로 차단되며 촉각적으로 아늑함과 안락함을 느낄 수 있는 공간이어야 한다. 가림막이나 식물, 깔개 및 티피 등을 활용하여 시각적으로 차단되게 구성해줄 수 있으며, 캐노피 등을 설치해 천장을 낮추어 공간적인 아늑함을 조성해줄 수도 있다.

≫ 안락함을 지원하는 공간 특성에 대한 내용은 '2장 휴식과 안정감을 제공하는 공간'의 내용 참고

유아의 발달과 배움을 촉진할 수 있도록 공간 내 다양한 유형의 환경적 자극을 제시하고, 그 양과 제시방식을 적절하게 한다.

인간의 인지는 체화적 방식으로 작동한다는 것이 점점 더 많은 과학적 연구결과에서 입증되고 있다. 이는 외부환경으로부터의 자극이 신체운동적 감각경험과 상호작용하면서 인간의 사고와 감정, 의지에 직접적으로 영향을 미침을 의미하는 것으로(차기주 외, 2022b), 유아교육기관의 공간이 오감각과 체성감각 등을 고루 자극할 수 있는 다양한 디자인 및 교육적 요소를 포함해야 함을 시사한다.

유아교육기관에서 유아가 접하는 모든 물적·인적 환경은 유아에게 자극이 된다. 개인은 생물학적·환경적 이유로 외부자극에 대한 민감성에서 차이를 나타내며, 개인의 환경 민감성에 따라 동일한 환경도 인지적 수행에 차이를 만들어낸다(Cha, 2024). 과도한 환경적 자극은 민감성이 높은 개인에게 스트레스로 작용할 수 있기 때문에 공간디자인 요소가 복합적으로 작용하였을 때 그 총합의 수준이 적절하여 개인에게 부담으로 작용하지 않아야 한다. 예를 들어, 소음이 발생할 수 있는 영역에는 차음과 흡음 등을 위한 장치(카펫, 가림막, 패브릭 소재의 소품 등)를 마련해둘 수 있다. 동시에 외부자극에 대한 개인의 민감성 및 신체적 컨디션은 지속적으로 변화하기 때문에 환경적 자극의 추구 수준을 상황적·개인적 요구에 따라 조절할 수 있도록 환경을 조성할 필요가 있다(예를 들어, 사적 공간 vs. 개방적 공간, 정적 활동 교구 vs. 동적 활동 교구 등으로 변화를 줄 수 있음).

유아용 교구는 유아의 오감을 자극할 수 있는 다양한 자연물과 인공적 자료로 구성하여야 한다는 것은 주지의 사실이다. 그런데 유아교육에서 잘 알려진 오감 자극은 비단 교육용 자료와 놀잇감뿐 아니라 이들을 담아서 제공하는 용기(container), 학급 내 다양한 소품과 가구 등까지도 포괄하는 차원에서 고려하여야 한다. 감각운동적 자극에 대한 관점은 비단 유아들에게 주어지는 교재와 교구뿐 아니라 학급과 공용공간 전체에 주어지는 모든 소품으로 확대할 필요가 있다. 나무(편백나무, 대나무, 라탄 등), 가죽, 금속, 유리, 벨벳, 털 등 촉감과 결이 다른 소재의 다양한 의자, 탁자, 스탠드, 용기, 깔개 등이 어우러진 공간은 자연스럽게 유아의 촉지적 감각을 자극하게 된다.

유아의 활동을 지원할 수 있도록 동적, 정적 공간에 적절한 색채를 사용한다.

색채가 인체에 미치는 영향에 관한 연구들에 따르면, 난색계열의 명도와 채도가 높은 색상은 전반적으로 각성 반응을 유도하고 한색계열로 명채도가 낮은 색상은 집중력 및 차분함을 유도하는 것으로 나타난다(차기주 외, 2022a). 이는 유아교육기관의 학급과 기타 활동실 등에 대한 색채 계획에 있어서 각 공간의 주요 기능, 즉 그 공간에서 주로 이루어지는 활동의 성격을 고려해야 할 필요를 시사한다.

유아들을 위한 교육용 자료 및 놀잇감의 다양한 색채를 고려해볼 때 교사들이 동적·정적 활동에 따라 영역별로 차별적 색채를 사용하여 연출하는 것은 쉽지 않다. 그럼에도 가구의 색채, 캐노피, 덮개와 담요, 방석, 쿠션, 러그 등 소품의 색채에 따라서 영역별로 차별적 느낌을 구현할 수 있다. 휴식을 취하는 공간에는 한색이나 소프트톤 계열을 주조색으로 차분히 구성하고, 동적 활동을 주로 하는 공간에는 난색계열이나 밝고 선명한 색상을 주조색으로 구성함으로써 동적 에너지를 불러일으킬 수 있다.

[그림 4-2-12] 한색계열 소프트톤 위주로 구성하여 차분한 느낌을 연출한 예

[그림 4-2-13] 난색의 선명한 색상을 주조색으로 구성하여 활기찬 느낌을 연출한 예

유아교육기관의 학급은 동적·정적 활동을 아우르는 다양한 성격의 놀이 및 활동을 수용할 수 있어야 한다. 유아의 놀이는 즉흥적으로 발생하기도 하고, 사라지거나 지속되거나 진화하기도 하므로 학급공간은 산발적으로 발생하고 변화하는 놀이 및 활동의 성격에 부합해 변화할 수 있어야 한다. 따라서 이러한 상황에 맞추어 차양장치 및 조도 조절이 가능한 부분조명, 빛을 탐색하기 위한 기기와 교구 등을 활용할 수 있도록 계획하여야 한다.

학급 내 라이트박스 또는 OHP 장치 및 그림자와 빛의 탐색을 위한 활동자료를 배치할 경우에는 해당 영역이 어두워야 한다. 하지만 어둠을 유달리 무서워하는 유아가 있을 수 있고, 전체 공간의 낮은 조도가 다른 영역의 활동을 방해하면 안 되기 때문에 학급 내 부분별 조도 조절이 가능한 영역을 고려하여 배치하도록 한다. 조형활동 및 수조작 교구활동과 같이 집중력이 요구되는 경우에는 조도를 높게 확보하며, 휴식영역의 경우에는 낮은 조도와 따뜻한 색상 톤의 간접조명을 제공하도록 한다.

[그림 4-2-14] 전체 공간 조도에 영향을 주지 않으면서 라이트박스 및 OHP 활동을 위해 캐노피를 활용한 예

지침6	유아의 활동을 지원할 수 있도록 유사성과 관련성, 동선을 고려하여 영역과 가구, 자료를 배치한다.

관련 연구의 수가 많지 않고 비일관된 결과가 보고되고 있으나, 일부 연구들은 교사와 눈맞춤이 가능한 연령에 이른 유아들은 공간적으로 구분되고 성격이 분명하도록 영역이 구성된 경우(well-defined area)에 활동 몰입도가 올라갔으며, 바람직한 사회적 행동과 상호작용이 증가했음을 보고하고 있다(Abbas et al., 2012; Moore, 1986; van Liempd et al., 2020). 유사성과 관련성이 높은 놀잇감 및 자료를 근접 배치하는 것은 분류개념 형성과 발달 및 사용 편리성 측면에도 도움이 되며, 유사한 사물끼리 배치할 때 사물의 어포던스에 대한 지각이 향상될 수 있기 때문에(Hartson, 2003) 놀이자료는 놀이영역(흥미영역)별로 제공할 필요가 있다. 단, 놀이자료의 자유로운 탐색과 사용을 통해서 놀이자료에 내재된 다양한 어포던스에 대한 지각과 실현이 촉진되기 때문에 놀이영역 간에는 자료의 자유로운 이동과 사용이 허용되어야 한다. 따라서 함께 사용하면 놀이의 확장을 시너지적으로 지원하기에 좋은 자료끼리는 근접 배치하고, 유아의 동선을 고려하여 근접 영역 간 통로를 확보하도록 배치한다. 쌓기, 역할, 수조작 영역처럼 영역 간 놀잇감의 이동이 빈번하고 놀이 확장에 도움이 되는 경우는 근접 배치하며, 물을 사용해야 하는 활동은 수도와의 거리를 고려하여 영역을 배치한다.

영역의 구성 및 배치와 관련하여 영역별 놀이의 성격에 따라서 구분장치를 활용하여 반개방형, 폐쇄형, 완전개방형으로 구성할 수 있다. 영역을 구성하고 배치할 때는 영역별 놀이의 성격에 따라서 반개방형, 폐쇄형, 완전개방형으로 구분할 수 있다. 예를 들어, 정적인 활동을 진행하는 영역은 방해나 주의력 분산을 최소화하여 활동에 몰입할 수 있도록 구분장치를 활용해 시각적으로 반개방적 공간으로 구성(반개방형)하거나 폐쇄적으로 구성(폐쇄형)하는 것이 좋다. 반면, 유아들 간의 상호작용이 활발히 일어나거나 놀이 과정에서 영역 간 자료의 이동이 빈번하고, 놀이 구성물의 부피로 인해 비교적 넓은 공간을 필요로 하는 영역은 구분장치의 배치 없이 완전개방형으로 구성하거나 이동이 손쉬운 구분장치(바퀴 달린 교구장, 가벼운 상자나 칸막이 등)로 그 수를 최소화함(반개방형)으로써 물리적 개방성을 높이고 상황에 따라 유연하게 변형할 수 있도록 구성하는 것이 좋다.

책상과 의자는 영역의 잠재적 범위를 암시적으로 표시해주며, 영역 간에 걸쳐 배치되면 영역들 간 자료의 사용을 연결해주거나 유아 간 상호작용을 촉진하기도 한다. [그림 4-2-15]를 보면 책상과 의자는 영역의 기능과 놀이의 주된 성격에 따라 ❶방사형(링크형), ❷대향형, ❸독립형, ❹벽면부착형(벽부형) 중에서 적절한 형태를 선택하여 다채롭게 배치할 수 있다. 유아교육기관에서 가장 일반적으로 관찰되는 대향형은 책상의 연결을 통해 공간을 넓게 쓸 수 있으며 유아들 간의

[그림 4-2-15] 영역의 기능과 놀이의 성격에 따라 책상과 의자를 다양하게 배치한 예

소통이 활발히 일어날 수 있도록 지원하는 데 적합한 배치이지만, 주로 하나의 활동만 일어나기 쉬운 배치로 활용의 효율성이 낮을 수 있다. 이에 비해 방사형(링크형)은 다양한 활동을 비교적 방해 없이 복합적으로 할 수 있고, 유아들의 상호작용도 활발하게 이루어질 수 있는 배치다. 정적인 활동이나 개인적 작업이 주를 이루는 영역의 경우에는 몰입에 방해가 적은 독립형이나, 타인들의 움직임으로 인한 주의력 분산이 잘 일어나지 않는 벽면부착형(벽부형)이 적합하다.

| 지침7 | 유아의 활동을 방해하지 않고 몰입을 지원할 수 있도록 동적(소음) 영역과 정적(비소음) 영역을 구분하여 배치한다. |

소음이 많이 발생하는 영역(쌓기놀이, 역할놀이, 음률놀이 영역 등)과 소음이 적게 발생하며 집중력이 요구되는 영역(언어영역, 수조작영역 등)은 되도록 근접해 배치하지 않도록 한다. 소음이 발생하는 영역에는 소음의 정도를 줄일 수 있도록 흡음소재의 소품을 배치한다. 각종 천연소재(울, 면 황마 등) 및 합성소재(폴리에

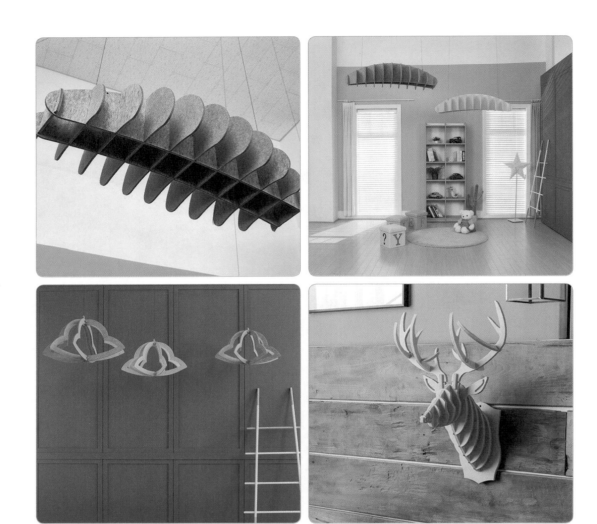

[그림 4-2-16] 패브릭 및 목재 소재로 흡음기능을 지닌 인테리어 소품의 예

스터, 폴리프로필렌, 아크릴 등)의 카펫이나 매트 외에도 패브릭(폴리에스터 등) 또는 나무 질감의 모빌이나 벽걸이, 캐노피 등의 소품을 활용하면 심미성과 함께 차음 혹은 흡음 효과를 동시에 얻을 수 있다.

> **지침8** 유아 스스로 조작 및 조절할 수 있는 도구와 자료를 구비한다.

유아교육기관은 유아가 장시간 생활하는 공간으로서 가정과 같이 편안한 곳, 유아 스스로 환경에 대한 통제를 할 수 있는 곳으로 구성되어야 한다. 문이나 창 등의 고정 시설과 설비 외에 유아교육기관 내 유아의 활동공간에 배치되는 모든 가구와 각종 도구는 유아가 스스로 조작하고 조절할 수 있어야 한다. 이는 곧 시설·설비·가구의 조건과 상태(크기, 높이, 무게 등)가 유아의 신체적 크기와 힘, 대소근육의 발달수준에 적합해야 한다는 공간의 '적합성'과 관련되는데, 공간의

'자존지원성'은 이보다 더 나아가 유아의 독립성과 자율성, 자존성의 발달을 지원하기 위한 공간과 사물의 어포던스와 보다 긴밀히 관련된다.

≫ 보다 자세한 내용은 p.21 「총론 – 2. 이론적 배경 중 2-2) 어포던스」를 참고

유아에게 제공되는 놀잇감, 자료, 기타 사물 및 도구 일체는 유아가 스스로 조작·조절하면서 통제감과 유능감을 경험할 수 있도록 다음과 같은 특성을 지녀야 한다. 첫째, 사용·조작 방법이 쉽고 간단해야 한다. 둘째, 사용방법에 대한 부가적 그림이나 설명, 단서가 명료하고 직관적이어야 한다. 예를 들어, 일인칭 시점에서 사용법이 제안된 그림이나 사진 등이 함께 제공되어야 한다. 셋째, 무겁지 않고 사용이나 조작을 위해 많은 힘을 요구하지 않아야 한다. 넷째, 독립적 사용·조작이 가능하도록 유아의 신체크기에 적합하며, 적절한 눈높이와 위치에 배치되어야 한다.

| 지침9 | 유아의 놀이와 활동을 지원할 수 있도록 관련 자료(화보나 도서 등)를 게시·제시한다. |

유아의 놀이와 활동을 지원할 수 있는 관련 자료를 게시하는 것(예를 들어, 주차장 놀이를 지원하는 자료로 다양한 주차장의 모습과 관련 설비를 담은 사진이나 그림을 게시함)은 성인의 직접적 가르침 없이 유아가 자연스럽게 사물, 자료, 도구 등을 자율적으로 탐색하고 그 특성에 대해 스스로 학습할 수 있도록 지원하는 것으로 유아의 자기주도성 및 자아존중감 향상을 지원한다.

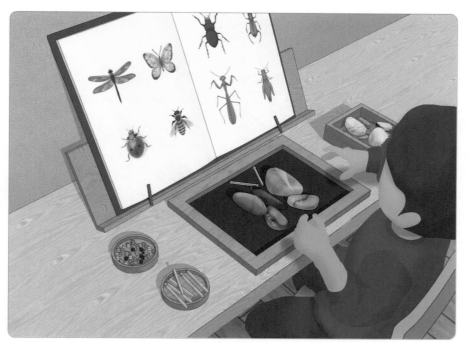

[그림 4-2-17] 활동 관련 자극을 제공하기 위해 관련 서적을 제시한 예

| **지침10** | 유아의 작품이나 활동사진, 활동기록 등을 눈높이에 맞게 전시한다. |
| **지침11** | 전시된 작품이나 활동기록이 진행 중인 교육과정을 반영하며 양식이 다양할 수 있도록 구성한다. |

유아의 놀이 및 활동 결과물의 발전 과정을 기록하여 게시하는 것은 참여 유아들로 하여금 성취감과 유능감을 경험하도록 하고 자아존중감 향상으로 이어지게 한다. 따라서 학급 내에 전시되는 작품이나 다양한 표상 양식의 활동기록(사진, 그림, 동영상, 입체 구성물, 연주나 말소리 녹음 등의 청각 자료 등)의 경우에는 되도록 학급 구성원 전원의 것이 포함될 수 있도록 하는 것이 바람직하다. 더불어, 작품이나 활동과정에 대한 기록을 전시하는 것은 유아들에게 현재까지 진행된 놀이 및 활동에 대한 사고의 전개 과정을 시각화해줌으로써 재방문을 통한 사고의 정교화를 지원한다. 또한 호기심을 지속시켜줌으로써 활동에 대한 몰입을 향상시키는 효과도 지닌다. 따라서 이러한 전시는 유아들의 활동 결과물이 생성될 때 수시로, 그리고 활동 과정(대화, 전개과정 등)에 대한 교사의 정리가 요구되는 시점과 프로젝트의 최종 마무리 시점까지 지속할 수 있어야 한다.

전시된 작품이나 활동기록은 그 종류가 다양한 것(입체/평면, 언어/신체운동, 시각/청각/촉각 등)이 좋다. 다양한 종류의 표상으로 자신이 알고 있는 것을 표현한다는 것은 곧 다양한 방식으로 '환경-신체-인지' 간 뇌 회로를 자극하고 지식을 심화시킨다는 것이며, 체화된 인지에서 주장하는 인간 사고발달의 방식과 일치한다고 볼 수 있다.

[그림 4-2-18] 유아들의 표상을 전시한 예

3절

융통성(유연성)

: 상황적 요구에 따라 시설, 설비, 가구 등을 조정하여
공간을 다양한 용도와 형태, 규모, 이미지로 변형할
수 있는 특성

○ **관련 심리행태적 특성 :**
  » 자기주도성
    : 자신의 신체와 활동, 주변환경에 대해 주도적으로
    통제·조절하고자 하는 성향
  » 자극추구성
    : 공간과 사물, 매체를 사용할 때에 인지적·정서적·
    신체적 도전과 자극, 과제 몰입을 통해 만족감을
    경험하고자 하는 성향

○ **추구하는 인간상 :**
  » 자주적인 사람, 창의적인 사람

○ **주요 관련 핵심역량 :**
  » 자기관리 역량, 창의적 사고 역량

유아교육기관의 공간, 특히 학급에서는 놀이와 집단활동, 휴식, 소통, 이동 등 다양한 목적과 유형의 행위가 순차적 혹은 동시적으로 일어난다. 이에 유아교육기관이 다목적·다기능적 공간이 되기 위해서는 상황적 요구에 따라 사용자(교사 및 유아)가 공간을 다양한 용도와 형태, 규모, 이미지로 변형할 수 있어야 한다. 이를 공간의 '융통성' 혹은 '유연성'이라고 한다(차기주 외, 2021).

학급 내 놀이 전개 과정에서 구성물(주차장, 동물원 등)의 크기를 지속적으로 확장하거나 참여 유아 수를 확대하는 경우, 또는 인접 학급 유아들과의 협력을 위해 전체 토의를 진행하는 경우와 같이 교육과정을 운영하는 과정에서 공간의 크기, 형태, 개방성, 단차, 분위기 등을 변화시켜야 할 상황은 수시로 발생한다. 예를 들어, 실내외 놀이 연계성을 높이거나 동시 진행을 위해 공간을 개방·확장할 수 있으며, 반대로 시청각적 개방성이 높았던 공간에 아늑함을 주기 위해 노출 정도를 낮출 수도 있다. 유아들이 놀이 중 공간 확장을 위해 가구를 옮기거나, 가작화 놀이 중 무대·배경 등을 구성하기 위해 가구나 소품을 이용하여 바닥이나 천장의 높낮이를 조절하는 것도 이에 해당한다. 이러한 상황적 요구를 유연하게 수용할 수 있는 공간이 바로 융통성이 높은 공간으로, 이를 실제적으로 구현하기 위해서는 놀이공간의 분위기, 크기와 형태, 이미지 등을 교사와 유아들이 바꿀 수 있도록 적절한 정도의 무게와 기능을 갖춘 가구와 소품, 설비 등을 구비하여야 한다.

유연성을 갖춘 공간은 유아의 심리행태적 특성 중 주체가 되어 자율적으로 행동하고자 하는 '자기주도성' 및 다양한 자극을 추구함으로써 만족감을 경험하고자 하는 '자극추구성'(차기주, 2022)을 충족시켜준다. 이러한 측면에서 공간의 '융통성'은 공간의 '자존지원성'과도 긴밀하게 관련되어 있으며(차기주 외, 2021), 공간의 건축적 설계와 구조뿐 아니라 가구와 소품, 교육용 자료의 구비와 배치 등의 실제적 사용 측면과도 관련되어 있다.

융통성을 갖춘 공간인지 점검해볼 수 있는 자체 점검 리스트의 항목을 '건축디자인 계획' 측면과 '교육적 사용 및 실제' 측면으로 구분하여 제시하면 다음과 같다.

표 4-3-1 '융통성(유연성)' 관련 「건축디자인 계획」 측면 자체 점검 체크리스트

계획범주	계획요소	학급	공용/매개			건축디자인 계획		충족 여부	
			진입	중심	연결	지침	하위 항목	예	아니오
규모 및 배치 계획	개구부	●		●	●	상황적 요구에 따라 공간의 용도와 형태, 규모를 변화시킬 수 있는 장치를 갖춘다.	공간을 물리적으로 유연하게 변화하여 사용할 수 있는 공간 요소로 적층형 슬라이딩도어, 폴딩도어, 무빙월 등을 계획한다.		
공간 디자인 계획	공통	●		●	●	상황적 요구에 따라 공간의 이미지를 변화시킬 수 있는 장치를 갖춘다.	공간의 사용성에 따라 적합하게 연출할 수 있는 가변형 조절장치를 설치한다.		
							예시 공간을 구획하여 조명 스위치를 분리하여 설치한다.		
							예시 조도 및 색온도를 조절할 수 있는 조명제어(dimming) 시스템을 설치한다.		
							예시 조명레일을 설치하여 조명의 위치와 수량을 조정하여 사용한다.		
							예시 전기콘센트를 필요에 따라 추가할 수 있는 전기설비를 구축한다.		
							예시 작품 교체 전시가 가능한 픽처레일 등의 시설을 설치한다.		

표 4-3-2 공간의 '융통성(유연성)' 관련 「교육적 사용 및 실제」 측면 자체 점검 체크리스트

계획범주	계획요소	학급	공용/매개			교육적 사용 및 실제		충족 여부	
			진입	중심	연결	지침	하위 항목	예	아니오
공간 디자인 계획	공통	●		●	●	상황적 요구에 따라 공간의 용도와 형태, 규모, 이미지를 변화시킬 수 있는 여유공간을 갖추고 활용한다.	여유공간 확보를 위해 불필요한 가구나 교구, 자료 및 소품을 최소화하여 배치한다.		
							여유공간 확보를 위해 유아의 흥미를 점검하고, 참여가 저조한 놀이영역(흥미영역)은 제거하거나 축소한다.		
		●	●	●	●	상황적 요구에 따라 공간의 용도와 형태, 규모, 이미지를 변화시킬 수 있는 가구를 갖추고 활용한다.	활용이 저조한 기능적으로 느슨한 공용공간(계단 아래 공간 등)을 유아와 함께 발굴하고 논의하여 놀이공간으로 적극적으로 활용한다.		
							다용도로 활용이 가능하며 보관 시 공간을 적게 차지하는 기능성 가구(개방형 박스가구, 큐브형 스툴, 접이식 가구 등)를 확보하고 활용한다.		
		●	●	●	●	상황적 요구에 따라 공간의 용도와 형태, 규모, 이미지를 변화시킬 수 있는 자료, 소품 및 장비를 갖추고 활용한다.	놀이 설정 상황을 구현하는 데 필요한 각종 자료와 소품[패션쇼를 위한 카펫이나 천, (다)단, 조명이나 손전등 등]을 갖추고 지원한다.		
							계절의 변화를 반영하거나 심미적 자극을 제공하는 등 공간의 이미지와 분위기를 달리할 수 있는 자료와 소품을 갖추고 활용한다.		
							예시 계절감을 느낄 수 있는 소재·주제·색채의 소품을 갖추고 계절 변화에 맞추어 공간의 연출을 달리한다.		

이상의 자체 점검 체크리스트를 기반으로 공간의 '융통성(유연성)' 관련 가이드라인을 제안하면 다음과 같다.

건축디자인 계획

상황적 요구에 따라 공간의 용도와 형태, 규모를 변화시킬 수 있는 장치를 갖춘다.

| **계획범주** | 규모 및 배치 계획
| **계획요소** | 개구부

유아교육공간은 유아의 인원, 계절의 변화, 교육과정의 변화, 운영방식 등에 따라 지속적으로 변화한다. 따라서 변화의 상황에 유연하게 적용할 수 있는 융통성이 공간에 요구된다. 공간에 융통성을 줄 수 있는 방식으로는 물리적으로 변화시키는 방식(공간의 형태, 규모), 공간의 사용 용도에 따라 조명과 조도 등을 달리하여 이미지를 변화시키는 방식이 있다.

사용 용도에 따라 공간의 형태 및 규모를 변화시킬 수 있는 공간 요소로는 포개어 적층이 가능한 슬라이딩도어, 폴딩도어, 무빙월 등이 있다.

[표 4-3-3] 공간의 물리적 가변 요소

가변 공간 요소	내용	적용 사례 이미지
슬라이딩도어	• 슬라이딩도어를 접어 적층한 후 구분되었던 공간을 개방해 하나의 공간으로 유동적으로 사용할 수 있다.	 [그림 4-3-1]
폴딩도어	• 폴딩도어를 필요에 따라 접어서 한쪽에 적층한 후 공간을 확장하여 사용할 수 있다.	 [그림 4-3-2]
무빙월	• 가변형 벽체인 무빙월을 천장과 바닥의 레일을 따라 이동하여 격납고에 보관하고 공간을 나누거나 확장할 수 있다. • 공간의 특성에 따라 가벽의 디자인을 다양하게 할 수 있으며, 방음 또는 차음이 가능하다.	 [그림 4-3-3]

상황적 요구에 따라 공간의 이미지를 변화시킬 수 있는 장치를 갖춘다.

| 계획범주 | 공간디자인 계획
| 계획요소 | 공통

유아교육공간은 교육과정 및 운영내용에 따라 변화하는 곳으로, 상황에 따라 공간의 분위기 변화가 요구된다. 예를 들면, 대그룹 놀이공간을 소그룹 놀이공간으로 변화시키거나 독서공간을 미술놀이공간으로 구성하는 등 공간의 사용성에 따라 적합하게 공간 요소들을 조정할 수 있어야 한다.

또한 활동적 공간과 정서적 공간은 색온도를 조정하여 공간의 분위기를 조성할 수 있는데, 정서적이고 차분한 공간은 2700K~3000K의 편안하고 따뜻한 공간을 연출하는 온색 계열을 사용하는 것이 적합하다. 실제로 빛의 조도를 조정하는 조명제어(dimming) 제품과 함께 색온도를 조절할 수 있는 hue dimming 관련 스마트 제품들이 다양하게 출시되고 있다. 이러한 조명 컨트롤 전기설비를 구축함으로써 다양한 상황적 요구에 적합한 빛환경을 구축할 수 있다. 그러므로 유아교육공간 디자인 초기 단계부터 체계적인 조명 계획이 필요하다. 아울러 조명의 조도와 색을 조절하는 방법으로 공간의 조명을 계획할 때는 획일적인 전반조명을 적용하기보다 국부조명 방식을 혼용해 계획하여야 한다.

≫ 국부조명 방식에 대한 자세한 사항은 p.66 '쾌적성'의 건축디자인 계획 [지침 7] 참고

[표 4-3-4] 가변형 전기설비 장치

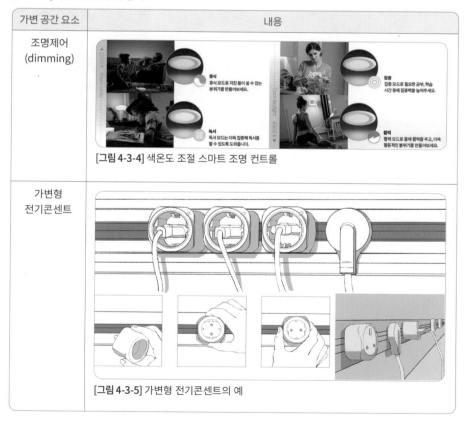

가변 공간 요소	내용
조명제어 (dimming)	[그림 4-3-4] 색온도 조절 스마트 조명 컨트롤
가변형 전기콘센트	[그림 4-3-5] 가변형 전기콘센트의 예

조명 및 전기 설비를 계획할 때는 학급의 변화(교육과정 및 놀이활동 등) 상황에 따라 유연하게 적용할 수 있도록 아래의 내용을 반영하는 것이 바람직하다.

- 첫째, 교실을 구획하여 조명의 스위치를 구분한다.
- 둘째, 조도 및 색온도를 조정할 수 있도록 조명제어(dimming) 시스템을 설치한다.
- 셋째, 공간의 사용성에 따라 조명을 추가할 수 있도록 조명레일을 계획한다.
- 넷째, 전기콘센트는 필요에 따라 추가할 수 있도록 전기설비를 구축한다.

유아교육기관은 유아들의 작품이나 다양한 전시물을 교체·전시해야 하는 경우가 많기 때문에 접착재에 의해 공간 마감재가 훼손되는 경우가 종종 발생한다. 따라서 공간 마감재의 훼손을 막고 전시물을 자유롭게 교체·전시하기 위해서는 공간디자인 계획 단계에서 전시물이 부착되는 부분을 픽처레일(picture rail)과 전시물을 부착할 수 있는 금속물로 계획하고, 상황에 따라 자유롭게 전시할 수 있도록 계획하여야 한다.

[그림 4-3-6] 픽처레일(왼쪽)과 금속물(오른쪽)을 활용해 가변형 작품을 전시한 예

교육적 사용 및 실제

학급 및 공용 공간은 교육과정 운영 및 유아 개인의 요구 등에 따라 공간의 용도와 형태, 규모, 이미지를 변화시킬 수 있도록 충분한 여유공간을 갖추고 있어야 한다. 이는 유아교육기관의 공간 부지를 충분히 확보하고 건축 설계 과정에서 학급 및 전체 원아 수를 고려하여 공간별로 충분한 면적을 배치하는 것을 기본 전제로 한다.

그러나 실제적으로 물리적 면적을 충분히 확보하지 못한 열악한 현장도 많다. 이에 기존의 물리적 한계 내에서 여유공간을 확보하기 위해서는 가구나 교구, 자료 및 소품을 줄이는 것이 한 방법이며, 일부 놀이영역(흥미영역)을 학급과 인접한 공용공간에 배치하거나 유아들의 흥미와 관심도가 높지 않은 영역을 제거하는 것도 한 방법이다. 또한 계단참이나 계단 아래 공간과 같이 기능적으로 느슨한 공용공간을 유아들의 요구에 맞추어 함께 구성하고 적극적으로 활용하는 것도 여유공간을 확보할 수 있는 방법이 될 수 있다.

기능성이 강화된 가구를 확보하는 것 역시 하나의 방법일 수 있다. 예를 들어, 바퀴가 달린 교구장은 자유롭게 이동할 수 있으며, 개방형 박스 가구 혹은 큐브형 스툴, 접이식 가구, 모듈형 가구 등은 필요에 따라 책꽂이, 의자, 탁자, 수납장 등으로 다양하게 활용할 수 있다. [그림 4-3-8]과 같은 형태의 고강도 스펀지가

[그림 4-3-7] 기능적으로 느슨한 공용공간을 활용한 예

[그림 4-3-8] 회전·합체 기능을 겸비한 다용도 가구를 활용한 예

[그림 4-3-9] 필요에 따라 분리·결합이 가능한 수납 가구 및 큐브형 스툴의 예

[그림 4-3-10] 겹쳐 보관할 수 있어 공간의 활용도를 높이는 책상의 예

들어간 가구는 유아들이 의자나 탁자뿐만 아니라 놀이자료로도 사용할 수 있다. 예를 들어, 대형블록으로 사용해 구성물을 만들어 가작화 놀이를 할 수도 있고, 미로를 구성하거나 장애물처럼 사용해 대근육 운동놀이를 할 수도 있다. 외부 표면을 우레탄폼으로 하고 내부를 고강도 스펀지폼으로 일체화한 일체형 가구를 필요에 따라 디자인하여 주문·제작해 사용하는 방법도 있다. 이러한 가구들은 크기 및 분리·합체 기능 여부에 따라서 포개어 보관하거나 분리하여 배치할 수 있고 필요에 따라 용도를 달리할 수 있어 공간 활용성 및 기능성을 높일 수 있는 가구들이라 할 수 있다.

| 지침3 | 상황적 요구에 따라 공간의 용도와 형태, 규모, 이미지를 변화시킬 수 있는 자료, 소품 및 장비를 갖추고 활용한다. |

학급 및 공용 공간은 교육과정을 운영하면서 유아들의 요구 혹은 계절의 변화 등에 따라 각종 가작화 놀이용 자료, 소품(사진이나 그림 액자, 입체 미술품, 카

펫이나 깔개, 쿠션 등), 장비(스탠드조명 및 레일조명, 캐노피 및 음향장치 등)를 활용하여 공간의 용도와 형태, 이미지 등을 변화시킬 수 있어야 한다. 예를 들면, 놀이의 심화·확장을 위해 놀이에서 설정된 상황을 구현하는 데 공간의 형태나 이미지 등에 변화를 줄 수 있다. 또는 교사가 유아들의 심미성 발달을 자극하기 위한 차원에서 계절의 변화를 느낄 수 있는 소품이나 각종 인테리어 소품 등으로 공간의 분위기를 바꿀 수도 있다. 이러한 변화를 구현하기 위해서는 실생활이나 가상의 상황을 표현하는 데 필요한 소품(패션쇼 무대를 구현하기 위한 카펫이나 천, 조명, 손전등, 옷, 구두, 액세서리 등), 계절감을 느낄 수 있는 소재(면이나 마 같은 여름철 소재, 모·융·울·스웨이드 같은 겨울철 소재), 어떠한 주제나 색채를 표현하는 데 사용되는 소품 등을 갖추고 있어야 한다.

[그림 4-3-11] 각종 소품을 사용하여 가상의 무대를 연출하도록 지원한 예

[그림 4-3-12] 사진관 놀이를 위해 공간을 변화시키도록 자료 및 소품을 지원한 예

[그림 4-3-13] 계절감(여름)을 느낄 수 있도록 공간을 연출한 예

[그림 4-3-14] 계절감(겨울)을 느낄 수 있도록 공간을 연출한 예

5장

감성적 체험 및 창의성 함양을 지원하는 공간

1절

심미성

: 공간 내 디자인 요소, 가구, 소품 등의 조화와
실내로 유입되는 자연광을 통해 느낄 수 있는
공간의 매력적이고 미학적인 특성

○ **관련 심리행태적 특성:**

» 심미성
: 조형적으로 아름다운 것을 경험하고, 그것에서
느낄 수 있는 초월적 경험과 감상(경이감, 황홀감,
몰입감, 일체감 등)을 추구하고자 하는 성향

» 자극추구성
: 공간 및 사물, 매체의 사용에 있어 인지적·정서적·
신체적 도전과 자극 및 과제 몰입을 통해 만족감을
경험하고자 하는 성향

○ **추구하는 인간상:**

» 감성이 풍부한 사람, 창의적인 사람

○ **관련 핵심역량:**

» 심미적 감성 역량, 창의적 사고 역량

유아는 시각적 아름다움을 추구하고자 하는 지향성(심미성)과 놀이, 지적 호기심, 탐구 등의 유희적 활동을 함으로써 재미와 쾌락을 추구하고자 하는 성향(자극추구성)을 지닌다(차기주, 2022). 따라서 유아교육기관의 공간은 이러한 심리행태적 특성에 기반하여 시각적 아름다움을 추구하고 탐미하면서 그 과정에서 느끼는 경이감, 황홀감, 몰입감, 일체감 등의 초월적 경험과 감상을 지속하고자 하는 유아의 성향을 지원하는 특성을 갖추어야 한다. 특히 아름다움의 원천으로 자연이 지닌 질서, 자연과의 조화, 자연적 요소의 실내 구현이 중요하다(차기주 외, 2021). 예를 들어, 투명 유리벽을 사용하여 이를 통해 유입되는 자연광의 아름다움을 유아들이 경험하도록 할 수 있으며 예술작품이나 장식품, 조경 등을 통해 심미적 경험을 제공할 수 있다.

유아가 공간에서 아름다움을 경험하도록 한다는 궁극적 지향성이 잘 드러나는 공간의 특성을 '심미성'이라고 할 수 있다(차기주 외, 2021). 심미성을 갖춘 유아교육기관의 공간을 구성하기 위해 참고할 수 있는 자체 점검 항목을 '건축디자인 계획' 측면과 '교육적 사용 및 실제' 측면으로 구분하여 제시하면 다음과 같다.

표 5-1-1 **표 5-1-1** 공간의 '심미성' 관련 「건축디자인 계획」 측면 자체 점검 체크리스트

계획 범주	계획 요소	학급	공용/매개			건축디자인 계획		충족 여부	
---	---	---	진입	중심	연결	지침	하위 항목	예	아니오
공간 디자인 계획	공통	●		●	●	공간 전체의 디자인 요소를 조화롭게 구성해야 하며 시각적으로 아름다워야 한다.	디자인의 구성원리인 '비례(proportion), 통일성(unity), 변화감(variety), 조화(harmony), 대비(contrast), 균형감(balance), 리듬(rhythm), 질감(texture)'을 바탕으로 심미적 공간으로 계획한다.		
							(예시) 바닥, 벽, 천장 면의 비례가 적절하여 정적이면서 친밀하고 안정된 느낌의 균형이 잘 잡힌 실내공간을 구성한다.		
							(예시) 공간의 요소들이 하나의 통일된 이미지를 형성하면서 단조롭고 지루하지 않도록 변화 요소를 적절하게 계획한다.		
							(예시) 좌우대칭의 공간은 정적인 균형감을 형성하므로 이러한 원리를 적용하여 시각적인 균형이 잡힌 쾌적한 공간으로 구성한다.		
							(예시) 공간 요소의 반복, 점층, 강조를 통해 활기차고 운동감 있는 공간으로 구성한다.		
							(예시) 마감재의 질감은 색상 계획과 채광을 고려하여 적합하게 계획한다.		
		●	●	●	●	자연광이나 인공조명과 결합하여 한 공간에서 다양한 분위기를 경험할 수 있도록 벽, 바닥, 천장, 붙박이 가구의 소재, 색채, 질감, 형태 등을 다채롭게 한다.	자연 마감재(나무, 석재, 벽돌, 패브릭, 종이 등)와 자연채광과 인공조명을 통해 편안하고 따뜻한 공간 분위기를 만들고, 시간의 흐름에 따라 다양하게 변화하는 공간의 모습이 형성되도록 계획한다.		
							실내공간 요소(바닥, 벽, 천장, 창호 등)를 다양한 형태로 디자인하고, 자연광과 인공조명의 결합을 통해 다채로운 조형미를 경험할 수 있는 공간을 계획한다.		
	색채	●		●	●	공간의 색채를 자연색과 소프트톤 위주로 조화롭게 구성한다.	소프트톤의 유사색과 저채도 색상을 기본으로 계획한다.		
							자연의 마감재료(목재, 황토, 패브릭, 석재 등)를 적용한 따뜻한 분위기의 색채를 기본으로 계획한다.		
	조경	●		●	●	창을 통해 보이는 외부전경이 아름답도록 계획한다.	자연 및 주변환경과의 관계를 고려하여 창의 위치와 크기를 적절하게 계획한다.		
	조명	●		●	●	유아의 다양한 공간 경험을 위한 조명연출을 계획한다.	자연채광과 마감재를 고려하여 종합적으로 조명연출을 계획한다.		
							조명을 상황에 따라 다양하게 연출할 수 있도록 전체조명, 건축화조명, 부분조명(팬던트, 스탠드조명 등)을 조화롭게 계획한다.		

계획범주	계획요소	학급	공용/매개			건축디자인 계획		충족 여부	
			진입	중심	연결	지침	하위 항목	예	아니오
규모 및 배치 계획	개구부	●		●	●	빛과 그림자의 아름다움을 경험할 수 있도록 여러 형태, 크기, 색의 창을 구비한다.	자연광을 내부공간에 유입하는 방법을 사용하고 창의 디자인을 다양하게 계획한다.		
							예시 유아의 신체조건을 고려하여 다양한 창의 크기와 형태를 계획하고 아름답게 구성한다.		
							예시 내외부 공간의 확장을 위해 윈도우시트(window seat), 베이윈도우(bay window), 윈도우실(window sill) 등을 설치한다.		
							상부에서 자연광이 유입되는 천창을 계획하여 균일한 조도 및 시간의 흐름에 따른 변화를 경험할 수 있도록 한다.		
							예시 높은 천장의 공간에 수평 및 수직의 천창을 계획하여 온화하고 신비로운 느낌을 줄 수 있는 공간을 연출한다.		
							자연광을 실내로 유입할 때 다양한 마감재와 내외부의 설치구조물을 통해 다채로운 공간 분위기를 형성한다.		
							예시 창에 설치되는 빛의 여과 장치로 루버(louver), 스크린(screen), 장식용 창 프레임의 빛 그림자 등을 적합하게 계획한다.		

표 5-1-2 공간의 '심미성' 관련 「교육적 사용 및 실제」 측면 자체 점검 체크리스트

계획범주	계획요소	학급	공용/매개			교육적 사용 및 실제		충족 여부	
			진입	중심	연결	지침	하위 항목	예	아니오
공간 디자인 계획	공통	●	●	●	●	시각적 아름다움을 반영하여 조명기구, 가구, 소품 등을 비치·배치한다.	학급 내 시각적인 아름다움을 유아들이 경험할 수 있도록 조명기구(CMYK 전구 등)와 교육용 기자재(라이트테이블, OHP 등)를 활용한다.		
							예시 학급공간 내 CMYK 전구를 사용하여 화려한 색깔의 그림자로 아름다운 분위기를 연출한다.		
							예시 라이트테이블 위에 불투명 투과체 혹은 투명 투과체를 올려 투과체에서 느낄 수 있는 색다른 아름다움을 경험하도록 한다.		
							예시 낮잠 시간에 빔프로젝터나 OHP로 밤이 연상되는 사진을 천장에 투사하여 밤과 같은 아름다움을 느끼도록 한다.		
							가구나 소품의 형태, 배치 등을 통해 유아들이 차별적 분위기의 시각적 아름다움을 경험할 수 있는 기회를 제공한다.		
							예시 직선(직사각형, 정사각형 등)으로 만들어진 가구 및 소품을 배치해 질서정연한, 정돈된, 딱딱한 분위기를 경험할 수 있도록 한다.		
							예시 곡선(원형, 타원형 등)으로 만들어진 가구 및 소품을 배치해 부드러우면서도 활발한 느낌을 전달한다.		
							예시 다양한 형(하트형 등)이 조합된 가구를 통해 자유로운 느낌을 준다.		

계획범주	계획요소	학급	공용/매개			교육적 사용 및 실제		충족 여부	
			진입	중심	연결	지침	하위 항목	예	아니오
공간 디자인 계획	공통	●	●	●	●	시각적 아름다움을 반영하여 조명기구, 가구, 소품 등을 비치·배치한다.	디자인의 구성원리인 균형, 강조, 리듬·반복·패턴, 비례, 움직임, 통일·변화를 경험할 수 있도록 가구 및 소품을 배치한다.		
							예시 같은 모양, 질감, 색 등을 활용해 대칭적 균형을 이루고 전체 공간에서 심미적 안정감과 통일감을 경험할 수 있도록 한다.		
							예시 가구 및 소품을 사선으로 꺾거나 대각선 방향으로 배치하여 심미적 운동감과 역동성을 준다.		
마감재 계획	색채	●		●	●	공간의 색채를 자연색과 소프트톤 위주로 조화롭게 구성한다.	색채는 자연색으로 조화롭게 구성한다.		
							파스텔톤의 명랑하고 밝은 색채를 활용한다.		
							예시 주조색은 주변의 색과 비슷한 톤을 사용하여 조화를 이룰 수 있도록 파랑, 초록, 갈색, 회색과 같은 중성색, 무채색 등을 사용한다.		
	소품 및 장식물	●		●	●	빛의 다양한 속성 및 합성과 명암을 탐색할 수 있는 자료 및 장치를 둔다.	유아들이 빛의 다양한 속성(직진성, 반사·굴절, 분산, 합성 등)과 명암을 탐색할 수 있도록 자료 및 장치를 제공한다.		
							예시 렌즈(볼록렌즈, 오목렌즈), 어항, 거울(오목거울, 볼록거울, 평면거울), 숟가락, 국자, 프리즘, OHP, 수면등 등을 제공하여 빛의 다양한 속성과 명암을 탐색하도록 한다.		
규모 및 배치 계획	개구부	●		●	●	빛과 그림자의 아름다움을 경험할 수 있도록 여러 형태, 크기, 색의 투과체를 구비한다.	불투명 투과체로서 다양한 각도의 조명 및 자연광을 활용하여 빛과 그림자의 아름다움을 경험하도록 한다.		
							투명 투과체로서 다양한 형태와 크기, 색의 셀로판 프레임, 투명 아세테이트지를 활용하여 빛과 그림자의 아름다움을 경험하도록 한다.		
							예시 교실에 빛이 들어올 때 셀로판 프레임 혹은 셀로판지로 색깔이 투과되는 모습을 활용하여 놀이 경험을 제공한다.		
							예시 투명 아세테이트지와 아크릴 물감으로 구성한 유아들의 작품을 창문에 전시하여 빛의 투과와 함께 작품을 감상하도록 한다.		

이상의 자체 점검 체크리스트를 기반으로 공간의 '심미성' 관련 가이드라인을 제안하면 다음과 같다.

건축디자인 계획

> **지침1**　　　　빛과 그림자의 아름다움을 경험할 수 있도록
> 여러 형태, 크기, 색의 창을 구비한다.

| **계획범주** | 규모 및 배치 계획
| **계획요소** | 개구부

　　　개구부(외부창, 내부창, 문 등 공간과 공간 사이에 형성되어 소통하는 공간 요소)는 자신이 있는 공간과는 다른 건너편의 공간을 가시적으로 구분하고 있는 '스크린'적 요소로, 유아에게 들여다보는 행동을 유발하는 동적인 매력을 지닌 공간 구성요소라고 할 수 있다. 따라서 개구부를 디자인할 때는 채광 이외에 유아의 시야를 고려하여 전망(조망)에 대한 계획을 마련해야 한다.

　　　외부창을 측면에 계획하면 채광에 가장 효과적이다. 또한 창의 크기, 위치, 개수에 따라 공간에서 다양하게 빛을 경험할 수 있으며 위치와 높이에 따라 변화하는 풍경을 전망할 수 있다. 상부에서 유입되는 빛은 공간의 구조에 따라 순수하고 즐거운 분위기를 나타내며, 시간에 따라 이동하는 빛에 의해 공간에 신비감과 변화감을 생성하고 아동의 운동능력을 증진시킬 수 있다. 또한 작은 개구부를 통해 상부에서 빛이 유입되는 경우, 시간 혹은 기후에 따라 빛의 이동 방향과 강도의 변화를 경험할 수 있다.

[**표 5-1-3**] 자연광(Illumination)이 내부에 유입되는 방법

구분	내용	
측창	• 측창은 측면에서 빛이 유입되는 방법을 통해 물체의 음영을 명확하게 하고 입체감과 질감을 분명히 표현하며, 심리적으로 안정된 공간을 연출한다. • 유아의 신체조건을 고려하여 창의 크기와 높이를 계획한다. • 내외부의 연결 및 확장을 위하여 윈도우시트, 베이윈도우, 윈도우실 등을 계획한다. • 측창은 측면에서 자연광이 들어오기 때문에 내부의 조도는 창과의 거리에 따라 불균일하지만 다양한 공간감을 형성한다. • 외부공간으로의 소통과 확장을 통해 개방감과 안정감을 형성한다.	 [**그림 5-1-1**] 다양한 크기의 창을 자유롭게 배치하고 윈도우시트를 구성한 예

구분		내용
천창	수평적 천창	 • 천창은 상부에서 자연광이 유입되는 창호로, '수평적 천장'은 천장 면에 설계되는 것이다. • 수평적 천창은 최소한의 개구부 면적으로 최대의 자연광을 실내공간으로 유입할 수 있는 방법이다. 빛이 유입되는 상부(창호가 생성된) 쪽은 밝고 빛이 부드럽게 확산되며 하부 쪽은 빛이 은은하게 퍼진다. • 전반적으로 밝은 빛환경을 연출할 수 있으며 실내공간의 조도를 균일하게 유지할 수 있다. • 수평적 천창을 통해 장엄함, 온화함, 아늑함, 은은함, 숭고함 등의 공간을 연출할 수 있다. [그림 5-1-2] 수평적 천창의 예
	수직적 천창	 • '수직적 천창(고창)'은 벽면에서 천장에 맞닿는 상부에 설계되는 것이다. • 수직적 천창, 즉 고창은 수평적 천창에 비해 유입되는 자연광의 양이 상대적으로 적으나 창 높이에 따라 다양한 분위기를 연출할 수 있다. • 내부공간의 마감 질감과 다양한 구조물(천장의 구조물, 바닥의 단차, 가구 및 교구 등)이 시간의 흐름에 따라 변화하는 다채로운 모습으로 생동감 있는 공간을 형성한다. • 높은 천장고의 공간은 상승하는 듯한 신비스러운 공간감을 형성한다. [그림 5-1-3] 수직적 천창(고창)의 예
	복합적 천창	 • '복합적 천창'은 수평적 천창과 수직적 천창이 결합된 것이다. • 복합적 천창은 이동동선과 연계하여 공용공간의 중심에 주로 계획한다. • 다층 공간의 Void(다층 공간이 뚫린 형태)에서 복합적 천창은 공간을 심리적으로 하나의 영역으로 느끼게 해주는 역할을 한다. • 복합적 천창은 온화하고 경건하고 부드러운 공간감을 형성한다. [그림 5-1-4] 복합적 천장(고창)의 예

[그림 5-1-5] 복합적 천창에 색유리를 적용하여 시간의 흐름에 따라 다채로운 색상의 빛환경을 연출한 예

　　자연광을 여과하여 실내에 유입하는 방법(filtration)은 2가지로 구분할 수 있다. 첫 번째는 투과체, 즉 유리의 투과율과 흡수율, 반사율 같은 특성을 변화시키는 방식이다. 두 번째는 창호 내외부에 시설물을 설치하는 방식이다. 유아교육기관의 주변환경을 파악하여 적합한 창의 기능과 종류를 계획해야 하는데, 특히 창의 주재료인 유리는 신중하게 선정하여야 한다. 유리의 종류는 투명유리, 반투명유리, 반사유리, 접합유리, 색유리, 패턴유리 등 다양하다.

　　자연광을 여과하기 위해 창의 내외부에 설치하는 장치로 루버(louver), 스크린(screen), 장식용 창 프레임 등이 있다. 이러한 장치는 내부공간에 유입되는 빛의 강도를 조절하거나 눈부심을 줄어들게 하는 등 기능적 역할을 하며 다채로운 공간감을 형성하기도 한다. 빛의 속성을 활용하여 빛, 색, 그림자를 복합적으로 연출함으로써 유아들에게 다양한 공간감을 경험하게 할 수 있다.

[표 5-1-4] 자연광 여과 장치

장치	내용
루버 (louver)	 • 루버는 직사일광이 실내에 직접 유입되는 것을 방지하고 반사·확산시키면서 실내 깊숙이 사입(斜入)되게 하는 자연광 조절장치이다. • 루버의 광원면(光源面)은 눈부심을 적게 하고 공간의 조도를 전반적으로 균일하게 유지해준다. • 겨울철에는 직사일광을 실내에 들어오게 하고 여름철에는 차단하여 일조를 조절하는 역할을 한다. • 창호의 외부에 루버를 설치함으로써 외부의 시선을 차단하면서 실내에서는 불편 없이 밖을 내다볼 수 있다. • 루버의 기하학적 형상과 직사일광을 반사하는 반사면의 마감처리에 따라 루버의 자연채광 성능이 결정된다. • 루버는 수동과 전동 방식으로 조절하며 수직과 수평으로 설치할 수 있다. • 투과체 자체의 특성에 따라 미적 효과를 줄 수 있고, 외부 조망을 다채롭게 할 수 있다. • 실내공간과 접하는 내부 벽체에 루버를 적용하여 개방감을 유지하면서 시야를 일부분 가려주는 효과를 줄 수 있다. [그림 5-1-6] 색유리 마감의 수직 루버 예
스크린 (screen)	 • 스크린을 통한 자연채광 조절은 유리의 기본 특성인 투명성과 개방감을 유지하는 장치로 경제성과 실용성이 뛰어나며 제어가 편리하다. • 스크린의 투시성은 실내공간에서 유아가 느끼는 시각적 폐쇄감을 최소화해준다. 변형·탈색이 비교적 적은 소재가 개발되어 유지관리가 효율적이며, 내부에 사입되는 자연광을 최대 88%까지 차단할 수 있어 효율성이 높다. [그림 5-1-7] 천창에 스크린을 설치해 부드럽고 균질한 빛 공간의 예
장식용 창 프레임	 • 다양한 형태의 창 프레임을 통해 내부에 유입되는 태양광의 빛 그림자를 형성함으로써 시간과 날씨에 따라 변화하는 공간을 경험할 수 있다. • 신비롭고 비일상적인 정서적(감성적) 공간을 경험할 수 있다. [그림 5-1-8] 장식용 창 프레임을 측창에 적용한 예

| 계획범주 | 공간디자인 계획
| 계획요소 | 공통

질 낮은 환경에서의 성장기 경험은 정신적, 심리적 문제를 일으킬 수 있으며 전체적으로 발달을 느리게 할 수 있다(Goldhagen, 2017/2019). 이는 공간의 질적 수준이 유아의 현재와 더불어 앞으로의 삶에 지속적으로 영향을 미칠 수 있음을 의미한다. 따라서 유아교육기관의 공간은 조화롭고 쾌적해야 하며, 질 높은 환경을 조성해 유아의 발달에 긍정적 요인으로 작용하도록 해야 한다.

공간 요소들(바닥, 벽체, 천장, 개구부, 붙박이 가구와 이동 가구, 조명, 실내 조경 등) 간에 조화와 융합을 통해 시각적 아름다움을 형성할 수 있으며 이는 유아에게 긍정적 경험의 기회를 제공한다. 시각적으로 아름다운 공간은 디자인의 구성원리인 비례(proportion), 통일성(unity)과 변화감(variety), 조화(harmony)와 대비(contrast), 균형감(balance), 리듬(rhythm), 질감(texture)을 바탕으로 공간을 계획함으로써 구현할 수 있다.

[표 5-1-5] 디자인의 구성원리

장치	내용	
비례 (propor- tion)	• 비례는 공간의 각 부분 간에 크기와 관련이 있으며 항상 비례가 존재한다. • 전체 공간, 개구부, 가구 등의 실내 구성 요소들은 폭, 길이, 높이, 치수와 서로 관계하며 한 공간의 비례는 평면, 입면, 단면의 3차원으로 동시에 고려해 계획하여야 한다. • 균형이 잘 잡힌 실내공간을 구성하기 위해서는 사용자(유아)의 신체크기를 고려하여 바닥, 벽, 천장 면의 비례가 적절한지, 정적이면서 친밀하고 안정된 느낌을 형성하는지 등을 확인해야 한다.	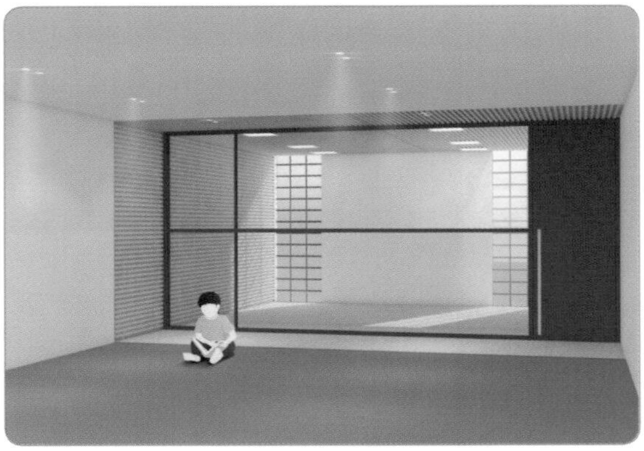 [그림 5-1-9] 유아의 신체크기를 바탕으로 바닥, 벽, 천장 면의 균형감을 이루고, 정적일지라도 차분하면서 친밀하고 안정된 인상을 주는 공간의 예

장치	내용
통일성 (unity), 변화감 (variety)	 • 통일성은 각 요소가 전체로서 하나와 같은 이미지를 주는 것이다. • 통일성을 지나치게 구성하면 공간이 자칫 단조롭고 지루하게 느껴질 수 있어 적절한 변화 요소가 필요하다. • 변화 요소는 통일성의 테두리 안에서 조화를 이룰 수 있도록 계획한다. • 형태뿐만 아니라 색상이나 질감 등의 마감재를 통해 유사한 통일감을 형성할 수 있다. [그림 5-1-10] 통일된 공간 분위기를 유지하면서 천장의 형태 변화를 통해 밋밋함을 상쇄한 다채로운 공간의 예
조화 (harmony), 대비 (contrast)	 • 조화는 공간 구성에서 부분과 부분 사이에 질적으로나 양적으로 거슬리는 것이 없는 상태이다. • 서로 비슷한 요소들을 집합시켜 통일성을 유지하는 유사 구성으로 계획한다. • 상반되는 요소들을 대치시켜 상호 간의 특성을 강조하는 대비 구성으로 계획한다. [그림 5-1-11] 직선(수직,수평) 공간과 랜덤 형태의 천장 조형물이 형태적 대비를 이룬 예
균형감 (balance)	 • 균형감은 인간의 지각 중 심리적, 물리적으로 가장 중요한 영향을 미치는 본능적 욕구이다. • 공간의 부분과 부분, 부분과 전체 사이에 시각적인 힘의 균형을 형성하면 쾌적한 형태미를 경험할 수 있다. • 대칭(symmetry)은 균형감을 줄 수 있는 가장 보편적인 방법으로 좌우대칭인 공간은 정적인 균형감을 제공한다. [그림 5-1-12] 대칭 공간으로 정적이면서 안정감을 주는 공간의 예

장치	내용
리듬 (rhythm)	 • 디자인 요소가 일정하게 반복되면서 하나의 통일성을 이룬다. • 반복 요소에 시각적 율동이 더해지면서 '리듬'이 형성된다. • 동적 질서는 활기찬 표정과 함께 시각적 운동감을 형성하는데, 공간에서의 리듬감은 반복(repetition), 점층(gradation), 강조(accentuation)의 원리로 구현할 수 있다. [그림 5-1-13] 유사한 형태의 공간 배치로 평면을 구성하고, 색채(마감재)의 강조를 통해 시각적 운동감을 형성한 예
질감 (texture)	 • 물체를 만져보지 않고 눈으로도 그 표면의 상태를 알 수 있다. • 다양한 질감의 특성으로 단단한 것, 푹신한 것, 매끄러운 것, 거친 것, 투명한 것, 무거워 보이는 것 등을 적절히 배치함으로써 통일감, 변화감, 조화감, 대비감 등의 효과를 얻을 수 있다. • 유아는 벽과 바닥을 몸으로 접촉하며 생활하기 때문에 좋은 감각을 느낄 수 있도록 배려해야 한다. • 질감을 계획할 때 색상과 명암을 동시에 고려하는 것이 더 효과적이다. 특히 재료의 질감은 실내공간에서 빛이 유입되는 방향에 따라 다양하게 표현되기 때문에 공간의 이미지를 형성하는 중요한 원리로 작용한다. [그림 5-1-14] 바닥의 질감 변화로 공간을 구분하고, 바닥과 벽면의 다양한 질감을 계획하여 공간 경험을 통해 적합한 사용성을 갖춘 공간의 예

자연광이나 인공조명과 결합하여 한 공간에서 다양한 분위기를 경험할 수 있도록
벽, 바닥, 천장, 붙박이 가구의 소재, 색채, 질감, 형태 등을 다채롭게 한다.

| 계획범주 | 공간디자인 계획
| 계획요소 | 공통

자연광이 유입되는 빛의 밝기와 투과체 특성에 따라 흡수, 굴절, 반사, 투과, 확산 등의 물리적 현상이 발생하고 이는 벽, 바닥, 천장뿐만 아니라 식물 등의 다양한 실내 재료의 물리적 특성과 결합하여 인공조명과는 다른 질감 표현으로 공간의 이미지를 형성한다(김중근, 1995). 그리고 목재나 석재 등의 자연 마감 재료와 자연광의 결합은 편안하고 따뜻한 공간 분위기를 조성하여 정서적 안정을 유도할 수 있다. 각 재료의 표면 질감은 시간의 변화에 따른 빛의 깊이, 색상, 그리고 강도에 따라 다른 모습을 형성함으로써 다양한 공간 이미지를 보여준다.

공간의 다양한 형태를 뚜렷하게 드러낼 수 있도록 건축화조명(코브조명, 코니스조명, 광천장조명, 월워싱조명, 그레이징조명 등), 팬던트조명, 벽부형조명을 계획할 수 있다. 인공적인 빛을 만드는 조명과 빛 반사를 통해 공간의 형태와 디자인, 물체의 색을 보여주고, 조명의 빛 차이에 따라 공간을 다르게 경험하게 할 수 있다. 따라서 공간에 잘 어울리는 적절한 색온도와 밝기의 조명을 이용하여 공간을 채워야 한다.

≫ 조명에 대한 보다 자세한 내용은 p.66 '쾌적성'의 건축디자인 계획 [지침 7] 참고

재료의 다양한 마감 방법에 따라 공간의 이미지가 형성되며 이는 사용자에게 복합적 감각 체험을 가능하게 해준다. 다양한 형태의 디자인 요소를 강조하여 표현하는 방법으로, 자연광과 인공조명의 빛과 그림자를 활용해 형태의 구조를 부각하고 시각적 조형미를 보여줄 수 있다.

[그림 5-1-15] 벽돌과 나무의 마감 재료와 자연광의 결합으로 따뜻한 공간 분위기를 조성한 예
@독일, 클레허발트(Kraherwald) 유치원

[그림 5-1-16] 중정 공간에 나무를 주 마감재로 하고 조경을 계획하여 빛이 가득한 아늑한 공간을 설계한 예
@일본, 아키시마 스마레 유치원

[그림 5-1-17] 공간에서 다양한 형태와 마감재의 햅틱 이미지를 표현하기 위해 건축화 조명을 계획한 예

[그림 5-1-18] 자연광과 인공조명을 활용해 곡선의 벽면 굴곡을 표현한 예

| 계획범주 | 공간디자인 계획
| 계획요소 | 색채

공간의 색은 사용자에게 직접적인 영향을 미치는 요소이다. 따라서 공간의 질적 향상을 위해서는 적합한 색채 계획이 필수적으로 수반되어야 한다. 유아교육기관에서는 한 공간에서 다양한 활동, 수면, 휴식, 놀이, 식사 등의 여러 가지 역할이 수행됨에 따라 이를 모두 수용할 수 있는 적합하고 무난한 색상 계획이 요구된다. 따라서 소프트톤의 유사색과 저채도 색상 위주로 하며, 자연의 마감재료(목재, 황토, 벽돌, 패브릭, 석재 등)를 적용한 따뜻한 분위기의 색채를 기본으로 전체적인 공간을 조성하는 계획이 바람직하다. 부분적으로 색상과 재료의 배치를 통해 공간감을 부여하고 시각적 대비를 통해 공간적 역동성과 다양한 감각정보(시각·청각·후각·촉각 등)를 제공할 수 있도록 계획하되, 유아에게 시각적 혼란을 야기할 수 있는 색채와 패턴, 광택 등은 지양하여 조화롭게 구성한다. 이탈리아 레지오 에밀리아(Reggio Emilia) 지역의 로빈슨(Robinson) 유치원은 뛰어난 색채 계획을 구현한 곳으로 꼽힌다. 이곳은 아침(동쪽)부터 저녁(서쪽)까지 해가 드는 벽면을 따라 노랑에서 보라까지 변화하는 색상을 계획하여 색채로 시간의 흐름을 표현하였다. 이처럼 디자인 콘셉트에 따라 공간의 색채 계획을 다양하게 할 수 있다.

일반적으로 공간의 성격에 따라 색채를 구분해 적용하면 사용자가 공간의 성격을 빠르게 알아차릴 수 있다. 예를 들어 학급공간과 공용·매개공간의 특성에 적합하도록 색을 구분하여 계획하는데, 전반적으로 소프트톤의 기본적인 색조를 유지하면서 연령별 공간 포인트 색상을 계획할 수 있다. 이때 포인트 색상으로는 파스텔 계열의 강하지 않은 색을 선정한다. 공용·매개공간의 경우, 유아들의 움직임이나 활동을 유도하도록 색의 채도와 명도를 높여 활기차고 생동감 있는 색채를 계획할 수 있다.

[그림 5-1-19] 소프트톤을 기본으로 하는 공간 색채 계획의 예

[그림 5-1-20] 소프트톤 위주의 공간 색채를 우드마감재와 조화롭게 계획한 예 @일본, 아소시에 감나무언덕 보육원

[그림 5-1-21] 우드마감재와 웜톤의 화이트를 매치해 따뜻한 인상을 주는 공간의 예 @독일, 클레허발트 유치원

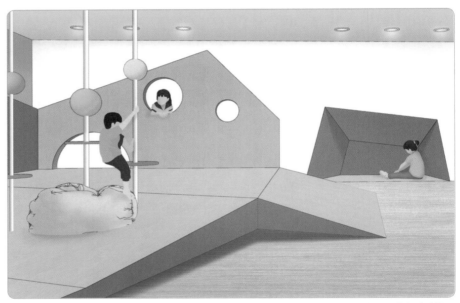

[그림 5-1-22] 바닥, 벽체 구조물의 마감재에 변화를 주어 공간과 대비를 이루고 유아들이 쉽게 인지할 수 있도록 한 구조물의 예

색채 계획은 각 기관의 공간디자인 콘셉트에 따라 자유롭게 구성하되 전체적인 조화를 바탕으로 설계하여야 한다. 공간 안에 소규모 공간을 구성할 때, 공간의 성격과 크기에 따라 색채를 계획함으로써 유아가 직관적으로 공간을 인식하고 활동에 참여할 수 있도록 동기 부여를 할 수 있다.

창을 통해 보이는 외부전경이 아름답도록 계획한다.

| **계획범주** | 공간디자인 계획
| **계획요소** | 조경

유아교육공간에는 외부로 향하는 창을 필수적으로 계획하여야 한다. 외부로 향하는 창은 유아가 자연 및 주변환경과 관계를 형성하는 중요한 부분이기 때문이다. 창의 위치와 크기는 외부환경에 적합하게 계획한다.

[그림 5-1-23] 두 개의 인접한 벽면에 연속된 창을 계획하여 내외부의 개방감을 형성한 예

[그림 5-1-24] 바닥, 벽, 천장 면에 불규칙적으로 배치된 창을 통해 다양한 외부 조망을 계획한 예

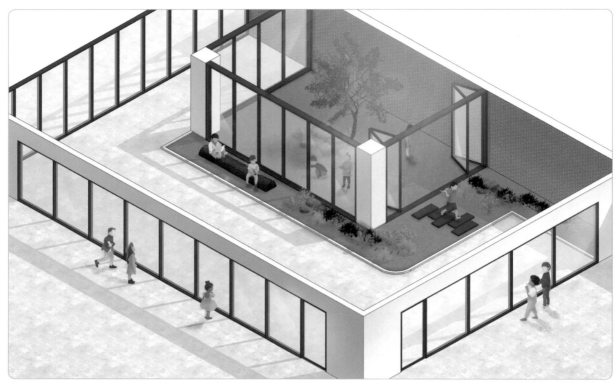

[그림 5-1-25] 중정과 실내정원으로 실외공간의 이미지를 내부공간으로 유입한 예

단독 시설이 아니거나, 외부환경이 조망하기에 충분히 아름답지 않거나 적합하지 않은 경우에는 실내 정원이나 중정을 계획해 실내에서 외부공간을 경험할 수 있는 대안을 마련할 수 있다.

유아의 다양한 공간 경험을 위한 조명연출을 계획한다.

| **계획범주** | 공간디자인 계획
| **계획요소** | 조명

조명의 빛은 사물을 인지하고 형태를 더욱 뚜렷하게 확인할 수 있도록 하며 주어진 상황을 이해하고 인식할 수 있도록 한다. 조명은 공간의 형태와 디자인, 빛 반사를 통해 물체를 인식하게 하며 공간의 분위기를 형성한다. 따라서 같은 공간에서도 조명의 빛 차이에 따라 공간을 다르게 경험할 수 있다.

유아교육기관은 유아에게 다양한 공간 경험을 제공하기 위해 자연채광과 마감재 등을 고려하여 조명연출을 종합적으로 계획하여야 한다. 내부 표면 마감 색채와 질감 등은 조명 계획을 통해 더 효과적으로 표현될 수 있으므로 마감재와 조명의 계획은 종합적으로 이루어져야 한다. 조명 방식을 다양하게 계획하여 상황에 따라 선택해 연출할 수 있도록 하여야 한다. 건축화조명으로 공간과 조명을 일체화하고 공간을 조화롭게 구성하도록 한다.

≫ 조명에 대한 보다 자세한 내용은 p.66 '쾌적성'의 건축디자인 계획 [지침 7] 참고

[그림 5-1-26] 건축화조명, 전체조명, 팬던트조명을 조화롭게 계획하여 상황에 따라 조절·활용할 수 있도록 한 공간의 예

○ 기본적으로 색에 대해 이해하고 싶어요.

1) 색상환이란 무엇일까요?

색은 다음 그림과 같이 3가지로 분류됩니다.

· 1차색: 빨강, 노랑, 파랑. 안료 중 어떤 색을 혼합해서도 만들 수 없는 가장 기본이 되는 색으로 '삼원색'이라고 해요.

· 2차색: 주황, 초록, 보라. 2가지의 1차색을 혼합해 만든 색(빨강+노랑=주황)을 말해요.

· 3차색: 1차색과 인접한 2차색을 혼합해 만든 색(노랑+초록=연두)을 말해요.

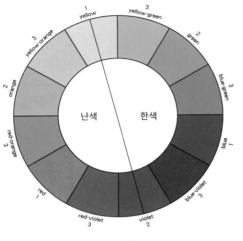

3차 색상환

2) 색의 온도감은 무엇일까요?

색을 보면서 따뜻하거나 차갑다고 느끼게 되는 온도감은 색상환에 의해 결정됩니다.

· 빨강, 주황, 노랑 등 파장이 긴 색상은 따뜻한 느낌을 줘요.

· 초록, 파랑, 보라 등 파장이 짧은 색상은 차가운 느낌을 줘요.

3) 색의 조화란 무엇일까요?

색의 조화는 각기 다른 환경에서 색을 다양하게 조합하는 방법입니다.

(1) 중성색 조화

· 2가지 이상의 중성색(갈색, 검은색, 흰색, 회색 등)을 사용해요.

· 안정된, 견고한, 세련된, 조용한, 편안한 효과를 지녀요.

(2) 단색 조화

· 하나의 색상이면서 명도가 다른 색(담록색, 초록, 흑록색 등)을 사용해요.

· 조용한, 편안한, 기대되는 우아한 효과를 주지만 단조로운, 지루한 효과도 있어요.

· 실내에서는 밝은 톤의 색을 위한 배경으로 사용하는 것이 좋아요.

(3) 유사색 조화

· 색상환에서 서로 옆에 있는 색상 2~3개(빨강-보라, 파랑-보라, 주황-빨강-보라 등)를 조합해요.

· 유사색의 조화는 단색 조화보다 다양하게 적용할 수 있으나, 보색에서 나타나는 잔상효과가 발생해요.

(4) 보색 조화

- 색상환에서 서로 반대쪽에 있는 2가지 색상을 사용해요.
- 채도와 명도는 동일하면서 서로 보색관계에 있는 색을 사용할 경우 균형감 있고, 자극적이며, 극적이고, 긴장감 있는, 강렬한 효과가 있어요.
- 보색은 따뜻함과 차가움, 활동성과 소극성의 균형을 이뤄요.
- 보색 조화는 자연에서도 쉽게 발견할 수 있어요(가운데 부분이 노란색인 보라색 꽃, 날개에 주황색이 있는 파랑새 등).
- 잔상효과: 눈은 한 가지 색을 오래 보면 그 색의 보색이 잔상으로 남게 돼요.
- 직접보색: 색상환의 보색들을 동일한 비율로 혼합할 경우 반중성색이 만들어지고 이상적인 색의 균형을 이루게 돼요.
- 분리보색: 2개의 보색(빨강-초록) 중 하나의 색(초록)에서 가장 인접한 밝은 색(연두)과 그 반대쪽의 인접한 어두운 색(청록)으로 이루어져요. 분리보색은 색의 균형이 깨진 상태이므로 이를 이용할 경우 활동적이고 자극적인 효과가 있는 반면, 불안함 느낌을 주기도 해요.
- 이중보색: 보색관계에 있는 두 쌍의 색을 사용해요. 극도로 활동적이고 가슴을 두근거리게 하는 효과가 있어요.

(5) 삼색 조화

- 삼색 조화는 색상환에서 서로 같은 거리에 있는 대조되는 3개의 색상을 결합하는 것(빨강, 노랑, 파랑 또는 주황, 초록, 보라 등)을 말해요.
- 삼색 조화는 기분 좋은, 활기찬, 활동적인 느낌을 줘요.

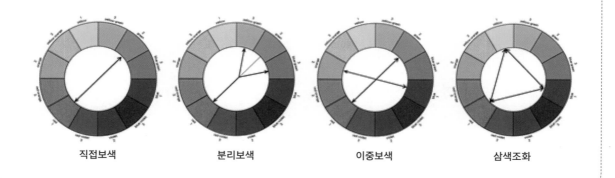

| 직접보색 | 분리보색 | 이중보색 | 삼색조화 |

출처: Olds(2000/2009), pp. 240-244에서 재구성

○ 유아교육기관의 색채 관련해서 제언해주세요.

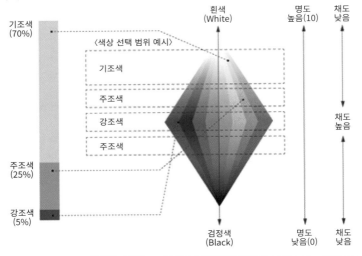

出처: 서울특별시 디자인정책과(2021). pp. 97-98에서 재구성

요소	특징
기조색	• 공간의 대부분을 차지하는 중심적인 색이에요. • 바닥, 벽, 천장 등의 마감재 색상이나 주요 가구 등의 색상이 이에 해당해요. • 전반적으로 차갑지 않으며 밝은 느낌을 주기 위해 기조색은 따뜻한 계열의 색에서 명도가 7~9 정도로 높은 범위에서 선택하되, 채도는 강하지 않게 선택해요.
주조색	• 각 공간의 테마가 되는 색이에요. • 공간별로 다르게 적용하면 인지성을 높이는 데 도움을 줄 수 있어요. • 바닥, 벽 등의 일부에 적용하거나 소파, 커튼 등의 패브릭, 가구 등의 색상이 이에 해당해요. • 주조색은 기조색보다는 채도를 조금 더 높여 선명한 색상을 낼 수 있도록 선택하고, 명도는 너무 높거나 낮지 않은 색으로 선택해요.
강조색	• 공간의 포인트가 되어 주의를 끌고 공간에 활력을 줄 수 있는 색이에요. • 강조색은 채도가 높은 색을 선택하여 공간에 활력을 줄 수 있도록 선택해요.

○ 유아 연령에 따른 적합한 색을 제언해주세요.

요소	특징
영아	• 영아는 주변을 둘러싸고 있는 색을 눈으로 볼 뿐만 아니라 색의 모든 느낌을 느낄 수 있어요. • 분홍, 살구색, 연어색과 같은 색이 적합해요.
걸음마기 영아	• 걸음마기 영아는 더 많은 자극을 받아들일 수 있지만, 그래도 편안하고 평온한 색이 적합해요. • 초록이나 청록과 같은 색, 또는 차분한 톤의 노랑과 보라와 같이 약간 생기 있거나 조용한 색이 적합해요. • 중간색, 분리보색, 삼색 조화가 걸음마기 영아의 모험심에 적합해요.
유아	• 만 3-6세 사이에 유아의 호기심, 창의력, 상상력이 급증해요. • 부드럽고 따뜻한 색을 배경으로 두고 노랑, 주황, 보라와 같이 밝고 활기찬 색상을 둘 경우 유아의 호기심을 자극할 수 있어요.

出처: Olds(2000/2009), p. 250

○ 색채가 인체에 미치는 영향은 어떠한가요?

색채(color)는 에너지의 형태로, 많은 연구들은 색채가 인체에 영향(각성 및 긴장이완, 인지적 수행, 심미적 선호 등)을 준다고 보고하고 있습니다.

✔ 먼저, 색채가 주는 각성 및 긴장이완 효과는 연구마다 다소 상이한 결과를 보입니다. 예를 들어, 빨강 방과 파랑 방에서 머물 때의 뇌파를 비교했을 때, 빨강 방의 경우 인지적 집중 등 각성 반응이 관찰된 반면, 파랑 방의 경우 심리적 안정 반응이 활성화되었습니다(Kuller et al., 2009). 즉, 난색계열(빨강, 노랑) 방에서 적당한 수준의 인지적 각성이 활성화되어 인지적 과제 수행이 용이하며, 파랑과 같은 한색계열 방에서는 심리적 안정을 야기하는 것으로 나타났습니다. 반면 다른 연구에서는 공부방이 빨간색일 경우 뇌파가 두려운 감정과 상관을 보였으며(류지선, 이지숙, 2015), 노란색 자극이 주의력 및 자기통제 관련 뇌파를 하락시켜 학습에 방해가 되는 것으로 나타났습니다(홍은주, 장미경, 2012). 또한 색채가 인지적 수행에 미치는 영향력을 초등학교 저학년을 대상으로 한 연구에서는(이재신 외, 2009), 초등학교 저학년 학생들의 집중도 및 스트레스 반응에 파란색이 긍정적인 결과를 보였습니다.

✔ 이를 종합하면, 난색계열(빨강, 노랑) 관련 인지적 각성 활성화에는 상반된 연구결과가 보고되고 있으나 한색계열(파랑) 관련 긴장이완 반응에는 일관된 연구결과가 보고되고 있음을 알 수 있습니다.

✔ 흥미로운 점은 피험자가 심미적으로 선호도가 높은 색채자극일수록 뇌파의 반응이 전반적으로 높게 보고되었다는 것입니다(김민경, 류희욱, 2011; 김주연, 이현수, 2009). 예를 들어, 빨강, 노랑, 파랑 계열에 대한 뇌파 반응을 비교한 연구(김민경, 류희욱, 2011)에서는 전반적으로 색 온도가 높을수록, 즉 난색계열일수록 뇌파의 활성도가 증가하는 경향을 보였습니다. 뇌파의 종류별로 살펴보면, 베타파(각성상태, 불안, 긴장과 관련), 세타파(집중력, 기억력, 창의력과 관련), 감마파(고도의 인지작용과 관련)는 난색계열일수록 활성화된 반면, 알파파(긴장이완과 관련)는 한색계열일수록 활성화되었습니다. 이때 피험자의 선호도가 높은 색채일수록 뇌파의 반응이 전반적으로 강하게 나타났습니다.

✔ 이를 종합하여 차기주 외(2021)는 유아가 공통적으로 선호하는 색상으로 공간을 구성하되, 긴장이완 및 집중력이 요구될 때는 한색계열을 사용하고, 창의력 및 활력 증진이 요구될 때는 난색계열을 사용할 것을 제언하였습니다. 다만, 유의해야 할 점은 이러한 색채의 채도가 높은 원색을 사용하는 것은 유아교육공간에 어울리지 않는다는 점입니다. 유아교육기관에 채도가 높은 원색을 많이 사용할 경우, 시각적으로 혼란스러운 환경이 조성되어 유아의 집중력을 방해하기 때문입니다(Olds, 2000/2009).

교육적 사용 및 실제

지침1 빛과 그림자의 아름다움을 경험할 수 있도록
여러 형태, 크기, 색의 투과체²⁾를 구비한다.

2)
투과체란 빛의 속성(확산),
성질을 원하는 대로 만들기 위한
모든 장치(투명체, 불투명체)를
의미한다. 예를 들어 셀로판창과
루버를 들 수 있다.

빛은 유아가 언제, 어디에서 어떻게 움직이느냐에 따라 다양한 모습을 비춰주어 유아의 흥미를 유발(김희진 외, 2017)하며 아름다움을 경험할 수 있게 한다. 특히, 빛의 밝기와 색상, 크기, 규칙성, 속도와 같은 다양한 특성들을 유아가 복합적으로 실험해보고 주도적으로 탐색해볼 수 있기에 학습효과도 있다. 투과체는 불투명과 투명 투과체가 있다.

유아의 신체는 대표적인 불투명 투과체다. 창문을 투과하는 빛에 신체를 활용하여 그림자를 만들 수 있다. 창문을 투과하는 빛이 학급 내 벽에 비칠 때, 유아들은 손가락을 이용하여 여러 동물을 표현하며 놀이할 수 있다. 혹은 본인의 신체움직임에 따라 그림자가 변화하는 것을 보며 놀이할 수도 있다. 또한 유아교육기관 내 기본 소품들도 불투명 투과체로서 다양한 각도의 조명등을 활용하여 빛과 그림자의 아름다움을 경험하도록 할 수 있다.

투명한 투과체로는 다양한 형태와 크기, 색의 셀로판 프레임, 투명 아세테이트지를 활용할 수 있다. 교실에 빛이 들어올 때, 셀로판 프레임 혹은 셀로판지를 사용해 색깔이 투과되는 모습을 관찰하고 놀이를 경험할 수 있다. 또는 투명 아세테이트지를 준비하여 아크릴 물감으로 유아들이 작품을 구성한 후, 창문에 전시하여 빛의 투과와 함께 작품을 감상할 수 있다. 예를 들어, 봄꽃동산을 꾸밀

[그림 5-1-27] 자연광을 통해 불/투명 투과체를 활용한 그림자 놀이의 예

[그림 5-1-28] 불투명 투과체(기본 소품 등)를 활용한 그림자 놀이의 예

수 있도록 초록, 분홍, 노랑, 빨강 등의 아크릴 물감과 찍기틀, 붓 등을 준비해주면 유아들이 봄 같은 분위기의 작품을 완성할 수 있으며, 이를 창문에 전시하거나 (천창이 있는 경우) 천장 아래에 전시하면 빛이 투과되는 아름다운 모습의 작품을 감상할 수 있다.

지침2 시각적 아름다움을 반영하여 조명기구, 가구, 소품 등을 비치·배치한다.

인간은 행복감과 평화로움을 느낄 수 있는 환경을 선호한다(Olds, 2000/2009). 자연에는 다양한 색이 서로 조화를 이루며 섞여 있고 사람들은 자연을 보며 행복감과 평화로움, 아름다움을 느낀다. 유아교육기관 역시 그곳에서 생활하는 유아들이 다양한 색의 조화와 아름다움을 느낄 수 있도록 조명기구, 가구, 소품 등을 배치하여야 한다.

학급에서는 CMYK 전구와 같은 조명기구를 배치해 유아들이 시각적인 아름다움을 경험하게 할 수 있다. CMYK 전구란 CMYK(Cyan, Magenta, Yellow, Key/Black) 색상 모델을 이용하여 빛을 내는 전구로, RGB(Red, Green, Blue) 전구와 달리 빨강, 초록, 파랑 색상이 아닌 색의 4원색인 CMYK 그림자를 만들어낸다. 이를 통해 어둡고 단순한 그림자가 아닌 화려한 색깔의 그림자로 아름다운 분위기의 공간을 연출할 수 있다.

교육용 기자재(라이트테이블, OHP[3] 등)를 활용해 유아들에게 시각적인 아름다움을 경험하게 할 수도 있다. 예를 들어, 라이트테이블 위에 불투명 투과체 혹은 투명 투과체를 올려 투과체에서 느낄 수 있는 색다른 아름다움을 경험하게 할 수 있다. 또한 낮잠시간에 빔프로젝터나 OHP로 밤이 연상되는 사진을 천장이나 벽에 투영하여 밤의 아름다움을 느끼게 할 수도 있다.

3)
OHP(overhead projector), 오버헤드 프로젝터로 슬라이드에 인쇄되어 있는 문서의 화상을 확대하여 사용자 뒤에 있는 화면에 투영시키는 장치를 말한다.

[그림 5-1-29] CMYK 전구의 예

[그림 5-1-30] CMYK 전구를 활용하여 놀이하는 예

[**그림 5-1-31**] 라이트테이블이 비추는 곳에서 색다른 아름다움을 느낄 수 있는 예

[**그림 5-1-32**] 밤이 연상되는 사진을 빔프로젝터로 투영한 예

[**그림 5-1-33**] 직사각형과 반원 형태를 이용해 하트형 책상을 만든 예

유아교육기관 내 가구나 소품의 형태, 배치 등을 이용해 유아가 시각적 아름다움을 느끼도록 자극할 수도 있다. 예를 들어, 직선(직사각형, 정사각형 등) 형태의 가구나 소품은 질서정연한, 정돈된, 딱딱한 느낌을 주는 반면, 곡선(원형, 타원형 등) 형태의 가구나 소품은 부드러우면서도 활발한 느낌을 준다(김희진 외, 2017). 또한 다양한 형이 조합된 가구는 자유로운 느낌을 줄 수 있다(하트형 등). 따라서 교사는 학급 내 가구 및 소품이 어떤 형태인지, 이들을 활용해 어떤 창의적인 형태를 만들 수 있는지 등을 충분히 고민한 후, 유아들이 가능한 한 많은 형태를 경험해보며 미적인 감수성을 기를 수 있도록 적극적으로 지원하여야 한다.

[그림 5-1-34] 심미적 운동감과 역동성을 느낄 수 있도록 가구를 사선으로 꺾어 배치한 예

[그림 5-1-35]
1. 심미적 안정감과 통일감을 느끼게 해주는 대칭적 균형(수조작영역)의 예
2. 심미적 운동감과 역동성을 느끼게 해주는 사선배치(창문: 나뭇잎 소품)의 예

가구 및 소품을 어떻게 배치하느냐에 따라 유아는 디자인의 구성원리인 균형, 강조, 리듬·반복·패턴, 비례, 움직임, 통일·변화(김은심 외, 2019)를 경험할 수 있다. 예를 들어, 같은 모양, 질감, 색 등을 활용하여 대칭적 균형을 이루면 전체 공간에서 심미적인 안정감과 통일감을 느낄 수 있다(김희진 외, 2017). 반면 가구 및 소품을 사선으로 꺾거나 대각선 방향으로 배치하면 심미적인 운동감과 역동성을 느낄 수 있다.

≫ 디자인의 구성원리에 대한 자세한 설명은 p.184 본 절의 건축디자인 및 설계 [지침 2] 참고

≫ 디자인의 구성원리에 대한 자세한 설명은 p.184 본 절의 건축디자인 및 설계 [지침 2] 참고

지침3 공간의 색채를 자연색과 소프트톤 위주로 조화롭게 구성한다.

유아들이 행복감과 아름다움을 느낄 수 있도록 유아교육기관 공간의 색채를 조화롭게 구성하여야 한다. 실내공간의 색채와 실내식물의 영향력을 비교한 연구(Li et al., 2021)에 따르면, 사람들의 인지수행 수준은 실내식물 > 회백색 > 파란색 > 빨간색 순으로 높게 나타났다. 또한 빨간 벽면에서 산소포화도가 가장 높은 반면, 파란 벽면에서 산소포화도와 심박수가 가장 낮게 나타났다. 이는 실내식물이 지닌 자연색이 유아의 인지수행 수준에 긍정적 영향을 미칠 수 있음을 의미한다. 이와 비슷한 사례로, 시선추적을 통한 연구(Xu & Zhang, 2013)에서도 유아의 시선이 뉴트럴 색상(neutral color), 즉 자연색과 한색계열에 가장 집중되어 움직이는 것으로 나타났다.

〈동주민센터 디자인 가이드라인(디자인서울총괄본부, 2008)〉에서는 유아교육기관에서 파스텔톤의 명랑하고 밝은 색채를 활용하면 시각 요소에 민감한 유아의 흥미를 유도할 수 있다고 제언한다. 또한 학급과 가구, 수납장 등에 포인트 색상으로 난색계열(빨강, 노랑 등)을 사용하면 경쾌함을 자극할 수 있다고 제언한다. 한편, 〈동주민센터 유니버설디자인 매뉴얼(서울특별시 디자인정책과, 2011)〉에서는 유아교육기관

[그림 5-1-36] 자연색 위주의 학급 예1

[그림 5-1-37] 자연색 위주의 학급 예2

4)
중성색이란 시각적으로
따뜻하지도 차지도 않은 느낌을
주는 색채로 초록, 연두, 보라,
자주 등의 계열이 이에 해당한다.
그러나 그런 색 외에 무채색을
중성색이라고 부를 때도 있다.

5)
무채색이란 색조가 없는 색으로,
하얀색과 검은색 및 이 양극단
색 사이에 위치한 모든 회색을
의미한다. 반면, 빨강, 노랑, 파랑,
초록은 유채색이다.

공간의 주조색을 주변의 색과 비슷한 톤으로 하여 조화를 이룰 것을 제언한다. 예를 들면 파랑, 초록, 갈색, 회색과 같은 중성색[4], 무채색[5]을 사용해 주변 공간과 조화를 이룰 수 있다. 특히, 저채도의 색채는 정돈되어 보이는 효과가 있다. 만약 무채색 공간의 심심한 느낌을 없애고 싶다면 무채색 배색에 유채색을 포인트 컬러로 사용하는 것이 좋다. 더불어 강조색을 사용하고 싶다면, 전체 공간과 유사한 색 혹은 같은 색을 사용하여 구성하는 것이 바람직하다. 하지만 주변과의 조화를 위한 유사색을 잘못 선택할 수도 있으므로 색채 사용에 자신이 없다면 무채색부터 사용해볼 것을 권장한다.

≫ 공간의 색채에 대한 내용은 p.111 '안락성'의 건축디자인 계획 [지침 4], p.189 '심미성'의 건축디자인 계획 [지침 4] 참고

지침4　　　빛의 다양한 속성 및 합성과 명암을 탐색할 수 있는 자료나 장치를 둔다.

우리가 세상을 본다는 것 자체가 빛의 작용이다. 즉 볼록렌즈나 오목렌즈, 거울을 가지고 세상을 본다는 것은 일부를 확대하거나 축소하는 변형과 왜곡을 경험함으로써 세상을 보는 시각을 다채롭게 할 수 있다는 데 의의가 있다. 이런 측면에서 빛의 다양한 속성(직진성, 반사·굴절, 분산, 합성 등) 및 합성과 명암을 탐색할 수 있는 자료와 장치를 유아교육기관에 둔다면, 유아에게 재미와 유머, 섬세함, 호기심 등을 자극하고 감수성을 풍부하게 해줄 수 있다. 이러한 자료와 장치로는 렌즈(볼록렌즈, 오목렌즈), 어항, 거울(오목거울, 볼록거울, 평면거울), 숟가락, 국자, 프리즘, OHP, 수면등 등이 있다.

∘ 빛의 속성에는 어떤 것이 있을까요?

✓ 직진성: 빛의 가장 기본적인 성질입니다. 빛의 직진성 때문에 일식(달이 태양과 지구 사이에 놓여 있을 때 태양이 가려지는 현상)과 월식(태양에 의해 생긴 지구의 그림자 속에 달이 들어와 달이 가려지는 현상) 등을 관측할 수 있지요.

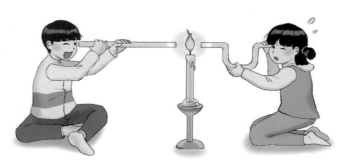

[그림 5-1-38] 빛의 직진하는 성질 때문에 오른쪽의 여아는 촛불을 볼 수 없음

✓ 반사·굴절: 빛이 어떤 물체 표면에 입사[6]하게 되면, 입사한 빛(입사광선)의 일부분은 반사(반사광선)하게 됩니다. 입사광선과 법선이 이루는 각을 입사각, 반사광선과 법선이 이루는 각을 반사각이라고 하며, 이 둘의 각도는 '반사의 법칙'에 의거해 항상 같습니다. 빛이 한 매질[7] 속에 있다가 다른 매질로 입사하게 되면 입사한 빛의 일부는 경계면에서 반사되고 나머지는 새로운 매질 속으로 투과됩니다. 즉, 새로운 매질 안에서 빛의 방향이 바뀌는데 이를 '굴절'이라고 합니다.

✓ 분산: 빛은 분산합니다. 프리즘에 의한 빛의 분산, 비가 온 뒤 하늘에서 볼 수 있는 무지개 등이 빛이 분산하는 예입니다. 우리가 볼 수 있는 햇빛 중 가시광선은 여러 가지 색이 합성된 백색광입니다. 만약 햇빛이 프리즘을 통하면 굴절률이 가장 큰 보라색이 가장 많이 꺾이고(파장이 짧을수록 굴절률이 큼), 굴절률이 가장 작은 빨강색은 가장 작게 꺾입니다. 즉, 다양한 빛이 다양한 굴절률로 인해 나뉘고 그로 인해 빛의 분산이 일어납니다.

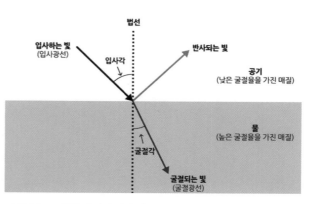

[그림 5-1-39] 빛의 반사 및 굴절

✓ 합성: 빛의 분산과 반대로 2가지 이상의 단색광이 합쳐져 다른 색이 보이는 현상을 빛의 '합성'이라고 합니다. 빛의 합성은 섞으면 섞을수록 흰색에 가까워집니다.

6) 입사란 빛의 파동이 다른 경계면에 이르는 일을 의미한다.
7) 매질이란 어떤 파동 또는 물리적 작용을 한 곳에서 다른 곳으로 옮겨주는 매개물(음파를 전달하는 공기 등)을 의미한다.

출처: 김민재(2019)에서 재구성

볼록렌즈는 빛의 굴절을 이용해 '빛의 초점을 모으고', '하나의 점을 확대하는' 기능이 있다. 볼록렌즈는 렌즈의 가운데 부분이 가장자리보다 두껍기 때문에 볼록렌즈를 통과하는 빛은 렌즈의 가운데 쪽으로 꺾여서 모이고, 이러한 빛의 굴절을 이용하여 좁은 범위, 즉 작은 것을 크게 볼 수 있다. 볼록렌즈가 활용되는 소품으로는 볼록렌즈, 망원경, 돋보기, 원시용 안경, 현미경 등이 있다. 반면, 오목렌즈는 렌즈의 가장자리 부분이 가운데보다 두껍기 때문에 오목렌즈를 통과하는 빛이 렌즈의 가장자리 쪽으로 꺾여서 나가 사방으로 퍼지는 것처럼 빛이 퍼져 나간다. 오목렌즈가 활용되는 소품으로는 오목렌즈, 근시용 안경, 망원경 등이 있다.

이러한 소품(특히, 볼록렌즈)을 학급 내 놀이영역(흥미영역)에 두어 유아들이 빛의 굴절 현상을 경험하도록 할 수 있다. 어항 역시 학급에 두고 유아들이 빛의 속성을 경험하기에 좋은 장치다. 어항 속에 물고기가 크게 보이는 것이 바로 빛의 반사·굴절 현상이기 때문이다. 물고기가 없을 때 어항 속에 물을 넣고 빨대를 물속에 담가 빨대가 꺾여 보이는 것을 관찰하거나, 손을 물속에 넣어 실제보다 커 보이는 모습을 관찰하는 등 여러 놀이를 통해 유아들이 빛의 속성을 경험하게 할 수 있다.

거울의 종류로는 볼록거울, 오목거울, 평면거울 등이 있다. 볼록거울은 오목렌즈와 비슷한 역할을 하며, 오목거울은 원리상 볼록렌즈와 비슷한 역할을 한다. 즉, 오목거울은 빛을 모을 수 있다.

[그림 5-1-40] 볼록렌즈로 놀이하는 유아들의 예

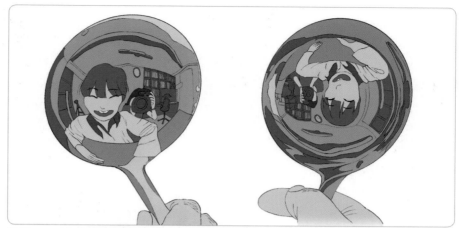

[그림 5-1-41] 국자의 볼록거울(왼쪽), 오목거울(오른쪽). 볼록거울로는 항상 작고 똑바로 된 상만 보이는 반면, 먼 거리에서 오목거울을 보면 거꾸로 된 상을 볼 수 있다.

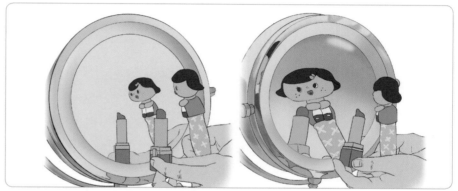

[그림 5-1-42] 평면거울(왼쪽)과 오목거울(오른쪽)의 차이 예. 평면거울은 같은 크기의 상을 관찰할 수 있으나, 오목거울은 근거리에서 보면 확대된 모습을 볼 수 있다.

특히, 볼록거울과 오목거울은 국자나 숟가락을 활용하면 쉽게 경험할 수 있다. 숟가락의 바깥쪽 볼록한 면, 즉 볼록거울은 항상 실제보다 작고 똑바로 놓인 상들만 보여 범위를 넓게 볼 수 있다는 장점이 있다. 볼록거울이 활용되는 사례는 자동차의 사이드미러다. 볼록거울은 항상 더 작은 상을 보여주기 때문에 자동차 사이드미러에는 '사물이 거울에 보이는 것보다 가까이 있음'이라는 메모가 적혀 있다. 반면, 숟가락 안쪽 오목한 면에서는 상이 거꾸로 맺히는 모습을 볼 수 있다. 오목거울로는 확대된 상을 볼 수 있기 때문에 화장대의 거울로 사용된다. 오목거울은 빛을 모으는 특징이 있기 때문에 손전등의 LED, 자동차의 헤드라이트 등에도 사용된다. 유아교육기관의 학급 내 숟가락이나 국자를 비치하여 상을 비추게 할 수 있으며 볼록거울, 오목거울, 평면거울을 모두 배치해둘 수도 있다. 손전등 역시 배치해두면 빛을 모으는 오목거울의 활용 사례도 경험할 수 있다.

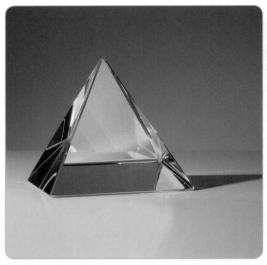

[그림 5-1-43] 프리즘

[그림 5-1-44]
1. OHP 조명을 벽으로 향하게 해 벽에서 하는 그림자 놀이의 예
2. 함석판 앞에 수면등을 두어 신비하고 몽환적인 느낌을 연출한 예

프리즘은 빛의 분산을 경험할 수 있는 대표적인 소품이다. 학급 내 프리즘을 배치하면 유아들이 다양한 각도에서 프리즘을 돌려보면서 가시광선 스펙트럼을 구성하는 다양한 색이 분산되는 것을 경험할 수 있다.

OHP를 통해서도 빛의 속성을 경험할 수 있다. OHP에서 나온 조명을 벽으로 향하게 하면 빛의 직진성으로 인해 유아들이 벽에서도 새로운 놀이공간을 창조할 수 있다. OHP에서 나온 조명이 벽에 투사될 때 유아가 직접 손가락을 움직이는 등 신체를 투영하거나, 불투명 투과체를 활용하여 그림자를 만들며 놀이할 수 있다. 또한 OHP에 셀로판을 대어 벽면에 셀로판지의 색깔이 투과되는 모습을 볼 수도 있다.

수면등은 간단한 터치만으로 조명의 색을 바꿀 수 있고 소등 및 이동이 편리하여 유아의 호기심을 자극하기에 충분한 소품이다. 특히 조도가 낮은 곳에서 거울이나 함석판을 벽에 붙인 후 그 앞에 여러 개의 수면등을 두면, 빛의 속성으로 인해 번짐 효과를 주어 몽환적이고 신비한 느낌을 자아낼 수 있다. 또한 수면등에 배 포장재를 감싸 빛을 투과하면 재미있는 모양을 연출할 수 있다. 최근에는 벽에 붙이는 무드등 역시 인테리어 소품 조명으로 활용하기도 한다.

2절

역동성

: 공간 내 디자인 요소의 복합성이 이용자로 하여금
다채로운 감각경험, 긍정적 정서(즐거움, 호기심),
시각적 동적 에너지를 경험하게 하는 특성

○ **관련 심리행태적 특성 :**
» 심미성
: 조형적으로 아름다운 것을 경험하고 그것에서 느
낄 수 있는 초월적 경험과 감상(경이감, 황홀감, 몰
입감, 일체감 등)을 추구하고자 하는 성향

○ **추구하는 인간상 :**
» 창의적인 사람, 감성이 풍부한 사람

○ **관련 핵심역량 :**
» 창의적 사고 역량, 심미적 감성 역량

유아는 조형적으로 아름다운 것을 선호하고 그것에서 느낄 수 있는 감상을 추구하고자 하는 성향을 지닌다(차기주, 2022). 따라서 유아교육기관의 공간은 이러한 심리행태적 특성에 기반하여 유아의 감성적 체험과 창의성 함양을 지원할 수 있는 특성을 갖추어야 한다. 공간 내 디자인 요소의 전반적 통일성을 유지하면서도 변화·변이를 통해서 공간 내에 풍부한 시지각적 경험 및 즐거움(재미)의 요소를 포함하여야 한다(차기주 외, 2021).

유아는 공간에서 비의식적으로 신체를 통하여 느끼고 경험하면서 공간에 대한 인상을 형성하게 된다. 이는 복합적 감각경험으로서 공간을 형성하는 질성적 요인, 즉 빛·색·촉감·냄새·소리 등의 비물질적, 비언어적 속성들과 공간 구조에 의해 역동적 공간 경험이 발생하게 된다. 즉, 공간 내 디자인 요소의 복합성이 유아로 하여금 다채로운 감각경험, 긍정적 정서(즐거움, 호기심) 및 시각적 동적 에너지를 경험하게 해야 한다는 궁극적 지향성이 잘 드러나는 공간적 특성을 '역동성'이라고 할 수 있다(차기주, 2022).

역동성을 갖춘 유아교육기관의 공간을 구성하기 위해 참고할 수 있는 자체 점검 항목을 '건축디자인 계획' 측면과 '교육적 사용 및 실제' 측면으로 구분하여 제시하면 다음과 같다.

표 5-2-1 공간의 '역동성' 관련 「건축디자인 계획」 측면 자체 점검 체크리스트

계획범주	계획요소	학급	공용/매개			건축디자인 계획		충족 여부	
			진입	중심	연결	지침	하위 항목	예	아니오
규모 및 배치 계획	공통		●	●	●	●	시각적 촉감 등 복합적 감각경험을 위해 벽, 천장, 바닥 등의 마감재를 선택하고 각종 디자인을 구현하는 데 천연소재(또는 천연소재와 유사한 경험을 제공하는 표면재)를 사용한다.	복합적 감각경험을 위한 마감재 계획에 있어 목재, 석재, 직물, 조적재 등 천연소재 또는 천연소재를 활용한 신소재를 사용한다.		
		●		●	●	수직적·수평적 위치 변화와 시선이동에 따라 차별적 시각 경험을 제공하는 공간, 구조물 및 장치를 구비한다.	공간을 수직적으로 확장, 압축한 구조인 로프트(loft) 구조물을 설치한다.		
							예시 로프트 구조물 아래 공간에 유아가 숨을 수 있는, 즉 높이가 낮고 외부의 소리나 시선에서 분리된 독립된 공간을 구성한다.		
							예시 로프트 구조물의 상부 공간으로 투명한 소재를 활용하여 공간은 분리되지만 시야는 확보되어 공간 조망이 가능한 개방적 공간으로 구성한다.		
		●		●	●	공간의 디자인 요소에서 느낄 수 있는 수직적 복합성이 있어야 한다.	수평적 이동 및 시선의 이동에 따른 차별적 공간 경험을 위하여 공간 요소에 변화를 줄 수 있는 구조물을 계획하여 다채로운 공간 경험을 제공한다.		
							예시 바닥, 벽, 천장의 마감재에 변화를 주거나 공간의 상징적, 심미적 분리를 통해 변화를 경험하게 한다.		
							예시 시야보다 높은 파티션이나 가구를 반복해 배치함으로써 시각적 리듬을 생성하고 유아의 움직임을 자연스럽게 유도하여 공간을 경험하도록 한다.		
							2층 이상의 다층 공간에 빈(void) 공간을 두어 유아가 시야를 확보하고 관찰, 조망 등의 시지각적 경험을 할 수 있도록 한다.		
		●		●	●	실내수경시설, 풍경 등 시청각적으로 복합적 감각경험을 제공하는 디자인 요소를 갖추도록 한다.	자연의 소리를 활용한 청각적 풍경을 계획하여 안정감을 기반으로 유아에게 즐거움과 편안함을 제공하는 공간으로 계획한다.		
		●		●	●	공간의 디자인 요소에서 느낄 수 있는 시각적 리듬성과 패턴화된 복잡성을 계획해야 한다.	연속적으로 변화하는 장면들이 연결되어 유아에게 다양한 지각 경험을 제공한다.		
							예시 복도, 계단, 브릿지와 같이 공간을 연결하면서 변화하는 장면을 제공하는 구조물을 계획한다.		
	공간크기	●		●	●	[공용] 공간의 성격에 부합하도록 공간별 크기, 모양(형태), 시각적 개방성에 차이를 둔다.	서로 다른 성질의 공간 요소를 배치하여 공간을 다양하고 풍성하게 계획한다.		
							예시 다양한 형태와 크기의 공간을 배치하여 공간 탐색의 자극 요소로 구성한다.		
							예시 공간의 개방도에 차이를 주어 다양한 공간감을 경험할 수 있도록 계획한다.		

표 5-2-2 공간의 '역동성' 관련 「교육적 사용 및 실제」 측면 자체 점검 체크리스트

계획범주	계획요소	학급	공용/매개			교육적 사용 및 실제		충족 여부	
			진입	중심	연결	지침	하위 항목	예	아니오
공간 디자인 계획	공통	●	●	●	●	시각적 촉감 등 복합적 감각경험을 위해 가구, 소품, 교육용 자료 등은 주로 천연 자연소재(또는 천연소재와 유사한 경험을 제공하는 재료)를 기반으로 하며, 그 물리적 특성을 다양하게 한다.	천연소재(섬유, 목재 등) 혹은 자연물로 제작된 가구, 소품, 교육용 자료를 제공하며, 그 물리적 특성을 다양하게 제공한다.		
							예시 색채의 무게감과 온도감, 소재의 밀도, 표면의 거칠기·무늬·음양각 등에서 다양한 가구, 소품, 자료를 제공한다.		
		●		●	●	공간의 디자인 요소에서 느낄 수 있는 시각적 리듬성과 패턴화된 복잡성을 갖추도록 한다.	'규칙성 vs. 불규칙성, 직선 vs. 곡선, 반복 vs. 변이, 대칭 vs. 비대칭, 정형 vs. 비정형 등' 대비되는 속성들 간의 조화와 균형을 추구하며, 복잡성 가운데에 리듬성과 규칙성이 어우러질 수 있도록 공간을 구성한다.		
마감재 계획	가구		●	●	●	공간의 디자인 요소에서 느껴지는 수직적 복합성이 있도록 구성한다.	가구의 형태와 종류를 다양하게 제공한다(사각형·원형·다각형·비정형 등, 벤치·1인용·다인용 의자, 빈백·카우치 등).		
							공간 내 가구의 높낮이(입식, 좌식, 와식용)나 개별 소품의 수직·수평 길이를 다양하게 제공한다.		
		●		●	●	다양한 형태, 종류, 높이의 가구를 구비한다.	캐노피나 천장에 각종 소품(조명등, 모빌, 장식물, 풍경 등)을 설치한다.		
		●	●	●	●	유희적 반응과 즐거움을 유발하는 다양한 소품 및 가구를 비치·배치한다.	일반적으로 유아들이 선호하는 대상이나 유머코드가 포함된 가구와 소품(동물인형 꼬리에 달린 스탠드조명, 다양한 안경그림이 그려져 있는 거울 등)을 배치한다.		
규모 및 배치 계획	실크기	●		●		영역(공간)별 성격에 부합하도록 크기와 모양, 시각적 개방성에 차이를 둔다.	영역의 형태를 곡선형, 직선형, 복합형으로 다채롭게 구성한다.		
							반개방형, 폐쇄형, 완전개방형으로 영역의 시각적 개방성을 다양하게 구성한다.		
	배치 및 동선	●		●		다양한 영역 구분 장치를 사용한다.	영역의 성격에 따라 책상과 의자를 방사형(링크형), 배향형, 대향형, 독립형(벽면부착형, 벽부형) 중 적절한 형태로 배치한다.		
							교구장, 목재 칸막이 외에 다양한 사물들[책상, 책꽂이, 식물, 교구장, (안전)유리칸막이, 인테리어 소품 상자 등]을 적절히 활용하여 영역의 크기와 경계를 구성한다.		
환경 계획	공통	●		●	●	실내 수경시설, 풍경 등 시청각적으로 복합적 감각경험을 제공할 수 있는 디자인 요소를 갖추도록 한다.	풍경(모빌), 디퓨저, 실내 분수, 실내 수경재배 인테리어 등을 활용하여 물질의 질성을 탐색하고 시각·청각·촉각·후각 등을 복합적으로 자극하며, 심미적 아름다움을 경험할 수 있도록 한다.		

이상의 자체 점검 체크리스트를 기반으로 공간의 '역동성' 관련 가이드라인을 제안하면 다음과 같다.

건축디자인 계획

| 지침1 | [공용] 공간의 성격에 부합하도록 공간별 크기와 모양(형태), 시각적 개방성에 차이를 둔다. |

| **계획범주** | 규모 및 배치 계획
| **계획요소** | 공간 크기

올즈(2001/2009)는 유아의 공간을 계획하는 데 있어 '다양성은 삶의 활력소'라고 언급하고 있다. 유아의 공간은 색채, 패턴, 가구, 시설 등의 감각적 자극 요소로 구성되어 있는데, 이러한 시각적 자극을 과도하게 사용할 경우 공간에 대해 부정적 인상을 심어줄 수 있으므로 과도한 자극을 지양하고 공간의 여러 요소를 하나의 이미지로 조화롭게 형성하도록 계획하여야 한다. 이때 다양한 요소들이 비슷한 느낌으로 조화를 이루게 할 수도 있지만, 서로 어긋난 느낌으로 호기심을 유발하는 것도 또 다른 표현 방법이다. 즉, 서로 다른 성질의 요소를 배치하여 부각할 수 있으며 다양한 형태와 크기의 배치는 공간을 다채롭고 풍성하게 한다. 이러한 배치는 유아로 하여금 공간을 탐색하게 하는 자극의 요소로서 작용한다.

또한 공간의 개방도에 차이를 주어 공간에 대한 유아들의 호기심을 자극하고 다양한 공간감을 경험할 수 있는 기회를 제공할 수 있다. 예를 들면, 공간의 흐름에 따라 시야가 개방적으로 트여서 공간을 한눈에 인식할 수 있게 구성하면서도 일부는 닫힌 시야의 공간을 구성하는 것이다. 이러한 공간 구성은 유아들에게 공간에 대한 다양한 경험과 인상을 심어줄 수 있다. 따라서 유아교육기관의 공간 설계 시에 공간의 다양성을 고려해 크기와 형태, 시각적 개방성을 조절하여야 한다. 각각의 공간의 성격과 용도에 따라 적절한 크기와 모양을 선택하고, 시

[그림 5-2-1] 다양한 형태와 크기의 공간 배치로 풍성한 이미지를 구현한 공간의 예 @ncsoft 웃는땅콩 어린이집

[그림 5-2-2] 시각적 개방도를 다양하게 배치해 공간의 호기심을 높이고 탐색을 유도하는 공간의 예 @ncsoft 웃는땅콩 어린이집

각적 개방성을 조절해 공간이 자연스럽게 읽혀지도록 해야 한다. 이러한 과정을 통해 유아들이 공간에 대한 정서적 인상을 자연스럽게 형성할 수 있도록 고려하여야 한다.

| **지침2** | 시각적 촉감 등 복합적 감각경험을 위해 벽, 천장, 바닥 등의 마감재를 선택하고 각종 디자인을 구현하는 데 천연소재(또는 천연소재와 유사한 경험을 제공하는 표면재)를 사용한다. |

| **계획범주** | 마감재 계획
| **계획요소** | 공통

유아의 촉각은 다른 연령대보다 예민하다. 따라서 유아교육공간에서 촉각적 자극이 풍부한 환경을 구성하는 것은 매우 중요한 부분이다. 건축의 디자인 계획에서 마감재를 어떻게 선택하느냐에 따라 유아는 그 공간을 편안하고 안전한 공간으로 인식할 수도 있고 그러지 못할 수도 있다. 따라서 유아의 감각경험을 위한 공간은 교육과 활동 내용을 고려하여 신중하게 계획하여야 한다.

감각경험을 위한 마감재 계획 시에는 질감(texture)에 대한 고려가 필요한데, 다음 2가지 특성을 기반으로 적합하게 계획하여야 한다. 첫 번째는 질감은 '촉각적 요소'로 재료의 표면 형태이며, 모든 재료의 표면은 고유한 특성을 가지고 있기 때문에 촉각적 경험으로 재료의 특성과 구성을 인지할 수 있다는 점이다. 두 번째는 질감은 '시각적 요소'로 인식이 가능하며 빛, 색채, 형태 등과 결합

[그림 5-2-3] 나무 위 도장 마감으로 나무의 질감을 살리면서 자연스러운 색상을 표현한 예
@일본, 레이몬드 나가하마 보육원

[그림 5-2-4] 표면 질감이 느껴지는 도장 마감으로 빛과 결합 시 위치에 따라 색상이 다양하게 표현된 예
@일본, 레이몬드 타나 보육원

[그림 5-2-5] 나무의 거친 질감을 살려 마감한 예
@일본, 마유미 보육원

[그림 5-2-6] 매끄러운 나무마감재를 곡면 벽체에
적용하여 표현한 예 @일본, 레이몬드 타나 보육원

해 촉지적 감각이 발생한다는 점이다.

　　[그림 5-2-3]부터 [그림 5-2-6]은 질감과 색채, 빛의 결합으로 시각적 요소를 구현한 사례를 보여준다. 질감과 색상과의 연관성은 매우 높다. 따라서 마감재의 질감에 따라 빛을 흡수하거나 반사하는 방식을 파악하여 계획에 적용하면 독특한 공간감을 연출할 수 있다. 빛의 종류와 강도, 그 외 빛의 특성을 파악해 표면의 질감이 더 잘 표현되도록 할 수 있다. 매끄러운 표면은 더 많은 빛을 반사하여 더 강렬한 색상을 표현하게 되며, 거친 표면은 빛을 흡수함에 따라 음영의 표현이 두드러지게 된다.

　　공간에 적용하는 대표적인 천연 재료로 목재, 석재, 조적재 등이 있다. 그리고 자연의 패턴이나 재료를 적용한 혼합재료, 천연의 재료를 활용한 신재료 등도 있다. 신재료 개발로 앞으로 더욱 다양한 재료를 공간에 적용할 수 있을 것으로 기대된다.

제재목　　　　무늬목　　　　목재+오일스테인　　　　우드루버+도장　　　　흡음보드

[그림 5-2-7] 목재

[그림 5-2-8] 석재

석재 | 혹두기 | 정다듬 | 잔다듬 | 물갈기
석재 표면 가공

패브릭 | Felt | 지사벽지 | 카페트 | 천연·인조가죽

[그림 5-2-9] 직물

점토벽돌 | 백토벽돌 | 수공예 벽돌 | 긴벽돌 | 속빈 반블록

[그림 5-2-10] 조적재

지침3	수직적·수평적 위치변화와 시선이동에 따라 차별적 시각 경험을 제공하는 공간, 구조물 및 장치를 구비한다.
지침4	공간의 디자인 요소에서 느껴지는 수직적 복합성이 있어야 한다.

| 계획범주 | 공간디자인 계획
| 계획요소 | 공통

유아교육기관은 단조로운 공간 구성을 개선하는 방안으로 복합적 움직임을 유도하는 구조물을 활용할 수 있다. 이는 유아의 움직임을 유도하며 수직적·수평적 위치변화와 시선이동에 따라 변화하는 조망을 통해 차별화된 경험의 기회를 줄 수 있다. 공간을 수직적으로 확장·압축한 구조로 로프트(loft)를 활용하여 공간의 구조를 변형하거나 구조물을 공간에 삽입하여 계획할 수 있다. 로프트 구조는 개방감과 확장된 시야를 확보할 수 있으며 공간을 입체적으로 경험하도록 유도한다. 특히, 구조물 내부에서 움직일 때 다양한 방향과 높이에서 조망할 수 있어 사용자의 움직임과 개인적 경험에 따라 다른 인상을 주는 요인으로

작용한다. 이러한 특성 때문에 로프트 구조를 적용한 공간은 복잡하게 느껴지기도 하지만, 그 안에서 활동하는 유아는 다채롭고 다양한 차별화된 공간을 경험할 수 있다.

다층 구조 계획 시에는 창문의 규모와 위치에 주의하여야 한다. 상부층의 충분한 채광과 조명을 확보할 수 있도록 계획하는 것이 중요하다. 천창 또는 상부 조명을 통해 조명을 신중하게 계획하도록 한다. 유아교육공간에서 계단은 움직임을 유도하고 다양한 높이의 시야를 경험하게 하는 중요한 공간 요소이지만 안전하게 사용할 수 있도록 계획되어야 한다. 협소한 공간에 계단을 무리하게 계획해 유아가 사용하는 데 위험을 경험하지 않도록 주의하고 주변에 여유공간을 확보하도록 한다.

유아교육공간에 적용할 수 있는 공간 구조 계획의 특징은 다음 4가지로 설명할 수 있다.

첫 번째, 유아는 높이에 친밀감을 가지고 있으며, 특히 숨을 수 있는 '아래'를 선호하므로 밀폐식의 분리된 구조를 구성해 적용할 수 있다. 소리나 시선, 온도를 분리하여 독립적인 공간을 구성하는 것으로 인접한 공간과 독립된 공간을 구성할 수 있다. 밀폐식 구조는 개인적인 공간을 확보하는 데 유리한 구조이지만 유동성은 떨어질 수 있다.

두 번째, '반개방형 분리 구조'를 적용할 수 있다. 이는 스크린이나 투명한 소재를 활용해 공간을 분리하는 방법으로, 공간의 시야를 확보해 공간 조망이 가능하며 개방적이고 연속적인 유연한 공간을 구성할 수 있다.

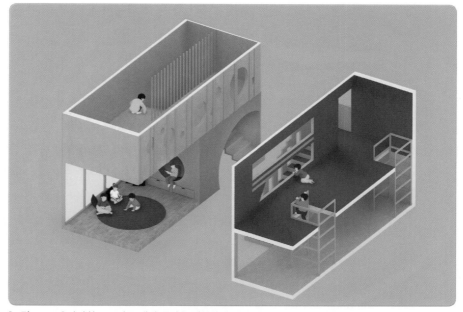

[그림 5-2-11] 다양한 규모와 소재의 공간을 배치하여 공간 경험을 유도한 예

[그림 5-2-12] 바닥과 벽의 색채와 마감재에 변화를 주고, 천장 구조물로 공간을 상징적으로 분리한 예

　　세 번째, '상징적 분리 구조'를 적용할 수 있다. 이는 수평적 위치변화와 시선 이동으로 다채로운 시각 경험을 제공할 수 있는 공간 장치로, 건물의 기둥과 재질 그리고 색채와 조경 등을 이용해 높낮이 차이를 두고 공간을 분할하는 것이다. 공간을 시각적으로 차단하지 않으면서 상징적이고 심미적인 분리를 통해 공간을 분리하는 방식이다.

　　네 번째, '부분적 분리 구조'를 적용할 수 있다. 이는 시야에 방해를 주지 않기 위하여 시야보다 높은 파티션이나 가구를 이용해 큰 공간에서 작은 공간을 분리할 때 활용할 수 있다.

　　유아교육공간을 계획할 때 위에 구분한 로프트 구조 내용을 활용해 교육과정과 공간 기능에 적합한 다채롭고 창의적인 공간을 구성할 수 있다. 이러한 구조는 공간자극으로 작용해 유아의 긍정적 발달을 촉진하는 요인 역할을 한다.

　　시선의 이동에 따라 차별화된 경험을 주는 공간 요소를 적용해 공간을 구성할 경우에는 공간의 구조, 재료, 형태의 변화를 통해 수직적 수평적 시선의 변화와 이동을 유도한다. 2층 이상의 다층 공간을 계획할 때 빈(void) 공간은 중요한 시지각적 경험을 준다. 비어 있는 공간을 통해 시선의 방향과 높이가 다양하게 형성되어 관찰과 조망이 활발하게 이루어질 수 있다. 유아들이 공간 안에서 자유로이 움직이며 또 다른 공간을 간접적으로 경험할 수 있고, 이러한 활동을 통해 적극적 상호작용을 유도할 수 있다.

[그림 5-2-13] 빈 공간을 통해 계단, 계단참, 복도 공간에서 하부 공간을 조망하고 소통하는 공간의 예

[그림 5-2-14] 바닥과 천장의 색채를 통해 공간을 구분한 예

색채와 빛을 활용하여 시지각적 경험을 계획할 수 있다. 색채와 빛은 시각적 요소로 즉각적인 반응을 유도하며 공간을 지각하게 하는 데 중요한 요인이다. 색채는 색상, 명도, 채도의 특성을 통해 공간을 확장하거나, 공간과 공간의 연속성을 표현할 수 있다. 공간의 색채는 풍부한 빛의 형태와 결합해 경쾌한 이미지를 연출할 수 있으며 이러한 특성으로 인해 유아에게 심리적 요소로 작용하는 중요한 요인이다.

지침5
실내수경시설, 풍경 등 시청각적으로 복합적 감각경험을 제공하는 디자인 요소를 갖추도록 한다.

| **계획범주** | 공간디자인 계획
| **계획요소** | 공통

시각이 아닌 다른 감각을 통해 시각적 심상을 환기시키는 경험은 감성을 풍부하게 한다. 특히 청각은 다섯 감각 중 시각 다음으로 주요한 감각으로, 청각의 공간 환기성은 시각보다 훨씬 다양하게 나타난다. 예를 들어, 물이 흐르는 소리를 연출하면 흐르는 물의 소리(강가의 물 소리, 계곡의 물 소리 등)를 상상하거나 분수의 모습을 상상할 수 있다. 즉, 공간과 소리 그리고 유아의 경험을 통해 다양한 상호작용이 발생하게 되는 것이다. 따라서 공간의 질을 풍부하게 확장하기 위해서는 시청각적인 지각 요소를 고려해 공간을 계획하여야 한다(이호석, 심은주, 2011). 공간의 기능과 특성에 따라 시청각적 풍경을 계획하여 안정감을 기반으로 유아들에게 즐거움과 편안함을 주는 공간을 설계하여야 한다. 소리는 개인별 민감도가 다양하므로 세심한 주의와 조율이 요구된다.

≫ 유아 개인별 감각자극 처리와 민감도에서의 차별성 관련 내용은 p.25 「총론 – 2. 이론적 배경 중 2-3) 감각처리 및 요구에서의 차별성」, p.137 '개별지원성'의 [알아두면 좋아요] 참고

○ '소리의 풍경'은 무엇일까요?

소리의 풍경(soundscape)은 캐나다 작곡가 머레이 쉐이퍼(R. Murray Schafer)가 소리(sound) 와 경관(landscape)을 합해 만든 개념으로, 우리가 사는 환경에서 들리는 다양한 소리를 하나의 풍 경으로 인식하는 것을 의미합니다. 이 개념은 자연에서부터 도시의 소음까지 모든 소리를 하나로 묶 어서 생각하고, 그것을 우리가 사는 경관이라고 인식하는 것입니다(이호석, 심은주, 2011).

소리의 풍경은 우리의 청각적 사고를 자극함으로써 다양한 감각을 통해 주변환경을 더 잘 파악 할 수 있게 합니다. 이러한 청각적 사고를 통해 우리는 환경의 소프트(soft)한 부분과 생생한 부분을 이해할 수 있습니다. 그러나 공간은 청각뿐만 아니라 우리의 모든 감각으로 인지됩니다. 따라서 소리 의 풍경은 청각과 다른 감각들과의 조화를 고려하여 형성되어야 하며, 이렇게 형성되었을 때 시각적 으로 인식하는 경관과 함께 공간의 질적 구성을 형성하는 데 중요한 역할을 할 수 있습니다. 즉, 시각 적 풍경에 알맞은 청각적 경관을 형성하여 공간을 인식하고 이를 풍부하게 경험할 수 있게 합니다.

소리의 풍경은 여러 가지 특성을 지닙니다. 첫째, 소음을 차단하여 안정감과 즐거움을 제공합니 다. 둘째, 자연의 소리를 통해 즐거운 경험을 제공하는 유희적 기능을 합니다. 셋째, 자연환경에서 발 생하는 소리를 통해 보다 깊은 안정감을 제공합니다. 넷째, 우리로 하여금 소리를 통해 공간을 인식 하고 자신의 위치를 파악하여 특정 장소로 유도하는 역할을 합니다. 이러한 특성들은 소리의 풍경이 공간의 질적 구성을 위해 중요하다는 점을 보여줍니다. 시각적 풍경에 알맞은 청각적 경관을 형성함 으로써 공간의 질적 구성을 이룰 수 있습니다. 이는 우리가 경험하는 환경에 대한 청각적 사고를 촉 진하고 다양한 감각을 통해 환경을 파악하는 데 중요한 역할을 합니다.

지침6 공간의 디자인 요소에서 느낄 수 있는 시각적 리듬성과 패턴화된 복잡성을 계획하여야 한다.

| 계획범주 | 공간디자인 계획
| 계획요소 | 공통

유아는 공간의 패턴화된 복잡성 요소를 경험함으로써 공간의 시각적 단 서를 통해 다양하게 연상하고 해석하면서 공간을 인식하는 능력을 키울 수 있 다. 특히 지속적으로 움직이며 탐색하도록 유도하는 공간적 지원은 유아로 하여 금 공간을 회유(回遊)하게 한다. 유아는 움직임을 통해 위치가 변화하며, 그로 인 해 공간과 시간의 흐름 속에 변화하는 공간의 모습을 경험하게 된다. 일련의 공 간을 체험하는 과정은 연속되어 일어나는 경험의 흐름으로서 시퀀스(sequence) 로 인식될 수 있다. 즉, 공간에서 움직임으로써 연속적으로 변화하는 지각을 통 해 유아는 자신만의 방식으로 공간을 체험하게 된다. 몸의 움직임이 시선을 지속 적으로 변화시키며 주관적이고 다양한 감성적 체험을 하도록 하는 것이다. 복도,

[그림 5-2-15] 움직임에 따라 장면의 변화를 경험할 수 있는 공간의 예
@일본, 아키시마 스미레 유치원

계단, 브릿지와 같이 공간과 공간을 연결해주는 공간에서 유아는 연속적으로 변화하는 지각, 장면들의 연결을 통해 공간의 시간성, 장면성 등의 다양한 경험을 구성할 수 있다.

≫ 공간의 시각적 리듬성과 패턴화된 복잡성 계획에 대한 내용은 p.184 '심미성'의 건축디자인 계획 [지침 2] 참고

교육적 사용 및 실제

지침1
지침2

영역(공간)별 성격에 부합하도록 크기와 모양, 시각적 개방성에 차이를 둔다.
다양한 영역 구분장치를 사용한다.

학급이나 공용공간 내 구성된 영역의 크기와 모양, 시각적 개방성이 차별적이고 다양할 때 시각적으로 경험할 수 있는 동적 에너지가 상승하여 공간의 역동성이 높아진다. 각 영역에서 주로 이루어지는 놀이의 성격과 특성(정적 vs. 동적 놀이, 혼자 vs. 협동 놀이, 동원되는 공간의 크기, 지속시간 등), 유아들의 흥미 정도(다수 참여 vs. 소수 참여), 특정 영역의 특성(반개방적 vs. 개방적 공간, 사선 천장, 천창 등)에 따라 다양한 구분장치를 사용하여 영역별 크기나 모양, 개방성(반개방형, 폐쇄형, 완전개방형)의 정도를 차별적으로 구성할 수 있다. 영역의 구분은 일반적으로 사용하는 목재 교구장이나 칸막이 외에도 투명 칸막이, 책상, 책꽂이, 식물, 교구장, 인테리어 소품 상자 등 다양한 사물을 활용할 수 있다.

공간 구성에서 공간이나 가구의 형태 역시 시각적 역동성에 영향을 미칠 수 있는 요인이다. '직선형 가구 위주의 사각형 공간 vs. 곡선이나 원형 가구 위주의 곡선형 공간'에 대해 개인의 뇌파가 뚜렷하게 구분되는 반응패턴을 나타내고 개인의 선호도에 차이가 있었다는 연구결과(Shemesh et al., 2016)가 있다. 또한 곡선형

[그림 5-2-16] 주로 직선 가구로 이루어진 학급 환경의 예

[그림 5-2-17] 직선과 곡선 가구가 어우러진 학급 환경의 예

요소들이 다수 포함된 공간에서 즐거움과 관련되는 각성반응이 더 높은 수준으로 관찰되었다는 연구결과(Banaei et al., 2017)도 있다. 이는 학급이나 공용공간 영역의 형태를 곡선형, 직선형, 복합형(혼합형) 등으로 다채롭게 구성하는 것이 감각자극을 통해 유아의 뇌 발달을 촉진할 수 있음을 시사한다. 책상과 의자의 배치는 영역의 성격에 따라 방사형(링크형), 배향형, 대향형, 독립형(혹은 벽면부착형)으로 조합하여 공간에 지루함을 덜도록 한다.

≫ 책상 및 의자 배치와 관련한 내용은 p.160 '자존지원성'의 교육적 사용 및 실제 [지침 6] 참고

| 지침3 | 시각적 촉감 등 복합적 감각경험을 위해 가구, 소품, 교육용 자료 등은 주로 천연 자연소재(또는 천연소재와 유사한 경험을 제공하는 재료)를 기반으로 하며 그 물리적 특성을 다양하게 한다. |

천연 자연소재로 이루어진 가구와 소품, 교육용 자료를 제공하는 것은 인지의 근본적 속성인 '체화성'을 고려할 때 환경-신체-인지 간 상호작용을 강화하면서 정신적 발달을 더욱 촉진할 수 있어 바람직하다고 볼 수 있다. 이를 실현하는 방안 중 하나는 명도와 채도, 투명도, 색채, 밀도, 거칠기, 무늬, 음양각 등에서 다양한 특성을 지닌 소재와 표면의 가구, 소품, 교육용 자료를 제공하는 것이다. 이러한 소재들은 자연광을 받았을 때 하루 시간의 흐름과 함께 빛의 기울기와 강도 변화에 따라 다양한 시각적 촉지경험을 제공하며, 심미성 및 창의성 발달에 기여하게 된다. 이는 모두 인지의 '체화성'에 기반하고 있다.

≫ 천연 자연소재의 사용과 관련한 내용은 pp.114-118 '안락성'의 교육적 사용 및 실제 [지침 4, 7, 9] 참고

| **지침4** | 다양한 형태, 종류, 높이의 가구(책상, 의자 등)를 구비한다. |
| **지침5** | 공간의 디자인 요소에서 느낄 수 있는 수직적 복합성이 있도록 구성한다. |

본 절 [지침 1, 2]에서 언급하였듯이 다양한 형태의 가구는 인간에게 차별적 정서경험을 제공하며 이는 상반되는 대조적 뇌파 반응으로 나타나 공간의 역동성을 인식하게 한다(Shemesh et al., 2016; Banaei et al., 2017). 같은 맥락에서 다양한 높이와 종류의 가구들 역시 공간의 시각적 복합성을 상승시켜 지루함을 감소시킬 수 있다.

창의 길이나 높낮이의 차별성에서 느낄 수 있는 수직적 복합성 외에도 입식, 좌식, 와식용에 따라 차이가 나는 가구의 높낮이나 개별 소품의 길이(수평, 수직), 캐노피 및 천장에 설치된 소품 등은 모두 공간의 수직적 복합성을 더해준다. 아울러 정형과 비정형의 소품, 다양한 형태와 종류의 가구(비정형·사각형·원형·다각형 등의 책상, 벤치와 1인용·다인용 의자, 빈백과 카우치 등)의 조합 역시 역동성을 높여준다는 측면에서 기관에서 다양하게 구비하여 필요에 따라 다채로운 학급 및 공용 공간 분위기를 연출하는 데 활용할 수 있다.

[그림 5-2-18] 수직적 복합성을 느낄 수 있는 학급 환경의 예1

[그림 5-2-19] 수직적 복합성을 느낄 수 있는 학급 환경의 예2

| **지침6** | 유희적 반응과 즐거움을 유발하는 다양한 소품 및 가구를 비치·배치한다. |

유쾌 정서를 유발하는 유희적 요소를 담고 있는 소품이나 가구를 배치하는 것은 유머와 창의적 상상의 발현을 자극하고 웃음을 불러일으킨다는 점에서 학급과 공용공간에 동적 에너지를 불러오고, 머무르는 공간에 대한 긍정적 정서(장소애착)와 장소성을 형성하는 데 기여한다. 따라서 유아들에게 흥미를 불러일으킬 수 있거나, 유아들이 선호하는 대상(동물 등)을 활용하여 제작한 다양한 종류와 모양의 가구나 소품(조명, 러그, 쿠션, 액자, 거울 등) 등을 교실에 배치하고, 평

[그림 5-2-20] 유머의 요소를 지녀 유희적 반응과 즐거움을 유발하는 소품 및 가구의 예

범하고 일상적인 가구들도 유희적 요소를 담아 독창적으로 정형·비정형으로 배치하거나 활용함으로써(예를 들어, 반원이나 직사각형 책상을 조합해 하트 모양의 책상을 구성함) 학급에 시각적 역동성을 높이는 것이 좋다. [그림 5-2-20]에서처럼 유아가 거울에 그려진 다양한 소품에 자신을 비추어 보며 다양한 상상을 즐길 수 있게 하거나, 유머의 요소가 있는 가구를 학급에 비치해 즐거움을 유발하는 것 등이 그 예다.

지침7	실내 분수, 풍경 등 시청각적으로 복합적 감각경험을 제공하는 디자인 요소를 갖추도록 한다.

본 절 건축디자인 계획의 [지침 4]에서 언급한 바와 같이 실내 수경시설이나 풍경 등이 만들어내는 공간 내 청각자극은 그 위치와 재료의 질성이 만들어내는 울림과 음색에서의 차이에 따라 개인에게 차별적 감성 체험을 제공한다. 더불어, 실내 분수나 실내 수경 인테리어 소품들은 물의 움직임이 만들어내는 반짝임과 일렁임 등의 시각적 장면, 물에 접촉했을 때 느껴지는 온도와 촉감, 물과 식물에서 느껴지는 특유의 향 등 기타 감각적 자극들이 청각적 자극과 어우러지며 공간을 다감각적으로 경험하고 더 깊이 있게 인지할 수 있도록 하며 스트레스 완화효과도 가져다줄 수 있다. 따라서 교사들은 유아교육공간의 설계와 시공 단계에 실내 수경시설 등이 포함되지 않았다면 실내 분수, 실내 수경 인테리어, 풍경이나 기타 장식물, 소품 등을 비치하여 유아들의 복합적 감각경험의 폭과 깊이를 더해줄 수 있다(차기주 외, 2022b).

[그림 5-2-21] 습도 조절 및 복합적 감각경험을 주는 실내 분수의 예

[그림 5-2-22] 소리와 더불어 빛의 변화에 따라 계속적으로 색다른 느낌을 주는 풍경의 예

| 지침8 | 공간의 디자인 요소에서 느낄 수 있는 시각적 리듬성과 패턴화된 복잡성을 갖추도록 한다. |

본 절의 교육적 사용 및 실제 관련 [지침 2, 3, 4, 5]에서 언급한 바와 같이 한 학급 및 공용 공간 내 영역과 가구, 소품 등의 색채와 형태, 높낮이와 소재, 크기 등을 다채롭게 구성하는 것은 다채로운 감각경험과 긍정적 정서, 에너지를 높임으로써 시각적 역동성의 상승을 가져오게 한다. 그러나 여러 가지 형태나 색조, 명채도, 패턴들의 조합이 지나치게 되면 심미적으로 아름답지 못하고 산만하고 불안정한 느낌을 주는 공간이 될 수 있다. 따라서 앞서 언급한 역동성을 높일 수 있는 공간 요소들을 활용할 경우에는 반복되는 패턴이나 일정한 테마 등에 기반하여 '규칙성 vs. 불규칙성, 직선 vs. 곡선, 반복 vs. 변이, 대칭 vs. 비대칭, 정형 vs. 비정형 등' 대비되는 속성들 간의 '조화와 균형'을 통해 복잡성 가운데에 리듬성과 규칙성이 어우러질 수 있도록 구성해야 한다.

≫ 이상과 같은 '조형 및 디자인 원리'와 관련한 내용은 p.184 '심미성'의 건축디자인 계획 [지침 2] 참고

3절
융통성(유연성)

: 상황적 요구에 따라 시설, 설비, 가구 등을 조정하여
공간을 다양한 용도와 형태, 규모, 이미지로 변형할
수 있는 특성

○ **관련 심리행태적 특성:**

» 자기주도성
: 자신의 신체 및 활동, 주변환경에 대해 주도적으로
통제·조절하고자 하는 성향

» 자극추구성
: 공간 및 사물, 매체의 사용에 있어 인지적·정서적·
신체적 도전과 자극 및 과제 몰입을 통해 만족감을
경험하고자 하는 성향

○ **추구하는 인간상:**

» 창의적인 사람, 자주적인 사람

○ **관련 핵심역량:**

» 창의적 사고 역량, 자기관리 역량

앞서 4장에서 살펴본 '자기주도성을 함양하는 공간' 측면의 '융통성'에서는 다목적·다기능적 공간으로서 상황적 요구 및 필요에 따라 사용자가 공간을 다양한 용도와 형태, 규모, 이미지로 변형할 수 있는 유연성을 갖추어야 한다는 점을 강조하였다. » 4장 '주도적 경험을 지원하는 공간' 중 3절 p.166 '융통성' 참고

한편, 5장에서 살펴볼 '감성적 체험과 창의성 함양을 지원하는 공간' 측면에서의 '융통성'에서는 공간 자체뿐 아니라 공간 내에 비치된 가구나 소품, 자료 등을 익숙한 방식에서 벗어나 창의적 관점에서 새롭게 비치·배치하거나 사용하는 측면을 강조한다.

익숙한 공간이나 가구, 소품, 자료에 독창적인 기능을 부여하거나 새로운 방식으로 활용하는 것은 생활에 유머를 제공하여 활력을 불어넣고, 생활 속에서 접하는 가구, 소품, 자료 등을 새로운 관점에서 바라보도록 자극을 제공한다는 점에서 창의성 함양에 도움이 되며 '자극추구성' 및 '자기주도성' 발달과도 관련되어 있다(차기주, 2022). 창의성 함양을 지원하는 측면에서의 공간적 융통성은 공간에 대한 계획·설계보다는 '실제적 활용'과 직접적으로 관련되기 때문에 '건축디자인 계획'은 해당·사항이 없다. '교육적 사용 및 실제' 측면에서 자체 점검 리스트의 항목을 제시하면 다음과 같다.

표 5-3-1 공간의 '융통성(유연성)' 관련 「교육적 사용 및 실제」 측면 자체 점검 체크리스트

| 계획범주 | 계획요소 | 학급 | 공용/매개 | | | 교육적 사용 및 실제 | | 충족 여부 | |
			진입	중심	연결	지침	하위 항목	예	아니오
공간 디자인 계획	공통	●	●	●	●	익숙한 공간을 새로운 방식으로 사용한다.	**예시** 특정 용도로만 사용해왔던 익숙한 이동공간에 미로를 만들어 놀이공간으로 활용한다.		
마감재 계획	가구	●		●	●	익숙한 가구나 소품, 자료를 새로운 방식으로 비치·배치·사용한다.	가구를 의도되지 않은 방식으로 뒤집거나 눕히는 등 새로운 용도로 사용한다.		
							예시 책상을 뒤집어 다리를 제거하고 함(통)으로 사용하거나 인형의 집 등으로 사용한다.		
							가구와 소품 등을 새로운 방식으로 조합하거나 배치하여 사용한다.		
							예시 책상을 정형, 비정형의 다양한 형태로 조합하여 배치하고 책상이나 소품 등의 비치 방식, 위치 등에 지속적으로 변화를 준다.		
							자료나 사물을 새로운 방식으로 사용한다.		
							예시 레고블록으로 실생활 용품(컵받침, 각티슈 케이스, 화분 등)을 만들어 비치하고 사용한다.		
							자료나 사물을 독창적으로 사용한 유아들의 시도와 사례를 소개·공유한다.		

이상의 자체 점검 체크리스트를 기반으로 공간의 '융통성(유연성)' 관련 가이드라인을 제안하면 다음과 같다.

교육적 사용 및 실제

지침1 익숙한 가구나 소품, 자료를 새로운 방식으로 비치·배치·사용한다.

용도가 정해져 있다고 생각했던 가구(책상, 의자, 책꽂이장 등)와 소품, 자료 등을 새로운 방식으로 배치하거나 의도되지 않은 용도로 사용함으로써 유아들이 일상 속의 물품을 낯설고 새롭게 보도록 자극하고 창의성을 함양하도록 지원할 수 있다. 이는 사물의 디자이너에 의해 설계되지 않았으나 사물에 잠재되어 있던 어포던스를 사용자가 지각하고 만들어 창조한 것으로 볼 수 있다(차기주, 최지은, 2023). 이런 측면에서 교사의 모델링은 유아들에게 좋은 자극제가 될 수 있다. 예를 들어, 책상을 뒤집어 통이나 인형의 집으로 활용하거나, 유아용 계단식 책꽂이장을 눕혀서 종이 등의 각종 재료를 눈에 잘 띄도록 제시하는 것 등이다. 또한 책상을 기존의 방식과 다르게 조합하여 배치하거나 기타 소품(식물 화분 등)을 익숙하지 않은 방식으로 배치하는 것도 유아들에게 새롭게 바라보기, 낯설게 바라보기와 같은 새로운 관점에서의 사고를 자극하는 환경자극이 될 수 있다.

[그림 5-3-1] 책상을 뒤집어 모래와 자갈로 꾸미기 놀이를 할 수 있도록 제공한 예

[그림 5-3-2] 식물 화분을 독창적으로 배치한 예

[그림 5-3-3] 빨래집게를 칫솔 받침으로 사용한 예

[그림 5-3-4] 레고로 각티슈 케이스를 만들어 학급에 비치하고 사용한 예

　　유아들이 기관 내 물품을 기존 방식에서 벗어나 창의적으로 사용하려고 한다면, 즉 새로운 어포던스를 만들어내고자 한다면 안전이나 위생 등 유아의 심신에 위해가 되지 않는 범위에서 자유롭게 시도하도록 장려해야 한다. 더불어 재미있고 독창적인 사례는 시청각적으로 기록하였다가 학급 유아들에게 소개·공유함으로써 창의적 사고와 발상을 지속적으로 고무하는 것이 좋다.

      익숙한 공간을 새로운 방식으로 사용한다.

특정 용도로만 사용해왔던 익숙한 공간에 놀이공간으로서의 새로운 기능을 부여하는 것은 유아들에게 놀이할 수 있는 공간을 확장해주는 것 이외에 유아들 스스로 새로운 공간을 발굴하고 공간을 꾸며보도록 시야를 확장해주는 기회가 될 수 있다. 예를 들어, 버려져 있던 복도 공간이나 층계 아래 공간에 유아들의 의견을 수렴하여 원하는 놀잇감과 소품 등을 비치하고 새로운 놀이공간으로 활용할 수 있다. 또는 이동 시 통과하는 용도로 평범하게 사용하던 문을 림보게임의 공간으로 활용하거나, 이동공간으로만 쓰던 복도 바닥에 색테이프로 다양한 형태의 직선과 곡선을 그려 선의 형태에 따라 미로를 통과하거나 신체움직임(걷기, 달리기, 뜀뛰기, 까치발 걸음 등)을 유도할 수도 있다.

[그림 5-3-5] 끈을 이용하여 이동공간을 놀이공간으로 변화시킨 예

[그림 5-3-6] 미로 놀이판을 이용하여 이동공간을 놀이공간으로 변화시킨 예

6장

온오프라인 관계와 소통을 지원하는 공간

1절
연결성

: 공간, 시설, 설비 등이 공간 이용자와 인적·물리적 환경 간의 상호작용을 지원하는 특성

○ **관련 심리행태적 특성 :**
  » 자기주도성
   : 자신의 신체 및 활동, 주변환경에 대해 주도적으로 통제·조절하고자 하는 성향
  » 자극추구성
   : 공간 및 사물, 매체의 사용에 있어 인지적·정서적·신체적 도전과 자극 및 과제 몰입을 통해 만족감을 경험하고자 하는 성향
  » 관계지향성
   : 타인과 관계 맺고 소통하며 유대감을 경험하려는 성향

○ **추구하는 인간상 :**
  » 더불어 사는 사람, 창의적인 사람

○ **관련 핵심역량 :**
  » 공동체 역량, 협력적 의사소통 역량, 지식정보처리 역량

유아는 자신의 신체 및 활동, 주변환경에 대해 주도적으로 통제하며 조절하고자 하는 성향(자기주도성), 공간 및 사물, 매체의 사용에 있어서 인지적·정서적·신체적 도전과 자극 및 과제 몰입을 통해 만족감을 경험하고자 하는 성향(자극추구성), 그리고 타인과 관계를 맺고 소통하며 유대감을 경험하려는 성향(관계지향성)을 지닌다(차기주, 2022). 이들을 관통하는 공통점은 유아가 자신을 둘러싼 인적·물적 환경과 상호작용을 하고자 하는 선천적 성향을 내포하고 있다는 것이다. 따라서 유아교육기관의 공간은 이러한 심리행태적 특성에 기반하여 유아-타인, 유아-환경 간의 소통을 지원하는 특성을 갖추어야 한다. 즉, 실내-실외 공간 및 경험의 연계·연속, 공간 사용자들 간의 교류·소통을 지원할 수 있도록 하는 '시각적·물리적 연결성'과 '관계적·교류적 연결성'이 강조되어야 한다(차기주 외, 2021).

공간의 물리적 연결성을 확보할 수 있는 방법으로 자연 혹은 실외 조망이 가능하도록 투명한 유리벽을 사용하여 시각적 개방성을 확보하거나, 자연적 요소를 실내로 유입하여 시각적·경험적 연결성을 확보하는 것 등이 있다. 또한 발코니와 데크 등을 통해 실내외 동선 및 경험이 시공간적으로 연결되게 할 수도 있다. 더불어 사회적 교류를 확보하기 위해서는 유리벽을 통해 개별 공간 간의 시각적 개방성을 확보하여 서로 관찰하고 소통하도록 할 수 있다. 혹은 개방형 공간, 공동체 활동을 위한 공간을 확보하고 공용공간과 개별 학급 간의 편리한 접근성을 확보할 수도 있다(차기주 외, 2021). 이처럼 공간을 시각적·물리적으로 연결하고 이용자 간 관계적·교류적 연결을 지원하는 특성을 공간의 '연결성'이라고 한다(차기주 외, 2021).

연결성을 갖춘 유아교육기관의 공간을 구성하기 위해 참고할 수 있는 자체 점검 항목을 '건축디자인 계획' 측면과 '교육적 사용 및 실제' 측면으로 구분해 제시하면 다음과 같다.

표 6-1-1 공간의 '연결성' 관련 「건축디자인 계획」 측면 자체 점검 체크리스트

계획범주	계획요소	학급	공용/매개			건축디자인 계획		충족 여부	
			진입	중심	연결	지침	하위 항목	예	아니오
규모 및 배치 계획	배치 및 동선			●		[공용] 여러 학급의 유아들이 대·중·소규모로 교류할 수 있는 다양한 열린 공간을 갖춘다.	예시 즉흥놀이를 하거나 안정감을 주는 정서적 욕구를 충족시킬 수 있는 공간으로 교실과 교실 사이, 또는 교실과 복도 공간의 벽체를 일부 개방하여 소통할 수 있는 공간을 계획한다.		
							예시 바닥에 단차를 두거나 접이식 벽과 같은 가변형 벽으로 공간을 구획하여 유아의 움직임을 유도하고, 우연한 관계가 형성될 수 있는 공간을 제공한다.		
							예시 의사소통이 가능한 무대, 열린 공간으로서 다층 공간의 계단 공간을 변형하여 미끄럼틀, 무대, 의자 등으로 활용한다.		
		●				[학급] 학급과 학급 간 사회적 상호작용을 촉진할 수 있는 장치를 갖춘다.	학급 간 사회적 상호작용을 촉진하기 위하여 개방적 공간디자인을 계획한다.		
							예시 학급 사이 투명한 마감재를 사용하여 시지각적 연속성을 확보한다.		
							예시 상호작용을 할 수 있도록 학급과 공용공간의 공간 배치를 편복도형, 중복도형, 클러스터형, 집중형, 방사형, 놀이공간 결합형 등의 구조로 계획한다.		
				●	●	[공용] 공용공간과 학급 간 사회적 상호작용을 촉진하는 연결구조나 설비를 갖춘다.	상호작용 및 관찰이 가능한, 공유할 수 있는 사이 공간을 계획한다.		
							예시 인접한 두 학급의 사이 공간에 유아들이 자유롭게 드나들며 다원적 관계를 형성할 수 있는 공간을 구성한다.		
							예시 인접한 두 학급의 벽을 가변형 슬라이딩도어나 폴딩도어로 계획하여 필요에 따라 오픈하여 개방형 가변 공간으로 활용한다.		
	가구	●		●	●	유아가 자신과 타인, 공간을 다양한 시점에서 탐색할 수 있도록 고정식 벽면 거울 및 여러 형태와 크기의 이동식 거울을 구비한다.	반사체 재료를 선정하여 공간을 디자인하고 마감한다.		
							예시 반사체의 마감재로 유리, 플라스틱 거울, 금속의 슈퍼미러, PVC시트의 미러솔 등을 공간에 적용한다.		
	개구부	●		●	●	창을 통해 실외환경을 관찰할 수 있도록 한다.	유아의 눈높이에 맞게 창을 계획한다.		
							오랜 시간 편안하게 관찰 및 조망할 수 있도록 창을 계획한다.		
							예시 윈도우실(window sill)을 변형해 공간을 구성하거나 고정형 윈도우시트(window seat)를 설치하거나, 창에 인접한 공간에 의자를 배치하여 편안한 공간을 조성한다.		
							창의 형태, 크기, 위치 등을 다양하게 조합하여 유아의 호기심을 자극하도록 계획한다.		
		●		●	●	개구부나 테라스, 데크 등을 통해 실외환경으로의 접근성을 확보한다.	실내외 환경 사이의 전이공간으로 옥상, 테라스, 발코니, 중정, 캐노피, 데크 공간을 계획한다.		

| 계획범주 | 계획요소 | 학급 | 공용/매개 | | | 건축디자인 계획 | | 충족 여부 | |
			진입	중심	연결	지침	하위 항목	예	아니오
		●		●	●	부분창이나 투명한 소재를 사용하여 공용공간과 학급, 학급과 학급 간 시각적 연결성을 확보한다.	공간 사이 벽체에 투명한 마감재(유리, 아크릴 등)를 적용하여 시각적 연결성을 확보한다.		
							그물구조, 루버, 반개방의 블록구조 등을 적용해 공간 사이의 시야를 확보함으로써 유아들이 자연스럽게 인접 공간을 관찰하거나 소통하도록 한다.		
환경 계획	디지털 환경	●	●	●	●	디지털 놀이를 통해 디지털 리터러시를 함양시키고, 온라인을 통한 원활한 소통을 지원할 수 있도록 각종 디지털 시설·설비·장비·기기(무선인터넷 환경, 프로젝터 등)를 확보한다.	디지털 환경을 구축하기 위한 기반 시설을 갖춘다.		
							예시 학급공간과 공용공간에 무선인터넷 공유기를 설치하여 인터넷 사각 구역이 없도록 계획한다.		
							예시 건축디자인 계획 초기부터 디지털 시설과 장비를 계획해 설비라인이나 설비 기기가 외부로 돌출되지 않도록 한다.		
							예시 상시 사용하지 않는 디지털 기기의 수납은 효율적이며 사용상 편리하게 계획한다.		
							예시 나중에 추가되는 시설을 위하여 콘센트나 통신 등의 기반 시설을 여유롭게 구성한다.		

표 6-1-2 공간의 '연결성' 관련 「교육적 사용 및 실제」 측면 자체 점검 체크리스트

| 계획범주 | 계획요소 | 학급 | 공용/매개 | | | 교육적 사용 및 실제 | | 충족 여부 | |
			진입	중심	연결	지침	하위 항목	예	아니오
규모 및 배치 계획	실크기	●		●	●	또래 간 놀이 관찰 및 교류가 원활히 이루어지도록 영역을 개방적으로 구성한다.	학급 및 공용 공간의 영역 간에는 시각적 연결이 이루어지도록 하여 유아 상호 간에 효과적인 관찰이 가능하도록 한다.		
							예시 학급 및 공용 공간에 놀이영역(흥미영역)을 배치할 때는 영역 구분장치를 불필요하게 많이 두지 않으며, 책꽂이나 교구장 등을 둘 때는 유아의 키보다 낮은 것을 사용해 유아들이 서로 놀이나 활동을 볼 수 있도록 한다.		
							예시 학급 내 통로를 확보하여 유아가 다른 유아의 놀이를 방해하지 않으면서 한 영역에서 다른 영역으로 원활히 이동할 수 있도록 한다.		
							공용공간에서도 유아들이 머무르거나 함께 교류하며 놀이할 수 있도록 아늑하고 안전한 공간을 확보한다.		
							통행에 방해가 되지 않는 선에서 복도, 램프길, 계단, 계단참에 비어 있는 공간 등도 놀이공간으로 제공한다.		
							예시 복도에 사방치기를 설치해 서로 다른 연령과 학급의 유아들이 어울려 사방치기 놀이를 할 수 있도록 한다.		
							예시 복도에서 트리를 만들 수 있도록 재료를 내어주거나, 함께 만들거나 놀이할 수 있는 놀잇감(윷놀이 등)을 내어준다.		

계획범주	계획요소	학급	공용/매개			교육적 사용 및 실제		충족 여부	
			진입	중심	연결	지침	하위 항목	예	아니오
	배치 및 동선	●				사회적 상호작용을 위한 열린 공간을 제공한다.	학급 내 빈 공간으로서 다른 놀이영역(흥미영역)들과 물리적으로 근접하면서도 분리되어 있어 유아들 간 사회적 교류와 집단놀이를 활성화할 수 있는 열린 공간을 제공한다.		
	가구	●		●	●	유아가 자신과 타인, 공간을 다양한 시점에서 탐색할 수 있도록 고정식 벽면 거울 및 여러 형태와 크기의 이동식 거울을 구비한다.	다양한 형태와 크기의 거울을 하나 혹은 그 이상의 벽면에 설치하여 유아가 자신의 모습과 또래들의 존재를 확인하고, 그 모습을 다시 탐색할 수 있도록 한다.		
환경 계획	디지털 환경	●		●		디지털 놀이를 지원하는 각종 디지털 기기와 놀잇감, 어플리케이션 및 소프트웨어 등을 갖춘다.	디지털 놀이를 지원하기 위해 태블릿 PC, 스마트폰, 디지털 카메라, AI 스피커 등의 디지털 기기를 제공한다.		
							교육적으로 바람직한 어플리케이션과 소프트웨어(검색엔진, 교육콘텐츠 통합 플랫폼, 동영상 플랫폼 등)를 유아들이 쉽게 사용할 수 있도록 접근성을 확보한다.		
							디지털 놀이를 위해 전자책, 스마트 토이 등의 디지털 놀잇감을 제공한다.		
		●		●		디지털 놀이를 지원하는 각종 디지털 기기를 갖추고, 다양한 디지털 놀잇감과 어플리케이션, 소프트웨어 등을 적절히 활용한다.	디지털 기기에 노출되는 시간이 가정에서의 시간까지 포함하여 일일 최대 2시간 미만이 되도록 기관에서 노출 시간을 제한·관리한다.		
							디지털 놀이를 지원하기 위해 무선 인터넷 접근성이 원활하도록 유지·관리한다.		
							예시 가장 기본이 되는 시설·설비 및 기기로 무선 인터넷망을 설치하고 이를 바탕으로 동영상 및 각종 교육 콘텐츠 플랫폼에 원활히 접근할 수 있도록 한다. 또한 터치스크린 및 미러링 기능을 갖춘 TV, 태블릿 PC, 스마트폰, 디지털 카메라, AI 스피커 등을 갖춘다.		

이상의 자체 점검 체크리스트를 기반으로 공간의 '연결성' 관련 가이드라인을 제안하면 다음과 같다.

건축디자인 계획

지침1

[공용] 여러 학급의 유아들이 대·중·소규모로 교류할 수 있는
다양한 열린 공간을 갖춘다.

| 계획범주 | 규모 및 배치 계획
| 계획요소 | 배치 및 동선

유아교육기관에는 유아의 신체적, 심리적, 정서적 상태에 따라 스스로 선택하여 생활할 수 있는 차별적 성격의 공간이 필요하다. 유아 스스로 선택하고 채울 수 있는 비어 있는 공간, 즉 열린 공간에서 유아는 주도적으로 놀이를 하고 관계적 교류를 나눈다. 따라서 유아가 선택하여 공간을 사용할 수 있도록 유아교육기관은 복합적이고 다양하게 공간을 구성하여야 한다. 유아가 만남과 새로운 채움을 경험할 수 있도록 비워진, 그러나 가능성으로 채워진 열린 공간을 마련해주어야 한다.

열린 공간을 계획할 때는 먼저, 학급과 학급 또는 학급과 공용공간(진입공간, 중심공간, 이동공간 등) 사이를 변형하여 마련할 수 있다. 이때 그 규모에 따라 열린 공간의 특성이 다르게 나타나기 마련이다. 작은 규모의 공간은 즉흥놀이를 하거나 정서적 욕구를 충족할 수 있는 편안한 공간으로 안정감을 느낄 수 있게 구성하고, 유아들이 자유롭게 움직일 수 있는 규모의 공간에서는 다양한 신체놀이와 관찰이 활발하게 일어날 수 있도록 구성한다.

[그림 6-1-1] 학급 간 벽에 다양한 크기의 작은 공간을 계획하여 소규모 놀이를 하거나 휴식을 취할 수 있도록 한 예 @일본, 도요노 유치원(Toyono Nursery)

다음으로, 유아들 간 상호 교류와 의사소통이 이루어지는 무대로서의 열린 공간을 계획할 수 있다. 다층 공간의 계단은 이동을 위한 시설일 뿐만 아니라, 다양한 만남과 놀이를 펼칠 수 있는 열린 공간으로서의 가능성을 내포하고 있다. 즉, 모든 공간과 인접하여 접근성을 높일 수 있고 상호 교류를 자극할 수 있다.

[그림 6-1-2] 복도공간의 창턱(window sill)을 활용하여 우연한 만남과 놀이가 발생할 수 있도록 한 예

[그림 6-1-3] 만남, 쉼, 사색, 소통, 이동 등 복합적 활동이 발생하는 관계의 장으로서 계단 공간의 예

[학급] 학급과 학급 간 사회적 상호작용을 촉진할 수 있는 장치를 갖춘다.
[공용] 공용공간과 학급 간 사회적 상호작용을 촉진할 수 있는 연결구조나
설비를 갖춘다.

| 계획범주 | 마감재 계획
| 계획요소 | 공통

학급 간의 사회적 상호작용을 촉진하기 위해서는 개방적 공간계획이 필요하다. 이는 학급의 경계가 확장되어 분리되지 않고 유기적으로 연결되도록 구성하는 것이다. 공간에서 경계를 확장하는 예로는 학급 사이 벽의 마감재로 투명한 재료를 사용해 시지각적으로 연속된 공간을 구현하는 방법이 있으며, 이를 통해 유아들은 다른 학급의 구성원들과 자연스레 관계를 형성할 수 있게 된다. 투명한 벽 너머로 다른 공간의 유아나 성인을 관찰할 수 있으며 자연스럽게 서로 소통하고 관계를 맺으면서 상호작용하게 된다.

학급 간 상호작용은 학급의 배치 구조를 통해 실현할 수 있다. 아래 다이어그램은 학급과 공용공간의 배치에 따른 공간의 관계와 근접성을 나타낸 것이다. 학급과 공용공간과의 동선을 기반으로 공용공간을 구성할 수 있는 6가지 형식으로 편복도형, 중복도형, 클러스터형, 집중형, 방사형, 놀이공간 결합형이 있다
(Olds, 2000/2009).

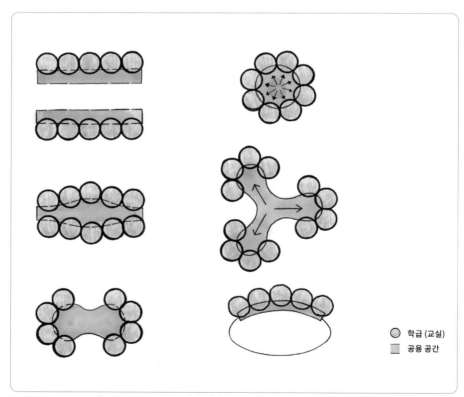

[그림 6-1-4] 통로의 구성 방법을 이용한 6가지 평면 구성

다음과 같은 방법으로 학급 사이에 두 학급이 공유할 수 있는 공간을 계획하여 서로 간에 원활한 상호작용과 관찰 등이 일어나도록 할 수 있다.

첫 번째, 인접한 학급 사이의 공간에 공유공간을 계획하여 인접 학급의 유아들이 자유롭게 드나들면서 공간을 사용하고 다원적 관계를 형성할 수 있다.

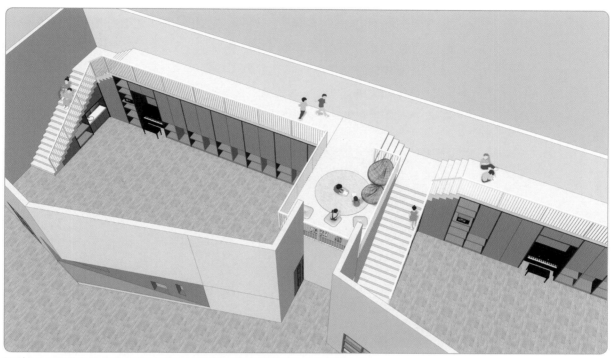

[그림 6-1-5] 인접 학급 사이의 공유공간에서 유아들이 자유롭게 교류할 수 있도록 한 예

두 번째, 학급 간 개방성을 줄 수 있는 가변형 벽체를 적용하여 공간 사용성에 따라 개별적 학습공간이나 통합적 학습공간으로 사용할 수 있다.

[그림 6-1-6] 폴딩도어로 공간을 유연하게 활용할 수 있는 예

지침4　　유아가 자신과 타인, 공간을 다양한 시점에서 탐색할 수 있도록
고정식 벽면 거울 및 여러 형태와 크기의 이동식 거울을 구비한다.

| **계획범주** | 규모 및 배치 계획
| **계획요소** | 가구

　　유아에게 거울(반사체)의 의미는 첫째, 자신을 인식하는 도구이며, 둘째, 주변환경을 관찰하는 매개체이다. 건축 설계 시 거울(반사체)은 바닥, 벽체, 천장 또는 구조물의 마감재로 계획하여 사용할 수 있다. 특히 천장에 반사의 마감 재료를 적용할 때는 부착한 재료가 떨어지지 않도록 안전에 유의하여 재료를 선정하고 시공하여야 한다. ≫ 거울(반사체)에 대해서는 p.251 본 절 교육적 사용 및 실제 [지침 3] 참고

　　반사체의 마감재로는 대표적으로 유리 또는 플라스틱 소재의 거울이 있고, 금속 재질의 슈퍼미러와 PVC시트인 미러솔 등도 있다.

[그림 6-1-7] 다양한 시점으로 공간과 사람을 탐색하고 관찰할 수 있는 거울 디자인의 예

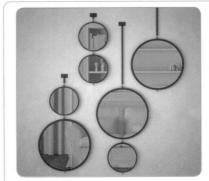

유리 및 플라스틱 재질의 거울 예

슈퍼미러: 스테인레스 스틸에 미러폴리싱을 가공한 예

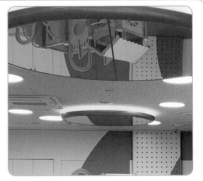

미러솔: 바리솔 제품 중 미러 예

[그림 6-1-8] 반사체 마감재 종류

| 계획범주 | 규모 및 배치 계획
| 계획요소 | 개구부

자연과의 상호작용을 위한 실내공간의 공간 요소로 외부에 접한 창을 들수 있다. 창을 통해 내부와 외부를 서로 연결하고 자연스럽게 두 공간의 관계가형성되도록 할 수 있다. 유아교육기관의 실내공간 구성 시에는 유아들의 실외환경 관찰을 자연스럽게 유도할 수 있는 몇 가지 계획이 필요하다.

우선, 유아의 눈높이에 알맞게 창의 높이를 계획하여야 한다. 외부의 자연요소를 조망하는 경험은 유아에게 정서적, 감성적으로 풍부한 기억을 형성하게 한다. 실외환경의 관찰을 통해 형성된 이러한 기억은 시간적 특성과 공간적 특성을함께 담고 있다. 공간을 매개로 생성된 기억은 장소성을 형성하게 하며, 이는 공간에 대한 애착 형성에 중요한 역할을 한다.

≫ 관련하여 p. 28 「총론 – 2. 이론적 배경 중 2-4) 장소성」을 참고

다음으로, 유아가 오랜 시간 관찰할 수 있도록 창 주변의 공간을 계획할 수있다. 윈도우실(window sill)을 변형해 공간을 구성하거나, 고정형 윈도우시트(window seat) 또는 창에 인접한 공간에 의자를 배치하여 실외환경을 편안하게관찰할 수 있는 공간을 마련한다.

더불어, 호기심을 자극할 수 있도록 창을 다양하게 디자인한다. 창의 형태,크기, 위치 등을 다양하게 조합하여 구성하면 유아의 호기심을 유발하고, 유아스스로 실외환경을 관찰하도록 유도할 수 있다.

[그림 6-1-9] 외부 자연을 조망하며 정서적 공간 기억을 경험할 수 있는 공간의 예

[그림 6-1-10] 창 주변의 바닥 단을 변형하여 자유롭게 걸터앉거나 놀이할 수 있는 공간을 구성한 예

[그림 6-1-11] 사선의 벽체 공간에 원형의 창을 계획하여 아늑한 정서적 공간을 형성한 예

지침6　　　　개구부나 테라스, 데크 등을 통해 실외환경으로의 접근성을 확보한다.

| 계획범주 | 규모 및 배치 계획
| 계획요소 | 개구부

　　　유아교육기관에서 실내와 실외 환경 사이의 전이공간으로 옥상, 테라스, 중정, 캐노피, 데크 공간 등이 있다. 이러한 전이공간은 신체활동과 상호관계를 유도하는 특성을 가진다. 외부환경과 인접한 전이공간인 옥상이나 테라스는 유아가 실외환경을 직접 관찰하고 느낄 수 있는 곳으로 지각적, 인지적 발달을 촉진하고 정서적 안정감을 주는 장소이다. 실내공간에서 접근이 가능한 중정은 유아들이 내부에서 외부 공간으로 자연스럽게 움직이며 운동할 수 있도록 하며, 신체놀이뿐만 아니라 예술놀이(미술, 조소 등)와 다양한 역할놀이가 자연스럽게 일어나는 공간이다. 그리고 데크 및 캐노피 공간은 내부와 외부가 공존하는 장소로, 유아가 내부와 외부 공간의 특성을 파악하고 구별하도록 도와준다. 이러한 공간에 천장이 조성되어 있으면 날씨에 제약을 덜 받으며 놀이할 수 있다는 장점이 있다.

　　　이처럼 내외부의 공간 특성이 복합적으로 형성된 다양한 전이공간에서 유아들은 여러 식물과 동물, 곤충들을 관찰하며 계절과 날씨에 따라 변화하는 공간을 경험하게 된다. 또한 또래 친구들이나 선생님들과 다양한 놀이를 구성하고 관계를 맺으면서 경험을 쌓아나가게 된다.

[그림 6-1-12] 천장 구조인 캐노피와 바닥 데크가 구성된 공간의 예

부분창이나 투명한 소재를 사용하여 공용공간과 학급, 학급과 학급 간 시각적 연결성을 확보한다.

| 계획범주 | 규모 및 배치 계획
| 계획요소 | 개구부

유아교육기관에서 학급과 공용공간 간의 연결성은 중요한 사항으로, 이러한 연결성을 강화하기 위하여 투명한 마감재(유리, 아크릴 등)를 사용하는 방법이 있다. 시야가 확보되는 마감재를 사용하여 공간 사이의 벽이 시각적으로 연결되면 자연스럽게 공간 관계가 형성될 수 있다. 예를 들어, 전면에 투명 벽체를 계획하거나 부분적으로 시야를 확보할 수 있는 마감재(그물, 루버, 반개방 블록구조 등)를 사용하면 유아는 들여다보거나 내려다보는 행위를 통해 흥미를 느낄 수 있다. 이는 인접한 공간을 자연스럽게 관찰하도록 유도하며 공간 간의 상호작용을 촉진한다. 그러므로 유아교육기관 설계 시에 투명한 마감재를 사용하여 학급과 공용공간 간의 시각적 연결성을 강화하고 자연스러운 공간 관계를 형성할 수 있도록 계획하여야 한다.

[그림 6-1-13] 틈새를 들여다보는 행위가 유아에게 흥미와 호기심을 유발함으로써 공간 간의 시각적 연결성을 확보한 예

지침8

디지털 놀이를 통해 디지털 리터러시를 함양시키고, 온라인을 통한 원활한 소통을 지원할 수 있도록 각종 디지털 시설·설비·장비·기기(무선 인터넷 환경, 프로젝터 등)를 확보한다.

| 계획범주 | 환경계획
| 계획요소 | 디지털 환경

디지털 시대를 맞아 유아교육기관에서도 다양한 멀티미디어를 활용한 디지털 놀이를 통해 유아들에게 디지털 리터러시를 함양시킬 수 있는 교육을 진행하고 있다. 이러한 교육을 원활히 진행하기 위해서는 디지털 놀이를 지원할 수 있

는 기반 시설을 필수적으로 갖추어야 한다.

먼저 무선 인터넷 환경을 계획하여 교실마다 무선 인터넷 공유기를 구비하고, 공용공간은 공간 구조와 규모에 따라 무선 인터넷 사각 지역이 없도록 위치와 개수를 계획해야 한다. 또한 상시 사용하지 않는 디지털 기기는 필요시에만 꺼낼 수 있도록 수납계획을 세워야 한다. 이는 미디어가 지속적으로 유아에게 노출되는 것을 막아 놀이에 방해되지 않도록 하며, 유아들이 디지털 기기를 임의로 작동해 발생할 수 있는 파손이나 고장을 방지하기 위함이다. 아울러 디지털 기기와 연결하는 스피커는 호환성을 고려해 모델을 선정하고 공간의 형태와 크기에 적합하도록 위치와 개수를 구성해야 한다. 이러한 기반 시설은 유아교육기관 시설 디자인 계획 초기에 디지털 시설 및 장비 계획을 철저하게 하여 불필요한 라인이나 설비가 공간에 노출되지 않도록 하는 것이 중요하다. 이후 추가되는 시설을 고려하여 콘센트나 통신 등의 기반 설비도 여유롭게 구성하는 것이 바람직하다.

[그림 6-1-14] 멀티미디어 수업은 상시 이루어지지 않으므로 필요시에 오픈하여 수업을 진행하도록 가구를 제작한 예

교육적 사용 및 실제

지침1 또래 간 놀이 관찰 및 교류가 원활히 이루어지도록 영역을 개방적으로 구성한다.

놀이는 체화적이다(차기주 외, 2022b). 유아는 타인의 놀이행동을 관찰하는 것만으로도 동일한 행동을 하려는 충동이 유발된다. 그 이유는 놀이행동을 관찰하면 그 행동을 위한 운동계획을 세우도록 만드는 전운동영역 거울뉴런의 발화가 촉진되기 때문이다. 즉, 유아는 관찰함으로써 투입되는 새로운 정보(또래 유아들의 놀이 제안 등)에 대응하며 놀이를 진행한다. 특히, 모든 개인은 타인과 유대관계를 맺고자 하는 욕구를 지니므로 유아교육기관에서는 이러한 욕구 및 놀이의 체화성을 고려하여 또래 간 놀이 관찰 및 교류가 원활하도록 영역을 개방적으로 구성하여야 한다.

영국의 유아학교 디자인 기준(백선정 외, 2016)에서는 학급 내 각 영역이 반드시 시각적으로 연결되어 효과적인 관찰이 이루어지도록 설계할 것을 권고하고 있다. 이는 학급 내 놀이영역(흥미영역) 배치 시 유의사항과 맥을 같이 한다. 예를 들어, 학급 내 놀이영역(흥미영역)을 배치 시에는 교류가 활발한 영역 간에 영역 구분장치를 두지 않아 유아 간 상호 관찰을 활성화하고, 책꽂이나 교구장을 이용해 놀이영역(흥미영역) 공간을 구분할 때는 유아의 키보다 낮은 높이의 것을 사용해 교사뿐 아니라 유아 상호 간에 학급에서 진행되는 모든 놀이를 한눈에 볼 수 있도록 해야 한다. 이를 통해 유아들 역시 다른 또래의 놀이를 관찰하며 원할 때 서로 함께 놀이함으로써 교류 및 놀이가 활성화될 수 있다. 또한 학급 내 통로를 확보함으로써 유아가 한 영역에서 다른 영역으로 원활히 이동할 수 있어야 하며, 다른 영역에서 놀이하는 유아를 방해하지 않고 이동할 수 있어야 한다(이숙재, 2019). 즉, 통로가 있음으로써 영역이 개방적으로 구성되어 영역 간 교류가 활발해질 수 있다.

[그림 6-1-15] 개방적으로 구성된 학급의 예

앞서 언급했듯이 공용공간에서도 유아들이 머무르거나 함께 교류하며 놀이할 수 있도록 영역 구분장치 없이 영역을 구성하거나 낮은 키의 구분장치를 사용해 시각적 개방성을 확보하여야 한다. 더불어, 공용공간 내에 아늑하고 안전한 공간을 확보하여 유아들이 함께 모여 편안한 분위기에서 교류할 수 있도록 해야 한다(서울특별시 문화관광디자인본부, 2011).

[그림 6-1-16] 함께 독서하거나 쉬며 교류하는 공용공간을 구성한 예

[그림 6-1-17] 함께 놀이하거나 쉬며 교류하는 공용공간을 구성한 예

[그림 6-1-18] 복도에서 함께 어울려 놀이하는 예(사방치기, 트리 만들기 등)

통로 이외의 공용 중심공간이나 연결공간에서도 다른 학급 유아와의 교류가 원활할 수 있도록 놀이자료를 비치해 영역으로 구성함으로써 다목적 놀이공간으로 활용하여야 한다. 통행에 방해가 되지 않는 선에서 복도, 램프길, 계단, 계단참에 비어 있는 공간에 놀이자료를 비치하거나 휴식공간 등을 마련할 수 있다. 예를 들어, 복도에 사방치기를 설치하면 유아들이 간단하게 사방치기 놀이를 할 수 있고, 복도에서 뛰기보다는 놀이를 하기 위해 잠시 멈춰서는 문화가 형성될 수도 있다(김희진 외, 2017). 또한 복도에서 함께 만들기를 할 수 있는 재료를 내어주거나 놀이할 수 있는 놀잇감(윷놀이 등)을 내어주면 유아들이 자연스럽게 복도에 나와 함께 놀이하게 된다. 복도의 놀이 주제는 교사가 주도적으로 정하기보다는 유아들이 하고 싶은 놀이를 스스로 제안하도록 유도하고 함께 논의하여 결정하도록 한다.

지침2   사회적 상호작용을 위한 열린 공간을 제공한다.

유아교육기관의 열린 공간은 다양한 가능성에 열려 있는 공간으로서, 여러 놀이영역(흥미영역)들과 인접해 분리되어 있으면서 비워져 있는 공간을 말한다. 즉 특정 용도가 없는 공간이지만 유아들의 놀이 상황에 따라 함께 채워갈 수 있는 공간이다. 이러한 여유공간은 놀이영역(흥미영역) 간 경계에 존재하지만 열려 있는 공간으로, 유아교육기관은 유아들 간 소통이 촉진되고 유아들이 놀이를 전개하면서 새로운 것을 창조하며 채워갈 수 있는 공간을 제공하여야 한다. 예를 들어, 놀이영역(흥미영역)들의 중앙 공간을 비워놓으면 서로 다른 영역에서 놀이하던 유아들이 그 공간에서 상호작용하면서 또 다른 놀이를 만들어내고 전개해나갈 수 있다.

[그림 6-1-19]는 유아들이 자석벽돌블록으로 도미노를 구성하는 데에 흥미를 느껴 도미노의 규모가 점차 확대되고 학급 내 통로로까지 이어진 놀이 사례이다. 특히, 도미노의 난이도를 높이기 위해 유아들이 의자 사이, 책상 사이 등을 오가며 도미노 길을 구성하는 모습을 볼 수 있다. 이와 같이 유아들이 함께 사회적으로 상호작용하며 놀이를 확장할 수 있도록 여유공간과 열린 공간을 갖춘 학급공간을 제공할 때 놀이를 더욱 활성화시킬 수 있다.

[그림 6-1-19] 교실 내 열린 공간에서 함께 도미노 놀이를 하는 예

지침3   자신과 타인, 공간을 다양한 시점에서 탐색할 수 있도록 고정식 벽면 거울 및 여러 형태와 크기의 이동식 거울을 구비한다.

다양한 형태와 크기의 거울은 유아에게 흥미를 유발하고 재미를 느끼게 하며 교육적이다(Olds, 2000/2009). 특히, 학급 내 유아의 눈높이에 있는 거울은 유아의 자아개념 발달에 도움이 된다. 예를 들어 한쪽 혹은 여러 벽면에 거울을 설치하면 유아는 자신의 모습을 다시점(多視點)에서 탐색할 수 있다. 자신의 뒤에서 전개되는 상황을 거울을 통해 확인하며 안전함을 느낄 수 있을 뿐 아니라(Olds, 2000/2009), 평소에 볼 수 없었던 자신의 뒷모습과 옆모습 등을 볼 수 있고, 주변 또래 및 성인들의 존재를 지속적으로 확인할 수 있다. 더불어, 다양한 시점에 따라 자신의 위치를 타인 및 주변 물체들과의 공간적 관계성에서 파악하여 주변환경과의 연결성에 대한 감각을 지속적으로 함양할 수 있다.

디지털 놀이를 지원하는 각종 디지털 기기와 디지털 놀잇감, 어플리케이션 및 소프트웨어 등을 갖추고 이를 적절히 활용한다.

인터넷을 포함하는 디지털 세계는 유아에게 물리적으로 실재하는 환경만이 아니라 온라인에 구축된 새로운 환경과의 연결 및 소통을 통한 또 하나의 배움의 장을 의미한다(Wernholm, 2021). 디지털 세계 속에서 유아는 새로운 정보와 지식, 관점을 접하며 사고력과 상상력을 확장해간다. 유아들이 디지털 세계를 접하는 모든 주체적이고 자유로운 접근 방식은 일종의 놀이로서 '디지털 놀이(디지털 매체를 활용하여 이루어지는 놀이)(Edwards, 2018; Plowman, 2020)'라고 칭한다. 이러한 디지털 놀이는 다양한 어플리케이션을 활용한 놀이(AR/VR 앱, 스마트 렌즈 등), 디지털 게임, 혹은 전자책 읽기나 스마트 토이를 활용한 놀이, 동영상 플랫폼에서의 영상 감상 및 이를 재구성하는 가작화 놀이, 디지털 기기를 활용한 창작 작업(3D 펜과 프린터, 디지털 카메라로 촬영이나 작곡을 하고 그림 그리기 앱을 활용해 하는 창작 작업 등) 등 매우 다양한 형태로 일어날 수 있다(Marsh et al., 2015; Marsh et al., 2016; Marsh et al., 2020).

유아교육기관의 학급은 이처럼 다양한 디지털 매체에 대한 유아들의 접근을 보장하고 주체적 디지털 놀이를 지원할 수 있도록 디지털 기기와 놀잇감(스마트 토이) 및 각종 어플과 플랫폼에 대한 접근성을 확보하고 있어야 한다(교육부, 2022b). 가장 기본이 되는 설비로서 무선 인터넷망을 구축하고 이를 바탕으로 동영상 및 각종 교육 콘텐츠 플랫폼에 대한 원활한 접근성을 확보해야 한다. 또한 터치스크린 및 미러링 기능을 갖춘 TV, 태블릿 PC, 스마트폰, 디지털 카메라, AI 스피커 등 기기를 갖추어야 한다. 더불어 스마트 토이 및 전자책, 컴퓨팅 사고력 함양 교구 등의 디지털 놀잇감들을 점차적으로 제공하는 것으로 확장해갈 수 있다.

[그림 6-1-20]
1. 태블릿, 국립중앙박물관앱, 증강현실박물관앱 등을 활용한 놀이 지원의 예(왼쪽)
2. 플레이스테이션 4프로, JUST DANCE 2020, 플레이스테이션 카메라, 텔레비전 등을 활용한 놀이 지원의 예(오른쪽)

◦ 디지털 리터러시란 무엇일까요?

　　　　디지털 리터러시란 디지털 시대에 요구되는 디지털 역량을 대표하는 개념으로, 다음과 같은 하위 역량들을 포함합니다(이연승, 2022; UNESCO, 2018, UNICEF, 2019).

　　　　첫째, 디지털 매체와 테크놀로지를 효율적으로 사용할 수 있는 지식과 기술,
　　　　　　비판적 사고력과 문제해결력, 의사소통능력
　　　　둘째, 디지털 사회 구성원으로서 윤리적 의식과 태도를 지니고 디지털 기술을 활용하여
　　　　　　정보를 탐색 및 관리, 창작하고 문제를 해결하는 능력
　　　　셋째, 디지털 기술을 활용하여 정보에 접근, 정보를 관리·통합·분석·평가하고,
　　　　　　새로운 지식을 구성·창조하며 소통할 수 있는 흥미, 태도, 능력
　　　　넷째, 디지털 미디어를 사용할 때나 디지털 시민으로 살아가는 데 필요한 보안, 윤리, 안전,
　　　　　　신뢰성(검증)과 관련하여 바람직한 선택과 판단을 할 수 있는 능력

　　　　즉, 디지털 리터러시는 단순히 디지털 기기를 기술적으로 능숙하게 사용할 줄 아는 능력에 그치는 것이 아니라 디지털 매체를 활용하여 정보에 접근하고 정보를 관리·이해·통합하며, 이를 바탕으로 평가하고 새로운 지식을 창조하고 타인과 소통하는 데 동반되는 '분석적·종합적·비판적·창의적·윤리적 사고력'을 의미합니다.

◦ 그렇다면, 유아기 디지털 리터러시는 어떻게 함양할 수 있을까요?

　　　　미래 디지털 시대를 살아갈 유아들에게 디지털 리터러시는 개인의 존엄을 유지하고 자주적이며 주체적 삶을 영위하기 위해 갖추어야 할 필수적 역량입니다. 최근의 연구들은 '놀이(play)'가 유아들의 배움과 발달의 효과적인 통로이듯이, 디지털 매체를 활용한 놀이 즉 '디지털 놀이(digital play)(Edwards, 2018)'가 유아들의 디지털 리터러시를 함양하는 매우 효과적인 수단임을 입증하고 있습니다(Edwards, 2018; Marsh et al., 2015; Marsh et al., 2020; Plowman, 2020).

⌄ 디지털 놀이는 유아들이 디지털 매체를 사용하여 즐겁게 놀이하는 가운데 디지털 세계와 현실 세계의 경계를 지속적으로 넘나드는 것을 가장 큰 특징으로 합니다. 이런 측면에서 디지털 놀이를 하이브리드 놀이(hybrid play)라고 칭하기도 합니다(Mäyrä, 2020; Edwards, 2018; Wernholm, 2021).

⌄ 디지털 놀이에서는 가상과 현실 세계의 교차가 수시로 이루어집니다. 따라서 유아들은 놀이를 진행하면서 자연스럽게 두 세계의 상황들을 상위 수준에서 인지하고 조율하고 조정하는 데 동반되는 인지적 기술과 의사소통 기술들을 함양하게 됩니다. 바로 이러한 요소가 고등 정신기능의 중요한 요소인 '상징적 사고력'과 '메타인지' 능력의 발달이 이루어지도록 하고(Fleer, 2013; 2017), 또래들과 함께 하

는 디지털 놀이는 의사소통 능력, 사회성 발달(협동과 양보, 협상 등), 정서적 지능(자신과 타인의 감정을 인식하고 헤아리기, 감정 조절하기, 인내하기 등), 신체운동 능력 및 상상력 발달 등에도 긍정적인 영향을 미치는 것으로 나타납니다(Marsh et al., 2015; Marsh et al., 2020; Plowman, 2020).

✔ 디지털 놀이는 무엇보다 '놀이'이므로 유아들이 즐겁게 자발적으로 참여하는 가운데 앞서 언급한 긍정적 발달이 자연스럽게 일어날 수 있습니다. 이런 점에서 디지털 역량 함양에 가장 이상적인 접근이라고 볼 수 있습니다.

○ 유아기 디지털 매체 사용은 성장에 부정적 영향력을 미치지 않나요?
✔ 그동안 매스미디어를 통해서 영유아기 디지털 매체에 대한 노출이 가져올 수 있는 부정적 영향력이 많이 언급되었습니다. 디지털 매체의 과도한 사용은 이제 막 세상과의 소통을 통해 발달이 일어나는 가소성(외적 자극에 의해 변형되기 쉬운 정도)이 높은 영유아기 뇌를 망가뜨려 유사자폐를 불러오거나 중독 증상, ADHD 등의 집중력 부족과 외현화 문제행동을 일으키는 것으로 알려졌습니다. 이에 영유아기에는 디지털 매체에 대한 노출을 최대한 자제해야 한다고 강력히 권고되어왔습니다.

✔ 그러나 보다 많은 과학적 연구결과가 축적되면서 세계 주류 및 전문가들의 관점은 변화하고 있습니다. UNICEF는 디지털 매체 사용에 있어서 '안전'과 관련한 유아의 권리를 강조하는 만큼 디지털 매체에 대한 '접근성' 보장 자체가 유아의 권리로서 매우 중요함을 강조하고 있습니다(UNICEF, 2021).

✔ 물론 지난 약 십여 년간 제기되었던 영유아기 디지털 매체 사용의 부정적 영향력이 전혀 근거가 없는 것은 아닙니다. 과도한 노출이 있을 때 혹은 매우 유해한 콘텐츠(성, 폭력, 자극적인 게임 등)에 장시간 노출되었을 때와 같이 '극단적인 경우'의 해악은 분명히 존재한다고 볼 수 있습니다.

✔ 하지만 유아들이 이해하기 쉬운 그림 등 적절한 어포던스를 지니며, 시각적으로 지나치게 자극적이지 않은 디자인으로 구성되어 있고, 유아 개인의 혹은 또래들의 적극적 참여와 창의적·인지적 요소(작곡하기, 그림 그리기, 퀴즈 풀기 등)를 담고 있거나, 추후 오프라인으로 이어지는 창작 및 가작화 활동과 놀이를 유도할 수 있는 콘텐츠는 유아에게 적절한 발달적 자극으로서 긍정적으로 작용할 수 있다는 것이 최근 전문가들의 관점입니다(Marsh et al., 2015; Marsh et al., 2020; Plowman, 2020).

✔ 이러한 맥락에서 유아교육기관에서도 학급에서 유아들의 디지털 리터러시를 함양할 수 있는 다양한 놀이와 교육적 활동이 이루어질 수 있도록 무선 인터넷망과 매입형·이동형 터치스크린, 스피커 등의 기본적 시설·설비를 구축하고, 태블릿 PC와 스마트폰, AI 스피커, 3D 프린터 등의 기자재를 구비하여야 합니다.

❥ 다만, 여전히 출생 후 초기 2년 동안에는 디지털 매체(스크린) 및 콘텐츠에 대한 노출을 최대한 자제하는 것이 좋다고 권고되며, 유아기 동안에도 하루에 노출되는 시간을 최대 1~2시간으로 제한하는 것이 좋다고 권고됩니다(NAEYC-FRC, 2012). 또한 부모와 교사 등의 성인이 유아가 노출되어도 좋을 어플리케이션과 콘텐츠를 선별하고, 유아가 디지털 콘텐츠와 매체를 사용하는 동안 주변에서 감독을 하거나 상호작용을 함으로써 유아의 콘텐츠 소비 태도가 지나치게 수동적으로 그치지 않도록 하고, 콘텐츠에 대한 질문을 통해 사고력을 키울 수 있는 기회로 이끄는 것이 좋습니다(UNICEF Innovation, Human Rights Center, & UC Berkeley, 2019).

* 기타 참고자료:
교육부 (2022a). 〈유아와 함께 하는 인공지능교육: 유아 콘텐츠 및 매뉴얼〉.
교육부 (2022b). 〈디지털 기반 놀이 환경 현장지원자료〉.
충청남도교육청 (2020). 〈놀이로 만나는 AI: 2020 유치원 인공지능교육 놀이실행 자료〉.
* 출처: '아이누리'포털(https://i-nuri.go.kr/main/index.do)에 게시
"유아와 함께 하는 인공지능교육: 유아 콘텐츠 및 매뉴얼"에서는 다양한 디지털 기기(AI 스피커, 태블릿, 인공지능 카메라 등)를 활용하여 유아의 놀이를 지원한 사례들을 소개하고 있다.

부록 1

공간 특성별 자체 점검 체크리스트★

1-1. 「건축디자인 계획」 측면 자체 점검 체크리스트

　　1) 적합성, 2) 쾌적성, 3) 안전성, 4) 안락성, 5) 운동지원성, 6) 개별지원성,

　　7) 자존지원성, 8) 융통성(유연성), 9) 심미성, 10) 역동성, 11) 연결성

1-2. 「교육적 사용 및 실제」 측면 자체 점검 체크리스트

　　1) 적합성, 2) 쾌적성, 3) 안전성, 4) 안락성, 5) 운동지원성, 6) 개별지원성,

　　7) 자존지원성, 8) 융통성(유연성), 9) 심미성, 10) 역동성, 11) 융통성(유연성), 12) 연결성

★ 부록 2는 공간별(학급, 연결, 중싱, 진입 공간)로 재배치한 지침 및 점검 체크리스트로
　저자 메일(kijoocha@gmail.com)로 요청할 경우 배부받을 수 있다.

1-1. 「건축디자인 계획」 측면 자체 점검 체크리스트

1) 적합성

계획범주	계획요소	학급	공용/매개 진입	중심	연결	건축디자인 계획 지침	하위 항목	충족 여부 예	아니오
규모 및 배치 계획	공통	●	●	●	●	공간의 시설·설비는 유니버설디자인을 따른다.	연령, 성별, 국적, 장애 유무 등과 관계없이 누구나 편안하게 이용할 수 있도록 계획한다.		
	공간면적	●				(학급의) 전체 공간 면적을 적정한 규모로 확보한다.	「고등학교 이하 각급 학교 설립·운영 규정」 [별표 1]에 의거하여 교사(校舍)의 기준면적은 학생이 40명 이하일 때는 $5Nm^2$(N=학생 수)이며, 41명 이상일 때는 $80+3Nm^2$을 확보한다.		
							「영유아보육법 시행규칙」 [별표 1]에 의거하여 보육실을 포함한 전체 시설 면적(놀이터 면적 제외)은 영유아 1인당 $4.29m^2$ 이상을 확보한다.		
							(예시) 영유아의 1인당 연면적을 $6.8m^2$로 제안한다.		
		●				(학급의) 1인당 공간 면적을 적정한 규모로 확보한다.	「영유아보육법 시행규칙」 [별표 1]에 의거하여 보육실은 영유아 1인당 $2.64m^2$ 이상을 확보한다.		
							(예시) 유아 1인당 학급 면적을 $3m^2$ 이상 확보하도록 제안한다.		
		●	●	●	●	천장의 높이가 적정하다.	실내공간에서 천장 높이를 최소 2.7m 이상 확보하고, 바닥에서 보까지의 높이는 최소 2.4m, 경사형 천장의 평균 높이는 최소 2.7m 이상 확보한다.		
		●				(학급 내) 통로의 폭을 통행이 용이한 수준으로 확보한다.	평균 등너비가 영아는 약 20cm, 유아는 약 24-26cm임을 고려할 때 학급 내 적정 통로의 폭은 약 100cm 이상이어야 한다.		
	이동공간			●	●	복도의 너비와 길이가 적정하다.	「건축물의 피난·방화구조 등의 기준에 관한 규칙」 제15조의2에 준용하여 복도의 유효너비는 양옆에 거실이 있는 복도의 경우(중복도 등) 2.4m 이상, 기타 복도(편복도 등)의 경우 1.8m 이상을 확보해야 한다.		
							유아교육기관의 실내에서 통로로 사용되는 복도의 길이는 일반적으로 23m를 넘지 않도록 하며, 6.1m 이상의 막다른 통로를 설치하지 않도록 계획한다.		
							모든 학급에서 비상탈출구로 향하는 출입문과 비상탈출구 간 거리는 30m를 초과해서는 안 되며, 실내의 모든 지점에서 출입구까지의 거리는 45m를 초과할 수 없다.		

계획범주	계획요소	학급	공용/매개 진입	중심	연결	지침	건축디자인 계획 하위 항목	충족 여부 예	아니오
규모 및 배치 계획	이동공간			●	●	계단과 손잡이 및 난간의 높이, 폭, 너비 등이 유아의 신체크기에 적합하다.	유아교육기관 내부에 설치되는 계단의 유효너비는 「주택건설기준 등에 관한 규정」 제16조에 준용하여 120cm 이상으로 설치한다.		
							계단 높이는 법률상 18cm로 명시되어 있으나, 유아의 신체구조를 고려하여 16cm 이하를 확보한다.		
							예시 계단 디자인 시 높이는 16cm 이하, 디딤폭은 26cm 이상, 너비는 140cm 이상(피난층 직통계단의 경우 120cm) 확보하도록 제안한다.		
							계단에 설치하는 손잡이는 성인용과는 별도로 계단 바닥에서 60~70cm 높이에 보조 손잡이를 설치한다.		
							손잡이는 최대지름이 3.2cm 이상, 3.8cm 이하인 원형 또는 타원형의 단면으로 한다.		
							손잡이는 벽등으로부터 5cm 이상 떨어지도록 하고, 계단으로부터의 높이는 85cm를 확보한다.		
							계단이 끝나는 수평 부분에서의 손잡이는 바깥쪽으로 30cm 이상 확보한다.		
							난간 디자인 시, 유아가 난간에 올라가거나 난간 사이로 지나갈 수 없도록 높이는 68.6cm 이상, 간격은 10.8cm 이하를 확보한다.		
	가구		●		●	개인별 사물함과 신발장을 구비한다.	사물함의 크기는 한 유아당 1.1~2.2m²(0.34~0.67평)의 충분한 공간을 확보한다.		
	개구부		●			출입문은 유아가 열고 닫기에 적합하다.	유아를 위한 학급의 실내 출입문은 조작이 용이한 형태, 즉 유아가 스스로 문을 열 수 있는 형태로 설치한다.		
							예시 미닫이문이나 여닫이문으로 설치한다.		
							유아가 쉽게 열 수 있도록 문이 너무 무겁지 않아야 한다.		
							문이 천천히 닫히도록 도어체크를 설치한다.		
							문을 쉽게 열 수 있도록 충분한 측면 공간을 확보한다.		
							예시 미닫이문의 경우 90cm 이상 유효폭을 확보한다.		

| 계획
범주 | 계획
요소 | 학급 | 공용/매개 | | | 건축디자인 계획 | | 충족 여부 | |
			진입	중심	연결	지침	하위 항목	예	아니오
마감재 계획			●	●	●	●	창문은 유아가 창밖을 조망하기 적절한 높이에 설치한다.	실내 출입문의 손잡이 크기는 유아가 손으로 만질 수 있는 정도가 적합하며, 손잡이의 위치는 유아의 허리와 눈높이 사이로 계획한다.		
							(예시) 다양한 성장단계의 유아가 열기 쉽도록 손잡이의 중앙점을 바닥으로부터 80~90cm 범위에 설치한다.		
							유아의 신체를 고려하여 손의 크기나 악력에 상관없이 열기 쉬운 손잡이의 형태(세로봉/일자형, 레버형 손잡이 등)를 갖추도록 계획한다.		
							(예시) 세로봉/일자형 손잡이의 경우, 다양한 키의 유아가 잡기 용이하도록 60cm 이상의 충분한 길이로 한다.		
							유아교육기관의 창문 높이는 유아가 외부환경을 직접 조망할 수 있도록 창문을 낮게 설치한다.		
							(예시) 영아의 경우 적정 창문의 높이는 바닥에서 높이 50~60cm를 권장한다.		
							(예시) 유아의 경우 적정 창문의 높이는 바닥에서 높이 60~70cm를 권장한다.		
마감재 계획	바닥		●	●	●	●	바닥 마감재는 가구, 자료, 설비 이동 및 유아의 신체움직임에 적합하다.	유아교육기관의 바닥 마감재는 사고의 위험을 줄이고 소음을 줄이기 위해 탄력성이 있는 재료를 사용하여 유아의 발디딤이 좋은 것으로 계획한다.		
							유아의 안전을 위해 유아가 뛰거나 걷거나 넘어져도 부상이 적은 부드러운 재질을 권장하고, 청소하기에도 용이한 것으로 계획한다.		
							방수, 방청, 미끄럼방지 처리가 된 마감재로 계획한다.		
			●	●	●	●	바닥 마감재는 가구, 자료, 설비 이동에 대한 내구성을 갖춘다.	충격흡수 바닥재(EQ 플로어, 이지엄, 쿠션매트 등)를 설치한다.		
							(예시) 유아의 신체움직임 및 내구성, 공간의 기능에 적합한 유아교육기관 실내 권장 바닥 마감재는 리놀륨, 코르크, 탄성코트, PVC우븐(직물) 바닥재, 후로링, 타일 등을 제안한다.		
	벽과 천장		●	●	●	●	벽과 천장은 각종 전시물이나 자료 등의 탈부착이 용이한 것으로 구성한다.	벽과 천장은 내구성이 좋은 표면재를 사용해야 하며, 탈부착이 용이한 기능을 지원할 수 있는 마감재를 계획한다.		
							(예시) 자석벽 마감, 코르크 마감, 철판 자석 마감, 페그보드 마감, 목재 타공판 마감 등을 제안한다.		

2) 쾌적성

계획범주	계획요소	학급	공용/매개			건축디자인 계획		충족 여부	
			진입	중심	연결	지침	하위 항목	예	아니오
마감재 계획	공통		●	●	●	벽, 바닥, 천장에 내오염성, 흡음·차음성, 방수성, 단열성 소재의 마감재를 사용한다.	소음을 효과적으로 차단할 수 있는 차음성이 우수한 마감재를 사용한다.		
							예시 바닥에는 리놀륨, 코르크, 탄성코트, PVC우븐(직물) 바닥재, 후로링, 타일 등으로 설치한다.		
							예시 벽과 천장에는 방음재를 부착한다.		
							벽, 바닥, 천장의 마감재는 냉난방시스템과 공기정화장치가 설치되어 있는 유아교육기관 내에서 관리하기 용이하도록 방수성, 단열성 소재를 사용한다.		
		●		●	●	벽, 바닥, 천장에 목재를 주된 마감재로 사용한다.	목재 마감재 소재로 벽, 바닥,천장 등 실내를 구성한다.		
규모 및 배치 계획	개구부	●	●	●	●	[학급] 공간 내 창문 면적을 충분히 확보한다. [공용] 공간의 특성에 따라 외부 조망이 가능한 창문 면적을 충분히 확보한다.	창의 면적은 자연광을 위해 법적기준(바닥면적의 1/10 이상)보다 높은 1/5(20%) 이상을 확보한다.		
							개폐가 가능한 창을 바닥면적의 5% 이상에 해당하는 면적으로 설치한다.		
							개폐가 가능한 창은 외부에 면한 곳에 설치하여 신선한 외기를 도입할 수 있어야 하며, 시설 내부에 전체적인 자연 통풍을 위해 가능한 2개소 이상으로 나누어 창을 설치하도록 계획한다. 만약 창의 설치가 불가능할 경우에는, 환기설비를 설치하여 외부의 공기가 공간 내에 직접 공급되거나 필터를 통하여 정화된 공기가 실내로 공급될 수 있도록 조치를 취해야 한다.		
							일조량 확보를 위해 창의 위치 다양화를 계획한다.		
							예시 측창은 가장 효과적이며, 천창은 역동적 분위기를 연출한다.		
							예시 필요시(자연광이 부족한 북향 등)에는 빛선반을 설치하여 활용한다.		
		●	●	●	●	실내로 유입되는 연속적이고 적절한 양의 자연광을 확보할 수 있도록 입지를 선정하고, 건물을 배치한다.	적절한 양의 자연광을 충분히 확보할 수 있도록 남향, 동남향을 우선적으로 고려해 유아교육기관의 입지를 계획함으로써 일일 4시간 이상 일조를 유지한다.		
							만약 자연광이 부족할 경우, 이에 대응하는 설비로서 인공적인 전체 또는 부분조명 설비를 갖춘다.		
	입지	●	●	●	●	소음을 발생시키는 외부 시설(도로, 번화가, 공장 등)로부터 충분한 거리를 확보한다.	「주택건설기준 등에 관한 규정」 제9조의2에 의거하면, 유아교육기관은 「소음·진동관리법」 제2조제23호에 따른 소음배출시설이 설치되어 있는 공장으로부터 수평거리 50m 이상 떨어진 곳에 배치해야 한다. 그러나 유아교육기관을 배치하려는 지점에서 소음·진동관리 법령으로 정하는 바에 따라 측정한 해당 공장의 소음도가 50데시벨(dB) 이하로서 시설 등에 영향을 미치지 않거나, 방음벽·방음림 등의 방음시설을 설치하여 50dB 이하가 될 수 있는 경우는 제외한다.		
							예시 공항, 고속도로, 대중교통, 기차, 소방서, 병원, 쇼핑센터, 박람회장, 산업시설, 공장과 같은 소음을 발생시키는 외부시설로부터 충분한 거리를 확보한다.		
							불가피하게 소음이 심한 지역에 위치한 유아교육기관의 경우에는 이를 대비하여 소음원으로부터의 방음 대책을 마련해 설치한다.		
							예시 수목 식재, 정원 등의 소음차단 대책을 마련하고 설치한다.		

계획 범주	계획 요소	학급	공용/매개			건축디자인 계획		충족 여부	
			진입	중심	연결	지침	하위 항목	예	아니오
환경 계획	열환경	●	●	●	●	공간별/실별 적정 온도 유지를 위한 냉난방시스템을 갖춘다.	「학교보건법 시행규칙」 [별표 2]에 의거하여 실내온도는 18℃ 이상 28℃ 이하로 하되, 난방온도는 18℃ 이상 20℃ 이하, 냉방온도는 26℃ 이상 28℃ 이하로 한다.		
							가장 적절한 난방방식은 중앙난방식으로 바닥난방을 하는 것이다.		
							예시 난방용 파이프를 바닥에 묻어놓는 패널히팅으로 설치한다.		
							냉방은 천장매립형 에어컨을 설치한다(천장냉난방공조방식).		
							각 공간마다 온도조절기를 설치하여 공간의 용도와 이용시간에 따라 교사가 실내 적정온도를 자유롭게 조절한다.		
		●	●	●	●	공간별/실별 적정 습도 유지를 위한 습도조절장치를 갖춘다.	「학교보건법 시행규칙」 [별표 2]에 의거하여 실내 비교습도는 30%~80%를 유지한다.		
							여름철 최소 상대습도는 50%, 겨울철 최소 상대습도는 35%로 유지한다.		
							계절 및 온도에 따라 적정습도를 조절할 수 있도록 유아교육기관 내 습도조절장치를 설치한다.		
		●	●	●	●	미세먼지, 냄새 등 적정 공기질 유지를 위한 공기정화장치를 갖춘다.	「학교보건법 시행규칙」 [별표 2]에서 명시한 '환기용 창 등을 수시로 개방하거나 기계식 환기설비를 수시로 가동하여 1인당 환기량이 시간당 21.6m³ 이상이 되도록 한다'는 환기 조절기준을 충족한다.		
							환기설비의 구조 및 설치 기준 역시 「학교보건법 시행규칙」 [별표 2]에 의거하여 환기설비는 교사(校舍) 안에서의 공기질의 유지 기준을 충족할 수 있도록 충분한 외부공기를 유입하고 내부공기를 배출할 수 있는 용량으로 설치한다.		
		●	●	●	●	적정한 산소농도를 유지하기 위한 공기 정화장치를 갖춘다.	교사(校舍)의 환기설비에 대한 용량기준은 환기의 조절기준에 적합한 용량으로 한다.		
							교사(校舍) 안으로 들어오는 공기의 분포를 균등하게 하여 실내공기가 골고루 순환되도록 한다.		
							중앙관리방식의 환기설비를 계획할 경우, 환기닥트는 공기를 오염시키지 아니하는 재료로 만든다.		

계획범주	계획요소	학급	진입	중심	연결	지침	하위 항목	예	아니오
환경 계획	빛 환경	●	●	●	●	조도 조절 및 유지를 위한 설비를 갖춘다.	「학교보건법 시행규칙」 [별표 2]에 의거하면, 조도(인공조명)의 경우 교실의 조명도는 책상 면을 기준으로 300럭스(lx) 이상이 되어야 하며, (동일 영역 내) 최대조도와 최소조도의 비율이 3대 1을 넘지 않아야 한다. 또한 인공조명에 의한 눈부심이 발생하지 않도록(웜화이트 조명) 가급적 현휘를 예방할 수 있는 조명을 설치한다.		
							유아교육기관 내 학급의 영역에 따라 부분적으로 적정조도를 유지 및 조절할 수 있도록 인공조명을 설치한다.		
							예시 영역에 따라 자연광이 좋지 않은 곳은 최대 500lx, 읽기 공간은 500lx, 교실 및 놀이공간은 250lx(필요에 따라 최대 500lx), 낮잠영역은 50lx, 계단 및 복도는 100lx를 권장하며, 교실과 낮잠실은 조명기구를 설치하여 어둡게 조절할 수 있다.		
							유아교육기관 내 공간에 따라 적절한 조명 형식을 둔다.		
							예시 직간접 형태의 코브, 코니스, 광천장조명, 루버조명, 매입조명, 캔, 스콘스, 트랙조명, 천장삽입형 캔, 확산직부등, 딤머, 고보 라이트 등이 있다.		
							예시 영아 대상 학급의 경우 누워 있는 영아에게 눈부심을 주지 않도록 직간접 형태의 벽부착형 코브나 스콘스, 접시형 간접조명, 트랙조명 등을 사용한다.		
							예시 복도의 경우 직간접 형태의 벽부착형 코브, 캔, 스콘스, 천장삽입형 캔을 사용할 수 있다.		
							예시 다양한 조도를 제공하기 위해서는 형광등과 백열등 모두 딤머(dimmer)를 사용할 수 있다.		
		●	●	●	●	현휘를 방지하고 조도 조절 및 유지를 위한 설비를 갖추고, 적절한 양의 채광을 확보하기 위해 햇빛 조절장치를 갖춘다.	「학교보건법 시행규칙」 [별표 2]와 「영유아보육법 시행규칙」에 따르면, 유아교육기관은 직사광선을 포함하지 아니하는 천공광에 의한 옥외 수평조도와 실내조도와의 비가 평균 5% 이상으로 하되, 최소 2% 미만이 되지 아니하며, 최대조도와 최소조도의 비율이 10대 1을 넘지 아니하도록 한다.		
							교실 바깥의 반사물로부터 눈부심이 발생하지 아니하도록 한다.		
							햇빛조절장치로 블라인드(롤 쉐이드, 베네시안 블라인드, 허니콤 쉐이드, 실루엣 윈도우 쉐이딩 등), 루버(louver) 등을 설치한다.		
	음 환경	●	●	●	●	쾌적한 소음 수준 유지를 위한 소음방지설비를 갖춘다.	유아교육기관 소음 관련 법은 「학교보건법 시행규칙」 [별표 4]에 의거하며, 교사(校舍) 내의 소음은 55dB 이하(고요한 승용차의 소음 정도)로 유지한다.		
							실내의 소음 수준을 흡수하거나 조절하기 위해 소음방지설비를 갖춘다.		
							예시 벽, 바닥, 천장에 흡음성과 차음성이 우수한 마감재를 도입하고 특히 천장과 바닥에는 흡음재를 부착한다.		
							예시 2층 이상의 유아교육기관은 층간소음 방지를 위해 바닥슬래브 두께를 18cm 이상 확보한다.		

3) 안전성

계획범주	계획요소	학급	진입	중심	연결	지침	하위 항목	예	아니오
마감재 계획	공통	●	●	●	●	벽, 바닥, 천장에 내구성 및 난연·불연성 소재의 마감재를 사용한다.	「영유아보육법 시행규칙」[별표1]에 의거하여 어린이집 내부(벽, 천장 등)의 마감재료는 「건축법 시행령」 제2조에 따른 불연재료, 준불연재료 또는 난연재료를 사용한다.		
							예시 벽 마감재로는 포르보, 호모소테, 코르크 등이 있다.		
							예시 바닥 마감재로는 리놀륨, 코르크, 탄성코트, PVC우븐(직물) 바닥재, 후로링, 타일 등이 있다.		
							예시 천장 마감재로는 텍스, SMC천정재, 규조토보드 등이 있다.		
		●	●	●	●	벽, 바닥, 천장/시설, 설비, 문, 가구 등에 친환경적인 소재를 사용한다.	「영유아보육법 시행규칙」[별표1]에 의거하여 어린이집 내부(벽, 천장 등)의 마감재료는 「환경보건법 시행령」 제16조에 따른 [별표2] 어린이활동공간에 대한 환경안전관리기준을 준수하여 설치한다.		
							예시 유아교육기관의 벽, 바닥, 천장, 문, 가구 등의 마감재는 친환경적인 마감재(생분해성, 무독성, 재활용 마감재, 리놀륨, 고무 등)를 사용하도록 계획한다.		
		●	●	●	●	전기시설, 설비를 안전하게 마감한다.	유아의 접근이 가능한 영역에 설치하는 전기콘센트의 경우, 유아의 손이 닿지 않아 감전 사고가 발생하지 않도록 최소 138cm 이상의 높이에 설치한다.		
							만약 유아의 손이 닿는 높이에 전기콘센트를 설치할 경우에는 안전 덮개를 반드시 설치한다.		
							스위치는 벽의 중앙이 아니라 벽의 경계에 설치한다.		
		●	●	●	●	벽, 바닥 등에 안전사고를 유발할 수 있는 고정식 장애물이 없다.	유아교육기관의 벽과 바닥 등을 디자인할 때는 안전사고를 유발할 수 있는 고정식 장애물(문턱, 돌출된 창틀 등)은 제거한다.		
		●	●	●	●	바닥, 벽, 천장 등에 위해가 될 만한 설비 및 디자인 요소가 없다.	유아교육기관의 바닥, 벽, 천장 등을 디자인할 때는 위해가 될 만한 설비 및 디자인 요소[벽의 돌출부, 행잉 천장 시설물(또는 조형물) 등]가 없도록 유의한다.		
							벽과 천장은 손상(벗겨진 페인트, 벽지 등)을 최소화할 수 있도록 탈부착이 용이하고 내구성이 좋은 마감재를 사용한다.		
	바닥	●		●	●	충격을 흡수할 수 있는 바닥재를 사용한다.	유아들의 안전을 위해 충격을 흡수할 수 있는 바닥재를 사용한다.		
							예시 유아의 신체움직임 및 내구성에 적합한 유아교육기관 실내 권장 바닥 마감재는 리놀륨, 코르크, 탄성코트, PVC우븐(직물) 바닥재, 후로링, 타일 등이 있다.		

| 계획범주 | 계획요소 | 학급 | 공용/매개 | | | 건축디자인 계획 | | 충족 여부 | |
			진입	중심	연결	지침	하위 항목	예	아니오
규모 및 배치 계획	개구부	●	●	●	●	실내외로 통하는 출입문을 눈에 잘 띄도록 배치하고, 출입문의 위치를 인지할 수 있도록 시각적 장치를 마련한다.	학급의 실내문과 실외문(비상탈출구 및 실외놀이터로 통하는 문)을 눈에 잘 띄는 곳에 배치하며, 학급을 가로지르는 주요 통로를 비워 비상시 탈출 동선을 명확히 한다.		
		●	●			출입문에 완충장치를 설치한다.	「영유아보육법 시행규칙」 [별표1]에 따라 출입문의 가장자리에 유아의 손이 끼지 않도록 손끼임 방지 고무패킹이나 완충장치를 설치한다.		
		●	●			출입문의 가장자리에 손끼임 방지장치를 설치한다.	예시 유아교육기관 출입문 디자인 시, 손가락 끼임사고 방지를 위해 문닫힘 방지장치, 속도 제어장치(도어클로저), 모서리 끼임방지용 완충재[문의 고정부 모서리면(경첩부)에 설치하는 손끼임 방지장치, 유리문의 모서리 면에 마감하는 손끼임 방지 완충재 등]를 설치한다.		
		●	●	●	●	문과 창문은 안전유리를 사용한다.	유아교육기관의 문과 창문 디자인 시에는 유리 파손에 의한 부상을 방지할 수 있도록 파손 시 튀거나 흩어지지 않는 안전유리를 사용한다.		
							유아교육기관의 모든 문은 성인과 유아 모두가 실내외 양방향으로 투시할 수 있도록 문 전체 또는 일부를 유리로 한다.		
							유아도 볼 수 있도록 유리창의 높이는 바닥으로부터 최소 50cm 이상으로 하며 안전유리로 설치한다.		
		●	●	●	●	창의 개폐 및 구조가 추락사고의 위험 없이 안전하다.	유아교육기관의 창문 개폐방식은 유아의 안전을 최우선으로 고려하여 계획한다.		
							예시 어닝창은 적게 열리고 유아가 직접 사용하기 어렵기 때문에 오르내리기 창보다 안전하다.		
							예시 창에 유아의 머리가 끼지 않을 정도로, 약 15cm 이하로만 창이 열리도록 걸림 장치를 설치한다.		
							유아가 열 수 있는 창에는 모두 잠금장치를 설치한다.		
							2층 이상의 유아교육기관일 경우, 바닥에서 1.2m 높이에 추락방지용 안전장치(창호의 안전봉, 창문 보호대 등) 및 고정 창문을 설치한다.		
							「주택건설기준 등에 관한 규정」 제18조를 준용하여 창 난간의 높이는 바닥의 마감면으로부터 120cm 이상, 위험이 적은 장소에는 90cm 이상으로 설치한다.		

계획 범주	계획 요소	학급	공용/매개			지침	건축디자인 계획	충족 여부	
			진입	중심	연결		하위 항목	예	아니오
규모 및 배치 계획	개구부	●	●	●	●	창문에 방충망을 설치한다.	여름철을 대비해 벌레, 해충의 진입을 막고자 방충망을 설치하되, 반드시 난간을 함께 설치하여 추락사고를 방지한다.		
	이동공간		●	●		계단 및 2층 이상 이동공간에 설치한 난간의 간살 간격이 관련 법적기준을 충족한다.	유아교육기관의 난간 설치기준은 「주택건설기준 등에 관한 규정」 제18조를 준용한다. 난간은 강도 및 내구성이 있는 재료를 사용하여 안전한 구조로 설치하며, 실내에 설치하는 난간일 경우 목재도 사용할 수 있다.		
							「주택건설기준 등에 관한 규정」 제18조에 의거하여 난간의 높이는 바닥의 마감면으로부터 120cm 이상으로 설치한다.		
							「주택건설기준 등에 관한 규정」 제18조에 의거하여 유아교육기관 난간의 간살은 세로방향으로 설치해 유아가 난간살을 밟고 올라갈 수 없도록 하며, 간살의 간격은 안목치수 10cm 이하로 한다. 다만, 유아의 몸이 빠져나가지 않도록 그 안치수는 8cm 이하를 권장한다.		
							난간 손잡이의 높이는 84~86cm, 손잡이의 직경은 3.2~3.8cm 범위로 설치한다.		
							유아가 난간을 타고 내려오지 못하도록 장애물을 설치하되, 손잡이 이용에 최대한 방해가 되지 않도록 개수와 크기를 최소한으로 하며 날카롭지 않은 형상으로 한다.		

4) 안락성

계획범주	계획요소	학급	공용/매개			건축디자인 계획		충족 여부	
			진입	중심	연결	지침	하위 항목	예	아니오
규모 및 배치 계획	입지	●	●	●	●	자연과의 물리적·시각적 접근성을 확보할 수 있도록 입지를 선정하고 건물을 배치한다.	실내공간에 외부 자연채광을 확보하도록 계획한다.		
							예시 좋은 질의 채광을 위하여 동향, 남향, 서향에 학급공간을 배치한다.		
							자연과의 원활한 접촉을 위하여 야외공간과 인접하도록 공간을 계획한다.		
							예시 완전히 보호된 내부 자연공간을 제공하는 O-형태 구조 및 풍부한 자연채광과 반폐쇄 형태의 야외공간으로 접한 E-형태 구조로 계획한다.		
	배치 및 동선	●		●		유아의 신체크기에 맞게 형성된 아늑한 사적 공간을 구비한다.	2~3명이 모일 수 있는 작고 좁은 공간으로 아늑하고 편안한 공간을 구성하면서 외부의 상황을 파악할 수 있도록 시야를 확보하여 구성한다.		
							예시 벽의 수납공간, 창문의 턱, 계단 밑 공간에 앉거나 숨을 수 있는 공간 등을 계획한다.		
마감재 계획	벽	●	●	●	●	벽 마감재는 차갑거나 거칠지 않은 재질을 사용한다.	유아의 신체높이를 고려하여 벽의 하부 표면은 따뜻하고 부드러운 질감의 마감재로 계획한다.		
							자연 재료인 나무, 종이, 패브릭, 가죽 등으로 적절하게 마감한다.		
공간디자인 계획	색채	●	●	●	●	바닥, 천장, 벽은 심리적으로 편안한 색채를 사용한다.	편안한 톤의 색채로 공간을 계획한다.		
							공간 내 패턴은 복잡하거나 대비가 높은 것은 피한다.		
	조명	●	●	●	●	부드러운 빛깔의 조명등을 사용한다.	전반적으로 은은하고 포근한 느낌의 전체조명을 사용한다.		
							예시 은은하고 포근한 느낌의 전체조명은 색온도 3000K~4000K의 조명기기를 선택한다.		
							안락하고 포근한 공간을 조성하기 위해 부분조명을 사용한다.		
							예시 안락하고 편안하게 연출하는 부분조명(팬던트, 벽부형 조명 등)은 색온도 2700K~3000K의 조명기기를 선택한다.		
	조경		●		●	자연을 접하거나 감상할 수 있는 테라스 공간을 구비한다.	내부공간에서 외부로 접근할 수 있는 테라스 공간을 마련한다.		
							외부 자연환경을 조망할 수 있는 큰 창을 설치한다.		
			●	●	●	공간 내 자연적 요소를 포함하도록 한다.	외부로 접근이 어려운 경우 실내 정원이나 중정을 마련한다.		

5) 운동지원성

계획범주	계획요소	학급	공용/매개			건축디자인 계획		충족 여부	
			진입	중심	연결	지침	하위 항목	예	아니오
규모 및 배치 계획	배치 및 동선			●	●	신체움직임 및 놀이행동을 유도할 수 있도록 공간 간 순환적 연결구조를 계획한다.	공간(교육공간, 공용공간)이 분절되지 않도록 연결된 동선 체계를 계획한다.		
							내부와 외부 공간이 이어져 연속적으로 순환하는 동선을 계획한다.		
							바닥 그래픽 또는 패턴으로 다른 공간을 연결하고 움직임을 유도하는 장치를 계획한다.		
				●	●	사회적 상호작용과 다양한 동선을 유도할 수 있도록 공간 및 구조물은 여러 형태와 크기의 창이나 출입통로를 갖추게 한다.	움직임 동선 내에 유아가 선택할 수 있는 다양한 출입통로나 이동동선을 계획한다.		
							이동동선 중간에 포켓 형태의 놀이공간을 배치하여 유아의 움직임과 이동을 유도하는 공간 장치를 계획한다.		
							(예시) 이동하는 동선 내에 아지트 공간, 움직임 놀이 공간(미끄럼틀, 사다리 등), 무대 공간과 같이 다양한 형태와 크기의 공간 구조물을 배치한다.		
		●		●	●	다양한 신체움직임 및 균형과 위치변화를 유도하는 고정식 구조물과 기구 등을 설치·비치하고 이를 위한 공간을 충분하게 계획한다.	신체발달 능력에 따라 유아가 선택하여 몸을 움직일 수 있는 구조물 및 기구를 배치한다.		
							(예시) 계단과 슬로프를 함께 구성하여 경사도에 따라 유아가 신체를 조절할 수 있는 공간 구조물을 계획한다.		
마감재 계획	바닥	●		●	●	대근육 활동 구조물 아래쪽이나, 수직적 신체움직임이 활발한 영역의 바닥 및 벽은 충격흡수가 가능한 소재로 계획한다.	유아가 상부에서 아래로 뛰어내리거나 주변의 구조물에 부딪힐 수 있는 신체활동 구역의 바닥이나 벽면은 충격을 흡수할 수 있도록 마감한다.		
		●		●	●	수직적 신체움직임이 활발한 영역을 제외한 학급의 바닥재는 유아의 수평적 신체움직임을 원활히 할 수 있도록 적정한 경도를 확보한다.	유아가 공간에서 뛰고 걷는 데 어려움이 없는 강도의 바닥으로 마감한다.		
							(예시) 영아 대상 공용공간의 경우, 수평적 신체움직임을 원활하게 받쳐주는 힘이 있어 영아의 배밀이나 걷기 연습에 적합한 우드플로링을 바닥 마감재로 계획한다.		

계획범주	계획요소	학급	공용/매개			건축디자인 계획		충족 여부	
			진입	중심	연결	지침	하위 항목	예	아니오
마감재 계획	가구	●		●		다양한 신체움직임을 유도하기 위해 대근육 활동 구조물은 다양한 형태와 재료로 구성한다.	유아가 자유롭게 움직임을 계획할 수 있도록 다양한 마감재와 공간 구조를 구성한다.		
							예시 바닥 마감재로 딱딱한 재질의 나무 마감재와 탄성이 있는 그물 구조의 마감재를 복합적으로 계획하여 구성한다.		
							예시 계단 및 슬로프(또는 미끄럼틀) 등으로 구성된 복합 구조물을 설치한다.		

6) 개별지원성

계획범주	계획요소	학급	공용/매개			건축디자인 계획		충족 여부	
			진입	중심	연결	지침	하위 항목	예	아니오
공간 디자인 계획	공통	●	●	●	●	개별 유아의 차별적 요구를 충족시킬 수 있도록 공간 내 디자인 요소 및 조명, 가구, 소품의 물리적 특성을 다양하게 한다.	공간의 구조적 형태와 크기, 마감재의 질감과 색상, 채광과 조명을 다양하게 계획·구성하여 공간을 사용하는 유아들이 선택할 수 있도록 한다.		
							유아의 선호에 부합할 수 있도록 좌식, 입식, 와식에 적합한 공간을 모두 구성한다.		
	소품 및 장식물	●		●	●	유아의 좌식, 입식, 와식 생활을 지원할 수 있는 구조와 마감재로 공간을 계획한다.	예시 바닥의 단차를 활용하여 좌식 공간을 구성한다.		
							예시 바닥 단차 하부 공간을 부드럽고 포근한 마감재로 계획하여 와식 공간을 구성한다.		
						개별 유아의 차별적 요구를 충족시킬 수 있도록 고정식 구조물을 다양하게 설치한다.	유아의 다양한 상황을 수용하며 행동을 촉진하는 요소로 작용하는 구조물을 설치한다.		
							예시 다양한 경험을 할 수 있는 고정식 구조물(로프트, 라이저, 클라이밍 월, 그물 구조, 사다리 등)을 설치한다.		
							예시 유아가 자극에서 벗어나 편안함과 휴식을 취할 수 있는 공간을 계획한다.		

7) 자존지원성

계획범주	계획요소	학급	공용/매개			건축디자인 계획		충족 여부	
			진입	중심	연결	지침	하위 항목	예	아니오
공간 디자인 계획	공통	●		●	●	유아의 발달과 배움을 촉진할 수 있도록 공간 내 환경적 자극과 반응의 유형을 다양하게 하고, 그 양과 제시방식을 적절하게 한다.	복합적 감각경험이 가능한 공간디자인 요소를 계획한다.		
							예시 벽면과 천장 마감재 및 가구 등의 재질과 무늬, 색채, 형태 등이 유아의 시각과 후각, 촉각을 적절한 수준에서 자극하도록 계획한다.		
							자극의 정도를 조절할 수 있는 장치를 마련해 유아에게 적절한 자극을 제시한다.		
							예시 조명조절장치를 통해 조명의 밝기와 색상 강도를 조절하거나, 청각적 자극이나 소음을 조절할 수 있는 장치를 설치한다.		
							신체의 내수용감각 및 외수용감각을 자극할 수 있는 바닥의 경사면, 실내 대근육기구 등을 계획한다.		
		●	●	●	●	유아가 스스로 조작 및 조절할 수 있는 설비와 도구를 구비한다.	**예시** 조명의 스위치 방식과 높이, 문 손잡이의 위치와 무게, 가구의 크기와 무게, 화장실 세면대나 변기의 크기와 높이 등을 유아의 신체크기 및 신체적 힘을 고려하여 계획한다.		
	색채	●		●		유아 활동의 성격을 고려한 색채 계획을 적용한다.	학급공간의 벽면은 가구 및 소품 등과의 조화와 공간적 기능을 고려하여 지나치게 자극적이지 않은 색채로 구성한다.		
							학급공간과의 시각적 구분을 위해 이동공간과 공용공간의 색채를 달리한다.		
							예시 도서실 및 아틀리에, 대근육 활동실 등과 같이 공간의 성격이 분명한 경우 차별화된 색채 계획을 적용하여 유아의 행동을 유도한다.		
	조명	●		●		필요에 따라 부분별로 조도를 달리할 수 있도록 조도조절장치를 설치한다.	한 공간 안에서 발생하는 동적, 정적 활동에 적합하게 조도를 조절할 수 있도록 장치를 설치한다.		
							예시 부분별로 조도를 달리할 수 있도록 차양장치 및 조도 조절이 가능한 부분조명을 설치한다.		
규모 및 배치 계획	배치 및 동선	●	●	●		유아 스스로 활동 및 정서를 조절할 수 있도록 개방적 공간 및 사적 공간을 제공한다.	학급 및 공용 공간에 유아의 사적인 비밀스러운 공간을 계획한다.		
							예시 2~3명이 들어갈 수 있는 작은 면적의 천장고가 낮은 공간에 부드러운 질감으로 마감재를 구성하여 유아들이 조용한 행동이나 휴식을 취하기 적합한 공간을 계획한다.		
							신체놀이 및 대그룹 활동을 위한 개방된 공간을 계획한다.		

8) 융통성(유연성)

계획 범주	계획 요소	학급	공용/매개			건축디자인 계획		충족 여부	
			진입	중심	연결	지침	하위 항목	예	아니오
규모 및 배치 계획	개구부	●		●	●	상황적 요구에 따라 공간의 용도와 형태, 규모를 변화시킬 수 있는 장치를 갖춘다.	공간을 물리적으로 유연하게 변화하여 사용할 수 있는 공간 요소로 적층형 슬라이딩도어, 폴딩도어, 무빙월 등을 계획한다.		
공간 디자인 계획	공통	●		●	●	상황적 요구에 따라 공간의 이미지를 변화시킬 수 있는 장치를 갖춘다.	공간의 사용성에 따라 적합하게 연출할 수 있는 가변형 조절장치를 설치한다.		
							예시 공간을 구획하여 조명 스위치를 분리하여 설치한다.		
							예시 조도 및 색온도를 조절할 수 있는 조명제어(dimming) 시스템을 설치한다.		
							예시 조명레일을 설치하여 조명의 위치와 수량을 조정하여 사용한다.		
							예시 전기콘센트를 필요에 따라 추가할 수 있는 전기설비를 구축한다.		
							예시 작품 교체 전시가 가능한 픽처레일 등의 시설을 설치한다.		

9) 심미성

계획 범주	계획 요소	학급	공용/매개			건축디자인 계획		충족 여부	
			진입	중심	연결	지침	하위 항목	예	아니오
공간 디자인 계획	공통		●		●	●	공간 전체의 디자인 요소를 조화롭게 구성해야 하며 시각적으로 아름다워야 한다.	디자인의 구성원리인 '비례(proportion), 통일성(unity), 변화감(variety), 조화(harmony), 대비(contrast), 균형감(balance), 리듬(rhythm), 질감(texture)'을 바탕으로 심미적 공간으로 계획한다.		
							예시 바닥, 벽, 천장 면의 비례가 적절하여 정적이면서 친밀하고 안정된 느낌의 균형이 잘 잡힌 실내공간을 구성한다.		
							예시 공간의 요소들이 하나의 통일된 이미지를 형성하면서 단조롭고 지루하지 않도록 변화 요소를 적절하게 계획한다.		
							예시 좌우대칭의 공간은 정적인 균형감을 형성하므로 이러한 원리를 적용하여 시각적인 균형이 잡힌 쾌적한 공간으로 구성한다.		
							예시 공간 요소의 반복, 점층, 강조를 통해 활기차고 운동감 있는 공간으로 구성한다.		
							예시 마감재의 질감은 색상 계획과 채광을 고려하여 적합하게 계획한다.		
			●	●	●	●	자연광이나 인공조명과 결합하여 한 공간에서 다양한 분위기를 경험할 수 있도록 벽, 바닥, 천장, 붙박이 가구의 소재, 색채, 질감, 형태 등을 다채롭게 한다.	자연 마감재(나무, 석재, 벽돌, 패브릭, 종이 등)와 자연채광과 인공조명을 통해 편안하고 따뜻한 공간 분위기를 만들고, 시간의 흐름에 따라 다양하게 변화하는 공간의 모습이 형성되도록 계획한다.		
							실내공간 요소(바닥, 벽, 천장, 창호 등)를 다양한 형태로 디자인하고, 자연광과 인공조명의 결합을 통해 다채로운 조형미를 경험할 수 있는 공간을 계획한다.		

계획 범주	계획 요소	학급	공용/매개			건축디자인 계획		충족 여부	
			진입	중심	연결	지침	하위 항목	예	아니오
공간 디자인 계획	색채	●		●		공간의 색채를 자연색과 소프트톤 위주로 조화롭게 구성한다.	소프트톤의 유사색과 저채도 색상을 기본으로 계획한다.		
							자연의 마감재료(목재, 황토, 패브릭, 석재 등)를 적용한 따뜻한 분위기의 색채를 기본으로 계획한다.		
	조경	●		●	●	창을 통해 보이는 외부전경이 아름답도록 계획한다.	자연 및 주변환경과의 관계를 고려하여 창의 위치와 크기를 적절하게 계획한다.		
	조명	●		●	●	유아의 다양한 공간 경험을 위한 조명연출을 계획한다.	자연채광과 마감재를 고려하여 종합적으로 조명연출을 계획한다.		
							조명을 상황에 따라 다양하게 연출할 수 있도록 전체조명, 건축화조명, 부분조명(펜던트, 스탠드조명 등)을 조화롭게 계획한다.		
규모 및 배치 계획	개구부	●		●	●	빛과 그림자의 아름다움을 경험할 수 있도록 여러 형태, 크기, 색의 창을 구비한다.	자연광을 내부공간에 유입하는 방법을 사용하고 창의 디자인을 다양하게 계획한다.		
							예시 유아의 신체조건을 고려하여 다양한 창의 크기와 형태를 계획하고 아름답게 구성한다.		
							예시 내외부 공간의 확장을 위해 윈도우시트(window seat), 베이윈도우(bay window), 윈도우실(window sill) 등을 설치한다.		
							상부에서 자연광이 유입되는 천창을 계획하여 균일한 조도 및 시간의 흐름에 따른 변화를 경험할 수 있도록 한다.		
							예시 높은 천장의 공간에 수평 및 수직의 천창을 계획하여 온화하고 신비로운 느낌을 줄 수 있는 공간을 연출한다.		
							자연광을 실내로 유입할 때 다양한 마감재와 내외부의 설치구조물을 통해 다채로운 공간 분위기를 형성한다.		
							예시 창에 설치되는 빛의 여과 장치로 루버(louver), 스크린(screen), 장식용 창 프레임의 빛 그림자 등을 적합하게 계획한다.		

10) 역동성

계획범주	계획요소	학급	공용/매개			건축디자인 계획		충족 여부	
			진입	중심	연결	지침	하위 항목	예	아니오
규모 및 배치 계획	공통		●	●	●	●	시각적 촉감 등 복합적 감각경험을 위해 벽, 천장, 바닥 등의 마감재를 선택하고 각종 디자인을 구현하는 데 천연소재(또는 천연소재와 유사한 경험을 제공하는 표면재)를 사용한다.	복합적 감각경험을 위한 마감재 계획에 있어 목재, 석재, 직물, 조적재 등 천연소재 또는 천연소재를 활용한 신소재를 사용한다.		
			●		●	●	수직적·수평적 위치 변화와 시선이동에 따라 차별적 시각 경험을 제공하는 공간, 구조물 및 장치를 구비한다.	공간을 수직적으로 확장, 압축한 구조인 로프트(loft) 구조물을 설치한다.		
								예시 로프트 구조물 아래 공간에 유아가 숨을 수 있는, 즉 높이가 낮고 외부의 소리나 시선에서 분리된 독립된 공간을 구성한다.		
								예시 로프트 구조물의 상부 공간으로 투명한 소재를 활용하여 공간은 분리되지만 시야는 확보되어 공간 조망이 가능한 개방적 공간으로 구성한다.		
								수평적 이동 및 시선의 이동에 따른 차별적 공간 경험을 위하여 공간 요소에 변화를 줄 수 있는 구조물을 계획하여 다채로운 공간 경험을 제공한다.		
			●		●	●	공간의 디자인 요소에서 느낄 수 있는 수직적 복잡성이 있어야 한다.	예시 바닥, 벽, 천장의 마감재에 변화를 주거나 공간의 상징적, 심미적 분리를 통해 변화를 경험하게 한다.		
								예시 시야보다 높은 파티션이나 가구를 반복해 배치함으로써 시각적 리듬을 생성하고 유아의 움직임을 자연스럽게 유도하여 공간을 경험하도록 한다.		
								2층 이상의 다층 공간에 빈(void) 공간을 두어 유아가 시야를 확보하고 관찰, 조망 등의 시지각적 경험을 할 수 있도록 한다.		
			●		●	●	실내수경시설, 풍경 등 시청각적으로 복합적 감각경험을 제공하는 디자인 요소를 갖추도록 한다.	자연의 소리를 활용한 청각적 풍경을 계획하여 안정감을 기반으로 유아에게 즐거움과 편안함을 제공하는 공간으로 계획한다.		
				●	●		공간의 디자인 요소에서 느낄 수 있는 시각적 리듬성과 패턴화된 복잡성을 계획해야 한다.	연속적으로 변화하는 장면들이 연결되어 유아에게 다양한 지각 경험을 제공한다.		
								예시 복도, 계단, 브릿지와 같이 공간을 연결하면서 변화하는 장면을 제공하는 구조물을 계획한다.		
	공간 크기		●		●	●	[공용] 공간의 성격에 부합하도록 공간별 크기, 모양(형태), 시각적 개방성에 차이를 둔다.	서로 다른 성질의 공간 요소를 배치하여 공간을 다양하고 풍성하게 계획한다.		
								예시 다양한 형태와 크기의 공간을 배치하여 공간 탐색의 자극 요소로 구성한다.		
								예시 공간의 개방도에 차이를 주어 다양한 공간감을 경험할 수 있도록 계획한다.		

11) 연결성

계획범주	계획요소	학급	공용/매개			건축디자인 계획		충족 여부	
			진입	중심	연결	지침	하위 항목	예	아니오
규모 및 배치 계획	배치 및 동선				●	[공용] 여러 학급의 유아들이 대·중·소규모로 교류할 수 있는 다양한 열린 공간을 갖춘다.	**예시** 즉흥놀이를 하거나 안정감을 주는 정서적 욕구를 충족시킬 수 있는 공간으로 교실과 교실 사이, 또는 교실과 복도 공간의 벽체를 일부 개방하여 소통할 수 있는 공간을 계획한다.		
							예시 바닥에 단차를 두거나 접이식 벽과 같은 가변형 벽으로 공간을 구획하여 유아의 움직임을 유도하고, 우연한 관계가 형성될 수 있는 공간을 제공한다.		
							예시 의사소통이 가능한 무대, 열린 공간으로서 다층 공간의 계단 공간을 변형하여 미끄럼틀, 무대, 의자 등으로 활용한다.		
		●				[학급] 학급과 학급 간 사회적 상호작용을 촉진할 수 있는 장치를 갖춘다.	학급 간 사회적 상호작용을 촉진하기 위하여 개방적 공간디자인을 계획한다.		
							예시 학급 사이 투명한 마감재를 사용하여 시지각적 연속성을 확보한다.		
							예시 상호작용을 할 수 있도록 학급과 공용공간의 공간 배치를 편복도형, 중복도형, 클러스터형, 집중형, 방사형, 놀이공간 결합형 등의 구조로 계획한다.		
				●	●	[공용] 공용공간과 학급 간 사회적 상호작용을 촉진하는 연결구조나 설비를 갖춘다.	상호작용 및 관찰이 가능한, 공유할 수 있는 사이 공간을 계획한다.		
							예시 인접한 두 학급의 사이 공간에 유아들이 자유롭게 드나들며 다원적 관계를 형성할 수 있는 공간을 구성한다.		
							예시 인접한 두 학급의 벽을 가변형 슬라이딩도어나 폴딩도어로 계획하여 필요에 따라 오픈하여 개방형 가변 공간으로 활용한다.		
	가구	●		●	●	유아가 자신과 타인, 공간을 다양한 시점에서 탐색할 수 있도록 고정식 벽면 거울 및 여러 형태와 크기의 이동식 거울을 구비한다.	반사체 재료를 선정하여 공간을 디자인하고 마감한다.		
							예시 반사체의 마감재로 유리, 플라스틱 거울, 금속의 슈퍼미러, PVC시트의 미러솔 등을 공간에 적용한다.		
	개구부	●		●	●	창을 통해 실외환경을 관찰할 수 있도록 한다.	유아의 눈높이에 맞게 창을 계획한다.		
							오랜 시간 편안하게 관찰 및 조망할 수 있도록 창을 계획한다.		
							예시 윈도우실(window sill)을 변형해 공간을 구성하거나 고정형 윈도우시트(window seat)를 설치하거나, 창에 인접한 공간에 의자를 배치하여 편안한 공간을 조성한다.		
							창의 형태, 크기, 위치 등을 다양하게 조합하여 유아의 호기심을 자극하도록 계획한다.		
		●		●	●	개구부나 테라스, 데크 등을 통해 실외환경으로의 접근성을 확보한다.	실내외 환경 사이의 전이공간으로 옥상, 테라스, 발코니, 중정, 캐노피, 데크 공간을 계획한다.		

계획 범주	계획 요소	학급	공용/매개			건축디자인 계획		충족 여부	
			진입	중심	연결	지침	하위 항목	예	아니오
		●		●	●	부분창이나 투명한 소재를 사용하여 공용공간과 학급, 학급과 학급 간 시각적 연결성을 확보한다.	공간 사이 벽체에 투명한 마감재(유리, 아크릴 등)를 적용하여 시각적 연결성을 확보한다.		
							그물구조, 루버, 반개방의 블록구조 등을 적용해 공간 사이의 시야를 확보함으로써 유아들이 자연스럽게 인접 공간을 관찰하거나 소통하도록 한다.		
환경 계획	디지털 환경	●	●	●	●	디지털 놀이를 통해 디지털 리터러시를 함양시키고, 온라인을 통한 원활한 소통을 지원할 수 있도록 각종 디지털 시설·설비·장비·기기(무선 인터넷 환경, 프로젝터 등)를 확보한다.	디지털 환경을 구축하기 위한 기반 시설을 갖춘다.		
							예시 학급공간과 공용공간에 무선인터넷 공유기를 설치하여 인터넷 사각 구역이 없도록 계획한다.		
							예시 건축디자인 계획 초기부터 디지털 시설과 장비를 계획해 설비라인이나 설비 기기가 외부로 돌출되지 않도록 한다.		
							예시 상시 사용하지 않는 디지털 기기의 수납은 효율적이며 사용상 편리하게 계획한다.		
							예시 나중에 추가되는 시설을 위하여 콘센트나 통신 등의 기반 시설을 여유롭게 구성한다.		

1-2.「교육적 사용 및 실제」측면 자체 점검 체크리스트

1) 적합성

계획범주	계획요소	학급	공용/매개 진입	중심	연결	교육적 사용 및 실제 지침	하위 항목	충족 여부 예	아니오
규모 및 배치 계획	실크기	●				(학급의) 유효활동 면적을 적정한 규모로 확보한다.	학급의 유효활동 면적을 적정 수준으로 확보하기 위해서는 현재 교실의 상태가 적정한지, 공간이 협소하지 않은지, 교실 공간이 최대한으로 활용되고 있는지, 사용되지 않는 공간이 있는지, 교실의 흥미영역이 효율적으로 배치되어 있는지, 교실에서 유아가 원활하게 이동할 수 있는지 등 문제점을 파악해야 한다.		
							문제점을 파악한 후, 이를 해결할 수 있는 다각적인 방법을 모색하여 최선의 대책을 수립한다.		
							예시 놀잇감의 용도를 조사하여 자주 사용되는 것만 배치하고 그렇지 않은 놀잇감들은 정리한다.		
							예시 수납공간이 많은 교구장을 배치한다.		
							예시 2층 놀이집을 설치하여 제한된 면적을 넓게 활용한다.		
마감재 계획	가구	●				책상이나 의자의 종류와 수량을 적절히 확보한다.	책상의 모양(네모, 원, 팔각형, 사다리형, 도넛형 등)과 크기, 높이[고정용(낮은 책상, 높은 책상), 높이조절가능용 등]는 배치하고자 하는 영역에 따라 융통적으로 결정한다.		
							예시 조형영역에 배치하기 위한 책상은 유아 4-8명이 함께 사용할 수 있도록 반원 2개와 직사각형 1개로 구성된 높고 큰 책상을 준비한다.		
							예시 언어영역의 경우, 유아가 편안한 분위기에서 책을 읽을 수 있도록 낮은 책상을 준비한다.		
							예시 수조작영역의 경우, 여러 명의 유아가 마주 앉아 판을 이용한 그룹게임을 하기 위한 책상이라면 정사각형(혹은 사다리꼴형)의 낮고 작은 책상을 준비한다.		
							입식과 좌식으로 모든 유아가 앉을 수 있을 만큼의 적절한 수량을 확보한다.		
		●				[학급] 가구(책꽂이, 책상, 의자 등)의 높이와 크기가 유아의 신체크기에 적합하다.	유아교육기관 내 학급과 공용공간의 가구는 유아의 신체크기 및 신체적 눈높이에 맞아야 한다.		
							예시 책상의 높이는 (의자 앉는 면의 높이)+(앉은키×1/3)-1cm를 권장한다.		
							예시 의자의 앉는 면의 높이는 발에서 무릎까지의 높이-1cm, 등받이 중심 높이는 앉은키×0.3cm, 앉는 면 너비는 앉은 엉덩이 너비+5cm, 앉는 면 깊이는 엉덩이에서 오금까지의 길이×0.85cm, 의자의 총 길이는 책상높이 +4cm를 권장한다.		
			●	●	●	[공용] 가구(개인사물함, 신발장, 책꽂이, 교구장, 소파, 의자 등)의 높이와 크기가 유아의 신체크기에 적합하다.	**예시** 의자 높이는 30~40cm, 폭은 30~45cm, 의자 상판에서 책상 상판의 하단까지의 간격은 25~30cm를 권장한다.		
							예시 유아의 눈높이를 고려하고 손이 닿을 수 있는 높이의 교구장을 구비한다.		
							예시 개인사물함 크기와 가로·깊이는 동일하게 약 30cm, 높이는 120~130cm를 권장한다.		

계획범주	계획요소	학급	공용/매개				교육적 사용 및 실제		충족 여부	
			진입	중심	연결	지침		하위 항목	예	아니오
마감재 계획	가구	●				[학급] 가구(책상, 의자, 교구장)의 소재와 무게, 크기가 유아가 이동하기에 용이하다.	유아교육기관 내 가구는 견고하면서 가벼운 재질로 만들고, 이동식 가구(교구장, 사물함 등)는 바퀴가 달려 있어야 하며, 바닥이나 가구의 손상 없이 쉽게 이동할 수 있는 것을 권장한다.		
			●	●	●	[공용] 가구(책꽂이, 교구장, 소파, 의자)의 소재와 무게, 크기가 유아가 이동하기에 용이하다.	**예시** 의자의 무게는 유아가 혼자 들어서 나를 수 있도록 3.6~4.6kg을 초과하지 않도록 한다.		
							예시 책상은 유아들이 협동해서 들 정도의 무게가 적당하다.		
			●		●	개인별 사물함과 신발장을 구비한다.	개인별 사물함의 모양은 문 없이 용도에 따라 분류하여 보관할 수 있도록 실내화를 두는 곳, 옷과 가방을 두는 곳, 서랍 등으로 구분한다.		
							개인별 사물함에는 유아가 쉽게 본인의 장을 찾을 수 있도록 이름, 사진, 그림 등 각 유아만의 자기 표식 그림을 붙여줄 수 있으며, 연령에 따라 변화를 준다.		
							예시 만 3세 이하는 자기 표식 그림과 본인의 사진을 붙여줄 수 있으며, 본인의 이름을 쓰고 식별할 수 있는 만 5세가 되면 반 표시와 함께 이름, 사진 등을 붙인다.		

2) 쾌적성

계획범주	계획요소	학급	공용/매개			교육적 사용 및 실제		충족 여부	
			진입	중심	연결	지침	하위 항목	예	아니오
마감재 계획	공통	●	●	●	●	가구 및 바닥, 시설설비는 청결하게 유지한다.	가구 및 바닥, 시설설비를 청결하게 유지하기 위해 청소하기 쉬운 것이어야 하며, 얼룩, 먼지, 거미줄, 색이 바랜 내부 벽지, 가구의 오염 등은 정기적으로 제거한다.		
환경 계획	열환경	●	●	●	●	온도계를 설치한다.	공간별/실별로 온도를 자동 조절할 수 있는 설비를 채택한다.		
							유아교육기관의 교사들은 계절에 따른 외기온도의 변화, 유아가 실내 및 실외에서 머무르는 시간, 유아의 연령, 유아의 활동량 등을 종합적으로 고려하여 하루 일과의 흐름 속에서 적정실내온도를 조절한다.		
		●	●	●	●	공간별/실별 냉난방시스템을 이용해 적정온도를 유지한다.	「학교보건법 시행규칙」 [별표 2]에서 제안한 적정 실내온도는 18℃ 이상 28℃ 이하이다.		
							(예시) 적정 난방온도는 18℃ 이상 20℃ 이하, 적정 냉방온도는 26℃ 이상 28℃ 이하로 유지한다.		
							각 학급 내 온도계를 설치하여 적정온도를 확인한다.		
		●	●	●	●	습도계를 설치한다.	습도가 너무 높으면 불쾌지수가 높아지기 때문에 제습기를 사용하여 습기를 제거하고 적정습도를 유지하며, 반대로 너무 건조한 경우에는 가습기를 사용해 습도를 적정하게 높인다.		
							습도조절장치(제습기, 가습기 등)를 작동하여 적정습도를 조절 및 유지한다.		
							학급 내에 습도계를 설치하여 적정습도를 확인한다.		
		●	●	●	●	공간별/실별 습도 조절장치를 이용해 적정 습도를 유지한다.	(예시) 유아교육기관 내에는 호흡기 감염률이 높기 때문에 난방 시에는 50~55%의 습도가 바람직하다. 이는 유아교육기관 내 적정온도 관련 법인 「학교보건법 시행규칙」 [별표 2]의 비교습도 30%~80%와 상당 부분 일치한다.		
		●	●	●	●	자연환기 및 공기정화장치를 이용하여 적정 공기질을 유지한다(미세먼지, 냄새 등).	환경부(2011)에서 발행한 〈어린이집·아동복지시설 실내공기질 관리 매뉴얼〉에 따라 다음 사항을 준수한다. • 첫째, 정기적으로 청소하고 유아교육기관 내 살균소독을 1년에 1회 이상 한다. • 둘째, 환기설비, 팬, 에어컨과 공기청정기에 설치되어 있는 필터를 연 1회 이상 점검하며 필요에 따라 교체한다.		
		●	●	●	●	자연환기 및 공기정화장치를 이용하여 적정한 산소농도를 유지한다.	• 셋째, 실내를 충분히 환기하여 누적된 오염물질을 실외로 배출한다. 예를 들어, 건축자재, 가구, 교육용품 등에서 폼알데하이드와 휘발성유기화합물이 지속적으로 발생할 수 있으므로 항상 유아교육기관을 충분히 환기해 오염물질을 실외로 배출한다. • 넷째, 유아교육기관(연면적 430m^2 이상)의 경우, 유지기준은 연 1회, 권고기준은 2년에 1회 이상 측정을 실시하여 자발적으로 관리한다.		
							식물을 이용해서 공기를 정화시킨다.		
							(예시) 벤자민 고무나무, 아레카야자, 관음죽, 스킨답서스, 시클라멘, 행운목 등을 배치한다.		

| 계획
범주 | 계획
요소 | 학급 | 공용/매개 | | | 교육적 사용 및 실제 | | 충족 여부 | |
			진입	중심	연결	지침	하위 항목	예	아니오
환경 계획	빛 환경	●	●	●	●	정기적 조도 점검을 통해 적절한 조도를 유지한다.	유아교육기관 공간 내 창문 면적을 충분히 확보하여 햇빛이 잘 들도록 하고 적정조도를 유지한다.		
							학급 내 영역에 따라 부분적으로 적정조도를 유지·조절할 수 있도록 필요시 인공조명을 적절히 배치한다.		
							예시 과학영역이나 언어영역은 창문 근처의 밝은 곳에 배치하되, 자연광이 부족한 경우에는 부분조명을 설치하여 밝기를 조절한다.		
		●	●	●	●	현휘를 방지하고 조도 조절 및 유지를 위한 설비를 갖추고, 적절한 양의 채광을 확보하기 위해 햇빛 조절장치를 갖춘다.	학급 내 영역에 따라 부분적으로 적절한 자연광을 확보한다.		
							예시 과학영역이나 언어영역은 창문 근처의 밝은 곳에 배치하되, 직사광선을 받으 면 안 되는 컴퓨터영역의 경우에는 창문 근처를 피하거나 햇빛조절장치를 이 용한다.		
		●	●	●	●	햇빛조절장치를 이용하여 적절한 자연광을 확보한다.	예시 전체 유아가 낮잠 및 휴식을 취할 경우에는 햇빛조절장치(블라인드 등)로 채광을 차단하고 다소 어둡게 조절하여 충분히 휴식을 취할 수 있도록 한다.		
							예시 이야기 나누기 및 동영상 감상 등의 대집단 활동 시에 빔프로젝트를 사용하여 스크린에 투영된 화면(혹은 실물화상기, TV 등)을 유아들과 함께 볼 경우, 선명한 시야를 확보하기 위해 필요에 따라 햇빛조절장치를 사용한다.		
	소음 환경	●	●	●	●	소음방지설비를 갖추어 쾌적한 소음 수준을 유지한다.	조화롭게 만족스러운 음환경을 만듦과 동시에 원하지 않는 소음을 제거하거나 조절하기 위한 장치나 소품을 마련하여 활용한다.		
							예시 학급 내 소음을 줄이기 위해 (부분) 카펫을 활용한다.		
							예시 책상, 의자, 가구 등의 소음을 줄이기 위해 다리에 고무, 헝겊 등을 부착한다.		
							예시 실내공간의 잡음을 완화하기 위해 내부 파티션을 설치하거나 차폐장치(baffle)를 설치한다.		
							예시 패브릭 소품 등을 활용한다.		

278

3) 안전성

계획범주	계획요소	학급	공용/매개			교육적 사용 및 실제		충족 여부	
			진입	중심	연결	지침	하위 항목	예	아니오
마감재 계획	공통	●	●	●	●	전기시설, 설비를 안전하게 관리한다.	유아교육기관 내에서는 콘센트와 전선, 스위치 등을 안전하게 관리한다(예를 들어, 콘센트 안전덮개 등을 사용함).		
							예시 유아의 손이 닿는 높이에 전기콘센트가 있는 경우, 안전덮개를 반드시 설치한다.		
							전선은 유아들의 손이 닿지 않는 곳에 고정한다.		
							예시 전선은 바닥 및 벽에 고정하거나 전선정리용 몰드 및 전선보관함을 설치한다.		
							멀티탭을 이중·삼중으로 연결하여 사용하지 않는 등 정격 용량에 맞도록 안전하게 사용한다.		
							전기기구의 연결코드는 필요할 때만 사용하고, 사용 후에는 콘센트에서 코드를 뽑아 치우거나 유아의 손에 닿지 않게 둔다.		
		●	●	●	●	바닥, 벽, 천장 등에 위해요소가 없도록 안전하게 관리한다.	정기적으로 청소하고, 규칙적으로 소독하며, 위해요소 유무를 확인한다.		
							예시 바닥 갈라짐은 없는지, 벗겨진 페인트는 없는지, 천장 시설물 중 위해요소는 없는지 등을 정기적으로 점검한다.		
							예시 튀어나온 못은 없는지 확인하여 안전사고를 예방할 수 있도록 주의해야 하며, 필요시 위해요소를 제거하거나 보호막 또는 덮개를 설치한다.		
	바닥	●		●	●	필요시 충격을 흡수할 수 있는 깔개를 사용한다.	유아교육기관은 활동적인 장소이므로 충격을 흡수할 수 있는 깔개(카펫)를 사용한다.		
							예시 깔개는 유아들이 넘어지는 안전사고가 자주 일어날 수 있는, 대근육 운동 및 거친놀이를 하는 영역에서 주로 사용한다.		
							예시 카펫은 학급 내 유아들이 앉아서도 놀이를 할 수 있는 영역(쌓기놀이영역, 언어영역, 음률영역 등)에서 주로 사용한다.		
	가구	●				견고하고 내구성이 있는 가구(책상, 의자 등)를 사용한다.	견고하고 내구성 있는 가구로서 목재(자작나무 합판, 대나무, 등나무 등)를 사용한다.		
		●	●	●	●	가구의 표면, 가장자리, 모서리 등을 파손된 부분 없이 매끄럽고 안전하게 관리한다.	유아교육기관의 가구 및 자료의 표면, 가장자리, 모서리 등은 유아가 찔리거나 다치는 안전사고를 방지하기 위해 매끄럽게 처리하고 관리한다.		
		●		●	●	자료의 표면, 가장자리, 모서리 등을 파손된 부분 없이 매끄럽고 안전하게 관리한다.	**예시** 최소 1.3cm 반경의 원형으로 모서리가 마감처리된 가구를 사용한다. 모서리 보호 쿠션을 설치한다.		

| 계획범주 | 계획요소 | 학급 | 공용/매개 | | | 교육적 사용 및 실제 | | 충족 여부 | |
			진입	중심	연결	지침	하위 항목	예	아니오
규모 및 배치 계획	개구부	●	●	●	●	개방 가능 창문의 앞쪽에 적재된 물건이 없도록 한다.	만약 유아가 충분히 오를 수 있는 높이에 개방 가능한 창이 있다면, 창문 앞쪽에 디디고 오를 수 있는 물건을 두지 않는다.		
		●	●	●	●	햇빛조절장치 (블라인드 등)의 줄을 유아의 손이 닿지 않는 곳에 고정한다.	유아교육기관에 설치하는 햇빛조절장치(블라인드 등)는 줄에 의한 잠김이나 질식사고 등을 예방할 수 있도록 줄이 없는 전자동식이나 수동식 제품을 설치한다.		
							햇빛조절장치에 줄이 있는 경우에는 줄 전체를 덮는 일체형 보호장치 또는 부분적으로 덮는 분리형 보호장치를 설치한다.		
							줄이 있는 햇빛조절장치를 설치한 경우, 줄 끝에 유아의 손이 닿지 않도록 정리하고 유아가 줄을 조작하거나 장난할 수 없도록 교실 바닥에서 80cm 이상에 위치하게 하며, 줄 고정장치(고정 고리, 보관함 등)는 벽에 설치한다.		
	이동공간			●	●	계단 및 2층 이상 이동공간 난간의 간살 간격에 대한 기준 미충족 시 보호판을 설치한다.	계단 및 2층 이상 이동공간의 난간 간살 간격이 관련 법적기준을 충족하지 못할 경우, 보호판을 설치하여 유아가 뛰어내리거나 유아의 신체가 끼이지 않도록 한다.		

4) 안락성

| 계획범주 | 계획요소 | 학급 | 공용/매개 | | | 교육적 사용 및 실제 | | 충족 여부 | |
			진입	중심	연결	지침	하위 항목	예	아니오
규모 및 배치 계획	공통		●		●	편안함을 저해하는 공간적 특성에 대한 보완장치를 사용한다.	1인당 유효 놀이면적이 부족한 경우에는 공용·매개공간과 시각적 개방성을 확보할 수 있는 창이나 폴딩도어 등을 적극적으로 활용한다.		
							유아 수에 비해 학급이 크거나 길쭉한 경우에는 시야를 차단하지 않으면서 공간을 분할하는 효과를 줄 수 있는 가구를 구비하고 배치한다.		
							예시 가제보, 실내용 캐노피를 비치하거나 문틀 가구와 교구장, 카펫 등을 활용해 공간을 분할한다.		
							예시 흡음소재의 소품을 사용하여 소리의 울림을 방지한다.		
	실크기		●		●	휴식공간은 천장 높이를 낮게 연출한다.	천과 실내용 캐노피, 어린이용 티피텐트 등의 소품이나 장치 등을 이용하여 천장이 낮은 공간을 제공한다.		
	배치 및 동선		●		●	독서 및 휴식이 가능한 공간을 제공한다.	정적 활동(독서, 퍼즐, 휴식 등)이 가능한 영역을 제공한다.		

| 계획범주 | 계획요소 | 학급 | 공용/매개 | | | 교육적 사용 및 실제 | | 충족 여부 | |
			진입	중심	연결	지침	하위 항목	예	아니오
마감재 계획	가구		● ●	●	●	부드러운 질감의 가구와 소품을 사용한다.	정적 활동 및 휴식을 위한 영역에 폭신하고 부드러운 소재의 소품(쿠션, 인형, 담요, 러그, 카우치, 빈백, 방석 등)을 제공한다.		
							정적 활동 및 휴식을 위한 영역은 명채도가 낮은 소프트톤이나 한색 계열로 구성한다.		
			● ●	●	●	자연친화적 소재의 가구와 소품을 사용한다.	가구는 전반적으로 천연소재의 결을 느낄 수 있는 목재로 구성한다.		
							다양한 색과 형태, 결과 촉감을 경험할 수 있도록 종류가 다른 목재의 소품과 가구를 제공한다.		
							목재 이외의 다양한 천연소재(털실, 라탄, 면·마, 모 등의 천연 옷감 등)로 만든 자료, 소품 및 용기(보관함)를 제공한다.		
공간 디자인 계획	조명					부드러운 빛깔의 조명등을 사용한다.	전반적으로 은은하고 포근한 느낌의 전체조명을 사용한다.		
							놀이영역의 성격에 따라 적절한 부분조명을 사용하여 안락한 느낌을 연출한다.		
							예시 휴식영역에는 가림막을 사용하여 전체조명을 차단하고 낮은 조도의 부분조명을 제공한다.		
							오후로 접어듦에 따라 조도를 낮추고 온화한 느낌의 색으로 조절할 수 있도록 밝기나 톤 조절이 가능한 조명이나 장치(무드등)를 사용한다.		
	조경	●		●		공간 내 자연적 요소를 포함한다.	관엽식물 화분을 비치한다.		
							자연 풍경을 담은 그림이나 사진을 게시한다.		
							풀이나 나무, 흙과 같은 자연적 요소를 실내 인테리어에 사용한다.		
공간 디자인 계획	소품 및 장식 전시물					집 안에서 볼 수 있는 물품들을 배치해 가정과 같은 아늑한 분위기를 연출한다.	가정에서 볼 수 있는 일상적 소품들(가족 사진, 거울, 그림, 벽걸이 장식, 화분 등)을 비치한다.		
						자연물과 자연친화적 소재의 교육용 자료를 구비한다.	예시 나이테와 결이 느껴지는 커팅 나무판, 나뭇가지, 낙엽, 자갈과 돌, 솔방울이나 도토리 같은 열매, 깃털, 조개껍질 등의 자연물을 놀이자료로 제공한다.		
							예시 목재 및 천연섬유, 각종 식용 재료 등 자연친화적 소재의 교육용 자료를 제공한다.		

5) 운동지원성

계획범주	계획요소	학급	공용/매개			교육적 사용 및 실제		충족 여부	
			진입	중심	연결	지침	하위 항목	예	아니오
규모 및 배치 계획	배치 및 동선	●		●	●	다양한 신체움직임 및 균형과 위치변화를 유도하는 고정식·이동식 구조물과 기구 등을 설치·비치하고, 이를 위해 충분한 공간을 제공한다.	유아들이 실내에서도 기거나, 높고 낮은 매트 위를 기어오르고 내리거나, 구르거나, 점프하거나, 평균대에서 균형을 잡고 버티는 등 다양한 신체움직임을 할 수 있도록 충분한 공간을 제공한다.		
							많은 공간을 활용하지 않고도 다양한 신체움직임을 유도할 수 있는 충분한 공간을 확보한다.		
							예시 잡고 일어서는 바(grab bar), 벽에 부착하는 놀이판, 거울, 반사판 등을 다른 높이에 붙여서 유아의 다양한 신체움직임을 유도할 수 있는 공간의 다양성을 제공한다.		
마감재 계획	바닥	●		●	●	대근육 활동 구조물 아래쪽이나, 수직적 신체움직임이 활발한 영역의 바닥에는 충격흡수가 가능한 매트를 필요에 따라 설치한다.	유아가 뛰거나 넘어질 때 충격을 최소화할 수 있도록 적정한 두께의 충격흡수재를 바닥재로 사용한다.		
							충격흡수재를 바닥재로 구비하지 못하였을 때는 충격흡수매트를 설치한다.		
	가구	●		●		다양한 신체움직임을 유도하기 위해 고정식 대근육 활동 구조물 이외에도 다양한 이동식 구조물을 적극적으로 지원 활용한다.	고정식 대근육 구조물 외에도 뛰고, 달리고 하는 움직임 이외에 다양한 형태의 움직임을 유도하기 위해 신체매트, 계단형/경사형 매트, 터널, 나무상자, 속이 빈 블록, 상상놀이터 블록, 플라스틱 용기, 널빤지, 로프, 공 등의 고정되지 않은 도구를 비치한다.		

6) 개별지원성

계획범주	계획요소	학급	공용/매개			교육적 사용 및 실제		충족 여부	
			진입	중심	연결	지침	하위 항목	예	아니오
공간 디자인 계획	공통	●		●	●	좌식, 입식, 와식 공간과 생활을 지원할 수 있도록 가구, 소품, 장치를 다양하게 비치한다.	유아의 신체적 컨디션에 따라서 앉거나 누울 수 있도록 가구, 소품, 장치(부드럽고 폭신한 소재의 쿠션과 방석, 러그, 담요, 카우치 등)를 마련한다.		
							예시 휴식을 취할 수 있도록 편안한 카우치나 쿠션을 비치한다.		
							놀이상황 및 요구에 따라 적합한 자세(좌식, 입식, 와식)로 놀이할 수 있도록 가구, 소품, 장치(입식 및 좌식 책상과 의자, 카펫 등)를 마련한다.		
							예시 쌓기놀이는 서거나 바닥에 앉아 할 수 있도록, 미술놀이나 조작교구활동은 의자에 앉거나 낮은 책상에서 작업할 수 있도록 가구를 배치한다.		

계획범주	계획요소	학급	공용/매개			교육적 사용 및 실제		충족 여부	
			진입	중심	연결	지침	하위 항목	예	아니오
공간 디자인 계획	소품 및 장식물	●		●	●	개별 유아의 차별적 요구를 충족시킬 수 있도록 공간 내 조명, 가구, 소품의 물리적 특성을 다양하게 구비한다.	조명의 조도나 톤, 가구의 형태와 종류, 높낮이(크기) 및 소재, 소품의 색채와 소재, 질감 등이 개별 유아의 차별적 요구를 충족시킬 수 있도록 다양성을 지닌다.		
		●		●	●	자료(교구, 놀잇감 등)의 수량을 적절하게 확보한다.	학급 유아들이 개별 혹은 집단별로, 동시적으로 혹은 시차를 두고 활동을 진행할 수 있도록 자료의 수량을 충분히 확보한다.		
		●		●	●	개별 유아의 차별적 요구를 충족시킬 수 있도록 다양한 수준과 유형의 놀이자료 및 도구를 제공한다.	유아들의 발달 편차를 반영하여 각 영역별로 다양한 난이도의 놀이자료를 구비한다.		
							예시 유아의 발달 편차를 고려하여 전체 조각의 개수가 다른 퍼즐을 고루 제공한다.		
							유아들의 외부자극에 대한 민감도를 고려하여 다양한 종류와 수준의 감각경험을 제공하는 놀이자료를 구비한다.		
							예시 외부자극에 예민한 유아를 위한 정적인 놀잇감과 외부자극을 추구하는 성향의 유아를 위한 자극성이 있는 놀잇감(색과 향이 있는 고무찰흙, 구성놀이 블록 등)을 제공한다.		
							여러 감각을 동시에 자극할 수 있는 다중양식적 놀이자료를 제공하며, 이를 반복적으로 체험할 수 있도록 한다.		
							예시 시청각적으로 다양한 정보를 동시적으로 제공하는 전자그림책을 제공하고 반복 청취할 수 있도록 한다.		
							선호하는 감각자극, 자극에 대한 예민도를 반영하여 다양한 소재와 재질, 유형, 자극 강도의 놀이자료를 제공한다.		
							예시 청각자극에 민감한 유아를 위해 소리가 부드럽고, 소리 강도를 스스로 조절할 수 있는 악기를 제공한다.		
							놀이자료의 구조성에서 차별적인 놀잇감을 제공한다.		
							예시 놀잇감이 정한 목표를 성취하는 것을 선호하는 유아를 위해 폐쇄적·구조적 놀잇감(보드게임, 퍼즐 등)을 제공하고, 자유로운 시도와 창의적 응용활동을 선호하는 유아를 위해서는 개방적·비구조적 놀잇감(자연물, 폐품, 점토 등)을 제공한다.		
규모 및 배치 계획	배치 및 동선		●			다양한 놀이영역(흥미영역)이 학급 내에 적정한 규모로 포함되도록 한다.	학급 유아의 놀이 및 감각자극에 대한 다양한 선호를 반영하여 놀이영역을 제공한다.		
							놀이영역의 규모 및 배치는 유아들의 흥미와 선호를 반영하여 지속적으로 조정한다.		

7) 자존지원성

계획범주	계획요소	학급 공용/매개				교육적 사용 및 실제		충족 여부	
		진입	중심	연결		지침	하위 항목	예	아니오
공간 디자인 계획	공통	●	●	●		유아의 발달과 배움을 촉진할 수 있도록 공간 내 다양한 유형의 환경적 자극을 제시하고, 그 양과 제시방식을 적절하게 한다.	유아의 오감을 자극할 수 있도록 유아용 교육적 자료 및 소품과 가구를 다양한 유형(자연물 및 인공적 자료들)으로 구성한다.		
							예시 나무(편백나무, 대나무, 라탄 등), 가죽, 금속, 유리, 벨벳, 털 등 촉감과 결이 다른 다양한 소재의 교육적 자료와 용기, 가구, 소품을 제공한다.		
							공간 내 환경적 자극이 유아의 오감 외에도 운동감각과 균형감각 등을 고루 자극하도록 구성한다.		
							촉지적 감각 등 교육용 자료로 유발되는 환경 내 복합적 자극의 총합이 유아 개인에게 부담이 되지 않도록 하며, 그 수준을 개인적·상황적 필요에 따라 조절할 수 있도록 한다.		
							예시 사적 공간 VS. 개방적 공간, 정적 활동 교구 VS. 동적 활동 교구 등을 구비한다.		
		●	●	●	●	유아 스스로 조작 및 조절할 수 있는 도구와 자료를 구비한다.	사용 방법이 쉽고 간단한 놀잇감, 자료, 사물 및 도구를 제공한다.		
							놀잇감, 자료, 사물 및 도구 등의 사용 방법(설명, 그림 단서 등)을 명료하게 직관적으로 제시한다.		
							유아가 사용하기에 무겁지 않고 조작 시에 과도한 힘을 요구하지 않는 놀잇감, 자료, 사물 및 도구 등을 제공한다.		
							유아의 신체크기에 적합한 놀잇감, 자료, 사물 및 도구 등을 적절한 눈높이와 위치에 배치한다.		
	색채	●	●	●		유아의 활동을 지원할 수 있도록 동적, 정적 공간에 적절한 색채를 사용한다.	대비되는 정적 영역 vs. 동적 영역에 가구, 캐노피 및 각종 소품의 색채를 달리하여 분위기를 차별적으로 연출한다.		
							예시 휴식을 위한 공간은 한색이나 소프트톤 계열로 차분히 구성한다.		
							예시 동적 활동이 많은 공간은 난색이나 선명하고 밝은 색상 위주로 구성하여 활동적 분위기를 연출한다.		
	조명	●		●		활동의 성격에 부합하도록 일부 영역의 조도에 차이를 준다.	활동의 성격에 부합하고 즉흥적 놀이 변화를 지원할 수 있도록 공간에 부분별로 조도 조절이 가능한 장치나 소품을 비치한다.		
							예시 차양장치나 부분조명(스탠드조명, 레일조명 등)을 활용하여 집중력이 요구되는 영역(조형활동, 수조작 교구활동 등)은 조도를 비교적 높게 유지한다.		
							예시 라이트박스나 OHP 장치, 빛과 그림자 탐색용 자료들이 비치되어 있는 영역은 조도를 상대적으로 낮게 유지한다.		
							예시 휴식영역의 경우는 낮은 조도와 따뜻한 색상 톤의 간접조명을 제공한다.		
	소품 및 장식 전시물	●		●		유아의 놀이 및 활동을 지원할 수 있도록 관련 자료(화보나 도서 등)를 게시·제시한다.	유아가 관심을 나타내는 놀이 및 활동을 지원할 수 있는 화보나 도서 등의 자료를 게시·비치한다.		
							예시 학급 유아들의 관심사가 거북선일 경우, 거북선을 직접 그리거나 구성해볼 수 있도록 미술 및 쌓기 영역 등에 관련 사진이나 도서 등을 게시·비치한다.		

계획범주	계획요소	학급	공용/매개			교육적 사용 및 실제		충족 여부	
			진입	중심	연결	지침	하위 항목	예	아니오
공간 디자인 계획	소품 및 장식 전시물		●	●	●	유아의 작품이나 활동사진, 활동기록 등을 눈높이에 맞게 전시한다.	유아의 활동 결과물이 생성되면 수시로 유아의 눈높이에 맞추어 전시를 한다.		
							예시 창의적이거나 유머가 있는 유아들의 놀이 발상 및 내용, 놀이의 전환이나 확장이 일어난 순간 등을 담은 매일의 활동 기록(daily journal)을 유아들이 볼 수 있도록 관련 영역에 전시한다.		
		●	●	●	●	유아의 작품이나 활동기록을 전시할 때는 진행 중인 교육과정을 반영하며, 양식이 다양할 수 있도록 구성한다.	전시되는 놀이 기록 및 활동 결과물의 유형 및 표상 양식을 다양하게 한다.		
							예시 전시되는 작품이나 기록은 입체 vs. 평면, 사진/그림 vs. 동영상, 시각 vs. 청각 vs. 촉각 vs. 신체운동 감각 vs. 복합 감각자극 등으로 내용적 분류나 표상 양식에서 다양성을 지니도록 한다.		
							학급의 게시물(전시물)에는 되도록 학급 구성원 전원의 것이 포함되도록 한다.		
규모 및 배치 계획	배치 및 동선		●	●	●	유아의 활동을 지원할 수 있도록 유사성과 관련성, 동선을 고려하여 영역과 가구, 자료를 배치한다.	영역의 성격에 따라 완전개방형, 반개방형, 폐쇄형으로 구성하고, 적절한 영역 구분 장치(가볍고 이동하기 쉬운 교구장 등)를 사용한다.		
							영역의 성격에 따라 책상과 의자를 방사형(링크형), 배향형, 대향형, 독립형, 벽면부착형 중 적절한 형태로 배치한다.		
							예시 집중이 요구되는 영역에는 시청각적 외부자극을 줄일 수 있도록 단독 책상을 배치하거나(독립형) 벽을 바라보도록 책상을 배치(벽부형)한다:		
							함께 빈번히 사용하거나, 함께 사용할 때 놀이의 심화·확장을 지원하는 자료 및 놀잇감은 가까이 배치하도록 한다.		
							예시 쌓기놀이-역할놀이-수조작 교구영역은 영역 간 놀잇감 및 자료의 이동과 교차 사용이 빈번하므로 이들 영역 간 가구를 개방적으로 배치한다.		
							예시 물을 빈번히 사용하는 활동이나 놀잇감 해당 영역은 수도와 근접해 배치하도록 한다.		
							유아의 동선을 고려하여 근접 영역 간 통로를 확보하여 가구를 배치한다.		
			●		●	유아의 활동을 방해하지 않고 몰입을 지원할 수 있도록 동적(소음) 영역과 정적(비소음) 영역을 구분한다.	소음이 많이 발생하는 영역과 적게 발생하는 영역은 되도록 멀리 배치한다.		
							공간의 물리적 특성(규모, 형태 등)상 소음·비소음 영역 간 근접 배치가 불가피할 경우에 흡음 소품을 활용하는 등 소음을 줄이기 위한 노력을 한다.		
							예시 소음이 발생할 수 있는 영역에는 차음·흡음 등을 위해 카펫과 매트, 식물, 가림막 등을 두고, 각종 패브릭(천연, 합성소재)과 나무 소재의 벽걸이, 모빌 등의 소품을 비치한다.		
			●	●	●	유아 스스로 행동 및 정서를 조절할 수 있도록 개방적 공간과 사적 공간을 제공한다.	전반적으로 높이가 지나치게 높지 않은 가구를 개방적 구조로 배치하여 상호작용을 위한 열린 공간을 제공하고, 유아가 교사와 다른 유아들을 관찰할 수 있도록 한다.		
							시각·청각·촉각적으로 아늑하고 안락한 사적 공간을 제공한다.		
	가구		●		●	유아의 활동목적이나 기분에 따라 시청각적 노출을 조절할 수 있도록 가구 및 소품을 배치한다.	예시 가림막이나 식물, 깔개, 티피(천막 텐트) 등을 사용해 시청각적으로 차단되며, 부드러운 소품으로 구성된 공간을 제공한다.		
							예시 캐노피 등을 설치해 천장을 낮추어 아늑한 공간을 연출한다.		

8) 융통성(유연성)

계획 범주	계획 요소	학급 공용	공용/매개 진입	공용/매개 중심	공용/매개 연결	교육적 사용 및 실제 지침	교육적 사용 및 실제 하위 항목	충족 여부 예	충족 여부 아니오
공간 디자인 계획	공통	●		●	●	상황적 요구에 따라 공간의 용도와 형태, 규모, 이미지를 변화시킬 수 있는 여유공간을 갖추고 활용한다.	여유공간 확보를 위해 불필요한 가구나 교구, 자료 및 소품을 최소화하여 배치한다.		
							여유공간 확보를 위해 유아의 흥미를 점검하고, 참여가 저조한 놀이영역(흥미영역)은 제거하거나 축소한다.		
		●	●	●	●	상황적 요구에 따라 공간의 용도와 형태, 규모, 이미지를 변화시킬 수 있는 가구를 갖추고 활용한다.	활용이 저조한 기능적으로 느슨한 공용공간(계단 아래 공간 등)을 유아와 함께 발굴하고 논의하여 놀이공간으로 적극적으로 활용한다.		
							다용도로 활용이 가능하며 보관 시 공간을 적게 차지하는 기능성 가구(개방형 박스 가구, 큐브형 스툴, 접이식 가구 등)를 확보하고 활용한다.		
		●	●	●	●	상황적 요구에 따라 공간의 용도와 형태, 규모, 이미지를 변화시킬 수 있는 자료, 소품 및 장비를 갖추고 활용한다.	놀이 설정 상황을 구현하는 데 필요한 각종 자료와 소품[패션쇼를 위한 카펫이나 천, (다)단, 조명이나 손전등 등]을 갖추고 지원한다.		
							계절의 변화를 반영하거나 심미적 자극을 제공하는 등 공간의 이미지와 분위기를 달리할 수 있는 자료와 소품을 갖추고 활용한다.		
							예시 계절감을 느낄 수 있는 소재·주제·색채의 소품을 갖추고 계절 변화에 맞추어 공간의 연출을 달리한다.		

9) 심미성

계획 범주	계획 요소	학급 공용	공용/매개 진입	공용/매개 중심	공용/매개 연결	교육적 사용 및 실제 지침	교육적 사용 및 실제 하위 항목	충족 여부 예	충족 여부 아니오
공간 디자인 계획	공통	●	●	●	●	시각적 아름다움을 반영하여 조명기구, 가구, 소품 등을 비치·배치한다.	학급 내 시각적인 아름다움을 유아들이 경험할 수 있도록 조명기구(CMYK 전구 등)와 교육용 기자재(라이트테이블, OHP 등)를 활용한다.		
							예시 학급공간 내 CMYK 전구를 사용하여 화려한 색깔의 그림자로 아름다운 분위기를 연출한다.		
							예시 라이트테이블 위에 불투명 투과체 혹은 투명 투과체를 올려 투과체에서 느낄 수 있는 색다른 아름다움을 경험하도록 한다.		
							예시 낮잠 시간에 빔프로젝터나 OHP로 밤이 연상되는 사진을 천장에 투사하여 밤과 같은 아름다움을 느끼도록 한다.		
							가구나 소품의 형태, 배치 등을 통해 유아들이 차별적 분위기의 시각적 아름다움을 경험할 수 있는 기회를 제공한다.		
							예시 직선(직사각형, 정사각형 등)으로 만들어진 가구 및 소품을 배치해 질서정연한, 정돈된, 딱딱한 분위기를 경험할 수 있도록 한다.		
							예시 곡선(원형, 타원형 등)으로 만들어진 가구 및 소품을 배치해 부드러우면서도 활발한 느낌을 전달한다.		
							예시 다양한 형(하트형 등)이 조합된 가구를 통해 자유로운 느낌을 준다.		

| 계획범주 | 계획요소 | 학급 | 공용/매개 | | | 교육적 사용 및 실제 | | 충족 여부 | |
			진입	중심	연결	지침	하위 항목	예	아니오
공간 디자인 계획	공통	●	●	●	●	시각적 아름다움을 반영하여 조명기구, 가구, 소품 등을 비치·배치한다.	디자인의 구성원리인 균형, 강조, 리듬·반복·패턴, 비례, 움직임, 통일·변화를 경험할 수 있도록 가구 및 소품을 배치한다.		
							예시 같은 모양, 질감, 색 등을 활용해 대칭적 균형을 이루고 전체 공간에서 심미적 안정감과 통일감을 경험할 수 있도록 한다.		
							예시 가구 및 소품을 사선으로 꺾거나 대각선 방향으로 배치하여 심미적 운동감과 역동성을 준다.		
마감재 계획	색채	●		●	●	공간의 색채를 자연색과 소프트톤 위주로 조화롭게 구성한다.	색채는 자연색으로 조화롭게 구성한다.		
							파스텔톤의 명랑하고 밝은 색채를 활용한다.		
							예시 주조색은 주변의 색과 비슷한 톤을 사용하여 조화를 이룰 수 있도록 파랑, 초록, 갈색, 회색과 같은 중성색, 무채색 등을 사용한다.		
	소품 및 장식물	●		●	●	빛의 다양한 속성 및 합성과 명암을 탐색할 수 있는 자료 및 장치를 둔다.	유아들이 빛의 다양한 속성(직진성, 반사·굴절, 분산, 합성 등)과 명암을 탐색할 수 있도록 자료 및 장치를 제공한다.		
							예시 렌즈(볼록렌즈, 오목렌즈), 어항, 거울(오목거울, 볼록거울, 평면거울), 숟가락, 국자, 프리즘, OHP, 수면등 등을 제공하여 빛의 다양한 속성과 명암을 탐색하도록 한다.		
규모 및 배치 계획	개구부	●		●	●	빛과 그림자의 아름다움을 경험할 수 있도록 여러 형태, 크기, 색의 투과체를 구비한다.	불투명 투과체로서 다양한 각도의 조명 및 자연광을 활용하여 빛과 그림자의 아름다움을 경험하도록 한다.		
							투명 투과체로서 다양한 형태와 크기, 색의 셀로판 프레임, 투명 아세테이트지를 활용하여 빛과 그림자의 아름다움을 경험하도록 한다.		
							예시 교실에 빛이 들어올 때 셀로판 프레임 혹은 셀로판지로 색깔이 투과되는 모습을 활용하여 놀이 경험을 제공한다.		
							예시 투명 아세테이트지와 아크릴 물감으로 구성한 유아들의 작품을 창문에 전시하여 빛의 투과와 함께 작품을 감상하도록 한다.		

10) 역동성

계획범주	계획요소	학급	진입	중심	연결	지침	하위 항목	예	아니오
공간 디자인 계획	공통	●	●	●	●	시각적 촉감 등 복합적 감각경험을 위해 가구, 소품, 교육용 자료 등은 주로 천연 자연소재(또는 천연소재와 유사한 경험을 제공하는 재료)를 기반으로 하며, 그 물리적 특성을 다양하게 한다.	천연소재(섬유, 목재 등) 혹은 자연물로 제작된 가구, 소품, 교육용 자료를 제공하며, 그 물리적 특성을 다양하게 제공한다.		
							예시) 색채의 무게감과 온도감, 소재의 밀도, 표면의 거칠기·무늬·음양각 등에서 다양한 가구, 소품, 자료를 제공한다.		
		●		●	●	공간의 디자인 요소에서 느낄 수 있는 시각적 리듬성과 패턴화된 복잡성을 갖추도록 한다.	'규칙성 vs. 불규칙성, 직선 vs. 곡선, 반복 vs. 변이, 대칭 vs. 비대칭, 정형 vs. 비정형' 대비되는 속성들 간의 조화와 균형을 추구하며, 복잡성 가운데에 리듬성과 규칙성이 어우러질 수 있도록 공간을 구성한다.		
		●		●	●	공간의 디자인 요소에서 느껴지는 수직적 복합성이 있도록 구성한다.	가구의 형태와 종류를 다양하게 제공한다(사각형·원형·다각형·비정형 등, 벤치·1인용·다인용 의자, 빈백·카우치 등).		
							공간 내 가구의 높낮이(입식, 좌식, 와식용)나 개별 소품의 수직·수평 길이를 다양하게 제공한다.		
마감재 계획	가구	●		●	●	다양한 형태, 종류, 높이의 가구를 구비한다.	캐노피나 천장에 각종 소품(조명등, 모빌, 장식물, 풍경 등)을 설치한다.		
		●	●	●	●	유희적 반응과 즐거움을 유발하는 다양한 소품 및 가구를 비치·배치한다.	일반적으로 유아들이 선호하는 대상이나 유머코드가 포함된 가구와 소품(동물인형 꼬리에 달린 스탠드조명, 다양한 안경그림이 그려져 있는 거울 등)을 배치한다.		
규모 및 배치 계획	실크기	●		●		영역(공간)별 성격에 부합하도록 크기와 모양, 시각적 개방성에 차이를 둔다.	영역의 형태를 곡선형, 직선형, 복합형으로 다채롭게 구성한다.		
							반개방형, 폐쇄형, 완전개방형으로 영역의 시각적 개방성을 다양하게 구성한다.		
	배치 및 동선	●		●		다양한 영역 구분 장치를 사용한다.	영역의 성격에 따라 책상과 의자를 방사형(링크형), 배향형, 대향형, 독립형(벽면부착형, 벽부형) 중 적절한 형태로 배치한다.		
							교구장, 목재 칸막이 외에 다양한 사물들[책상, 책꽂이, 식물, 교구장, (안전)유리칸막이, 인테리어 소품 상자 등]을 적절히 활용하여 영역의 크기와 경계를 구성한다.		
환경 계획	공통	●		●	●	실내 수경시설, 풍경 등 시청각적으로 복합적 감각경험을 제공할 수 있는 디자인 요소를 갖추도록 한다.	풍경(모빌), 디퓨저, 실내 분수, 실내 수경재배 인테리어 등을 활용하여 물질의 질성을 탐색하고 시각·청각·촉각·후각 등을 복합적으로 자극하며, 심미적 아름다움을 경험할 수 있도록 한다.		

11) 융통성(유연성)

계획범주	계획요소	학급	공용/매개			교육적 사용 및 실제		충족 여부	
			진입	중심	연결	지침	하위 항목	예	아니오
공간 디자인 계획	공통	●	●	●	●	익숙한 공간을 새로운 방식으로 사용한다.	**예시** 특정 용도로만 사용해왔던 익숙한 이동공간에 미로를 만들어 놀이공간으로 활용한다.		
마감재 계획	가구	●		●	●	익숙한 가구나 소품, 자료를 새로운 방식으로 비치·배치· 사용한다.	가구를 의도되지 않은 방식으로 뒤집거나 눕히는 등 새로운 용도로 사용한다.		
							예시 책상을 뒤집어 다리를 제거하고 함(통)으로 사용하거나 인형의 집 등으로 사용한다.		
							가구와 소품 등을 새로운 방식으로 조합하거나 배치하여 사용한다.		
							예시 책상을 정형, 비정형의 다양한 형태로 조합하여 배치하고 책상이나 소품 등의 비치 방식, 위치 등에 지속적으로 변화를 준다.		
							자료나 사물을 새로운 방식으로 사용한다.		
							예시 레고블록으로 실생활 용품(컵받침, 각티슈 케이스, 화분 등)을 만들어 비치하고 사용한다.		
							자료나 사물을 독창적으로 사용한 유아들의 시도와 사례를 소개·공유한다.		

12) 연결성

계획범주	계획요소	학급	공용/매개			교육적 사용 및 실제		충족 여부	
			진입	중심	연결	지침	하위 항목	예	아니오
규모 및 배치 계획	실크기	●		●	●	또래 간 놀이 관찰 및 교류가 원활히 이루어지도록 영역을 개방적으로 구성한다.	학급 및 공용 공간의 영역 간에는 시각적 연결이 이루어지도록 하여 유아 상호 간에 효과적인 관찰이 가능하도록 한다.		
							예시 학급 및 공용 공간에 놀이영역(흥미영역)을 배치할 때는 영역 구분장치를 불필요하게 많이 두지 않으며, 책꽂이나 교구장 등을 둘 때는 유아의 키보다 낮은 것을 사용해 유아들이 서로 놀이나 활동을 볼 수 있도록 한다.		
							예시 학급 내 통로를 확보하여 유아가 다른 유아의 놀이를 방해하지 않으면서 한 영역에서 다른 영역으로 원활히 이동할 수 있도록 한다.		
							공용공간에서도 유아들이 머무르거나 함께 교류하며 놀이할 수 있도록 아늑하고 안전한 공간을 확보한다.		
							통행에 방해가 되지 않는 선에서 복도, 램프길, 계단, 계단참에 비어 있는 공간 등도 놀이공간으로 제공한다.		
							예시 복도에 사방치기를 설치해 서로 다른 연령과 학급의 유아들이 어울려 사방치기 놀이를 할 수 있도록 한다.		
							예시 복도에서 트리를 만들 수 있도록 재료를 내어주거나, 함께 만들거나 놀이할 수 있는 놀잇감(윷놀이 등)을 내어준다.		

| 계획범주 | 계획요소 | 학급 | 공용/매개 | | | 교육적 사용 및 실제 | | 충족 여부 | |
			진입	중심	연결	지침	하위 항목	예	아니오
	배치 및 동선	●				사회적 상호작용을 위한 열린 공간을 제공한다.	학급 내 빈 공간으로서 다른 놀이영역(흥미영역)들과 물리적으로 근접하면서도 분리되어 있어 유아들 간 사회적 교류와 집단놀이를 활성화할 수 있는 열린 공간을 제공한다.		
	가구	●		●	●	유아가 자신과 타인, 공간을 다양한 시점에서 탐색할 수 있도록 고정식 벽면 거울 및 여러 형태와 크기의 이동식 거울을 구비한다.	다양한 형태와 크기의 거울을 하나 혹은 그 이상의 벽면에 설치하여 유아가 자신의 모습과 또래들의 존재를 확인하고, 그 모습을 다시 탐색할 수 있도록 한다.		
환경 계획	디지털 환경	●		●		디지털 놀이를 지원하는 각종 디지털 기기와 놀잇감, 어플리케이션 및 소프트웨어 등을 갖춘다.	디지털 놀이를 지원하기 위해 태블릿 PC, 스마트폰, 디지털 카메라, AI 스피커 등의 디지털 기기를 제공한다.		
							교육적으로 바람직한 어플리케이션과 소프트웨어(검색엔진, 교육콘텐츠 통합 플랫폼, 동영상 플랫폼 등)를 유아들이 쉽게 사용할 수 있도록 접근성을 확보한다.		
							디지털 놀이를 위해 전자책, 스마트 토이 등의 디지털 놀잇감을 제공한다.		
		●		●		디지털 놀이를 지원하는 각종 디지털 기기를 갖추고, 다양한 디지털 놀잇감과 어플리케이션, 소프트웨어 등을 적절히 활용한다.	디지털 기기에 노출되는 시간이 가정에서의 시간까지 포함하여 일일 최대 2시간 미만이 되도록 기관에서 노출 시간을 제한·관리한다.		
							디지털 놀이를 지원하기 위해 무선 인터넷 접근성이 원활하도록 유지·관리한다.		
							예시 가장 기본이 되는 시설·설비 및 기기로 무선 인터넷망을 설치하고 이를 바탕으로 동영상 및 각종 교육 콘텐츠 플랫폼에 원활히 접근할 수 있도록 한다. 또한 터치스크린 및 미러링 기능을 갖춘 TV, 태블릿 PC, 스마트폰, 디지털 카메라, AI 스피커 등을 갖춘다.		

이미지 출처

p. 40 [그림 1-1-1]

김상호, 여혜진, 이여경 (2016). "국공립어린이집 디자인가이드라인 설정 연구(AURI-기본-2016-12)." 건축도시공간연구소. (p. 163에서 재구성)

p. 40 [그림 1-1-2]

https://m.blog.naver.com/PostView.naver?isHttpsRedirect=true&blogId=seon5048&logNo=220633772964에서 재구성

p. 42 [그림 1-1-3]

김상호, 김은희, 임정하 (2015). "안전한 영유아 보육·교육 환경 조성 방안: 어린이집·유치원의 안전성 확보를 위한 공간환경 조성 방안(연구보고 2015-32-03)." 육아정책연구소. (p. 156, p. 163에서 재구성)

p. 43 [그림 1-1-4]

김상호 외 (2015), p. 158에서 재구성

p. 44 [그림 1-1-5]

서울특별시 문화관광디자인본부 (2011). 〈서울시 복지시설 유니버설디자인 가이드라인: 어린이집〉. 서울특별시. (p. 96에서 재구성)

p. 44 [그림 1-1-6]

서울특별시 문화관광디자인본부 (2011), p. 96에서 재구성

p. 52 [그림 1-1-13]

서울특별시 디자인정책과 (2021). 〈서울시 복지시설 유니버설디자인 가이드라인 ver.2: 어린이집〉. 서울특별시. (p. 104에서 재구성)

p. 53 [그림 1-1-14]

서울특별시 디자인정책과 (2021), p. 52에서 재구성

p. 69 [표 1-2-5]

모든 이미지: 셔터스톡(https://www.shutterstock.com/)에서 구입

p. 74 [표 1-2-6]

▪벤자민 고무나무: the Creative Commons Zero (CC0) license ("CC0 Content")
https://pixabay.com/ko/photos/%eb%88%88%eb%ac%bc%eb%8f%84-%eb%82%98%eb%ad%87%ec%9e%8e-%ea%b5%ac%ec%a1%b0-%ec%b4%88%eb%a1%9d-3144388/

▪아레카야자: CC0 Public Domain
https://www.publicdomainpictures.net/en/view-image.php?image=467611&picture=palm-tree-leaf-background

▪관음죽: https://www.pexels.com/photo/green-leaf-plant-572489/

▪스킨답서스: Joydeep / Wikimedia Commons / CC BY-SA 3.0
https://commons.wikimedia.org/wiki/File:Epipremnum_aureum_31082012.jpg

▪시클라멘: Dieter Wagner / Pl@ntNet™ / CC BY-SA 4.0
https://identify.plantnet.org/the-plant-list/observations/1001588271

▪행운목: David J. Stang / Wikimedia Commons / CC BY-SA 4.0
https://commons.wikimedia.org/wiki/File:Dracaena_fragrans_Massangeana_1zz.jpg#filelinks

p. 86 [그림 1-3-1]

Olds, A. R. (2000). *Child Care Design Guide*. McGraw-Hill Professional Pub. 최목화, 최경숙, 변혜령, 김영애, 주서령, 나종혜, 손승희, 조정신 공역 (2009). 《보육시설 환경디자인》. 교문사. (p. 231에서 재구성)

p. 87 [그림 1-3-2]

서울특별시 문화관광디자인본부(2011), p. 95에서 재구성

p. 88 [그림 1-3-4]

Olds(2000/2009), p. 224에서 재구성

p. 89 [그림 1-3-6]

서울특별시 문화관광디자인본부(2011), p. 97에서 재구성

p. 91 [그림 1-3-7]

김상호 외 (2015), p. 156, p. 163에서 재구성

pp. 92-93 [표 1-3-3]

▪포르보: https://www.forbo.com/flooring/en-gl/products/non-flooring-products/bulletin-board/bulletin-board/b2jqlu#panel_105)

▪탄성코트: http://www.joinfsk.com/kor/brand/index.php

▪그 외 이미지: 셔터스톡(https://www.shutterstock.com/)에서 구입

p. 103 [그림 1-3-17]

https://www.dangsanmall.com/goods/view?no=24211에서 재구성

p. 110 [그림 2-1-1], [그림 2-1-2]

Kotnik J. (2014). *New Designs in Kindergartens Design Guide+31 Case Studies*. LinksBooks. Spain. (왼쪽은 p. 238, 오른쪽은 p. 112를 재구성)

pp. 125-126 [그림 3-1-1] ~ [그림 3-1-4]

저자 개인 소장

p. 133 [그림 3-1-9]

상상놀이터코리아㈜ http://www.ip-korea.co.kr/

p. 141 [그림 4-1-1]

https://www.baukind.de/en/portfolio/bip-kreativitaetskita/를 재구성

p. 151 [그림 4-2-3]

저자 개인 소장

p. 153 [그림 4-2-5]

https://sizekorea.kr를 재구성

p. 153 [그림 4-2-6] ~ [그림 4-2-8]

https://www.catalabo.org/iportal/atalogViewInterfaceStartUpAction.do? method=start-Up&mode=PAGE&volumeID=CATALABO&catalogId=7383511000 0&pageGroupId=&designID=link&-catalogCategoryId=&designConfirmFlg=에서 재구성

p. 154 [그림 4-2-9], [그림 4-2-10]

서울시(2021), pp. 81-83을 재구성

p. 162 [그림 4-2-16]

㈜비앤비 https://b-b.kr/bbs/board.php?bo_table=life4&wr_id=6)의 허가를 받음

p. 169 [그림 4-3-4], [그림 4-3-5]

▪스마트 조명: 필립스 조명 https://philipslighting.kr/의 허가를 받음

▪가변형 전기콘센트: https://v.daum.net/v/20080331160016428에서 재구성

p. 187 [그림 5-1-15], [그림 5-1-16]

저자 개인 소장

pp. 189-190 [그림 5-1-19] ~ [그림 5-1-21]

저자 개인 소장

p. 199 [그림 5-1-29]

https://www.flickr.com/photos/anokarina/33549006280/in/photostream/ : CC BY-SA 2.0

https://www.flickr.com/photos/anokarina/33121240923/in/photostream/ : CC BY-SA 2.0

p. 203 [그림 5-1-38], [그림 5-1-39]

김민재 (2019, 1). "빛은 무엇인가: 빛의 성질에 관하여." 재독한국과학기술자협회. https://www.vekni.org/index.php?mid=menu_info&document_srl=46697에서 재구성

p. 205 [그림 5-1-41], [그림 5-1-42]

https://news.samsungdisplay.com/26715에서 재구성

p. 206 [그림 5-1-43]

https://commons.wikimedia.org/wiki/File:Prism_HD_by_Michael_Dziedzic.jpg : CC BY-SA 4.0

pp. 211-213 [그림 5-2-1] ~ [그림 5-2-6]

저자 개인 소장

pp. 213-214 [그림 5-2-7] ~ [그림 5-2-10]

▪목재, 석재, 직물: 셔터스톡(https://www.shutterstock.com/)에서 구입

▪조적재: 저자 개인 소장

p. 219 [그림 5-2-15]

저자 개인 소장

p. 238 [그림 6-1-1]

저자 개인 소장

p. 240 [그림 6-1-4]

Olds(2000/2009), p. 128을 재구성

p. 242 [그림 6-1-8]

▪유리 및 플라스틱 재질의 거울, 슈퍼미러: 셔터스톡(https://www.shutterstock.com/)에서 구입

▪미러솔: 저자 개인 소장

참고문헌

교육부 (2015). 〈2015 유치원 시설안전관리 매뉴얼〉.

교육부 (2022a). 〈유아와 함께 하는 인공지능교육: 유아 콘텐츠 및 매뉴얼〉. 발간등록번호: 인천교육-2021-0243.

교육부 (2022b). 〈디지털 기반 놀이 환경 현장지원자료〉. 발간등록번호: 73-8000000-000051-01.

교육부 (2022c). 〈초·중등학교 교육과정 총론〉. 교육부 고시 제 2022-33호 (별책 1).

국토교통부 건축정책과 (2013). 〈안전한 실내건축 가이드라인〉. 국토교통부.

김민경, 류희욱 (2011). "뇌파분석을 통한 색상의 선호도 분석 가능성." 〈감성과학〉, 14(2), 311-320.

김민수, 조영창 (2017). "공포영상 및 소음자극에 의한 스트레스의 전기피부반응, 심박변이도 및 뇌파 해석." 〈전기전자학회논문지〉, 21(4), 381-387.

김민재 (2019, 1). "빛은 무엇인가: 빛의 성질에 관하여." 재독한국과학기술자협회. (https://www.vekni.org/index.php?mid=menu_info&document_srl=46697)

김상호, 김은희, 임정하 (2015). "안전한 영유아 보육·교육 환경 조성 방안: 어린이집·유치원의 안전성 확보를 위한 공간환경 조성 방안(연구보고 2015-32-03)." 육아정책연구소.

김상호, 여혜진, 이여경 (2016). "국공립어린이집 디자인가이드라인 설정 연구(AURI-기본-2016-12)." 건축도시공간연구소.

김상희, 이권형, 추승연 (2021). "EEG-VR을 활용한 산후조리원 개별실의 창면적비에 대한 뇌파의 이완-각성 반응 분석." 〈대한건축학회논문집〉, 37(3), 63-74.

김승희 (2021). 《영유아발달 (제2판)》. 정민사.

김은심, 김정희, 손미애, 유지안 (2019). 《유아미술교육》. 학지사.

김은영, 김진경, 최경숙, 조운주, 조혜주, 안진 (2009). "유치원과 보육시설 시설·설비 기준 개발 연구(연구보고 2009-06)." 육아정책연구소.

김주연, 이현수 (2009). "감성 측정에 따른 실내 벽면 색채에 관한 연구." 〈감성과학〉, 12(2), 205-214.

김중근 (1995). "종교건축의 실내공간에 있어서 빛의 조절과 연출에 관한 연구." 〈한국실내디자인학회논문집〉, 6, 6-14.

김효진 (2020). 공간에 대한 인문학적 사유와 유아교육에의 함의. 〈유아교육학논집〉, 24(5), 253-276.

김희진, 박은혜, 김현주, 김언경, 박혜림 (2017). 《어린이의 배움, 놀이, 생각을 바꾸다: 교육지원자로서의 환경(이화여자대학교 이화어린이연구원 총서7)》. 파란마음.

노은희, 신호재, 이재진 (2019). "초·중학교 교사의 디지털 리터러시 교육에 대한 인식 분석." 〈교육과정평가연구〉, 22(3), 31-60.

도경수, 황혜란 (2006). "멀티미디어 학습에서 인지양식과 제시 순서가 파지와 이해에 미치는 영향." 〈인지과학〉, 17(3), 231-253.

디자인서울총괄본부 (2008). 〈동주민센터 리모델링 디자인 가이드라인〉. 서울특별시.

류지선, 이지숙 (2015). "실내거주공간의 적용색채에 따른 감성어휘와 뇌파의 상관관계 분석." 〈한국색채학회 논문집〉, 29(3), 25-35.

박윤현, 최나야, 김보경 (2021). "교수자료의 정보제시 방식과 유아의 시각·청각 작업기억 용량이 유아의 학습효과에 미치는 영향." 〈아동학회지〉, 42(6), 721-740.

박태정 (2015). "이러닝 환경에서의 감성적 어포던스 설계원리 개발." 서울대학교대학원 교육학박사학위논문.

백선정, 이한영, 강주연 (2016). 〈경기도 어린이집 디자인 가이드라인 개발〉. 경기도가족여성연구원.

서동진, 김주연 (2022). "장소정체성을 위한 장소성의 다의적 개념 비교 연구." 〈한국공간디자인학회논문집〉, 17(3), 363-374.

서울특별시 디자인정책과 (2021). 〈서울시 복지시설 유니버설디자인 가이드라인 ver.2: 어린이집〉. 서울특별시.

서울특별시 문화관광디자인본부 (2011). 〈서울시 복지시설 유니버설디자인 가이드라인: 어린이집〉. 서울특별시.

서울특별시 디자인정책과 (2011). 〈동주민센터 민원실 유니버설디자인 매뉴얼〉. 서울특별시.

신지연, 신혜정, 조현희, 차수민, 김경미 (2005). "취학 전 아동의 감각처리능력에 따른 행동적 특성에 관한 연구." 〈대한감각통합치료학회지〉, 3(1), 23-35.

엄정애 (2002). "놀잇감 구조성이 사회적 극놀이에서 나타나는 유아의 상호주관성에 미치는 영향." 〈유아교육연구〉, 22(2), 195-215.

이숙재 (2019). 《영유아 놀이 이론과 실제》. 창지사.

이연승 (2022, 9). "포스트 디지털 시대, 유아와 디지털의 '관계 맺음'의 의미." 한국유아교육학회 2022년 추계정기학술대회(pp. 47-73). 경북대학교.

이재신, 송현미, 전병진, 정주현, 김지현, 이경자, 이지연 (2009). "색안경이 아동의 주의집중력에 미치는 영향에 관한 연구." 〈대학작업치료학회〉, 17(2), 91-104.

이정원, 김다은, 최소영, 변나향 (2016). "아동발달 이론을 고려한 보육시설 공간 및 환경계획-해외사례를 중심으로." 〈대한건축학회논문집 계획계〉, 32(04), 49-58.

이정환, 김희진 (2013). 《영유아 교육의 교수학습방법》. 파란마음.

이호석, 심은주 (2011). "공간 디자인에 나타난 사운드스케이프 개념과 특성에 관한연구." 〈한국실내디자인학회 학술발표대회논문집〉, 13(3), 64-69.

정은경 (2017). 〈2017 소아청소년 성장도표 해설집〉. 보건복지부, 대한소아과학회.

조경자, 이현숙 (2008). 《유아건강교육》. 학지사.

조복희 (2017). 《아동발달》. 교육과학사.

차기주 (2022). "유아교육기관 공간구성의 방향성 정립을 위한 기초 연구: 유아의 환경 심리행태적 특성 및 교육적 요구를 중심으로." 〈한국문화공간건축학회논문집〉, 78, 61-72.

차기주, 윤성규, 이지윤 (2022b). "인지과학 연구결과가 유아교육 실제에 주는 함의: 체화된 인지를 중심으로." 〈열린유아교육연구〉, 27(2), 147-172.

차기주, 장정윤, 안서희 (2021). "유아교육기관 실내공간이 갖추어야 할 특성에 대한 고찰: 2010년 이후 건축 및 유아교육분야 국내 학술논문을 중심으로." 〈대한건축학회논문집〉, 37(6), 35-44.

차기주, 장정윤, 안서희 (2022a). "신경건축학 문헌이 유아교육기관 실내공간 구성에 주는 함의: 신경생리반응을 측정한 국내외 학술 문헌을 중심으로." 〈한국실내디자인학회논문집〉, 31(1), 1-19.

차기주, 최지은 (2023). "어포던스 이론이 유아교육기관 놀이환경 구성에 주는 시사점." 〈유아교육연구〉, 43(3), 231-260.

최미현, 이수정, 양재웅, 김지혜, 최진승, 탁계래, 정순철, 김현준 (2009). "공간 과제 수행 시 고농도 산소 공급에 의한 변연계 활성화에 관한 연구." 〈감성과학〉, 12(4), 443-450.

충청남도교육청 (2020). 〈놀이로 만나는 AI: 2020 유치원 인공지능교육 놀이실행 자료〉. 충청남도교육청.

한국디자인진흥원 (2012). 〈어린이디자인 가이드라인〉. 한국디자인진흥원.

홍성희, 박준서, 임승빈 (2011). "환경계획·설계를 위한 장소성 개념 연구: 'Sense of Place'와 'Placeness' 용어 비교 분석." 〈한국경관학회지〉, 3(1), 14-29.

홍은주, 장미경 (2012). "The effects of color stimuli on children's EEG." 〈아동복지연구〉, 10(4), 1-27.

환경부 (2011). 〈어린이집·아동복지시설 실내공기질 관리 매뉴얼〉. 환경부.

황순각 (2000). "유아 신체활동 프로그램의 구성 및 효과: 유아의 지각운동능력과 신체적 자아개념을 중심으로." 중앙대학교 대학원 박사학위논문.

Abbas, M. Y., Othman, M., & Rahman, P. Z. M. A. (2012). Pre-school classroom environment: significant upon children's play behaviour? *Procedia-Social and Behavioral Sciences*, 49, 47–65.

Banaei, M., Hatami, J., Yazdanfar, A., & Gramann, K. (2017). Walking through architectural spaces: The impact of interior forms on human brain dynamics, *Frontiers in human neuroscience*, 11, 00477.

Barsalou, L. W. (1999). Perceptual symbol systems. *Behavioral and Brain Sciences*, 22(4), 577-660.

Barsalou, L. W. (2003). Situated simulation in the human conceptual system. *Language and Cognitive Processes*, 18(5-6), 513-562.

Berglund, Birgitta, Lindvall, Thomas, Schwela, Dietrich H & World Health Organization. Occupational and Environmental Health Team. (1999). *Guidelines for community noise*. World Health Organization. (https://apps.who.int/iris/handle/10665/66217)

Berk, L. E. (2005). *Child Development* (9th ed.). Pearson. 이종숙, 신은수, 안선희, 이경옥 공역 (2015). 《아동발달 (제9판)》. 시그마프레스.

Bodrova & Leong. (2012). Tools of the Mind: Vygotskian approach to early childhood education. In J. L. Rooparine & J. Jones (Eds)., *Approaches to early childhood education* (pp. 241-260). New Jersey: Merril Prentice Hall.

Campos-de-Carvalho, M., & Rossetti-Ferreira, M. (1993). Importance of spatial arrangements for young children in day care centers. *Children's Environments*, 10(1), 19–30.

Cha, K. (2024). The moderating role of cortisol and negative emotionality in the effects of classroom size and window view on young children's executive functions. *Behavioral. Sciences*, 14, 18. (https://doi.org/10.3390/bs14010018)

Cha, K. (2023). The influence of classroom size and window view on young children's executive functions and physiological responses, based on VR technology. *Behavioral Sciences*, 13, 936. (https://doi.org/10.3390/bs13110936)

Decker C. A. & Decker, J. R. (2001). *Planning and administering early childhood programs*. New Jersey: Merril Prentice Hall.

Dreyfus, S. E. (2014). System 0: The overlooked explanation of expert intuition. In M. Sinclair (Ed)., *Handbook of research methods on intuition* (pp. 15-27). Edward Elgar.

Dunn, W. (1997). The sensory profile: A discriminating measure of sensory processing in daily life. *American Journal of Occupational Therapy*, 20(1), 1-2.

Dunn, W., Little, L. Dean, E., Robertson, S., & Evans, B. (2016). The state of the science on sensory factors and their impact on daily life for children: A scoping review. *OTJR: Occupation, Participation, and Health*, 36(2S), 3S-26S.

Edwards, S. (2018). Digital Play. In R. E. Tremblay, M. Boivin, R. DeV. Peters (Eds.), A. Pyle (Topic Ed.), *Encyclopedia on Early Childhood Development* [online]. https://www.child-encyclopedia. com/pdf/expert/play-based-learning/according-experts/digital-play. Published: February 2018. Accessed February 5, 2023.

Einsiedler, W. (1985). Fantasy Play of preschoolers as a function of toy structure. In: R. van der Kooij and J. Hellendoorn(red). *Play, Play Therapy and Play Research* (pp. 250-278). Pennsylvania: Swets Publishing Co.

Fleer, M. (2013). Digital placeholders and virtual pivots in meta-imaginary situations. *In Theorising Play in the Early Years* (pp. 90-118). Cambridge: Cambridge University Press. doi:10.1017/ CBO9781107282131.006

Fleer, M. (2017). Digital role-play: The changing conditions of children's play in preschool settings. *Mind, Culture, and Activity*, 24(1), 3-17.

Gibson, J. J. (1977). The theory of affordances. In R. Shaw & J. Bransford (Eds.), *Perceiving, acting, and knowing: Toward an ecological psychology* (pp. 67-82). Hillsdale, NJ: Erlbaum Associates.

Gibson, J. J. (1979). *The ecological approach to visual perception*. Boston, MA: Houghton Mifflin.

Gibson, J. J. (1983). *The senses considered as perceptual systems*. Greenwood Press.

Ginns, P. (2006). Integrating information: A meta-analysis of the spatial contiguity and temporal contiguity effects. *Learning and Instruction*, 16(6), 511-525.

Goldhagen, S. W. (2017). *Welcome to Your World: How the Built Environment Shapes Our Lives*. HarperCollins. 윤제원 역 (2019). 《공간 혁명》. 다산사이언스.

Gooley, J. J., Chamberlain, K., Smith, K. A., Khalsa, S. S., Rajaratnam, S. M. W., Reen, E. V., Zeitzer, J. M., Czeisler, C. A., & Lockley, S. W. (2011). Exposure to room light before bedtime suppresses melatonin onset and shortens melatonin duration in humans. *The Journal of Clinical Endocrinology and Metabolism*, 96(3), E463-E472.

Grigorenko, E. L., & Sternberg, R. J. (1995). Thinking styles. In D. H. Saklofske & M. Zeidner (Eds.), *International handbook of personality and intelligence* (pp. 205-229). New York: Plenum Press.

GSA(General Services Administration). (2003). *Child care center design guide*. GSA Public Building Service. (https://gsacriteria.tpub.com//chilcare/)

Hartson, R. (2003). Cognitive, physical, sensory, and functional affordances in interaction design. *Behavior & Information Technology*, 22(5), 315-338.

Heckman, J., Moon, S., Pinto, R., Savelyev, P., & Yavitz, A. (2010). *The rate of return to the High/ Scope Perry Preschool Program* (NBER Working Paper Series 15471). Cambridge, MA: National Bureau of Economic Research.

James, K. H., & Swain, S. N. (2011). Only self-generated actions create sensori-motor systems in the developing brain. *Developmental Science*, 14(4), 673-678.

Kilner, J. M., & Lemon, R. N. (2013). What we know currently about mirror neurons. *Current Biology*, 23(23), R1057-R1062.

Kim, H., Hong, T., Kim, J., & Yeom, S. (2020). A psychophysiological effect of indoor thermal condition on college students' learning performance through EEG measurement. *Building and Environment*, 184, 107223.

Kotnik J. (2014). *New Designs in Kindergartens Design Guide+31 Case Studies*. LinksBooks. Spain.

Kotradyova, V., Vavrinsky, E., Kalinakova, B., Petro, D., Jansakova, K., Boles, M, & Svobodova, H. (2019). Wood and its impact on humans and environment quality in health care facilities. *International Journal of Environmental Research and Public Health*, 16(18), 3496.

Kuller, R., Mikellides, B., & Janssens, J. (2009). Color, arousal, and performance—A comparison of three experiments. *Color Research & Application*, 34(2), 141-152.

Kyttä, M. (2002). Affordances of children's environments in the context of cities, small towns, suburbs and rural villages in Finland and Belarus. *Journal of Environmental Psychology*, 22(1-2), 109-123. (https://doi.org/10.1006/jevp.2001.0249)

Kyttä, M. (2003). Children in outdoor contexts. Affordances and independent mobility in the assessment of environmental child friendliness. 951-22-6858-2.

Kyttä, M. (2004). The extent of children' independent mobility and the number of actualized affordances as criteria for child-friendly environments. *Journal of Environmental Psychology*, 24(2), 179-198. (https://doi.org/10.1016/S0272-4944(03)00073-2)

Lawson, L. M., & Dunn, W. (2008). Children's sensory processing patterns and play preferences. *Annual in Therapeutic Recreation*, 16, 1-14.

Legendre, A. (1999). Interindividual relationships in groups of young children and susceptibility to an environmental constraint. *Environment and Behavior*, 31, 463–486. (https://doi.org/10.1177/00139169921972191)

Legendre, A., & Fontaine, A. (1991). The effects of visual boundaries in two-year-olds' playrooms. *Children's Environments Quarterly*, 8(1), 2–16.

Li, D., & Sullivan, W. C. (2016). Impact of views to school landscapes on recovery from stress and mental fatigue. *Landscape and Urban Planning*, 148, 149-158.

Li, J., Wu, W., Jin, Y., Zhao, R., & Bian, W. (2021). Research on environmental comfort and cognitive performance based on EEG+VR+LEC evaluation method in underground space, *Building and Environment*, 198, 107886.

Lloyd, B., & Howe, N. (2003). Solitary play and convergent and divergent thinking skills in preschool children. *Early Childhood Research Quarterly*, 18, 22-41.

Lowry, P. (1993). Privacy in the preschool environment: Gender differences in reaction to crowding. *Children's Environments*, 10(2), 130–139.

Lynch, S. A., & Simpson, C. G. (2004). Sensory processing: Meeting individual needs using the seven senses. *Young Exceptional Children*, 7(4), 2-9. (https://doi.org/10.1177/109625060400700401)

Marsh, J. Plowman, L., Yamada-Rice, D., Bishop, J., & Scott, F. (2016). Digital play: a new classification, *Early Years*, 36(3), 242-253, doi:10.1080/09575146.2016.1167675

Marsh, J., Murris, K., Ng'ambi, D., Parry, R., Scott, F., Thomsen, B. S., & Woodgate, A. (2020). *Children, Technology and Play*. Billund, Denmark: LEGO Foundation.

Marsh, J., Plowman, L., Yamada-Rice, D., Bishop, J. C., Lahmar, J., Scott, F., Davenport, A., Davis, S., French, K., Piras, M., Thornhill, S., Robinson, P. & Winter, P. (2015). *Exploring Play and Creativity in Pre-Schoolers' Use of Apps: Final Project Report*. doi:10.13140/RG.2.1.1250.3763

Mäyrä, F. (2020). The hybrid agency of hybrid play. In Adriana de Souza e Silva & Ragan Glover-Rijkse (eds.) *Hybrid Play: Crossing Boundaries in Game Design, Player Identities and Play Spaces* (pp. 81-97). London & New York: Routledge

Miller, E., Miller-Kuhaneck, H. (2006). The relationship among sensory preferences, play preferences, motivation, and mastery in guiding children's play: A review of the literature, Part 2. *American Occupational Therapy Association's Sensory Integration Special Interest Section Quarterly*, 29(3), 1-4.

Moore, G. T. (1986). Effects of the spatial definition of behavior settings on children's behavior: a quasi-experimental field study. *Journal of Environmental Psychology*, 6, 205–231.

NAEYC-FRC. (2007). *NAEYC early childhood program standards and accreditation criteria: The mark of quality in early childhood education*. NAEYC.

NAEYC-FRC (2012). Technology and Interactive Media as Tools in Early Childhood Programs Serving Children from Birth through Age 8. (http://www.naeyc.org/files/naeyc/file/positions/PS_technology_WEB2.pdf)

Norman, D. A. (1988). *The design of everyday things*. New York, NY: Doubleday.

Norman, D. A. (1990). *Cognitive artifacts*. Department of Cognitive Science, University of California, San Diego.

Norman, D. A. (1999). Affordances, conventions, and design. *In Interactions*, 6(3), 38-41.

Olds, A. R. (2000). *Child Care Design Guide*. McGraw-Hill Professional Pub. 최목화, 최경숙, 변혜령, 김영애, 주서령, 나종혜, 손승희, 조정신 공역 (2009). 《보육시설 환경디자인》. 교문사.

Plowman, L. (2020). *Digital Play*. The University of Edinburgh: Moray House School of Education and Sport.

Rayner, S., & Riding, R. (1997). Towards a categorisation of cognitive styles and learning styles. *Educational Psychology*, 17(1-2), 5-27. doi:10.1080/0144341970170101

Robinson, C., & Jackson, R. (1985). *The effects of varying structure within a prototypical play object on the solitary pretend play of preschool children*. Paper presented at the Association for Childhood Education International Study Conference, San Antonio, TX.

Rosental, N. E., Sack, D. A., Carpenter, C. J., Parry, B. L., Mendelson, W. B., & Wehr, T. A. (1985). Antidepressant effects of light in seasonal affective disorder. *American Journal of Psychiatry*, 42(2), 163-170.

Shapiro, S. (1975). Preschool ecology: A study of three environmental variables. *Reading Improvement*, 12, 236-241.

Shemesh, A., Talmon, R., Karp, O., Amir, I., Bar, M., & Grobman, Y. J. (2016). Affective response to architecture-investigating human reaction to spaces with different geometry, *Architectural Science Review*, 60(2), 116-125.

Smith, P., & Connolly, K. (1980). *The ecology preschool behavior*. Cambridge University Press.

Sommerville, J. A., Woodward, A. L., & Needham, A. (2005). Action experience alters 3-month-old infants' perception of others' actions. *Cognition*, 96(1), B1-11.

Song, J., Um, S., Kim, S., Son, K., & Lee, J. (1999). Effect of visual recognition of indoor plants on the changes of human brain EEG and image assessment. *Horticultural Science & Technology*, 17(5), 623-623.

Sternberg, E. (2010). *Healing Spaces: the Science of Place and Well-being*. Cambridge, MA: Harvard University Press.

Thomas, P. R., & McKay, J. B. (2010). Cognitive styles and instructional design in university learning. *Learning and Individual Differences*, 20(3), 197-202. doi:10.1016/j.lindif.2010.01.002

Tomatis, A. (1999). Chant, the healing power of voice and ear. In D. Campbell(Ed.), *Music: Physician for times to come* (pp. 11-28). Quest.

Tsunetsugu, Y., Miyazaki, Y., & Sato, H. (2005). Visual effects of interior design in actual-size living rooms on physiological responses. *Building and Environment*, 40(1), 1342-1346.

Tuszynska-Bogucka, W., Kwiatkowski, B., Chmielewska, M., Dzienkowski, M., Kocki, W., Pelka, J., Przesmycha, N., Bogucki, J., & Galkowski, D. (2020). The effects of interior design on wellness-Eye tracking analysis in determining emotional experience of architectural space: A survey on a group of volunteers from the Lublin Region, Eastern Poland. *Analysis of Agricultural and Environmental Medicine*, 27(1), 113-122.

Taylor, R. (2006). Reduction of physiological stress using fractal art and architecture. *Leonardo*, 39(3), 245-251.

Ulrich, R. (1984). View through a window may influence recovery from surgery. *Science*, 224(4647), 420-421.

Ulrich, R. S., Simons, R. F., Losito, B. D., Fiorito, E., Miles, M. A., & Zelson, M. (1991). Stress recovery during exposure to natural and urban environments. *Journal of Environmental Psychology*, 11(3), 201-230.

UNESCO. (2018). A Global framework of reference on digital literacy skills for indicator 4.4.2. Information paper No. 51.

UNICEF Innovation, Human Rights Center, & UC Berkeley. (2019). Memorandum on artificial intelligence and children's rights.

UNICEF. (2021). General comments. No.25. (2021) on the children's rights in relation to the digital environment. Committee on the Rights of the Child.

van Liempd, I. H., Oudgenoeg-Paz, O., & Lesman, P. P. M. (2020). Do spatial characteristics influence behavior and development in early childhood education and care? *Journal of Environmental Psychology*, 67, 1-12.

Vartanian, O., Navarrete, G., Chatterjee, A., Fich, L. B., Gonzalez-Mora, J. L., Leder, H., Modroño, C,. Nadal, M., Rostrup, N & Skov, M. (2015). Architectural design and the brain: effects of ceiling height and perceived enclosure on beauty judgments and approach-avoidance decisions. *Journal of Environmental Psychology*, 41, 10-18.

Walch, J., Rabin, B., Day, R., Williams, J., Choi, J., & Kang, J. (2005). The effect of sunlight on postoperative analgesic medication use: A prospective study of patients undergoing spinal surgery. *Psychosomatic medicine*, 67(1), 156-163.

Wernholm, M. (2021). A theoretical framework for understanding children's learning at play in a hybrid reality. *International Journal of Play*, 10(3), 261-284.

Xu, J., & Zhang, H. (2013). Eye tracking research on modern furniture color. *IEEE Conference Anthology*, 1-6.

Zadeh, R., Shepley, M., Williams, G., & Chung, S. (2014). The impact of windows and daylight on acute-care nurses' physiological, psychological, and behavioral health. *Health Environments Research & Design Journal*, 7(4), 35-61.

찾아보기